AF277587

Ley reguladora de las bases del régimen local

del régimen local

5ª edición

ACCESO GRATIS *a la Lectura en la Nube + Actualizaciones*

Para visualizar el libro electrónico en la nube de lectura envíe junto a su nombre y apellidos una fotografía del código de barras situado en la contraportada del libro y otra del ticket de compra a la dirección:

ebooktirant@tirant.com

En un máximo de 72 horas laborables le enviaremos el código de acceso con sus instrucciones.

Ley reguladora de las bases del régimen local

5ª edición

F. JAVIER FUERTES LÓPEZ

tirant lo blanch
Valencia, 2025

Tercera edición en la editorial Tirant lo Blanch

©   F. Javier Fuertes López

©   TIRANT LO BLANCH
EDITA: TIRANT LO BLANCH
C/ Artes Gráficas, 14 - 46010 - Valencia
TELFS.: 96/361 00 48 - 50
FAX: 96/369 41 51
Email:tlb@tirant.com
www.tirant.com
Librería virtual: www.tirant.es
DEPÓSITO LEGAL: V-3501-2025
ISEN: 979-13-7010-991-2
MAQUETA: Tink Factoría de Color

Índice

NOTA DEL AUTOR A LA SEGUNDA EDICIÓN

El origen de esta obra se remonta a finales del año 2003, momento en que se aprueba la Ley 57/2003, de 16 de diciembre, de medidas para la modernización del gobierno local. No era la primera reforma que sufría la Ley de Bases de Régimen Local, pero sí la que, por vez primera, modificaba su esencia y estructura originaria.

Diez años después asistíamos a la segunda gran reforma, la efectuada con la Ley 27/2013, de 27 de diciembre, de racionalización y sostenibilidad de la Administración Local.

En ambos casos los cambios que se introducían fueron recibidos con gran revuelo, si bien con una notable diferencia. Así, mientras las críticas a la Ley de Modernización se agotaron con su entrada en vigor, las de la Ley de Racionalización dieron lugar a un encarnizado combate jurídico en el Tribunal Constitucional ante el que se presentaron hasta nueve recursos de inconstitucionalidad y un conflicto en defensa de la autonomía local de los previstos en el arts. 75 *bis* a 75 *quinque* de la Ley Orgánica del Tribunal Constitucional con los que se venían a impugnar la totalidad de la reforma, puesto que, en su conjunto, las impugnaciones afectaban a 24 de las 38 modificaciones efectuadas en la Ley de Bases del Régimen Local, a 2 de las cinco alteraciones que se habían realizado en la Ley de Haciendas Locales, a 9 de las 17 disposiciones adicionales de la Ley de Racionalización, así como a 7 de sus 11 disposiciones transitorias y a 4 de las 6 disposiciones finales.

Y aunque tras la Ley de Racionalización se han producido otras reformas, que no pueden ser calificadas sino de menores, lo cierto es que el espacio de tiempo transcurrido desde entonces quedo mediatizado por los conflictos que, sobre la constitucionalidad de los cambios introducidos, habían de ser resueltos, lo que se fue produciendo entre marzo del año 2016 y septiembre del año 2017, al irse dictando las correspondientes sentencias por el Tribunal Constitucional, resoluciones que, cronológicamente, se corresponden con las siguientes:

1) Sentencia del Tribunal Constitucional 41/2016, 3 marzo 2016, resolviendo el recurso de inconstitucionalidad 1792/2014 planteado por la Asamblea de la Comunidad Autónoma de Extremadura.

2) Sentencia del Tribunal Constitucional 111/2016, 9 de junio, resolviendo el recurso de inconstitucionalidad 1959/2014 planteado por el Consejo de Gobierno de la Comunidad Autónoma de Andalucía.

3) Sentencia del Tribunal Constitucional 168/2016, 6 de octubre, resolviendo el recurso de inconstitucionalidad 1995/2014 planteado por el Consejo de Gobierno de la Comunidad Autónoma del Principado de Asturias.

4) Sentencia del Tribunal Constitucional 180/2016, 20 de octubre, resolviendo el recurso de inconstitucionalidad 2001/2014 planteado por el Parlamento de la Comunidad Foral de Navarra.

5) Sentencia del Tribunal Constitucional 44/2017, 27 de abril, resolviendo el recurso de inconstitucionalidad 2002/2014 planteado por más de cincuenta Diputados integrantes de los Grupos Parlamentarios Socialista, IU, ICV-EUIA, CHA, la Izquierda Plural, Unión Progreso y Democracia y Mixto.

6) Sentencia del Tribunal Constitucional 45/2017, 27 de abril, resolviendo el recurso de inconstitucionalidad 2003/2014 planteado por el Parlamento de Andalucía.

7) Sentencia del Tribunal Constitucional 54/2017, 11 de mayo, resolviendo el recurso de inconstitucionalidad 1996/2014 planteado por el Parlamento de la Comunidad Autónoma de Cataluña.

8) Sentencia del Tribunal Constitucional 93/2017, 6 de julio, resolviendo el recurso de inconstitucionalidad 2006/2014 planteado por el Gobierno dela Comunidad Autónoma de Cataluña.

9) Sentencia del Tribunal Constitucional 101/2017, 20 de julio, resolviendo el recurso de inconstitucionalidad 2043/2014 planteado por el Gobierno de la Comunidad Autónoma de Canarias.

10) Sentencia del Tribunal Constitucional 107/2017, 21 de septiembre, resolviendo el conflicto en defensa de la autonomía local 4292/2014 planteado 2.393 municipios.

Al margen de cuestiones políticas, y desde una perspectiva estrictamente jurídica, se puede constatar que el Tribunal Constitucional mantuvo gran parte de las reformas efectuadas, puesto que la declaración de inconstitucionalidad alcanzó a cuatro artículos de la Ley de Bases de Régimen Local:

1) Artículo 26.2, con la supresión de dos incisos, en cuanto a la coordinación de la prestación de servicios municipales por la Diputación Provincial.
2) Artículo 57 bis, con la supresión total del precepto que se había añadido en cuanto a la garantía de pago en el ejercicio de competencias delegadas.
3) Artículo 104 bis, con la supresión de los apartados 4 y 5 relativos al personal eventual.
4) Disposición adicional Décimo Sexta, con la supresión de la nueva disposición y lo que en ella se regulaba en cuanto a la mayoría requerida para la adopción de acuerdos en las Corporaciones Locales.

A seis disposiciones de la Ley de Racionalización:

1) Disposición adicional Undécima, con supresión de lo establecido sobre compensación de deudas entre Administraciones por asunción de servicios y competencias.
2) Disposición transitoria Primera, con supresión de lo dispuesto en cuanto a la asunción por las Comunidades Autónomas de las competencias relativas a la salud.
3) Disposición transitoria Segunda, con supresión de lo dispuesto en cuanto a la asunción por las Comunidades Autónomas de las competencias relativas a servicios sociales.
4) Disposición transitoria Tercera, con supresión de lo dispuesto en cuanto a los servicios de inspección sanitaria.
5) Disposición transitoria Cuarta, en cuanto a la supresión del inciso "Decreto del órgano de gobierno" como forma por la que las Comunidades Autónomas tenían que acordar la disolución de las entidades de ámbito territorial inferior al Municipio.
6) Disposición transitoria Undécima, en cuanto al inciso "Decreto del órgano de gobierno" como forma por la que las Comunidades Autónomas tenían que acordar la disolución de las mancomunidades de municipios.

Y a la declaración de inconstitucionalidad del inciso "el Consejo de Gobierno de" incluido en el segundo párrafo, in fine, del artículo 97 del texto refundido de las Disposiciones Legales vigentes en materia de Régimen Local

Así como a la forma en que había que interpretar los apartados 1 g) y 2 a) del artículo 36 de la Ley de Bases de Régimen Local, sobre las competencias propias de las Diputaciones Provinciales (prestación de servicios de administración electrónica y plan provincial de obras y servicios de competencia municipal) y las disposiciones adicionales Séptima (sobre colaboración con las Intervenciones locales) y Decimoquinta (asunción por las Comunidades Autónomas de las competencias relativas a la educación) de la Ley de Racionalización.

De esta forma, al final de la batalla, y una vez disipado el humo de las armas, la reforma permanece, pero a costa de perder una buena parte de los elementos sobre los que se pretendía sostener. En definitiva, un resultado que, a nadie contenta, y que trae a la memoria, una vez más, aquel certero diagnóstico, ya aplicado a anteriores reformas del Régimen Local por Francisco Sosa Wagner, de "que lo que no era superfluo resulta que era inconstitucional".

En estas circunstancias, y a la vista de cómo ha quedado la Ley de Bases de Régimen Local tras la reforma que en ella se había realizado con la Ley de Racionalización, se ha optado por introducir algunas modificaciones en el enfoque de la obra, y ello debido al alcance que, en la práctica, suponen esa revisión efectuada por el Tribunal Constitucional, siendo dos los elementos a considerar.

Por una parte, y como forma de entender la reforma y su interpretación, se han introducido en la obra las disposiciones adicionales, las transitorias y la derogatoria de la norma reformadora, la Ley 27/2013, de 27 de diciembre, de racionalización y sostenibilidad de la Administración Local.

Y, por otra, se han insertado, a lo largo del articulado de la Ley de Bases de Régimen Local y de esas disposiciones de la Ley de Racionalización, los extractos de las Sentencias del Tribunal Constitucional. Tanto de los que declaran la inconstitucionalidad como de los que explican las razones por las que los preceptos impugnados son conformes a la Constitución.

Todo ello con el fin de ofrecer una obra práctica en la que, junto al texto legal, se encuentren las concordancias y anotaciones que permitan entender el alcance y contenidos de esas previsiones legales.

Logroño, a 1 de marzo de 2018

F. Javier Fuertes López
javierfuerteslopez@gmail.com

NOTA DEL AUTOR A LA TERCERA EDICIÓN

Hace cuatro años y medio (en marzo de 2018) publicábamos la segunda edición de esta obra. Habían pasado más de cuatro años desde la publicación de la Ley 27/2013, de 27 de diciembre, de racionalización y sostenibilidad de la Administración Local, y el Tribunal Constitucional había resuelto todos los recursos planteados. En las anotaciones al texto de esta LBRL permanecen las interpretaciones efectuadas por máximo intérprete de la Constitución.

Durante este tiempo se han producido algunos cambios en la norma, algunos de ellos provocados por la pandemia que nos ha tocado vivir. Tres han sido las normas que han efectuado cambios en la LBRL:

1) El Real Decreto-ley 9/2018, de 3 de agosto, de medidas urgentes para el desarrollo del Pacto de Estado contra la violencia de género, añadió una materia como competencia propia a las atribuidas al municipio, como es la relativa a las "actuaciones en la promoción de la igualdad entre hombres y mujeres así como contra la violencia de género2 – artículo 25.2 o) de la LBRL.

2) El Real Decreto-ley 11/2020, de 31 de marzo, por el que se adoptan medidas urgentes complementarias en el ámbito social y económico para hacer frente al COVID-19, añadió un nuevo apartado 3 al artículo 46 de la LBRL, posibilitando, en situaciones excepcionales de fuerza mayor, de grave riesgo colectivo, o catástrofes públicas que impidan o dificulten de manera desproporcionada el normal funcionamiento del régimen presencial de las sesiones de los órganos colegiados de las Entidades Locales, la celebración de sesiones y adoptar acuerdos a distancia por medios electrónicos y telemáticos, siempre que sus miembros participantes se encuentren en territorio español y quede acreditada su identidad.

3) La Ley 22/2021, de 28 de diciembre, de Presupuestos Generales del Estado para 2022, modificó el apartado séptimo de la disposición adicional segunda de la LBRL para atribuir a la Comunidad Autónoma del País Vasco la facultad de selección, la aprobación de la oferta pública de empleo para cubrir las vacantes existentes de las plazas correspondientes a las mismas en su ámbito territorial, convocar exclusivamente para su territorio los procesos de provisión para las plazas vacantes

en el mismo, la facultad de nombramiento del personal funcionario en dichos procesos de provisión, la asignación del primer destino y las situaciones administrativas (modificación frente a la que se han interpuesto dos recursos ante el Tribunal Constitucional).

Por su parte, el Tribunal Constitucional ha seguido teniendo oportunidad de interpretar, desde una perspectiva constitucional, la LBRL. Es el caso, entre otras de:

1) Sentencia del Tribunal Constitucional 86/2019, de 20 de junio (sobre la competencia municipal en materia de urbanismo y medio ambiente y la existencia de intereses supralocales)

2) Sentencia del Tribunal Constitucional 106/2019, de 19 de septiembre (sobre los funcionarios de carrera al servicio de la Administración Local)

3) Sentencia del Tribunal Constitucional 161/2019, de 12 de diciembre (sobre la competencia municipal en materia de urbanismo)

4) Sentencia del Tribunal Constitucional 82/2020, de 15 de julio (autonomía y suficiencia financiera local)

5) Sentencia del Tribunal Constitucional 19/2022, de 9 de febrero, F. 4 (Mancomunidades y autonomía local)

En el ámbito autonómico también se han producido innovaciones normativas que resulta preciso destacar. Es el caso de:

1) El Decreto 156/2021, de 4 de mayo, por el que se regulan las Entidades Locales Autónomas de Andalucía

2) La Ley de Cantabria 3/2022, de 14 de junio, de Entidades Locales Menores

3) La Ley Extremadura, 3/2019, de 22 de enero, de garantía de la autonomía municipal de Extremadura

4) La Ley 21/2018, de 16 de octubre, de Mancomunidades de la Comunitat Valenciana

Se ha intentado mantener el marcado carácter práctico de la obra como lugar de consulta de las relaciones normativas y de las principales interpretaciones que se han ido realizando sobre la propia LBRL. Por ello se han introducido extractos de Sentencias del tribunal Constitucional y, también, del Tribunal Supremo cuando ha realizado interpretaciones sobre los preceptos de la LBRL. Es el caso de las resoluciones que han analizado el Estatuto de los miembros de las Corporaciones Locales (artículo 73.3 de la LBRL), de sus retribuciones (artículo 75 bis de la LBRL), del derecho de información (artículo

77 de la LBRL) o que no resulta posible el ejercicio de la función de fe pública por quienes no fueran funcionarios de Administración Local con habilitación de carácter nacional (artículo 92 bis.1 de la LBRL).

No puede terminar esta nota introductoria sin agradecer a todos los profesionales del Derecho que se han dirigido para sugerir aportaciones a lo largo de estos años. Sería injusto no reconocer a los habilitados nacionales, Secretarios, Interventores y Tesoreros de la Administración Local su continuo apoyo y sus muestras de reconocimiento. Simplemente, gracias.

Pamplona, a 3 de octubre de 2022

F. Javier Fuertes López
Magistrado

NOTA DEL AUTOR A LA CUARTA EDICIÓN

Han pasado dos años desde la publicación de la tercera edición de esta obra y, en este tiempo, no se han producido grandes reformas (como el caso de la Ley 27/2013, de 27 de diciembre, de racionalización y sostenibilidad de la Administración Local).

De hecho había sido un período relativamente pacífico (con sus cosas, eso sí) hasta la promulgación por el Gobierno de la nación de la Real Decreto-ley 6/2023, de 19 de diciembre, por el que se aprueban medidas urgentes para la ejecución del Plan de Recuperación, Transformación y Resiliencia en materia de servicio público de justicia, función pública, régimen local y mecenazgo, mediante a que se introducen modificaciones a la Ley de Bases de Régimen Local.

No parece que sea esta la forma más adecuada de introducir reformas en una norma como la Ley de Bases de Régimen Local, alteraciones que se refieren a:

1) Reducción del requisito poblacional (de 5.000 a 4.000 habitantes) para la creación de nuevos municipios (artículo 13.2 de la LBRL).

2) Nueva redacción a la regulación (concepto y contenido) del *padrón municipal* (artículo 16 de la LBRL), de su gestión (artículo 17.4 de la LBRL) y del deber de comunicación de la Dirección General de la Policía (al menos mensualmente) al Instituto Nacional de Estadística, de los datos de los extranjeros anotados en el Registro Central de Extranjeros (disposición adicional séptima de la LBRL).

3) Inclusión de una nueva previsión en cuanto a la *atribución de competencias* municipales sobre que "deberá realizarse una ponderación específica de la capacidad de gestión de la entidad local" (artículo 25.2 de la LBRL).

4) Una nueva previsión sobre en municipios determinados de menos de 20.000 habitantes, dirigidos a garantizar los recursos suficientes para el cumplimiento de las competencias municipales en municipios de menos de 20.000 habitantes, (que dota de contenido al vacío artículo 28 de la LBRL).

5) Una nueva previsión sobre la necesidad de que las Entidades Locales deberán adoptar las medidas necesarias para facilitar la accesibilidad de los servicios públicos a los vecinos (utilización nuevas tecnologías,

creación y mantenimiento de un portal de internet de información a los vecinos y de acceso a los servicios públicos digitalizados, artículo 70 quater de la LBRL).

6) Nueva redacción al apartado 7 de la disposición adicional segunda de la LBRL en relación a las competencias del País Vasco en materia de los funcionarios de Administración local con habilitación de carácter nacional, modificación que ya había sido introducida por la disposición final 1 de Ley 22/2021, de 28 de diciembre, de Presupuestos Generales del Estado para el año 2022, y que, posteriormente a la modificación efectuada por el real Decreto-ley 6/2023, de 19 de diciembre, fue declarada inconstitucional por la Sentencia del Tribunal constitucional 67/2024, de 23 de abril (disposición adicional segunda de la LBRL).

7) Modificación de la previsión «Con el fin de mantener actualizados los datos de inscripción padronal de extranjeros en los padrones municipales, la Dirección General de la Policía, comunicará, al menos mensualmente, al Instituto Nacional de Estadística, para el ejercicio de sus competencias, los datos de los extranjeros anotados en el Registro Central de Extranjeros.»

8) Introducción de una nueva previsión conforma a la que las previsiones de la Ley de Bases de Régimen Local se aplicarán respetando, en todo caso la posición singular en materia de sistema institucional recogida en el artículo 5 del Estatuto de Autonomía de Cataluña, así como las competencias exclusivas y compartidas en materia de régimen local y organización territorial previstas en dicho Estatuto, de acuerdo con el marco competencial establecido en la Constitución y en especial en el Estatuto de Autonomía de Cataluña (disposición adicional decimoséptima de la LBRL).

Por su parte, el Tribunal Constitucional ha seguido teniendo oportunidad de interpretar la Ley de Bases de Régimen Local y de entre sus últimas resoluciones conviene destacar:

1) Sentencia del Tribunal Constitucional 124/2023, de 26 de septiembre, y 143/2023, de 24 de octubre (en relación a la autonomía financiera y provincial: recurso de inconstitucionalidad interpuesto frente a la Ley 5/2021, de 5 de noviembre, de la Generalitat, reguladora del fondo de cooperación municipal de los municipios y entidades locales menores de la Comunitat Valenciana).

2) Sentencia del Tribunal Constitucional 67/2024, de 23 de abril (declaración de inconstitucionalidad de la modificación realizada en el apartado séptimo de la disposición adicional segunda de la Ley de Bases de Régimen Local en tanto que efectuada por medio de la disposición final primera de la Ley 22/2021, de 28 de diciembre, de Presupuestos generales del Estado para el año 2022)

En el ámbito autonómico también se han producido innovaciones normativas que resulta preciso señalar. Es el caso de normas como:

1) La Ley 5/2022, de 6 de octubre, Reguladora del Fondo Aragonés de Financiación Municipal
2) La Ley 13/2023, de 30 de marzo, de dinamización del medio rural de Aragón
3) La Ley 4/2022, de 28 de junio, de consejos insulares de Baleares

En las anotaciones al texto de esta Ley de Bases de Régimen Local permanecen (como en anteriores ediciones) las decisiones adoptadas por el Tribunal Constitucional, como máximo intérprete de la Constitución, y es que, como en ediciones anteriores, se ha intentado mantener el marcado carácter práctico de la obra como lugar de consulta de las relaciones normativas y de las principales interpretaciones que se han ido realizando sobre la propia Ley de Bases de Régimen Local.

No puede terminar esta nota introductoria sin una reflexión ahora que se cumplen diez años desde que Salvador Vives me sugiriera (algo por lo que siempre te estaré inmensamente agradecido Salvador) la oportunidad de trasladar al papel las vicisitudes de la Ley de Bases de Régimen Local así como las relaciones y anotaciones que ello me sugerían. Transcurrido este tiempo mi deuda se ha incrementado con muchos profesionales del Derecho que, en no pocas ocasiones, me han trasladado sus incertidumbres y opiniones, al tiempo que me sugerían valiosas aportaciones.

En este sentido sería injusto no reconocer a los habilitados nacionales, Secretarios, Interventores y Tesoreros de la Administración Local, su continuo apoyo y sus muestras de reconocimiento. Sencillamente, gracias.

Pero también es llegado el momento de reconocer a quienes me iniciaron, me han guiado en esta labor y siempre han estado ahí, a mi lado, apoyando mis idas y venidas en mi diversa actividad profesional.

A Francisco Sosa Wagner y Mercedes Fuertes López les debo (entre otras muchas cosas) mi interés por las Entidades Locales y su (no siempre fácil) regulación. Su constante apoyo y su infinita generosidad han sido el motor que me ha permitido seguir avanzando y perseverando en mis empeños. Soy consciente de que nunca seré capaz de saldar mi deuda con ellos. Cuando se van a cumplir cuarenta años de la promulgación de la Ley 7/1985, de 2 de abril reguladora de las Bases del Régimen Local (en lo que no algo, sino todo, tuvo que ver el Profesor Sosa Wagner), resulta sorprendente que, a pesar de todos los cambios producidos (muchos de ellos superfluos, cuando no inconstitucionales), la Ley siga cumpliendo con el objetivo de dotar de contenido a la autonomía local.

A Francisco Fuertes Pérez, historiador y jurista, le debo la pasión por el Derecho y el que entienda el Derecho administrativo no tanto como un sistema organizativo (que ciertamente lo es) sino como un sistema de garantía para las personas. Hoy, cuando precisamente se cumplen cien años de su nacimiento (y algo más de cinco desde su fallecimiento), me resulta preciso dejar constancia de su imborrable recuerdo. Gracias.

Santa Marina del Rey (León), a 30 de agosto de 2024

F. Javier Fuertes López
Magistrado. Profesor de la Universidad de Navarra

NOTA DEL AUTOR A LA QUINTA EDICIÓN

A pesar del poco tiempo transcurrido desde la anterior edición (menos de un año) resulta preciso dar cuenta de una serie de cambios.

De un lado de las modificaciones introducidas en el texto de la Ley de Bases de Régimen Local. De otro la promulgación de una serie de Sentencias del Tribunal Constitucional con efectos en el ámbito local.

El Real Decreto-ley 7/2024, de 11 de noviembre, por el que se adoptan medidas urgentes para el impulso del Plan de respuesta inmediata, reconstrucción y relanzamiento frente a los daños causados por la Depresión Aislada en Niveles Altos (DANA) en diferentes municipios entre el 28 de octubre y el 4 de noviembre de 2024, aprovecho para introducir una nueva previsión (nuevo párrafo cuarto del artículo 57) en el marco de las relaciones interadministrativas para regular las condiciones para que las entidades locales puedan colaborar (cooperar) en caso de emergencia, con sujeción, eso sí, "a la normativa de estabilidad presupuestaria y sostenibilidad financiera".

La Ley Orgánica 1/2025, de 2 de enero, de medidas en materia de eficiencia del Servicio Público de Justicia, modifica las normas de contabilidad en cuanto a "las aportaciones que los grupos políticos destinen a los partidos políticos", remitiéndose a lo dispuesto en, por una parte, en la Ley Orgánica 6/2002, de 27 de junio, de Partidos Políticos, y, por otra, en la Ley Orgánica 8/2007, de 4 de julio, sobre financiación de los partidos políticos.

También aprovecha la Ley Orgánica 1/2025, de 2 de enero, de medidas en materia de eficiencia del Servicio Público de Justicia, para dar nueva redacción (una vez más) al apartado 7 de la disposición adicional segunda de la Ley de Bases de Régimen Local, la ya conocida cuestión de los funcionarios de Administración local con habilitación de carácter nacional en el País Vasco, si bien en este caso, además, se introduce una previsión, por medio de la disposición transitoria decimocuarta, para establecer que esa modificación (la del apartado séptimo de la de la disposición adicional segunda de la Ley de Bases de Régimen Local) "se aplicará también a aquellos procedimientos o actuaciones iniciados o en tramitación con anterioridad a la entrada en vigor de la misma".

El Tribunal Constitucional, cumpliendo la función que tiene atribuida (que no es la de la Administración de Justicia, ya que ni forma parte ni se integra en el *Poder Judicial*), ha seguido resolviendo las dudas que se le plantean sobre la constitucionalidad de cuestiones que afectan al régimen local, dictando sentencias entre las que conviene destacar:

1) Sentencia del Tribunal Constitucional 111/2024, de 10 de septiembre, que desestima el recurso de inconstitucionalidad interpuesto contra el Decreto-ley 8/2022, de 27 de septiembre, de la Junta de Andalucía, por el que se modifica la Ley 2/2003, de 12 de mayo, de transportes urbanos y metropolitanos en Andalucía.

2) Sentencia del Tribunal Constitucional 64/2025, de 13 de marzo, por la que se declara la constitucionalidad del Decreto-ley del Gobierno de la Generalitat de Cataluña 3/2023, de 7 de noviembre, de medidas urgentes sobre el régimen urbanístico de las viviendas de uso turístico, con análisis de la garantía constitucional de la autonomía local.

3) Sentencia del Tribunal Constitucional 134/2025, de 10 de junio de 2025, sobre la moción de censura, declarando la inconstitucionalidad y nulidad del párrafo segundo del art. 197.1 a) de la Ley Orgánica 5/1985, de 19 de junio, de régimen electoral general, y la inconstitucionalidad por conexión o consecuencia del inciso "los tres párrafos de" de la letra e) del art. 197.1 de la Ley Orgánica 5/1985, de 19 de junio, de régimen electoral general, en la redacción dada por la Ley Orgánica 2/2011, de 28 de enero.

Para dar por concluida esta nota, fruto del momento y de las circunstancias en las que nos encontramos, se me hace preciso reconocer la labor que dos colectivos de profesionales están realizando en estos momentos.

De un lado a los Secretarios, Interventores y Tesoreros de la Administración Local, funcionarios públicos (habilitados nacionales) a quienes corresponde la nada fácil laboral de efectuar el control interno en las Administraciones Locales, labor nada sencilla en estos tiempos.

Lo mismo sucede con las personas que integran la Administración de Justicia, línea de defensa del Estado de Derecho y que, al menos eso parece, no conviene que esté dotada de los medios adecuados para ejercer las funciones que tiene atribuidas.

Nunca hemos esperado reconocimiento a esa labor por parte de los políticos. Pero no estaría de más que se mostrara el respeto que merecen las funciones públicas que realizan.

Pamplona, a 30 de agosto de 2025

F. Javier Fuertes López
Magistrado. Profesor de la Universidad de Navarra

ABREVIATURAS

CE	Constitución Española de 1978
LBRL	Ley 7/1985, de 2 de abril, Reguladora de Bases del Régimen Local
LCSP/2017	Ley 9/2017, de 8 de noviembre, de Contratos del Sector Público
LJCA	Ley 29/1998, de 13 de julio, de la Jurisdicción Contencioso – Administrativa
LMMGL	Ley 57/2003, de 16 diciembre, de Medidas para la Modernización del Gobierno Local
LOREG	Ley Orgánica 5/1985, de 19 de junio, de Régimen Electoral General
LOTC	Ley Orgánica 2/1979, de 3 de octubre, del Tribunal Constitucional
LPA/2015	Ley 39/2015, de 1 de octubre, del Procedimiento Administrativo Común de las Administraciones Públicas
LRJ-PAC	Ley 30/1992, de 26 de noviembre, de Régimen Jurídico y Procedimiento Administrativo Común
LRJSP/2015	Ley 40/2015, de 1 de octubre, de Régimen Jurídico del Sector Público
RBEL	Reglamento de Bienes de las Entidades Locales, RD 1372/1986. de 13 de junio
ROF	Reglamento de Organización, Funcionamiento y Régimen Jurídico de las Entidades Locales, RD 2568/1986, de 28 de noviembre
RSCL	Reglamento de Servicios de las Corporaciones Locales, Decreto de 17 de junio de 1955
TREBEP	Real Decreto legislativo 5/2015, de 30 de octubre, por el que se aprueba el texto refundido del Estatuto Básico del Empleado Público
TRLHL	Real Decreto Legislativo 2/2004, de 5 de marzo, que aprueba el Texto Refundido de la Ley de Haciendas Locales

TRRL   Real Decreto Legislativo 781/1986, de 18 de abril, que aprue-
              ba el Texto Refundido de las disposiciones legales vigentes en
              materia de Régimen Local

Ley 7/1985, de 2 de abril, Reguladora de las Bases del Régimen Local

BOE, de 3 de abril de 1985 (corrección de errores publicada en BOE de 11 de junio de 1985)

PREÁMBULO

I

La organización democrática de nuestra convivencia representada por la Constitución es un hecho singular de nuestra convulsa historia de los últimos siglos; singular por el grado de sosegado consenso que alcanzó en su elaboración y aprobación, hecho de por sí ya sin precedentes, y singular, también, por la importancia de los asuntos y viejas querellas que abordó; así en lo tocante a libertades y organización territorial del Estado, en torno a los cuales tal historia es pródiga en mostrarnos las notables y graves diferencias que dividían el sentimiento de los ciudadanos y eran causa de profundas alteraciones en la cosa pública.

La implantación de un cimiento tan sólido de convivencia, que vale tanto como decir de futuro, por fuerza ha de producir beneficiosos efectos a lo largo y ancho del ser nacional insuflando nueva savia y nuevas energías en los últimos reductos de la organización social; en una palabra, regenerando un tejido social desatendido cuando no decrépito y lacerado por los sucesivos embates de cuantos vicios y abusos asolaron nuestra vida pública, transformándola en campo de agramante de quienes disputaban el dominio de las instituciones para satisfacción de privados intereses.

Uno de los ámbitos en que mayores efectos produce y ha producido ya la aprobación de nuestra querida Constitución es el relativo a la Administración local tan necesitada de adaptación a la nueva realidad. En el día son numerosas las pruebas de la urgencia de definir desde el Estado el alcance de la autonomía que se reconoce a estas Entidades tan ricas en historia y en muestras de su importante contribución a la defensa y engrandecimiento de España, pero tan expuestas a sufrir los males que puedan derivarse de una abusiva limitación de su capacidad de actuación en los asuntos que son del pro-común de las villas, pueblos, parroquias, alfoces, comunidades y otros lugares que con distintos nombres son conocidos en las diferentes regiones de nuestra patria.

La gravedad del asunto no admite demora y mucho menos cuando, por mor de la nueva configuración territorial del Estado, las nuevas Comunidades Autónomas esperan, algunas con impaciencia, a que el Estado trace las líneas maestras definitorias de estas Entidades para, inmediatamente, proceder al ejercicio de las facultades que sus novísimos Estatutos les confían.

Se comprenderá fácilmente que, al elaborar las presentes normas regula-doras del régimen local, el legislador sienta la carga de una especial respon-sabilidad, que le incita a extender sus reflexiones a todos aquellos ámbitos relacionados con el asunto y a indagar sobre la misma desde todas las pers-pectivas posibles y en primer lugar volviendo la vista a la Historia. Y es que las Instituciones que conforman el régimen local, además de su importancia intrínseca, además de su inmediata proximidad no ya a colectivos más o menos nutridos, sino a la práctica totalidad de los ciudadanos, poseen extraordinaria densidad histórica; cuentan con un pasado multisecular susceptible por sí solo de proporcionar valiosas enseñanzas y de orientar el pulso del legislador.

Pensemos ante todo en el Municipio, marco por excelencia de la conviven-cia civil, cuya historia es en muy buena medida la del Occidente a que pertene-cemos. Tanto en España como en Europa el progreso y el equilibrio social han estado asociados desde la antigüedad al esplendor de la vida urbana y al con-siguiente florecimiento municipal. Y viceversa, los períodos de estancamiento o de retroceso se han caracterizado igualmente por la simultánea decadencia de las comunidades ciudadanas, que en siglos ya lejanos llegó a consumarse con la ruina y extinción de los municipios.

Al clausurarse el primer milenio de nuestra era, la confluencia de facto-res múltiples y de diversa índole provocó el resurgimiento de la poco menos que inexistente vida urbana. Los países de Europa occidental, España entre ellos, volvieron a presenciar la erupción de núcleos humanos compactos. Sus asentamientos dejan de ser meros centros de población para adquirir superior organicidad, personalidad progresivamente definida; para forjar lentamente un régimen jurídico específico. El municipio, claro es, no equivale sin más a la ciu-dad, a la materialidad de sus calles y edificios. El municipio es la organización jurídica peculiar del núcleo urbano y también, con frecuencia, de su entorno geográfico. No se olvide, en efecto, que los nacientes municipios medievales fueron durante varios siglos instrumentos esenciales de colonización de territorios ganados a los musulmanes. Con el decisivo concurso de los municipios y por impulso suyo se repoblaron amplias zonas y se crearon incontables villas y aldeas, organizándose, en suma, extensos términos y alfoces estrechamente vinculados a las ciudades respectivas. La expresión más acabada del alcance de la expansión municipal seguramente se encuentra en las numerosas comunidades castellanas de villa y tierra.

Se ha aludido a la singularidad de la organización municipal, pero ¿en qué consistió exactamente? Los hombres del siglo XX necesitamos ejercitar nuestra adormecida imaginación, trascender el horizonte histórico inmediato, para comprender cabalmente lo que antaño representó la emergencia del régimen municipal. Es menester recordar la anterior exclusividad de la vida agraria, controlada por entero por sectores señoriales cuya prepotencia se tradujo en el establecimiento y generalización de las relaciones de servidumbre. En ese contexto señorial, el renacimiento de las ciudades y su organización en municipios posibilita el disfrute de libertades hasta entonces inasequibles; permite redimirse de los malos usos y de la opresión señorial, así como adquirir un estatuto jurídico liberador de las pasadas y pesadas restricciones. No le faltaban motivos al hombre medieval para pregonar que «el aire de la ciudad hace libre». Si el Señorío es el arquetipo de la sujeción personal, el municipio es el reducto de las libertades. En verdad los municipios son enclaves liberadores en medio del océano señorial de payeses, solariegos, etcétera, sometidos a servidumbre.

No fue, naturalmente, el altruismo de los señores lo que motivó la concesión de esas libertades concretas. La iniciativa y el estímulo provienen de la Corona, interesada en debilitar la hegemonía y contrarrestar la influencia de las fuerzas señoriales, que se erige en protectora y aliada de las ciudades. De ahí que sea la monarquía la que otorga las normas singulares que cimentan el edificio municipal: innumerables y sucesivos fueros, privilegios, franquicias, exenciones, jalonan el régimen jurídico de las poblaciones que, tras recibirlas, se convierten en municipios. Como consecuencia de ese proceso no se encuentran dos municipios con idéntico régimen. Antes bien, coexisten tipos o modelos municipales diversos y dotados de distinto grado de desarrollo. Común a los municipios de realengo es, empero, el contraste jurídico con el señorío rural y la íntima conexión con la monarquía, como lo es, desde luego, haber obtenido generosas dosis de autogobierno consustanciales al municipio propiamente dicho. Porque, aun obviando los excesos interpretativos de la historiografía

liberal, no es cuestionable que los municipios medievales —principal y precoz-
mente los castellanos— cohonestaron su indiscutida dependencia de la realeza
con el goce de amplia autonomía en todos los órdenes.

No obstante, la participación inicialmente igualitaria de la totalidad de
los vecinos en el gobierno municipal ni se mantuvo en toda su pureza ni fue
demasiado duradera. La aceptación de los criterios de estratificación estamental, a los que se sumaron las acusadas diferencias de riqueza que entre los
convecinos provocó en determinadas ciudades la prosperidad comercial, no
favorecía la perpetuación de la democracia municipal. La traducción jurídica
de las distinciones sociales de base estamental (o económica) introdujo en el
seno de las poblaciones un poderoso germen de desunión, engendró incesantes
convulsiones y sumió a los municipios en una situación de crisis permanente.

La tendencia a la oligarquización del gobierno municipal, la descomposi-
ción y endémicos desórdenes del régimen urbano, la paralela propensión del
poder central (en camino hacia el absolutismo) a fortalecer sus atribuciones en
detrimento de la autonomía local, facilitaron la intervención de la monarquía.
Entre mediados del siglo XIV y finales del XV la organización municipal experi-
mentó profundas mutaciones que contribuyeron a estrechar considerablemente
el ámbito del anterior autogobierno. Mencionemos, a título de ejemplo, sendas
manifestaciones paradigmáticas del fenómeno que se acaba de indicar: las
tempranas reformas de Alfonso XI en Castilla y las tardías de Fernando II en
Cataluña, distintas y distanciadas en el tiempo, pero inspiradas a la postre en
directrices políticas análogas.

A lo largo del bajo medievo los municipios quedaron, pues, literalmente
atenazados de un lado —desde dentro—, por la acción de la nobleza y de los
patriciados urbanos; de otro —desde fuera—, por las pretensiones interven-
cionistas de la propia monarquía. La pugna triangular que esmalta el acaecer
del municipio hasta muy avanzado el Antiguo Régimen desembocará en todo
caso en el menoscabo de los sectores ciudadanos, a pesar de haberse alineado
habitualmente en el bando de la realeza. El desarrollo de las oligarquías municipales se vio facilitado por la sustitución de las asambleas abiertas a todos
los vecinos (Concejos abiertos) por organismos reducidos (Cabildos, Consells,
Ayuntamientos) de los que todavía suelen formar parte, con los titulares de
cargos de designación regia y sin confundirse con ellos, otros oficiales en
principio rigurosamente electivos. La representatividad de las instituciones
municipales es, sin embargo, decreciente. Mientras los oficios concebidos como

resortes de protección del común de los vecinos pierden sustantividad, se desnaturalizan o se eclipsan, el fenómeno de patrimonialización de los cargos públicos que recorre Europa rompe el de por sí precario equilibrio y propicia el enquistamiento de las oligarquías locales gracias a la ocupación de los regimientos adquiridos por juro de heredad, transmisibles y «perpetuos».

Factores políticos y fiscales condujeron entre tanto a la monarquía a estrechar el cerco. Las vicisitudes del Estado absoluto repercutieron sobre los municipios en un doble orden de cosas. La formación de aquél supuso, en primer término, el notorio reforzamiento del control sobre el discurrir ciudadano, que se materializará en el despliegue de los corregidores reales por las poblaciones de cierta relevancia de la Corona castellana, sea cual fuere su posición geográfica (de Guipúzcoa a Cádiz, de La Coruña a Murcia). A los efectos que aquí atañen bastará con señalar que los corregidores eran los agentes por excelencia del poder regio y presidentes de los respectivos Ayuntamientos. La consolidación del Estado y los compromisos exteriores de los Austrias originaron, el segundo lugar, muy elevados costes y la consiguiente y crónica penuria de la Hacienda, que no reparó en medios para satisfacer sus perentorias exigencias. De esta suerte, a la desafortunada e inescrupulosa gestión económica de las oligarquías que gobiernan las ciudades, a la fortísima carga fiscal que gravita sobre la población pechera, se sumaron los trastornos ocasionados a los municipios por el innecesario acrecentamiento de oficios, por la proliferación de las exenciones de villas y lugares de los alfoces, por la imposición de múltiples gravámenes. Para alimentarse la Hacienda real vende sin tasa —oficios, villas, baldíos…—, a riesgo de empobrecer simultáneamente a los municipios y de poner en peligro la integridad de sus patrimonios.

La historia del municipio moderno es, con todo, sumamente compleja y está colmada de hechos de significación ambivalente, de matices aún inexplorados. Desde una óptica general es indudable su decadencia. No obstante, el régimen municipal preliberal tardó en desplomarse; conservó durante un período quizá más prolongado de lo que a menudo se cree parte de su potencia y los rescoldos de su pretérita autonomía distaron de apagarse al punto. ¿Acaso los denostados corregidores, brazo ejecutor de los designios reales, no sirvieron a la vez de freno a los abusos de las minorías poderosas?

En el tramo postrero del Antiguo Régimen, la organización municipal que los Austrias habían recibido, conservado y exportado a América, fue objeto de reformas inspiradas en los principios uniformistas y centralizadores característicos de la ilustración. Por más que resulten antagónicos de la orientación que preside esta Ley rehuyamos, en aras del rigor histórico, la tentación de silenciarlos o valorarlos acríticamente. No sería aceptable la atribución al Despotismo Ilustrado de pretensiones democratizadoras de la vida local. Interesa subrayar, sin embargo, tres vertientes de las reformas aludidas. Su gradación misma no carece de significado, por cuanto insinúa el orden de prioridades de los gobernantes de la época. En una primera etapa se acomete la unificación de los modelos municipales regnícolas.

Se aborda luego el saneamiento de las postradas haciendas locales. Y se ensaya, en fin, la tímida aplicación de determinados mecanismos representativos. Salvo en lo que se refiere al primer aspecto, las transformaciones del longevo régimen municipal absolutista no fueron demasiado profundas, a pesar de lo cual su ejecución tropezó con los intereses estamentales y provocó fuerte resistencia.

La llegada del liberalismo modificó sustancialmente los supuestos del régimen municipal que hasta aquí se ha descrito a grandes rasgos. El espíritu uniformista y centralizado, entonces al servicio de la renovación, se difundió por doquier. La abolición de los privilegios estamentales y la consagración del principio representativo tornó imposible la continuidad de los regimientos perpetuos, alteró por completo el procedimiento de acceso a los cargos municipales y prejuzgó la composición de los Ayuntamientos constitucionales. La concepción de la propiedad sustentada por la burguesía no presagiaba, precisamente el disfrute pacífico e indefinido de los bienes municipales amortizados. El propósito de racionalizar y dotar de homogeneidad a la actuación pública en el ámbito territorial condujo a la introducción de la fórmula provincial y a la paralela creación de las Diputaciones.

La versión inicial del régimen local constitucional, regulada en Cádiz, se estableció efectivamente en el trienio liberal. Se caracterizaba por la implantación de Ayuntamientos de traza uniforme en todas las poblaciones que contaran al menos con 1.000 habitantes y por el tendido de la red provincial en torno al binomio Diputación-Jefe político. Los integrantes de los Ayuntamientos son elegidos por sufragio indirecto. Es innegable que la articulación de los órganos locales con los del poder central se realizó con el concurso de las técnicas centralizadoras en boga, si bien la esfera de las competencias reservadas a los Ayuntamientos era todavía amplia y, por otra parte, los autores de la Instrucción de 1823 no vacilaron en dar cabida a algunas soluciones que entonces resultaban prudentemente descentralizadoras.

Cuando, tras los consabidos interludios absolutistas se produce la definitiva instalación del sistema constitucional, el legado doceañista en materia de régimen local es prontamente reemplazado por un nuevo modelo de cuño doctrinario que moderados y progresistas comparten en lo fundamental, cierto que con variantes y diferencias de grado no desdeñables. El sufragio indirecto cede ante el directo en su modalidad censitaria. El fortalecimiento del poder ejecutivo y el coetáneo despegue de la Administración del Estado reduplican las posibilidades de controlar eficazmente a las Entidades locales, sometidas, al fin, a la férrea centralización que, ahora ya con miras inmovilistas, los moderados llevaron a sus últimas consecuencias en las leyes municipal y provincial de 1845. Los progresistas propugnarán, por el contrario, la ampliación del censo y consiguiente extensión del sufragio, la suavización de los mecanismos centralizadores, el incremento de las facultades de los Ayuntamientos, la plena electividad de los alcaldes. En la mayoría de las ocasiones, tales propuestas carecieron de eco y obtuvieron, en el mejor de los casos, éxitos fugaces. En el periodo isabelino se emprende, por lo demás, y a fuerte ritmo, la desamortización civil, que privó a los municipios de buena parte de su patrimonio.

La aportación de la inmediata Revolución de septiembre al régimen local —que se concretó en la legislación municipal y provincial de 1870— consistirá en la adopción de sufragio universal, en la electividad de todos los cargos municipales, en el robustecimiento de las Diputaciones provinciales y en la considerable atenuación del centralismo. Los gobernantes de la Restauración no tardaron, sin embargo, en retornar a la orientación del régimen local de corte moderado anterior al Sexenio. La modificación en ese sentido de las Leyes de 1870 tuvo lugar en diciembre de 1876. El Real Decreto de 2 de octubre de 1877 contiene el texto refundido de la última Ley municipal del siglo, a la vez que la regulación del régimen provincial luego sustituida por la de la Ley de 29 de agosto de 1882.

En verdad, el panorama que ofrecían las instituciones locales finiseculares era desolador. En el plano provincial, las Diputaciones permanecen subordinadas por completo a los Gobernadores civiles; en el municipal, los Ayuntamientos, escasamente representativos, siguen sometidos a la estrecha tutela del Estado. El poder central continúa investido de atribuciones sobradas para intervenir en la designación de los alcaldes, remover a las autoridades locales o suspender los acuerdos municipales. Los criterios a que respondía la legislación local mencionada, lejos de infundir vitalidad a Ayuntamientos y Diputaciones, propiciaron su parálisis. La incidencia del caciquismo agravó la situación: atrapó al régimen local en las mallas de la inautenticidad, lo rodeó de prácticas corruptoras y lo condenó a pervivir en estado agónico. Los testimonios de los contemporáneos, unánimes a este respecto, no dejan lugar a dudas.

En esa tesitura, el régimen local, constreñido por leyes caducas y asfixiado por la espesa trama caciquil, devino en problema político de grueso calibre. Al tiempo que una serie de proyectos legislativos predestinados a fracasar desfila por las Cortes, las críticas se generalizan hasta alcanzar en la voz de los regeneracionistas un volumen clamoroso. Entre tales proyectos merecen ser recordados el de Sánchez Toca de 1891, el de Silvela de 1899 y, sobre todo, el de Maura de 1907, sin duda el más ambicioso y el que fue debatido con mayor ardor. Maura era consciente de la inocuidad de las reformas parciales y de la imposibilidad de frenar la degradación de la vida local sin extirpar el caciquismo y sin invertir la orientación centralizadora que inspiraba las leyes de 1877 y 1882 a la sazón vigentes. El suyo fue el intento más serio y meditado de reconsideración del régimen local en su conjunto, de lucha contra la corrupción y en favor del reforzamiento de los organismos municipales y Provinciales. El Proyecto reconocía la diversidad local, derogaba las disposiciones desamortizadoras, fortalecía la posición de los alcaldes, aflojaba la tutela del Estado y simultáneamente pretendía extender la acción de los entes locales por la vía —entre otras— de la municipalización de servicios. Los proyectos posteriores al de 1907 corrieron la misma suerte. Si hasta entonces la reforma del régimen local había concitado fortísima oposición, el planteamiento con caracteres agudos de la cuestión regional que a continuación sobrevino, al abrir una nueva brecha en el de por sí agrietado sistema político, aumentó las dificultades.

La trayectoria legislativa del régimen local desembocó durante la dictadura de Primo de Rivera en los Estatutos municipal de 8 de marzo de 1924 y Provincial de 20 de marzo de 1925, obra de José Calvo Sotelo íntimamente conectada con el ideario local maurista. El Estatuto municipal participa, en efecto, de la convicción de que el saneamiento de la vida local dependía, en buena parte, del previo abandono de las directrices uniformistas y centralizadoras. Se prestó en consecuencia, cierta atención a los municipios rurales y a las entidades menores, procediéndose, por otro lado, a suprimir algunas de las manifestaciones más rigurosas de la subordinación de los Ayuntamientos a la Administración del Estado y a ensanchar el ámbito de las competencias municipales. Medidas antes previstas por Maura y ya aludidas, como la derogación de la legislación desamortizadora y la municipalización de servicios, fueron igualmente incorporadas al Estatuto, expresión, en definitiva, de las soluciones técnicas que se habían ido gestando en las décadas precedentes y de las doctrinas políticas de signo autoritario, cuyo influjo se traduce, por ejemplo, en la introducción de la representación corporativa. Con independencia de las declaraciones formales en sentido contrario, régimen dictatorial, descentralización y vigorización del régimen local se excluían mutuamente; de hecho, la aplicación de aquellos preceptos de los Estatutos que simbolizaban el reflujo de la centralización se dejó en suspenso y no llegó a producirse.

El rapidísimo bosquejo que antecede sugiere algunas reflexiones, demasiado obvias por su misma elementalidad como para que el legislador prescinda de ellas y las olvide. La experiencia histórica demuestra de modo irrefutable que el florecimiento de la vida local presupone el disfrute de amplia autonomía nutrida por la participación auténtica de los vecinos. Es igualmente indudable que los entes locales precisan recursos suficientes, susceptibles de satisfacer las necesidades y de procurar los servicios que el administrado requiere y reclama. Tampoco parece cuestionable, por último, que régimen local y régimen político han evolucionado al unísono, vertebrados ambos por idénticos principios. No por otro motivo la historia tardía de nuestro régimen local es la historia de una prolongada, creciente y devastadora frustración. Cuando, como ocurrió de manera particularmente aleccionadora a partir de mediados del ochocientos, se coarta la participación vecinal, se adultera la representación, se usa y abusa de la centralización, las instituciones locales languidecen hasta agotarse. No se debió al azar que los reiterados intentos de reforma del régimen local de la Restauración resultaran a la postre estériles. El advenimiento del Estado democrático y autonómico exige consolidar de forma definitiva unas instituciones locales capaces de responsabilizarse de sus propios intereses y vivificadoras de todo el tejido del Estado.

II

Como demuestra nuestra historia y proclama hoy la Constitución, decir régimen local es decir autonomía. La pervivencia misma, a lo largo del tiempo y bajo las más diversas circunstancias políticas, de esta nota caracterizadora muestra, no obstante, la indeterminación y ambigüedad del concepto. Sólo su configuración positiva desde unos postulados y en un contexto jurídico-político determinado, es capaz de dotarlo de un contenido preciso.

Para empezar, el sentido de la autonomía local no puede prescindir de esa referencia fundamentadora de nuestro orden constitucional en que España, designándose a sí misma como sujeto real y protagonista de su historia, se constituye en Estado social y democrático de derecho; anticipando así la formalización de ese dato en la fórmula concisa de residenciar toda soberanía en el pueblo español. La autonomía local ha de situarse, pues, a la luz de ese principio y en la perspectiva de los principios nucleares que la Constitución contiene para la total estructuración del Estado.

La voluntad del pueblo español ha sido la de enriquecer su trama organizativa, multiplicando sus centros de decisión, sin mengua de la superior unidad de su realidad unificadora. La definición de los Municipios y Provincias se hace de forma suficiente, aunque no prolija, en el texto supremo. La autonomía municipal debe ser el principio rector de la regulación de cada entidad. El criterio para evitar contradicciones con otras instancias radica en la determinación de sus intereses respectivos. Qué cosa sea el interés respectivo no ha sido desarrollado por la Constitución, aunque sí ha determinado los asuntos de interés de la Comunidad Autónoma (art. 148.1) y del Estado (art. 149.1). Con esos elementos y con los datos que se desprenden de la realidad misma de las cosas, es posible construir las instituciones locales manteniéndolas en el lugar que debe corresponderles en un Estado complejo como el actual; y a las Cortes Generales compete enriquecer y concretar el diseño básico de las entidades locales como una de las piezas de la entera organización territorial del Estado. Presupone, pues, una perspectiva territorial, es decir, global y no sectorial. Su desarrollo representa poner en pie una institución territorial y, consecuentemente, su estatuto subjetivo —puntos de referencia del nuevo ordenamiento desde y por ellos vertebrado— y la ordenación de la capacidad potencialmente universal de dicha institución. Todos los sectores de la realidad a que se extiende la acción pública se encuentran, por ello, aludidos y en mayor o menor medida afectados. Se está, en definitiva, ante una Ley que atañe a la construcción misma del Estado y al diseño de uno de los ordenamientos jurídico-administrativos que en él se integran.

Si en sus orígenes medievales autonomía local es el municipio urbano, la ciudad que nace libre por exención del mundo señorial en declive y si, en el momento del surgimiento del Estado constitucional, esa caracterización pudo completarse identificándola con un supuesto orden local de competencias, ninguna de esas dos ideas sirve hoy para determinar la autonomía. No se trata ahora de utilizar el escalón municipal como pieza decisiva en un proceso histórico de emergencia de un nuevo orden político, sino más bien de delimitar el espacio y el papel propios de las entidades locales en el seno de un orden constituido, pero tampoco es posible entender hoy los poderes públicos como estructuras monolíticas, construidas en cascada de mayor a menor y dotadas de funciones relativamente estables y diferenciadas por serlo también el mundo al que se enfrenta.

Muy al contrario, la realidad social, cultural, tecnológica y económica ha roto definitivamente las situaciones singulares de relativo aislamiento y hoy la sociedad se nos muestra como un todo continuo donde la distancia, antes factor explicativo de supuestas autarquías, ha sido vencida por los medios de transporte, por las ondas y por la dependencia de un mercado único a nivel nacional a su vez ya íntimamente relacionado con la realidad internacional.

Esa continuidad del tejido social hace imposible marcar unas fronteras nítidas a los intereses cuya tutela respectiva se encomienda a los distintos poderes que destacan así su condición de formar parte de un conjunto institucional de arquitectura compleja en que las partes adquieren sentido en función del todo, pero articulándose entre sí no por principios formales, sino por criterios materiales que tratan de adaptar las competencias a los intereses reales en juego.

La autonomía local no puede definirse de forma unidimensional desde el puro objetivismo localista o regionalista, sino que requiere ser situada en el marco del ordenamiento integral del Estado.

La dificultad específica de ese objetivo radica en que éste no es único y homogéneo, sino constituido por la acción simultánea de los principios de unidad y autonomía de las nacionalidades y regiones, que encuentran su expresión organizativa en la distribución del poder entre las instituciones generales de la Nación y las Comunidades Autónomas. Puede calificarse de feliz la conceptuación de esa fórmula como Estado compuesto, un Estado con una única soberanía, un solo pueblo con un destino político común, que —reconociendo su diversidad— constituye el sistema de resolución permanente de sus contradicciones, conflictos y tensiones que no otra cosa es el Estado, sobre la base de una pluralidad de instancias autónomas y diversas, vertebradas entre sí para el mantenimiento del valor de la unidad. Carece, pues, de verdadero sentido la apelación sin más a modelos preestablecidos, pues las Corporaciones locales tienen en el sistema así descrito una posición propia, que no se define por relación a ninguna otra de las instancias territoriales, afirmándose —igual que éstas— en su condición, ganada por su peso histórico y actual, de partes componentes de la total estructura del Estado.

Huelga decir que la autonomía local, para su realidad, precisa de una institución capaz de actuarla; institución que, por expreso mandato constitucional y cuando menos en el escalón básico municipal, ha de montarse sobre la doble nota de la representatividad directa y la personificación. Pero, en lo que más interesa ahora, ello significa que el régimen local tiene que ser, por de pronto, la norma institucional de los entes locales. Esta comprobación elemental implica dos consecuencias de primera importancia. En primer término, que esa norma desarrolla la garantía constitucional de la autonomía local, función ordinamental que, al estarle reservada o, lo que es igual, vedada a cualesquiera otras normas, presta a su posición en el ordenamiento en su conjunto una vis específica, no obstante su condición formal de Ley ordinaria. De otro lado, el hecho de que las entidades locales, no obstante su inequívoca sustancia política, desplieguen su capacidad en la esfera de lo administrativo, justifica tanto esta última condición del marco definidor de su autonomía, como la identificación del título constitucional para su establecimiento en el artículo 149.1, apartado 18, en relación con el 148.1, apartado 2.º, del texto fundamental.

Queda explicado, así, que la determinación de ese marco es el resultado de la acción conjunta, según la concreta distribución de la potestad legislativa en la materia operada por el bloque normativo integrado por la Constitución y los Estatutos de Autonomía, de la Ley general y la Ley territorial.

La peculiar estructura de dicho marco —decisión básica constitucional en términos de garantía institucional y remisión al legislador ordinario de los entes locales—, no significa, sin embargo, que ese Estatuto deba quedar regulado agotadoramente por la Ley. Resurge aquí la vieja polémica entre uniformismo y diversidad en la organización local, en modo alguno resuelta con los intentos frustrados de tipificación de regímenes locales (que sólo suponen una estéril flexibilización del uniformismo), sólo que ahora transmutada en la tensión entre los valores constitucionales de unidad y autonomías (de las nacionalidades y regiones y de los entes locales). La resolución adecuada a esa tensión exige desde luego la constricción del marco general a lo estrictamente indispensable para satisfacer el interés nacional, pero también desde luego una específica ponderación, según su valor constitucional relativo, de las exigencias recíprocas del interés autonómico y el estrictamente local. De esa ponderación resulta que si en lo que trasciende a la conformación de la organización territorial (procesos de alteración de municipios y creación de nuevos entes territoriales), debe primar el interés autonómico, no sucede lo mismo en el plano de la organización interna de las entidades locales; plano en el que procede reconocer la primacía del interés de la acomodación de aquella a las características específicas de éstas.

Pero el régimen local, para cumplir su función de garantía de la autonomía e, incluso, su cometido específico en cuanto norma institucional de la Administración local, precisa extravasar lo puramente organizativo y de funcionamiento para penetrar en el campo de las competencias, las reglas de la actividad pública y el régimen de los medios personales y materiales. Obvio resulta decir que, en este campo, la regulación legal ha de tener muy presente la opción constitucional, expresada en el artículo 149.1, apartado 18, en favor de una ordenación común, configurando las inevitables peculiaridades de la Administración local desde ese fondo homogéneo, para su integración coherente en el mismo.

En punto al aspecto, absolutamente crucial, de las competencias, la base de partida no puede ser hoy otra que la de la radical obsolescencia, por las razones ya dichas anteriormente, de la vinculación de la autonomía a un bloque de competencias por naturaleza sedicentemente locales.

En efecto, salvo algunas excepciones son raras las materias que en su integridad puedan atribuirse al exclusivo interés de las corporaciones locales; lógicamente también son raras aquellas en las que no exista interés local en juego; de ahí que la cuestión de los ámbitos competenciales de los Entes locales deba tener en cuenta una composición equilibrada de los siguientes factores:

a) La necesidad de la garantía suficiente de la autonomía local, que cumple satisfacer en primer término a la Ley general por tratarse del desarrollo de una opción constructiva constitucional, que, por tanto, ha de tener vigencia en todo el territorio de la nación en términos de, cuando menos, un mínimo común denominador en cuanto al contenido de dicha autonomía.

b) La exigencia de la armonización de esa garantía general con la distribución territorial de la disposición legislativa sobre las distintas materias o sectores orgánicos de acción pública, pues es a todas luces claro que una y otra no pueden, so pena de inconstitucionalidad, anularse recíprocamente.

c) La imposibilidad material, en todo caso, de la definición cabal y suficiente de las competencias locales en todos y cada uno de los sectores de intervención potencial de la Administración local desde la legislación del régimen local.

El sistema legal de concreción competencial de la autonomía local pretende realizar esa composición equilibrada a que se ha hecho alusión. Sobre el fondo del reconocimiento expreso de las potestades y exorbitancias que corresponden a los entes locales territoriales en su condición de Administración Pública, todo el sistema pivota sobre la plasmación del criterio material desde el que debe producirse la concreción legal de las competencias; criterio que no es otro que el derecho de las Corporaciones locales a intervenir, con la intensidad y el alcance máximos —desde el principio constitucional de la descentralización y para la realización del derecho fundamental a la participación en los asuntos públicos— que permita la implicación relativa de los intereses de las diferentes colectividades territoriales en cualesquiera de dichos asuntos públicos. El mecanismo de cierre lo proporciona, de un lado, la imposición a la legislación sectorial —desde la especial posición ordinamental que a la Ley del régimen local es propia según ya se ha hecho notar— de la ponderación del expresado criterio, y de otro, la articulación de las competencias administrativas en la materia de que se trate de forma consecuente con la misma, así como la atribución a la legislación básica estatal de una función de aseguramiento de un mínimo competencial a la Administración Local.

Finalmente, la organización básica de las Corporaciones locales y las relaciones de éstas con las otras dos Administraciones Públicas territoriales, se inscriben lógicamente en las líneas maestras que han quedado trazadas.

Por lo que hace a las relaciones interadministrativas, salta a la vista la radical inadecuación del mantenimiento en el nuevo y compuesto Estado constitucional de las técnicas y las categorías cristalizadas en el Estado centralista y autoritario. En particular, ese juicio de radical obsolescencia merece predicarse de las técnicas formalizadas actuales por voluntad unilateral de una de las administraciones e incidentes normalmente en la validez o la eficacia de los actos emanados de otra, en este sentido subordinada a la anterior, técnicas que no son sino trasunto y consecuencia lógicos de la construcción piramidal y jerárquica del poder público administrativo, puesto que la tutela, a la que todas ellas se reconducen, no es sino una categoría que expresa una situación de fuerte dependencia casi jerárquica. El principio constitucional de autonomía y el administrativo de la descentralización, en que se fundamenta el nuevo Estado, implican las diversificaciones de los centros del poder público administrativo y la actuación de cada uno de ellos, en su ámbito propio, con plena capacidad y bajo la propia responsabilidad, es decir, impiden la atribución a alguno de ellos de facultades de control que recaigan sobre la actividad en general de los otros y que supongan una limitación de la capacidad de éstos. Cierto que ello no significa en modo alguno la invertebración del poder público administrativo, pues simultáneamente juega el principio de unidad y su traducción administrativa en los de coordinación y eficacia. Sucede sólo que ya no es legítima la realización de estos valores por las vías expuestas; antes bien, ha de ser el resultado del juego mismo de la vida institucional desde sus presupuestos de representatividad democrática y gestión autónoma de las propias competencias (con lo que todas las instancias administrativas son idénticas en cuanto a capacidad en la esfera de sus asuntos, derivando la desigualdad únicamente de la estructura inherente al interés público) como fruto del esfuerzo permanente de integración político-social en el orden constituido. De este modo, las técnicas de relación entre Administraciones han de tener por objeto más bien la definición del marco y de los procedimientos que faciliten el encuentro y la comunicación, incluso de carácter informal, para la colaboración y la coordinación interadministrativas, fundamentalmente voluntarios y de base negocial. Naturalmente que el cuadro de técnicas ha de cerrarse por un sistema resolutorio del supuesto límite del conflicto, por fracaso de las mismas. La configuración de ese sistema de conflictos tiene que ser, a la vez, respetuosa con la esencial igualdad posicional de las Administraciones territoriales y aseguradora de que el planteamiento y la sustanciación del conflicto no alteran la específica estructura constitucional de los intereses públicos a los que sirven dichas Administraciones.

Las anteriores reflexiones son un compendio de la filosofía que inspira la Ley. Esta, más que pretender garantizar la autonomía sobre la quietud de compartimentos estancos e incomunicados y, en definitiva, sobre un equilibrio estático propio de las cosas inanimadas, busca fundamentar aquélla en el equilibrio dinámico propio de un sistema de distribución del poder, tratando de articular los intereses del conjunto, reconociendo a cada uno lo suyo y estableciendo las competencias, principios, criterios y directrices que guíen la aplicación práctica de la norma en su conjunto de forma abierta a la realidad y a las necesidades del presente.

TÍTULO I. Disposiciones generales

Artículo 1

1. Los Municipios son entidades básicas de la organización territorial del Estado y cauces inmediatos de participación ciudadana en los asuntos públicos, que institucionalizan y gestionan con autonomía los intereses propios de las correspondientes colectividades.

> CONCORDANCIAS
>
> *CE, arts. 137 y 140; Carta Europea de Autonomía Local, art. 2; LBRL, arts. 11 a 30 y 121 a 138; ROF art. 4.*

2. La Provincia y, en su caso, la Isla gozan, asimismo, de idéntica autonomía para la gestión de los intereses respectivos.

> CONCORDANCIAS Y ANOTACIONES
>
> *CE, arts. 137 y 140; LBRL, arts. 31 a 41; ROF art. 4.*
>
> *Nótese que el Decreto Legislativo 2/2003, de 28 de abril, que aprueba el texto refundido de la Ley municipal y de régimen local de Cataluña establece, en su art. 1, que "los municipios y las comarcas son los entes locales en que se organiza territorialmente la Generalidad de Cataluña" y, en su art. 2 que "tienen también la condición de entes locales de Cataluña la provincia, las entidades municipales descentralizadas, las entidades metropolitanas y las mancomunidades de municipios", reconociendo que "el municipio, la comarca y la provincia tienen naturaleza territorial y tienen autonomía para la gestión de los intereses respectivos".*

Artículo 2

1. Para la efectividad de la autonomía garantizada constitucionalmente a las entidades locales, la legislación del Estado y la de las Comunidades Autónomas, reguladora de los distintos sectores de acción pública, según la distribución constitucional de competencias, deberá asegurar a los Municipios, las Provincias y las Islas su derecho a intervenir en cuantos asuntos afecten directamente al círculo de sus intereses, atribuyéndoles las competencias que

proceda en atención a las características de la actividad pública de que se trate y a la capacidad de gestión de la Entidad Local, de conformidad con los principios de descentralización, proximidad, eficacia y eficiencia, y con estricta sujeción a la normativa de estabilidad presupuestaria y sostenibilidad financiera.

ANOTACIONES Y CONCORDANCIAS

Apartado redactado por la Ley 27/2013, de 27 de diciembre, de racionalización y sostenibilidad de la Administración Local. Véase la redacción anterior al final de este mismo apartado.

CE, arts. 135 y 140; Ley Orgánica 2/2012, de 27 de abril, de Estabilidad Presupuestaria y Sostenibilidad Financiera; LBRL, art. 62; LOTC, art. 75 bis.

Ley Andalucía 5/2010, de 11 de junio, de Autonomía Local de Andalucía, arts. 6 a 25;
Ley Aragón 7/1999, de 9 de abril, art. 4;
Ley Castilla y León 1/1998, de 4 de junio, art. 83;
Decreto Legislativo Cataluña 2/2003, de 28 de abril, art. 9;
Ley 3/2019, de 22 de enero, de garantía de autonomía municipal de Extremadura, arts. 1 a 5;
Ley Galicia 5/1997, de 22 de julio, art. 171.
Ley 2/2016, de 7 de abril, de Instituciones Locales de Euskadi, art. 5;
Ley 5/2021, de 5 de noviembre, reguladora del Fondo de Cooperación Municipal de los Municipios y Entidades Locales Menores de la Comunitat Valenciana.
Decreto 110/2025, de 29 de julio, del Consell, por el que se desarrolla la ley reguladora del Fondo de Cooperación Municipal de los Municipios y Entidades Locales Menores de la Comunitat Valenciana.

Téngase en cuenta que la Sentencia del Tribunal Constitucional 124/2023 de 26 septiembre, declaró la inconstitucional y nulidad del artículo 7 de la Ley 5/2021, de 5 de noviembre, reguladora del Fondo de Cooperación Municipal de los Municipios y Entidades Locales Menores de la Comunitat Valenciana, así como el inciso ", en aplicación del artículo 66 del Estatuto de Autonomía de la Comunitat Valenciana," del apartado 6 del artículo 5.
En el Fundamento de Derecho octavo de la referida Sentencia del Tribunal Constitucional se señala que:
– Por su parte, el artículo 7 —que establece las reglas de distribución de los recursos económicos que corresponden a cada entidad beneficiaria, a efectuar mediante criterios objetivos a desarrollar por medio de decreto del Consell— se ha impugnado en su totalidad porque, según los recurrentes, vulnera el artículo 64.3 EACV, que mandata a les Corts Valencianes para que mediante ley creen el fondo de cooperación municipal "con los mismos criterios que el fondo estatal". A tal efecto, se ha de tener en cuenta lo dispuesto en los arts. 118 y ss. TRLHL (RCL 2004, 602, 670) , que prevén la creación de un fondo complementario de financiación de los entes locales y los criterios de distribución del mismo. Estas disposiciones estatales si bien no prevén, en sentido estricto, criterios de distribución en relación con los grandes municipios, sí que lo hacen, de manera

precisa, en relación con los de menos de 75 000 habitantes, que son, en conse-
cuencia, los que se han de tomar en consideración. A tal efecto, según dispone
el art. 124 TRLHL, la distribución del 75 por 100 de la participación total se
calcula tomando como referencia el criterio de la población, el 12,5 por 100
en función del esfuerzo fiscal medio de cada municipio obtenido en el segundo
ejercicio anterior al de la ley de presupuestos generales del Estado correspon-
diente, ponderado por el número de habitantes de derecho (entendiéndose, a
estos efectos, por esfuerzo fiscal medio de cada municipio el que para cada ejer-
cicio determinen las leyes de presupuestos generales del Estado en función de
la aplicación que por los municipios se haga de los tributos contenidos en esta
ley), y el 12,5 por 100 restante en función del inverso de la capacidad tributaria
en los términos que establezcan las leyes de presupuestos generales del Estado.
Por su parte, el artículo 7 de la Ley 5/2021 (LCV 2021, 843) , si bien fija las reglas
de distribución del fondo de cooperación municipal tomando como referencia el nú-
mero de habitantes de Derecho de cada entidad beneficiaria, aplicando coeficientes
correctores que favorezcan a las entidades de menor población, sin que se compu-
ten los habitantes de las entidades locales menores en la población del municipio
al que pertenezcan [apartado b)], establece, además, un importe mínimo anual de
asignación del fondo para todos los municipios y entidades locales menores para ga-
rantizar el acceso a una cantidad de base que permita el desarrollo de los pueblos en
más dificultades a consecuencia de factores como el despoblamiento [apartado c)].
Como se puede apreciar, existe una identidad sustancial entre la ley estatal y
la valenciana, en tanto que ambas toman la población como criterio principal
de distribución del fondo. No obstante, respecto de otra parte del mismo la
ley valenciana acude a criterios propios, que más allá de la justificación que
puedan tener para garantizar un mínimo de ingresos o para combatir los efectos
de la despoblación en determinados municipios (y entidades locales menores),
sin embargo, se apartan de las previsiones de la norma estatal. En la medida
en que el art. 64.3 EACV es taxativo en su prescripción "se creará el Fondo de
Cooperación Municipal de la Comunitat Valenciana con los mismos criterios
que el fondo estatal", sin dejar lugar a márgenes interpretativos al exigir una
identidad de criterios, se ha de fallar la inconstitucionalidad del artículo 7 de la
ley impugnada por infracción del citado precepto estatutario.
– Finalmente, por lo que se refiere a la impugnación del artículo 8, en la medida en que
tan solo se limita, por un lado, a concretar la participación obligatoria de las tres dipu-
taciones provinciales valencianas, a través de sus presupuestos anuales, en el fondo de
cooperación municipal de manera incondicionada, y, por el otro, a establecer su obliga-
ción de proveer de recursos propios y adecuados a los objetivos del fondo las dotacio-
nes aprobadas en el plan sectorial de financiación básica, cuestiones ambas que ya han
sido declaradas constitucionales, tampoco cabe hacer reproche constitucional alguno.

Redacción anterior (Originaria)

1. Para la efectividad de la autonomía garantizada constitucionalmente a las entidades
locales, la legislación del Estado y la de las Comunidades Autónomas, reguladora de los
distintos sectores de acción pública, según la distribución constitucional de competencias,
deberá asegurar a los Municipios, las Provincias y las Islas su derecho a intervenir en

*cuantos asuntos afecten directamente al círculo de sus intereses, atribuyéndoles las com-
petencias que proceda en atención a las características de la actividad pública de que se
trate y a la capacidad de gestión de la Entidad local, de conformidad con los principios de
descentralización y de máxima proximidad de la gestión administrativa a los ciudadanos.*

2. Las Leyes básicas del Estado previstas constitucionalmente deberán determinar las competencias que ellas mismas atribuyan o que, en todo caso,
deban corresponder a los entes locales en las materias que regulen.

CONCORDANCIAS Y ANOTACIONES

*LBRL, arts. 25 a 28 y 36 a 38.
La STC 214/1989, de 21 de diciembre, estableció que la constitucionalidad del art.
2.2 LBRL interpretado en el siguiente sentido:*

*"Pues bien, la norma impugnada, que es una norma incompleta o de remisión, no avala
o garantiza, por sí misma, la constitucionalidad de las leyes básicas sectoriales, pero no
por ello es inconstitucional, ya que tiene en su fundamento las mismas razones que se
dan en el párrafo primero de este art. 2, resultando una consecuencia del reconocimiento de la autonomía de los Entes locales que proclama el art. 137 de la Constitución y de
su garantía institucional, según el art. 140 de la misma. Todo lo cual nos lleva a un fallo
interpretativo del precepto contenido en el art. 2, párrafo 2.º, en el sentido de que las
leyes básicas deberán decir qué competencias corresponden en una materia compartida
a las Entidades locales por ser ello necesario para garantizarles su autonomía (arts. 137
y 140 de la Constitución). Ello no asegura que la ley básica estatal y sectorial (montes,
sanidad, etc.) que tal cosa disponga sea, sin más, constitucional porque si excede de
lo necesario para garantizar la institución de la autonomía local habrá invadido competencias comunitarias y será por ello, inconstitucional, correspondiendo en último
término a este Tribunal Constitucional ponderar, en cada caso, si las competencias
comunitarias y será por ello, inconstitucional, correspondiendo en último término a
este Tribunal Constitucional ponderar, en cada caso, si las competencias de ejecución
atribuidas a los Entes locales son o no necesarias para asegurar su autonomía" (F. 3 b).*

Artículo 3

1. Son entidades locales territoriales:
a) El Municipio.

CONCORDANCIAS

CE, art. 140; LBRL arts. 11 a 30 y 121 a 138; TRRL, arts. 2 a 24.

b) La Provincia.

CONCORDANCIAS

CE, art. 141; LBRL, arts. 31 a 40; TRRL, arts. 25 a 34.

c) La Isla en los archipiélagos balear y canario.

CONCORDANCIAS

CE, art. 141.4; LBRL, art. 41.
Ley 4/2022, de 28 de junio, de Consejos Insulares de Baleares.
Ley 8/2015, de 1 de abril, de Cabildos Insulares de Canarias.

2. Gozan, asimismo, de la condición de Entidades Locales:

a) Las comarcas u otras Entidades que agrupen varios Municipios, ins-tituidas por las Comunidades Autónomas de conformidad con esta Ley y los correspondientes Estatutos de Autonomía.

CONCORDANCIAS Y ANOTACIONES

CE, arts. 141.3 y 152.3; LBRL, arts. 4.2, 36.1 c) y 42.

El Tribunal Constitucional declaró la constitucionalidad de la nueva redacción del art. 3.2 LBRL recibida de la Ley 27/2013, de 27 de diciembre, de racionalización y sostenibilidad de la Administración Local (Véase la redacción y extracto de la Sentencia del Tribunal Constitucional 111/2016 al final de este mismo apartado).

Decreto Legislativo Aragón 1/2006, de 27 de diciembre;
Ley Asturias 3/1986, de 15 de mayo;
Ley Castilla y León 1/1991, de 14 de marzo;
Decreto Legislativo Cataluña 4/2003, de 4 de noviembre;
Ley Galicia 7/1996, de 10 de julio;
Ley Región de Murcia 6/1988, de 25 de agosto, art. 59;
Ley 2/2016, de 7 de abril, de Instituciones Locales de Euskadi, art. 2.

Téngase en cuenta que la disp. adic. Sexta de la Ley 27/2013, de 27 de diciembre, de racionalización y sostenibilidad de la Administración Local establece que:
"Las previsiones de esta Ley se aplicarán respetando la organización comarcal en aquellas Comunidades Autónomas cuyos estatutos de autonomía tenga atribuida expresamente la gestión de servicios supramunicipales".

b) Las Áreas metropolitanas.

CONCORDANCIAS

LBRL, art. 43.

c) Las Mancomunidades de Municipios.

CONCORDANCIAS

CE, art. 141.3; LBRL, art. 44; TRRL, art. 35;

Ley Aragón 7/1999, de 9 de abril, art. 3;
Ley Castilla y León 1/1998, de 4 de junio, arts. 29 a 48;

Decreto Castilla y León 30/2015, de 30 de abril, que aprueba el Reglamento de Organización y Funcionamiento de las Mancomunidades de Interés General, art. 5;
Decreto Legislativo Cataluña 2/2003, de 28 de abril, arts. 1 y 115 a 122;
Ley Extremadura 17/2010, de 22 de diciembre
Ley Galicia 5/1997, de 22 de julio, arts. 2, 8.4, 91.2 y 135 a 148;
Ley Foral Navarra 6/1990, de 2 de julio, arts. 3 y 47 a 52 —el art. 3.1d) atribuye la condición de entes locales a "las mancomunidades de ayuntamientos" y el art. 3.1 e) a "las mancomunidades de planificación general"—.
Ley 2/2016, de 7 de abril, de Instituciones Locales de Euskadi, art. 2;
Ley 21/2018, de 16 de octubre, de Mancomunidades de la Comunitat Valenciana.

Téngase en cuenta lo establecido en la disp. transit. Undécima de la Ley 27/2013, de 27 de diciembre, de racionalización y sostenibilidad de la Administración Local, en la que se establece que:
"Disposición transitoria undécima. Mancomunidades de municipios.
En el plazo de seis meses desde la entrada en vigor de esta Ley, las mancomunidades de municipios deberán de adaptar sus estatutos a lo previsto en el artículo 44 de la Ley 7/1985, de 2 de abril, reguladora de las Bases de Régimen Local, para no incurrir en causa de disolución.
Las competencias de las mancomunidades de municipios estarán orientadas exclusivamente a la realización de obras y la prestación de los servicios públicos que sean necesarios para que los municipios puedan ejercer las competencias o prestar los servicios enumerados en los artículos 25 y 26 de la Ley 7/1985, de 2 de abril, reguladora de las Bases de Régimen Local.
El expediente para la disolución será iniciado y resuelto por el Órgano de Gobierno de la Comunidad Autónoma, y en todo caso conllevará:
a) Que el personal que estuviera al servicio de la mancomunidad disuelta quedará incorporado en las Entidades Locales que formaran parte de ella de acuerdo con lo previsto en sus estatutos.
b) Las Entidades Locales que formaran parte de la mancomunidad disuelta quedan subrogadas en todos sus derechos y obligaciones".

Anotaciones y Redacción anterior (Originaria)

La Ley 27/2013, de 27 de diciembre, de racionalización y sostenibilidad de la Administración Local, suprimió, de entre las que gozan de la condición de Entidades Locales a las "Entidades de ámbito inferior al municipal", si bien es preciso tener presente que la disp. transit. Cuarta de la Ley modificadora dispone que "las entidades de ámbito territorial inferior al Municipio existentes en el momento de la entrada en vigor de la presente Ley mantendrán su personalidad jurídica", así como las causas por las que se produce su disolución. De igual manera hay que tener presente que la disp. transit. Quinta de la Ley modificadora determinaba que "el núcleo de población que antes del 1 de enero de 2013 hubiera iniciado el procedimiento para su constitución como entidad de ámbito territorial inferior al Municipio, una vez que se constituya, lo hará con personalidad jurídica propia y se regirá por lo dispuesto en la legislación autonómica correspondiente".

La propia Ley 27/2013, de 27 de diciembre, introdujo en la LBRL un nuevo art. 24 bis y dejo sin contenido el art. 45.

El Tribunal Constitucional ha declarado la constitucionalidad de la nueva redacción de este art. 3.2 al establecer que "La Junta de Andalucía impugna el art. 3.2 LBRL (en la redacción dada por el art. 1.2 de la Ley 27/2013); al dejar de incluir a los entes de ámbito inframunicipal de la lista de entidades locales, habría desbordado el ámbito correspondiente a las bases del régimen local (art. 149.1.18 CE) con vulneración consecuente de las competencias autonómicas sobre organización territorial. Tal impugnación no se desarrolla autónomamente, sino en conexión con el art. 24 bis LBRL, introducido por el art. 1.7 de la Ley 27/2013. La extralimitación en que incurriría la nueva redacción del art. 3.2 LBRL se produciría, justamente, porque, de acuerdo con el art. 24 bis LBRL, quedan plenamente integradas en el municipio, como organizaciones sin condición de entidad local ni personalidad jurídica, todas las constituidas a partir de la entrada en vigor de la Ley que no estuvieran en proceso de creación a fecha de 1 de enero de 2013. Consecuentemente, aunque la STC 41/2016 se pronunció solo sobre el art. 24 bis LBRL [FJ 7, letras a) y b)], todo lo razonado para descartar la inconstitucionalidad de este precepto es enteramente trasladable a este proceso para desestimar la impugnación formulada contra la nueva redacción del art. 3.2 LBRL" (Sentencia del Tribunal Constitucional 111/2016, de 9 de junio, F. 2 d).

La redacción anterior del art. 3.2 LBRL (originaria) lo era en los siguientes términos:

2. Gozan, asimismo, de la condición de Entidades locales:
a) Las Entidades de ámbito territorial inferior al municipal, instituidas o reconocidas por las Comunidades Autónomas, conforme al artículo 45 de esta Ley
b) Las comarcas u otras Entidades que agrupen varios Municipios, instituidas por las Comunidades Autónomas de conformidad con esta Ley y los correspondientes Estatutos de Autonomía.
c) Las Áreas metropolitanas.
d) Las Mancomunidades de Municipios.

Artículo 4

Artículo redactado por la Ley 57/2003, de 16 de diciembre, de Medidas para la Modernización del Gobierno Local (LMMGL). Véase la redacción anterior al final de este mismo artículo.

1. En su calidad de Administraciones públicas de carácter territorial, y dentro de la esfera de sus competencias, corresponden en todo caso a los municipios, las provincias y las islas:
a) Las potestades reglamentaria y de autoorganización.

Concordancias

LBRL, arts. 20.3 y 49; TRRL, art. 37; TRLHL, arts. 15 y ss.; ROF, art. 4.1 a); RSCL, arts. 5 y 7; LPA/2015, arts. 123 a 133.

b) Las potestades tributaria y financiera.

Concordancias

LBRL, arts. 106, 107 y 112; TRLHL, arts. 2, 6, 12 y 15; ROF, art. 4.1 b).

c) La potestad de programación o planificación.

Concordancias

ROF, art. 4.1 c); LPA/2015, art. 132.

d) Las potestades expropiatoria y de investigación, deslinde y recuperación de oficio de sus bienes.

Concordancias

LBRL, art. 82; ROF, art. 4.1 d); RBEL, arts. 44 a 73 y 120 a 135.

e) La presunción de legitimidad y la ejecutividad de sus actos.

Concordancias

LBRL, art. 51; LPA/2015, arts. 38 y 39; ROF, arts. 4.1 e) y 208.

f) Las potestades de ejecución forzosa y sancionadora.

Concordancias

TRRL, arts. 58 y 59; LPA/2015, art. 97; LRJSP/2015, Arts. 25 a 31; ROF, art. 4.1 f).

g) La potestad de revisión de oficio de sus actos y acuerdos.

Concordancias

LBRL, arts. 53 y 110; LHL, art. 114; LPA/2015, arts. 106 a 111; ROF, arts. 4.1 g) y 218.

h) Las prelaciones y preferencias y demás prerrogativas reconocidas a la Hacienda Pública para los créditos de la misma, sin perjuicio de las que correspondan a las Haciendas del Estado y de las comunidades autónomas; así como la inembargabilidad de sus bienes y derechos en los términos previstos en las leyes.

CONCORDANCIAS

CE, art. 132; LBRL, art. 80; TRLHL, art. 173; ROF, art. 4.1 h); RBEL, art. 5;
Ley Aragón 7/1999, de 9 de abril, art. 3.3;
Ley Galicia 5/1997, de 22 de julio, art. 6.1.

2. Lo dispuesto en el número precedente podrá ser de aplicación a las entidades territoriales de ámbito inferior al municipal y, asimismo, a las comarcas, áreas metropolitanas y demás entidades locales, debiendo las leyes de las comunidades autónomas concretar cuáles de aquellas potestades serán de aplicación, excepto en el supuesto de las mancomunidades, que se rigen por lo dispuesto en el apartado siguiente.

CONCORDANCIAS

ROF, art. 4.2;
Ley Andalucía 5/2010, de 11 de junio, de Autonomía Local de Andalucía, arts. 65
y 122; Decreto 156/2021, de 4 de mayo, por el que se regulan las entidades locales
autónomas de Andalucía;
Ley Aragón 7/1999, de 9 de abril, arts. 3.4, 78 y 88; Decreto Legislativo 1/2006, de
27 de diciembre, art. 3;
Ley Baleares 20/2006, de 15 de diciembre, arts. 32 y 53
Ley de Cantabria 3/2022, de 14 de junio, de Entidades Locales Menores, art. 3;
Ley Castilla-La Mancha 3/1991, de 14 de marzo, arts. 27 y 40;
Ley Castilla y León 1/1991, de 14 de marzo, art. 3; Ley Castilla y León 1/1998, de
4 de junio, arts. 30 y 51;
Decreto Legislativo Cataluña 2/2003, de 28 de abril, arts. 8 y 79 a 83;
Ley Extremadura 17/2010, de 22 de diciembre, art. 5
Ley Galicia 5/1997, de 22 de julio, art. 6;
Ley La Rioja 1/2003, de 3 de marzo, arts. 52 y 68;
Ley Foral Navarra 6/1990, de 2 de julio, arts. 37.1, 45.2 y 47.4;
Ley Región de Murcia 6/1988, de 25 de agosto, arts. 5 y 67.3;
Ley 21/2018, de 16 de octubre, de Mancomunidades de la Comunitat Valenciana

3. Corresponden a las mancomunidades de municipios, para la prestación de los servicios o la ejecución de las obras de su competencia, las potestades señaladas en el apartado 1 de este artículo que determinen sus Estatutos. En defecto de previsión estatutaria, les corresponderán todas las potestades enumeradas en dicho apartado, siempre que sean precisas para el cumplimiento de su finalidad, y de acuerdo con la legislación aplicable a cada una de dichas potestades, en ambos casos.

Concordancias y anotaciones

Decreto Castilla y León 30/2015, de 30 de abril, que aprueba el Reglamento de Organización y Funcionamiento de las Mancomunidades de Interés General; ley 21/2018, de 16 de octubre, de Mancomunidades de la Comunitat Valenciana

Este apartado fue una innovación realizado por la Ley 57/2003, de 16 de diciembre, de Medidas para la Modernización del Gobierno Local (LMMGL) ya que en la redacción originaria no existía un previsión equiparable.

A este respecto téngase en cuenta que el párrafo 4 del apartado III de la Exposición de Motivos de la Ley 57/2003, de 16 de diciembre señalaba que "dentro de este primer bloque de medidas, se refuerza el papel de las mancomunidades de municipios en nuestro sistema local, de forma que, por una parte, se mejora la regulación de sus potestades, aclarando que su determinación, en el marco de la legislación aplicable a cada una de ellas, corresponde a los municipios mancomunados, y, por otra parte, estableciendo la posibilidad de que puedan crearse entre municipios de distintas Comunidades Autónomas, en los términos de sus legislaciones respectivas".

Redacción anterior

En contenido de este artículo fue modificado íntegramente por la Ley 57/2003, de 16 de diciembre. La redacción anterior era la siguiente:

"1. En su calidad de Administraciones públicas de carácter territorial, y dentro de la esfera de sus competencias, corresponden en todo caso a los Municipios, las Provincias y las Islas:
a) Las potestades reglamentaria y de autoorganización.
b) Las potestades tributaria y financiera.
c) La potestad de programación o planificación.
d) Las potestades expropiatoria y de investigación, deslinde y recuperación de oficio de sus bienes.
e) La presunción de legitimidad y la ejecutividad de sus actos.
f) Las potestades de ejecución forzosa y sancionadora.
g) La potestad de revisión de oficio de sus actos y acuerdos.
h) La inembargabilidad de sus bienes y derechos en los términos previstos en las leyes; las prelaciones y preferencias y demás prerrogativas reconocidas a la Hacienda Pública para los créditos de la misma, sin perjuicio de las que correspondan a las Haciendas del Estado y de las Comunidades Autónomas.
2. Lo dispuesto en el número precedente y en el artículo 2 podrá ser de aplicación a las entidades territoriales de ámbito inferior al municipal y, asimismo, a las Comarcas, Áreas Metropolitanas y demás entidades locales, debiendo las leyes de las Comunidades Autónomas concretar cuáles de aquellas potestades serán de aplicación".

Sobre la redacción anterior conviene tener en cuenta que el inciso "y en el artículo 2" del apartado 2 (subrayado) había sido declarado inconstitucional y nulo por la STC 214/1989, de 21 de diciembre.

Artículo 5

Artículo redactado por la Ley 11/1999, de 21 de abril, de modificación de la LBRL y otras medidas para el desarrollo del Gobierno Local, en materia de tráfico, circulación de vehículos a motor y seguridad vial y en materia de aguas. Véase la redacción anterior al final de este mismo artículo.

Para el cumplimiento de sus fines y en el ámbito de sus respectivas competencias, las Entidades locales, de acuerdo con la Constitución y las leyes, tendrán plena capacidad jurídica para adquirir, poseer, reivindicar, permutar, gravar o enajenar toda clase de bienes, celebrar contratos, establecer y explotar obras o servicios públicos, obligarse, interponer los recursos establecidos y ejercitar las acciones previstas en las leyes.

CONCORDANCIAS

CE, arts. 137, 140 a 142; TRRL, art. 1; ROF, art. 3.1; RBEL, art. 9.1.

ANOTACIONES Y REDACCIÓN ANTERIOR (ORIGINARIA)

Las Entidades locales se rigen en primer término por la presente Ley y además:
A) En cuanto a su régimen organizativo y de funcionamiento de sus órganos:
Por las Leyes de las Comunidades Autónomas sobre régimen local y por el Reglamento orgánico propio de cada Entidad en los términos previstos en esta Ley.
B) En cuanto al régimen sustantivo de las funciones y los servicios:
a) Por la legislación del Estado y la de las Comunidades Autónomas, según la distribución constitucional de competencias.
b) Por las Ordenanzas de cada Entidad.
C) En cuanto al régimen estatutario de sus funcionarios, procedimiento administrativo, contratos, concesiones y demás formas de prestación de los servicios públicos, expropiación y responsabilidad patrimonial:
a) Por la legislación del Estado y, en su caso, la de las Comunidades Autónomas, en los términos del artículo 149.1.18ª de la Constitución.
b) Por las Ordenanzas de cada Entidad.
D) En cuanto al régimen de sus bienes:
a) Por la legislación básica del Estado que desarrolle el artículo 132 de la Constitución.
b) Por la legislación de las Comunidades Autónomas.
c) Por las Ordenanzas propias de cada Entidad.
E) En cuanto a las Haciendas locales:
a) Por la legislación general tributaria del Estado y la reguladora de las Haciendas de las Entidades locales, de las que será supletoria la Ley General Presupuestaria.
b) Por las Leyes de las Comunidades Autónomas en el marco y de conformidad con la legislación a que se refiere el apartado anterior.
c) Por las Ordenanzas fiscales que dicte la correspondiente Entidad local, de acuerdo con lo previsto en esta Ley y en las leyes mencionadas en los apartados a) y b).

*Sobre la redacción originaria es preciso tener en presente que el apartado 1 b) del Fa-
llo de la STC 214/1989, de 21 de diciembre, declara inconstitucional "El art. 5 en su
totalidad de acuerdo con lo dicho en el Fundamento Jurídico quinto, y por conexión
todas las remisiones al mismo contenidas en la presente Ley".*

Artículo 6

1. Las Entidades locales sirven con objetividad los intereses públicos que
les están encomendados y actúan de acuerdo con los principios de eficacia,
descentralización, desconcentración y coordinación, con sometimiento pleno
a la ley y al Derecho.

CONCORDANCIAS

LRJSP/2015, arts. 3 y 4; ROF, art. 5.1.

2. Los Tribunales ejercen el control de legalidad de los acuerdos y actos
de las Entidades locales.

CONCORDANCIAS

CE, art. 106.1; LBRL, arts. 63 a 68; LJCA, art. 1; ROF, art. 5.2.

Artículo 7

*Artículo redactado por la Ley 27/2013, de 27 de diciembre, de racionalización y
sostenibilidad de la Administración Local. Véase la redacción anterior al final de este
mismo artículo.*

1. Las competencias de las Entidades Locales son propias o atribuidas por
delegación.

CONCORDANCIAS Y ANOTACIONES

LBRL, arts. 2, 10, 25 a 27, 36 a 38, 40, 41, 42, 55, 57 bis, 59, 60, 86, 116 bis y 118.

*Ténganse en cuenta las previsiones efectuadas en las disposiciones adicionales y tran-
sitorias de la Ley 27/2013, de 27 de diciembre, de racionalización y sostenibilidad de
la Administración Local.*

2. Las competencias propias de los Municipios, las Provincias, las Islas y
demás Entidades Locales territoriales solo podrán ser determinadas por Ley y
se ejercen en régimen de autonomía y bajo la propia responsabilidad, atendiendo siempre a la debida coordinación en su programación y ejecución con
las demás Administraciones Públicas.

Concordancias

LBRL, arts. 2, 10, 25 a 27, 36 a 38, 40, 41, 42, 55, 57 bis, 59, 60, 86, 116 bis y 118.

Ténganse en cuenta las previsiones efectuadas en las disposiciones adicionales y transitorias de la Ley 27/2013, de 27 de diciembre, de racionalización y sostenibilidad de la Administración Local.

Ley Andalucía 5/2010, de 11 de junio, de Autonomía Local de Andalucía, arts. 6 a 25; Decreto-ley Andalucía 7/2014, de 20 de mayo, por el que se establecen medidas urgentes para la aplicación de la Ley 27/2013, de 27 de diciembre, de racionalización y sostenibilidad de la Administración Local
Ley Aragón 7/1999, de 9 de abril, art. 4;
Decreto Asturias 68/2014, de 10 de julio, por el que se regula el procedimiento para la obtención de los informes previstos en el artículo 7.4 de la Ley 7/1985, de 2 de abril, reguladora de las Bases del Régimen Local
Ley Baleares 20/2006, de 15 de diciembre, art. 3;
Ley de Cantabria 3/2022, de 14 de junio, de Entidades Locales Menores, art. 4;
Ley Castilla y León 1/1998, de 4 de junio, art. 20; Decreto-ley Castilla y León 1/2014, de 27 de marzo, de medidas urgentes para la garantía y continuidad de los servicios públicos en Castilla y León, derivado de la entrada en vigor de la Ley 27/2013, de 27 de diciembre, de racionalización y sostenibilidad de la Administración Local
Decreto Legislativo Cataluña 2/2003, de 28 de abril, art. 9;
Ley Extremadura 17/2010, de 22 de diciembre, art. 5
Ley Galicia 5/1997, de 22 de julio, arts. 6, 8, 80, 109, 147 y 163;
Ley La Rioja 1/2003, de 3 de marzo, arts. 4, 34, 52, 68, 71 y 79
Ley Madrid 1/2014, de 25 de julio, de Adaptación del Régimen Local de la Comunidad de Madrid a la Ley 27/2013, de 27 de diciembre, de Racionalización y Sostenibilidad de la Administración Local Ley Foral Navarra 6/1990, de 2 de julio, arts. 29 y 37;
Ley 2/2016, de 7 de abril, de Instituciones Locales de Euskadi, arts. 14 a 24;
Ley 21/2018, de 16 de octubre, de Mancomunidades de la Comunitat Valenciana, art. 4.

3. El Estado y las Comunidades Autónomas, en el ejercicio de sus respectivas competencias, podrán delegar en las Entidades Locales el ejercicio de sus competencias.

Las competencias delegadas se ejercen en los términos establecidos en la disposición o en el acuerdo de delegación, según corresponda, con sujeción a las reglas establecidas en el artículo 27, y preverán técnicas de dirección y control de oportunidad y eficiencia.

Concordancias

LBRL, arts. 27, 57 bis y 116 bis.

Ley 27/2013, de 27 de diciembre, de racionalización y sostenibilidad de la Adminis-
tración Local, disps. adics. Novena y Décima.
Circular Aragón 1/2014, de 28 de abril, de la Dirección General del Administración
Local sobre el régimen jurídico competencial de los municipios aragoneses tras la
entrada en vigor de la LRSAL
Ley Galicia 5/2014, de 27 de mayo, de medidas urgentes derivadas de la entrada en
vigor de la Ley 27/2013, de 27 de diciembre, de racionalización y sostenibilidad de
la Administración local

4. Las Entidades Locales sólo podrán ejercer competencias distintas de
las propias y de las atribuidas por delegación cuando no se ponga en riesgo
la sostenibilidad financiera del conjunto de la Hacienda municipal, de acuerdo
con los requerimientos de la legislación de estabilidad presupuestaria y sostenibilidad financiera y no se incurra en un supuesto de ejecución simultánea del
mismo servicio público con otra Administración Pública. A estos efectos, serán
necesarios y vinculantes los informes previos de la Administración competente
por razón de materia, en el que se señale la inexistencia de duplicidades, y de
la Administración que tenga atribuida la tutela financiera sobre la sostenibilidad financiera de las nuevas competencias.

CONCORDANCIAS Y ANOTACIONES

LBRL, arts. 27, 57 bis y 116 bis.
CE, art. 135 y Ley Orgánica 2/2012, de 27 de abril, de Estabilidad Presupuestaria y
Sostenibilidad Financiera.

El Tribunal Constitucional ha declarado la constitucionalidad de la nueva redacción
de este art. 7.4 al establecer que:
"Habría vulneración de la autonomía local solo si a través de aquellos informes y
exigencias materiales, el art. 7.4 LBRL hubiera impedido que los municipios inter-
vengan en los asuntos que les afectan con un grado de participación tendencialmente
correlativo a la intensidad de sus intereses.
Resulta evidente que tal imposibilidad no se produce en el contexto de un mode-
lo básico que atribuye directamente determinadas competencias a los entes locales
(art. 26 LBRL), permite a las leyes (estatales y autonómicas) atribuir específicamente
competencias propias o, incluso, obliga a que lo hagan —en todo caso— dentro de
determinados ámbitos materiales (art. 25.2 LBRL). A su vez, el art. 7.4 LBRL se apo-
ya en intereses supralocales (vinculados a la racionalización de las Administraciones
públicas, la sostenibilidad financiera y la estabilidad presupuestaria) para restringir la
posibilidad de ejercicio de —competencias distintas de las propias y de las atribuidas
por delegación—.
Por otra parte, las Administraciones que han de elaborar los informes previos están
directamente vinculadas por la garantía constitucional de la autonomía local. Son
ellas —no el art. 7.4 LBRL— las que podrían llegar a incurrir en la vulneración

denunciada si impidieran efectivamente en casos concretos una intervención local relevante en ámbitos de interés local exclusivo o predominante, sin perjuicio de los amplios márgenes de apreciación que abren los arts. 137, 140 y 141 CE. Consecuentemente, la impugnación del art. 7.4 LBRL, en cuanto a que los controles previstos vulnerarían la garantía constitucional de la autonomía local, debe reputarse —preventiva— y, por ello, desestimable [por todas, SSTC 111/2013, de 9 de mayo, FJ 4, 182/2014, de 6 de noviembre, FJ 2 e)]" (Sentencia del Tribunal Constitucional 41/2016, de 3 de marzo, F. 11 b)".

Así mismo, la Sentencia del Tribunal Constitucional 107/2017, de 21 de septiembre (F. 3) resolviendo el conflicto en defensa de la autonomía local formulado por 2.393 municipios establece, en cuanto a la impugnación de esta disposición, que:

"El artículo 7.4 LBRL, en la medida en que somete a los entes locales a aquellos informes vinculantes, constituye una restricción de la autonomía local: tales informes pueden impedir el ejercicio de competencias de fuerte interés municipal o pueden retrasarlo en el mejor de los casos. Ya hemos tenido oportunidad de razonar ampliamente que la exigencia de esos informes se justifica en intereses de alcance supralocal [STC 41/2016, FJ 11 b)]. A fin de valorar ahora si el precepto impugnado cumple el mandato de predeterminación normativa resultante del reconocimiento constitucional de la autonomía local (arts. 137, 140 y 141 CE), hay que partir de que, en efecto, algunos aspectos de aquella intervención restrictiva han quedado normativamente indefinidos. Las Administraciones que han de emitir los informes preceptivos y vinculantes se identifican indirectamente, por referencia a la competente según la materia —en lo que atañe al informe de duplicidad competencial— y a la responsable de la tutela financiera de los entes locales —en lo que se refiere al informe de sostenibilidad—. Nada se dice sobre aspectos formales tales como los órganos que deben evacuar los informes, el plazo de emisión y las consecuencias del incumplimiento; ni sobre elementos sustanciales como los concretos extremos que ha de tomar en consideración el informe sobre duplicidades. En fin, según hemos razonado ya, la Ley 27/2013 no define el concepto de «duplicidad» competencial como tampoco el de «sostenibilidad financiera».

Sin embargo, el artículo 7.4 LBRL no incumple aquella exigencia de predeterminación normativa. Al confiar un informe vinculante a la Administración «competente por razón de la materia», el precepto controvertido pretende evitar duplicidades sin vulnerar el sistema constitucional de distribución competencial; emitirá el informe el titular de las competencias de ejecución en el ámbito objetivo de que se trate, que habitualmente serán las Comunidades Autónomas a la vista de las múltiples competencias de gestión que tienen estatutariamente reconocidas. Por otra parte, cabe identificar fácilmente a la Administración «que tenga atribuida la tutela financiera». Tal Administración es la Comunidad Autónoma o, en su caso, la que indique el correspondiente Estatuto de Autonomía o la legislación autonómica: «resulta indiscutible, en primer lugar, que el art. 149.1 CE no ha reservado al Estado la ejecución del régimen local, en general, ni la tutela financiera de los entes locales, en particular, y, en segundo lugar, como consecuencia de lo anterior, que todos los Estatutos —no solo los que se benefician del plus competencial derivado de la garantía constitucional de la foralidad— pueden atribuir esas competencias a sus respectivas Comunidades Autónomas. Consecuentemente, la referencia a la Administración 'que tenga atribuida [o «ejerza»] la tutela financiera' de los entes locales no puede interpretarse como una fórmula alambicada mediante la cual *la Ley 27/2013 consigue residenciar en el nivel central la facultad de intervenir en decisiones administrativas o ejecutivas que afectan al mapa local canario (rt. 13.1 LBRL), así como autorizar caso a caso a la ampliación de las competencias de la corporación que lo solicite (art. 7.4 LBRL)» [STC 101/2017, FJ 6 b)].*

A su vez, el artículo 7.4 LBRL establece claramente que los municipios tienen atribuida la competencia para gestionar cualquier asunto de interés municipal a la vez que, con igual claridad, subordina su ejercicio a nada más que dos condiciones materiales. De modo que las Administraciones informantes solo pueden mantener la barrera que el artículo 7.4 LBRL impone inicialmente a la gestión de cualquier asunto de interés local por razones de sostenibilidad financiera y duplicidad competencial, siendo improcedentes las consideraciones de oportunidad y teniendo siempre en cuenta las garantías de autonomía local, no solo las establecidas en la Constitución (arts. 137 , 140 y 141 CE) y la legislación básica (entre otros, arts. 2.1 y 25.2 LBRL), sino también las eventualmente previstas en otras leyes, singularmente las de algunos Estatutos de Autonomía [en este sentido, STC 41/2016, FJ 11 b)], cuando sean compatibles con las bases del régimen local [SSTC 31/2010, FFJJ 36 y 37; 168/2016, FJ 3 b); 44/2017, FJ 2 c); 45/2017, FJ 2 c), y 54/2017, FJ 2 c)]. Por lo demás, el concepto de sostenibilidad financiera, aunque no está definido en la Ley 27/2013, lo está en el artículo 4 de la Ley Orgánica 2/2012, de 27 de abril, de estabilidad presupuestaria y sostenibilidad financiera.

Por otra parte, en el marco de una materia respecto de la que el Estado tiene solo competencia para adoptar bases, no puede extrañar que el artículo 7.4 LBRL haya dejado de regular agotadoramente la decisión autonómica sobre el ejercicio de las competencias locales. Antes bien, una regulación de mayor detalle que, por ejemplo, indicase el órgano autonómico competente para emitir los informes vinculantes y estableciese todo el procedimiento, invadiría la potestad de autoorganización y la competencia legislativa en materia de régimen local de las Comunidades Autónomas. Consecuentemente, son estas quienes, en cumplimiento de la exigencia de predeterminación normativa que impone la garantía constitucional de la autonomía local (arts. 137 , 140 y 141 CE), han de perfilar aquellos aspectos de la intervención autonómica que, pudiéndose considerar relevantes, han quedado indefinidos en el artículo 7.4 LBRL.

Procede, pues, desestimar también este motivo de inconstitucionalidad respecto del artículo 7.4 LBRL, en la redacción dada por el artículo 1.3 de la Ley 27/2013"

El Dictamen 338/2014 emitido por la Comisión Permanente del Consejo de Estado en sesión celebrada el 26 de junio de 2013 sobre el anteproyecto de Ley de racionalización y sostenibilidad de la Administración Local considera que no hay fundamentos jurídicos suficientes para plantear el conflicto en defensa de la autonomía local en relación con este precepto.

Nótese que en la redacción que este apartado recibe de la Ley 27/2013, de 27 de diciembre, de racionalización y sostenibilidad de la Administración Local, se produce una falta de concordancia entre "los informes previos" (en plural) y "en el que se señale la inexistencia de duplicidades" (en singular).

Decreto-ley Andalucía 7/2014, de 20 de mayo, por el que se establecen medidas urgentes para la aplicación de la Ley 27/2013, de 27 de diciembre, de racionalización y sostenibilidad de la Administración Local

Circular Aragón 1/2014, de 28 de abril, de la Dirección General del Administración Local sobre el régimen jurídico competencial de los municipios aragoneses tras la entrada en vigor de la LRSAL

Decreto Asturias 68/2014, de 10 de julio, por el que se regula el procedimiento para la obtención de los informes previstos en el artículo 7.4 de la Ley 7/1985, de 2 de abril, reguladora de las Bases del Régimen Local

Decreto-ley Castilla y León 1/2014, de 27 de marzo, de medidas urgentes para la garantía y continuidad de los servicios públicos en Castilla y León, derivado de la entrada en vigor de la Ley 27/2013, de 27 de diciembre, de racionalización y sostenibilidad de la Administración Local

Decreto-ley Cataluña 4/2014, de 22 de julio, por el que se establecen medidas urgentes para adaptar los convenios, los acuerdos y los instrumentos de cooperación suscritos entre la Administración de la Generalidad y los entes locales de Cataluña a la disposición adicional novena de la Ley 27/2013, de 27 de diciembre, de racionalización y sostenibilidad de la Administración local. Téngase en cuenta que el Decreto-ley 3/2014, de 17 de junio, por el que se establecen medidas urgentes para la aplicación en Cataluña de la Ley 27/2013, de 27 de diciembre, de racionalización y sostenibilidad de la Administración local fue "derogado" mediante la Resolución 774/X del Parlamento de Cataluña, por la que se hace pública la derogación del Decreto ley 3/2014, de 17 de junio, por el que se establecen medidas urgentes para la aplicación en Cataluña de la Ley 27/2013, de 27 de diciembre, de racionalización y sostenibilidad de la Administración local.

Ley Madrid 1/2014, de 25 de julio, de Adaptación del Régimen Local de la Comunidad de Madrid a la Ley 27/2013, de 27 de diciembre, de Racionalización y Sostenibilidad de la Administración Local

Decreto-Ley Región de Murcia 1/2014, de 27 de junio, de medidas urgentes para la garantía y continuidad de los servicios públicos en la Comunidad Autónoma de la Región de Murcia, derivado de la entrada en vigor de la Ley 27/2013, de 27 de diciembre, de racionalización y sostenibilidad de la Administración Local

Circular Comunidad Valenciana de 18 de junio de 2014, de la Dirección General de Administración Local, sobre el nuevo régimen competencial contemplado en la Ley 27/2013, de 27 de diciembre, de Racionalización y Sostenibilidad de la Administración Local

Redacción anterior (originaria)

1. Las competencias de las Entidades locales son propias o atribuidas por delegación. Las competencias propias de los Municipios, las Provincias, las Islas y demás Entidades locales territoriales solo podrán ser determinadas por Ley.

2. Las competencias propias se ejercen en régimen de autonomía y bajo la propia responsabilidad, atendiendo siempre a la debida coordinación en su programación y ejecución con las demás Administraciones Públicas.

3. Las competencias atribuidas se ejercen en los términos de la delegación, que puede prever técnicas de dirección y control de oportunidad que, en todo caso, habrán de respetar la potestad de autoorganización de los servicios de la Entidad local.

Artículo 8

Sin perjuicio de lo dispuesto en el artículo anterior, las Provincias y las islas podrán realizar la gestión ordinaria de servicios propios de la Administración autonómica, de conformidad con los Estatutos de Autonomía y la legislación de las Comunidades Autónomas.

CONCORDANCIAS

LBRL, art. 37; TRRL, arts. 66 y 68.1;

Ley Andalucía 5/2010, de 11 de junio, arts. 16 a 23;
Ley 4/2022, de 28 de junio, de Consejos Insulares de Baleares;
Ley 8/2015, de 1 de abril, de Cabildos Insulares de Canarias;
Decreto Legislativo Cataluña 2/2003, de 28 de abril, arts. 137 a 143;
Ley Galicia 5/1997, de 22 de julio, arts. 87 y 119;
Ley Región de Murcia 7/1983, de 7 de octubre, arts. 4 b) y 17.

Artículo 9

Las normas de desarrollo de esta Ley que afecten a los Municipios, Provincias, islas u otras Entidades locales territoriales no podrán limitar su ámbito de aplicación a una o varias de dichas Entidades con carácter singular, sin perjuicio de lo dispuesto en esta Ley para los regímenes municipales o provinciales especiales.

CONCORDANCIAS

LBRL, arts. 30 a 41;

Artículo 10

La Ley 27/2013, de 27 de diciembre, de racionalización y sostenibilidad de la Administración Local, modifica el apartado 3 y añade un nuevo apartado 4. Véase la redacción anterior al final de este mismo artículo.
Nótese que, en realidad, se introduce un nuevo apartado 3 y, el anterior con ese número, pasa, con una nueva redacción, a ser el cuarto

1. La Administración Local y las demás Administraciones públicas ajustarán sus relaciones recíprocas a los deberes de información mutua, colaboración coordinación y respeto a los ámbitos competenciales respectivos.

CONCORDANCIAS

LBRL, arts. 55 y ss.; TRRL, arts. 61 y ss.

2. Procederá la coordinación de las competencias de las entidades locales entre sí y, especialmente, con las de las restantes Administraciones públicas, cuando las actividades o los servicios locales trasciendan el interés propio de las correspondientes Entidades, incidan o condicionen relevantemente los de dichas Administraciones o sean concurrentes o complementarios de los de éstas.

CONCORDANCIAS

LBRL, arts. 6, 7, 3, 5, 58 y 59; TRRL, art. 69;

Ley Andalucía 5/2010, de 11 de junio, arts. 57 a 59;
Ley Aragón 7/1999, de 9 de abril, art. 161 y 162
Ley Baleares 8/2000, de 27 de octubre, arts. 5, 24, 31 a 34 y 40;
Ley Castilla-La Mancha 2/1991, de 14 de marzo, arts. 2, 4, 7 a 10 y 16;
Ley Castilla y León 1/1998, de 4 de junio, arts. 102 a 110;
Decreto Legislativo Cataluña 2/2003, de 28 de abril, arts. 144, 146 y 148;
Ley Extremadura 3/2019, de 22 de enero, arts. 10 a 23;
Ley Galicia 5/1997, de 22 de julio, arts. 205 a 209;
Ley Región de Murcia 6/1988, de 25 de agosto, arts. 76 y 82.

3. En especial, la coordinación de las entidades locales tendrá por objeto asegurar el cumplimiento de la legislación de estabilidad presupuestaria y sostenibilidad financiera.

CONCORDANCIAS

CE, art. 135 y Ley Orgánica 2/2012, de 27 de abril, de Estabilidad Presupuestaria y Sostenibilidad Financiera.

4. Las funciones de coordinación serán compatibles con la autonomía de las Entidades Locales.

ANOTACIONES Y CONCORDANCIAS

LBRL, arts. 6, 7, 3, 5, 58 y 59; TRRL, art. 69;

El cambio introducido por la Ley 27/2013, de 27 de diciembre, de racionalización y sostenibilidad de la Administración Local, en este apartado (el 3 en la redacción originaria LBRL) por el que se dispone que las funciones de coordinación "serán compatibles" con la autonomía en lugar de la anterior previsión conforme a la que esas funciones de coordinación "no afectarán en ningún caso" a la autonomía de las entidades locales es, en sus propios términos discutible. El matiz de la nueva redacción no es nimio y pretender que cualquier tipo de coordinación, que cualquier tipo de actuación que se ampare en las funciones de coordinación no atenta a la autono-

mía local es algo que no se resuelve porque así lo establezca la redacción de la Ley, aunque se trate de la propia LBRL.

Redacción anterior (originaria)

1. La Administración Local y las demás Administraciones públicas ajustarán sus relaciones recíprocas a los deberes de información mutua, colaboración coordinación y respeto a los ámbitos competenciales respectivos.
2. Procederá la coordinación de las competencias de las entidades locales entre sí y, especialmente, con las de las restantes Administraciones públicas, cuando las actividades o los servicios locales trasciendan el interés propio de las correspondientes Entidades, incidan o condicionen relevantemente los de dichas Administraciones o sean concurrentes o complementarios de los de éstas.
3. Las funciones de coordinación no afectarán en ningún caso a la autonomía de las entidades locales.

TÍTULO II. El municipio

Artículo 11

1. El Municipio es la Entidad local básica de la organización territorial del Estado. Tiene personalidad jurídica y plena capacidad para el cumplimiento de sus fines.
2. Son elementos del Municipio el territorio, la población y la organización.

Concordancias

CE, art. 140; LBRL, art. 1; TRRL, art. 1.1; ROF, art. 1.

Ley Castilla y León 1/1998, de 4 de junio, art. 2.1;
Ley Galicia 5/1997, de 22 de julio, art. 10;
Ley Foral 6/1990, de 2 de julio, art. 6.

CAPÍTULO I. Territorio y población

Concordancias

RD 1690/1986, de 11 de julio, por el que se aprueba el Reglamento de Población y Demarcación Territorial de las Entidades Locales.

Artículo 12

Artículo redactado por Ley 57/2003, de 16 de diciembre, de Medidas para la Modernización del Gobierno Local (LMMGL). Previamente, la redacción originaria había sido modificada por la Ley 4/1996, de 10 de enero, por la que se modifica la LBRL, en relación con el Padrón municipal. Véanse las redacciones anteriores al final de este mismo artículo.

1. El término municipal es el territorio en que el ayuntamiento ejerce sus competencias.

CONCORDANCIAS

RD 1690/1986, de 11 de julio, arts. 1, 2 y 53;
Ley Andalucía 5/2010, de 11 de junio, art. 89;
Ley Aragón 7/1999, de 9 de abril, art. 7;
Ley Castilla La Mancha 3/1991, de 14 de marzo, art. 2;
Ley Castilla y León 1/1998, de 4 de junio, art. 3;
Decreto Legislativo Cataluña 2/2003, de 28 de abril, art. 11;
Ley Galicia 5/1997, de 22 de julio, art. 11;
Ley Foral Navarra 6/1990, de 2 de julio, art. 11;
Ley La Rioja 1/2003, de 3 de marzo, art. 8

2. Cada municipio pertenecerá a una sola provincia.

CONCORDANCIAS Y ANOTACIONES

Este apartado introducido por la Ley 57/2003, de 16 de diciembre, de Medidas para la Modernización del Gobierno Local (LMMGL) supuso una innovación respecto del régimen normativo anterior puesto que en la redacción anterior no existía, expresamente, una previsión equivalente.
Téngase en cuenta lo previsto en el art. 13.1 LBRL sobre que "sin que la alteración de términos municipales pueda suponer, en ningún caso, modificación de los límites provinciales".

REDACCIONES ANTERIORES

El contenido de este artículo fue modificado por la Ley 57/2003, de 16 de diciembre, de Medidas para la Modernización del Gobierno Local (LMMGL). La redacción anterior, procedente de la Ley 4/1996, de 10 de enero, era la siguiente:
"El término municipal es el territorio en que el Ayuntamiento ejerce sus competencias".

Y la redacción originaria lo era en los siguientes términos:
1. El término municipal es el territorio en que el Ayuntamiento ejerce sus competencias.
2. Todos los residentes constituyen la población del Municipio.

Artículo 13

Artículo redactado por la Ley 27/2013, de 27 de diciembre, de racionalización y sostenibilidad de la Administración Local. Previamente la redacción originaria había sido modificada por Ley 57/2003, de 16 de diciembre, de Medidas para la Modernización del Gobierno Local (LMMGL). Véanse las redacciones anteriores al final de este mismo artículo.

La Sentencia del Tribunal Constitucional 41/2016, de 3 de marzo, desestimó todos los motivos de inconstitucionalidad planteados contra la nueva redacción que, este artículo, recibió de la Ley 27/2013, de 27 de diciembre (Véase, en especial el Fundamento de Derecho 6).

El Real Decreto-ley 6/2023, de 19 de diciembre, por el que se aprueban medidas urgentes para la ejecución del Plan de Recuperación, Transformación y Resiliencia en materia de servicio público de justicia, función pública, régimen local y mecenazgo, dio nueva redacción al apartado segundo de este artículo.

1. La creación o supresión de municipios, así como la alteración de términos municipales, se regularán por la legislación de las Comunidades Autónomas sobre régimen local, sin que la alteración de términos municipales pueda suponer, en ningún caso, modificación de los límites provinciales. Requerirán en todo caso audiencia de los municipios interesados y dictamen del Consejo de Estado o del órgano consultivo superior de los Consejos de Gobierno de las Comunidades Autónomas, si existiere, así como informe de la Administración que ejerza la tutela financiera. Simultáneamente a la petición de este dictamen se dará conocimiento a la Administración General del Estado.

CONCORDANCIAS Y ANOTACIONES

CE, art. 148.1.2ª; Carta Europea de Autonomía Local, art. 5; LBRL, arts. 22.2 b) y 47.2 a); RD 1690/1986, de 11 de julio, arts. 3 a 16;
Ley Andalucía 5/2010, de 11 de junio, art. 92 a 104;
Ley Aragón 7/1999, de 9 de abril, arts. 7 a 19;
Ley Asturias 10/1986, de 7 de noviembre, arts. 1 y ss.;
Ley Castilla-La Mancha 3/1991, de 14 de marzo, arts. 3 a 23;
Ley Castilla y León 1/1998, de 4 de junio, arts. 9 a 18;
Decreto Legislativo Cataluña 2/2003, de 28 de abril, arts. 12 a 25;
Ley Foral Navarra 6/1990, de 2 de julio, arts. 13 a 20;
Ley La Rioja 1/2003, de 3 de marzo, arts. 8 a 20;
Ley Madrid 2/2003, de 11 de marzo, arts. 9 y ss.

Sobre la base de la redacción anterior la Ley 27/2013, de 27 de diciembre, de racionalización y sostenibilidad de la Administración Local, introduce, como requisito adicional para la alteración de términos municipales el "informe de la Administración que ejerza la tutela financiera".
Véase lo previsto en el art. 12.2 LBRL sobre que "cada municipio pertenecerá a una sola provincia".

2. La creación de nuevos municipios sólo podrá realizarse sobre la base de núcleos de población territorialmente diferenciados, de al menos 4.000 habitantes y siempre que los municipios resultantes sean financieramente sos-

tenibles, cuenten con recursos suficientes para el cumplimiento de las competencias municipales y no suponga disminución en la calidad de los servicios que venían siendo prestados.

CONCORDANCIAS Y ANOTACIONES

TRRL, arts. 3 a 9; RD 1690/1986, de 11 de julio, arts. 2 a 15;
Ley Aragón 7/1999, de 9 de abril, arts. 8.3 y 10.1;
Ley Castilla-La Mancha 3/1991, de 14 de marzo, art. 13;
Ley Castilla y León 1/1998, de 4 de junio, arts. 10.2 y 15.2;
Decreto Legislativo Cataluña 2/2003, de 28 de abril, arts. 15 y 16;
Ley Región Murcia 6/1988, de 25 de agosto, art. 7.3;
Ley Foral 6/1990, de 2 de julio, art. 14;
Ley La Rioja 1/2003, de 3 de marzo, arts. 11 y 12.

La Ley 27/2013, de 27 de diciembre, de racionalización y sostenibilidad de la Administración Local, añade, como requisitos que se han de cumplir para la creación de nuevos municipios la existencia de un núcleo de población de "al menos 5.000 habitantes" y que sea "financieramente sostenible".

REDACCIONES ANTERIORES

El Real Decreto-ley 6/2023, de 19 de diciembre, por el que se aprueban medidas urgentes para la ejecución del Plan de Recuperación, Transformación y Resiliencia en materia de servicio público de justicia, función pública, régimen local y mecenazgo, dio nueva redacción al apartado segundo de este artículo, reduciendo el requisito de "al menos 5.000 habitantes" a "al menos 4.000 habitantes".

3. Sin perjuicio de las competencias de las Comunidades Autónomas, el Estado, atendiendo a criterios geográficos, sociales, económicos y culturales, podrá establecer medidas que tiendan a fomentar la fusión de municipios con el fin de mejorar la capacidad de gestión de los asuntos públicos locales.

CONCORDANCIAS

RD 1690/1986, de 11 de julio, art. 5.2;
Ley Andalucía 5/2010, de 11 de junio, arts. 92 y 101;
Ley Aragón 7/1999, de 9 de abril, art. 16;
Ley Castilla y León 1/1998, de 4 de junio, art. 18;
Decreto Legislativo Cataluña 2/2003, de 28 de abril, arts. 13 y 20;
Ley Galicia 5/1997, de 22 de julio, art. 12;
Ley Región de Murcia 6/1988, de 25 de agosto, art. 13.2;
Ley Foral 6/1990, de 2 de julio, art. 20.

A pesar de que la Ley 27/2013, de 27 de diciembre, de racionalización y sostenibilidad de la Administración Local, da nueva redacción a la totalidad del artículo 13, este apartado tercero mantiene los mismos términos que presentaba la redacción anterior que se corresponden con los establecidos por la redacción originaria de la LBRL.

4. Los municipios, con independencia de su población, colindantes dentro de la misma provincia podrán acordar su fusión mediante un convenio de fusión, sin perjuicio del procedimiento previsto en la normativa autonómica. El nuevo municipio resultante de la fusión no podrá segregarse hasta transcurridos diez años desde la adopción del convenio de fusión.

Al municipio resultante de esta fusión le será de aplicación lo siguiente:

a) El coeficiente de ponderación que resulte de aplicación de acuerdo con el artículo 124.1 del texto refundido de la Ley Reguladora de las Haciendas Locales, aprobado mediante Real Decreto Legislativo 2/2004, de 5 de marzo se incrementará en 0,10.

b) El esfuerzo fiscal y el inverso de la capacidad tributaria que le corresponda en ningún caso podrá ser inferior al más elevado de los valores previos que tuvieran cada municipio por separado antes de la fusión de acuerdo con el artículo 124.1 del texto refundido de la Ley Reguladora de las Haciendas Locales, aprobado mediante Real Decreto Legislativo 2/2004, de 5 de marzo.

c) Su financiación mínima será la suma de las financiaciones mínimas que tuviera cada municipio por separado antes de la fusión de acuerdo con el artículo 124.2 del texto refundido de la Ley Reguladora de las Haciendas Locales, aprobado mediante Real Decreto Legislativo 2/2004, de 5 de marzo.

d) De la aplicación de las reglas contenidas en las letras anteriores no podrá derivarse, para cada ejercicio, un importe total superior al que resulte de lo dispuesto en el artículo 123 del citado texto refundido de la Ley Reguladora de las Haciendas Locales.

e) Se sumarán los importes de las compensaciones que, por separado, corresponden a los municipios que se fusionen y que se derivan de la reforma del Impuesto sobre Actividades Económicas de la disposición adicional décima de la Ley 51/2002, de 27 de diciembre, de Reforma de la Ley 39/1988, de 28 de diciembre, Reguladora de las Haciendas Locales, actualizadas en los mismos términos que los ingresos tributarios del Estado en cada ejercicio respecto a 2004, así como la compensación adicional, regulada en la disposición adicional segunda de la Ley 22/2005, de 18 de noviembre, actualizada en los mismos términos que los ingresos tributarios del Estado en cada ejercicio respecto a 2006.

f) Queda dispensado de prestar nuevos servicios mínimos de los previstos en el artículo 26 que le corresponda por razón de su aumento poblacional.

g) Durante, al menos, los cinco primeros años desde la adopción del convenio de fusión, tendrá preferencia en la asignación de planes de cooperación local, subvenciones, convenios u otros instrumentos basados en la concurrencia. Este plazo podrá prorrogarse por la Ley de Presupuestos Generales del Estado.

La fusión conllevará:

a) La integración de los territorios, poblaciones y organizaciones de los municipios, incluyendo los medios personales, materiales y económicos, del municipio fusionado. A estos efectos, el Pleno de cada Corporación aprobará las medidas de redimensionamiento para la adecuación de las estructuras organizativas, inmobiliarias, de personal y de recursos resultantes de su nueva situación. De la ejecución de las citadas medidas no podrá derivarse incremento alguno de la masa salarial en los municipios afectados.

b) El órgano del gobierno del nuevo municipio resultante estará constituido transitoriamente por la suma de los concejales de los municipios fusionados en los términos previstos en la Ley Orgánica 5/1985, de 19 de junio, del Régimen Electoral General.

c) Si se acordara en el Convenio de fusión, cada uno de los municipios fusionados, o alguno de ellos podrá funcionar como forma de organización desconcentrada de conformidad con lo previsto en el artículo 24 bis.

d) El nuevo municipio se subrogará en todos los derechos y obligaciones de los anteriores municipios, sin perjuicio de lo previsto en la letra e).

e) Si uno de los municipios fusionados estuviera en situación de déficit se podrán integrar, por acuerdo de los municipios fusionados, las obligaciones, bienes y derechos patrimoniales que se consideren liquidables en un fondo, sin personalidad jurídica y con contabilidad separada, adscrito al nuevo municipio, que designará un liquidador al que le corresponderá la liquidación de este fondo. Esta liquidación deberá llevarse a cabo durante los cinco años siguientes desde la adopción del convenio de fusión, sin perjuicio de los posibles derechos que puedan corresponder a los acreedores. La aprobación de las normas a las que tendrá que ajustarse la contabilidad del fondo corresponderá al Ministro de Hacienda y Administraciones Públicas, a propuesta de la Intervención General de la Administración del Estado.

f) El nuevo municipio aprobará un nuevo presupuesto para el ejercicio presupuestario siguiente a la adopción del convenio de fusión.

CONCORDANCIAS Y ANOTACIONES

LBRL, arts. 24 bis y 116 bis; TRLHL, arts. 118 a 125.

La Ley 27/2013, de 27 de diciembre, de racionalización y sostenibilidad de la Administración Local señala en su Preámbulo sobre los procesos de fusión que "a este respecto, cabe señalar que por primera vez se introducen medidas concretas para fomentar la fusión voluntaria de municipios de forma que se potencie a los municipios que se fusionan ya que contribuyen a racionalizar sus estructuras y superar la atomización del mapa municipal" (párrafo 13) y que "entre estas medidas de incentivo se encuentran el incremento de su financiación, la preferencia en la asignación de planes de cooperación local o de subvenciones, o la dispensa en la prestación de nuevos servicios obligatorios como consecuencia del aumento poblacional. Además, si se acordara entre los municipios fusionados alguno de ellos podría funcionar como forma de organización desconcentrada, lo que permitiría conservar la identidad territorial y denominación de los municipios fusionados aunque pierdan su personalidad jurídica. Por último, estas medidas de fusiones municipales incentivadas, que encuentran respaldo en la más reciente jurisprudencia constitucional, STC 103/2013, de 25 de abril, supondrán, en definitiva, que los municipios fusionados percibirán un aumento de la financiación en la medida en que los municipios de menor población recibirán menos financiación" (párrafo 14).

5. Las Diputaciones provinciales o entidades equivalentes, en colaboración con la Comunidad Autónoma, coordinarán y supervisarán la integración de los servicios resultantes del proceso de fusión.

CONCORDANCIAS Y ANOTACIONES

LBRL, art. 116 bis;

La Ley 27/2013, de 27 de diciembre, de racionalización y sostenibilidad de la Administración Local, señala en su Preámbulo que "otra de las medidas adoptadas en la Ley es la de reforzar el papel de las Diputaciones Provinciales, Cabildos, Consejos insulares o entidades equivalentes. Esto se lleva a cabo mediante la coordinación por las Diputaciones de determinados servicios mínimos en los municipios con población inferior a 20.000 habitantes o la atribución a éstas de nuevas funciones como la prestación de servicios de recaudación tributaria, administración electrónica o contratación centralizada en los municipios con población inferior a 20.000 habitantes, su participación activa en la elaboración y seguimiento en los planes económico-financieros o las labores de coordinación y supervisión, en colaboración con las Comunidades Autónomas, de los procesos de fusión de Municipios" (Párrafo 12).

6. El convenio de fusión deberá ser aprobado por mayoría simple de cada uno de los plenos de los municipios fusionados. La adopción de los acuerdos previstos en el artículo 47.2, siempre que traigan causa de una fusión, será por mayoría simple de los miembros de la corporación.

Concordancias

LBRL, arts. 47.2 y 116 bis;

Redacciones anteriores

La redacción anterior de este artículo procedía de la Ley 57/2003, de 16 de diciembre, de Medidas para la Modernización del Gobierno Local (LMMGL).
1. La creación o supresión de municipios, así como la alteración de términos municipales, se regularán por la legislación de las comunidades autónomas sobre régimen local, sin que la alteración de términos municipales pueda suponer, en ningún caso, modificación de los límites provinciales. Requerirán en todo caso audiencia de los municipios interesados y dictamen del Consejo de Estado o del órgano consultivo superior de los Consejos de Gobierno de las comunidades autónomas, si existiere. Simultáneamente a la petición de este dictamen se dará conocimiento a la Administración General del Estado.
2. La creación de nuevos municipios sólo podrá realizarse sobre la base de núcleos de población territorialmente diferenciados y siempre que los municipios resultantes cuenten con recursos suficientes para el cumplimiento de las competencias municipales y no suponga disminución en la calidad de los servicios que venían siendo prestados.
3. Sin perjuicio de las competencias de las comunidades autónomas, el Estado, atendiendo a criterios geográficos, sociales, económicos y culturales, podrá establecer medidas que tiendan a fomentar la fusión de Municipios con el fin de mejorar la capacidad de gestión de los asuntos públicos locales.

Y la redacción originaria lo era en los siguientes términos:
1. La creación o supresión de Municipios, así como la alteración de términos municipales, se regulará por la legislación de las Comunidades Autónomas sobre régimen local. Requerirán en todo caso audiencia de los Municipios interesados y dictamen del Consejo de Estado o del órgano consultivo superior de los Consejos de Gobierno de las Comunidades Autónomas, si existiere. Simultáneamente a la petición de este dictamen se dará conocimiento a la Administración del Estado.
2. La creación de nuevos Municipios sólo podrá realizarse sobre la base de núcleos de población territorialmente diferenciados y siempre que los Municipios resultantes cuenten con recursos suficientes para el cumplimiento de las competencias municipales y no suponga disminución en la calidad de los servicios que venían siendo prestados.
3. Sin perjuicio de las competencias de las Comunidades Autónomas, el Estado, atendiendo a criterios geográficos, sociales, económicos y culturales, podrá establecer medidas que tiendan a fomentar la fusión de Municipios con el fin de mejorar la capacidad de gestión de los asuntos públicos locales.

Artículo 14

1. Los cambios de denominación de los Municipios solo tendrán carácter oficial cuando, tras haber sido anotados en un Registro creado por la Adminis-

tración del Estado para la inscripción de todas las Entidades a que se refiere la presente Ley, se publiquen en el «Boletín Oficial del Estado».

CONCORDANCIAS

TRRL, art. 11;
Ley Andalucía 5/2010, de 11 de junio, arts. 107 y 108;
Ley Aragón 7/1999, de 9 de abril, art. 23;
Ley Castilla y León 1/1998, de 4 de junio, art. 24;
Ley de La Rioja 1/2003, de 3 de marzo, art. 25;
Ley Madrid 2/2003, de 11 de marzo, art. 6.
Ley Foral Navarra 6/1990, de 2 de julio, art. 21.2.

2. La denominación de los Municipios podrá ser, a todos los efectos, en castellano, en cualquier otra lengua española oficial en la respectiva Comunidad Autónoma, o en ambas.

CONCORDANCIAS

Ley Andalucía 5/2010, de 11 de junio, art. 107;
Ley Aragón 7/1999, de 9 de abril, art. 23;
Ley Castilla y León 1/1998, de 4 de junio, art. 24;
Ley Foral Navarra 6/1990, de 2 de julio, art. 21.2;
Ley Comunidad Valenciana 8/2010, de 23 de junio, art. 21.

Artículo 15

Artículo redactado por Ley 4/1996, de 10 de enero, por la que se modifica la LBRL, en relación con el Padrón municipal. Véase la redacción anterior al final de este mismo artículo.

Toda persona que viva en España está obligada a inscribirse en el Padrón del municipio en el que resida habitualmente. Quien viva en varios municipios deberá inscribirse únicamente en el que habite durante más tiempo al año.

El conjunto de personas inscritas en el Padrón municipal constituye la población del municipio.

Los inscritos en el Padrón municipal son los vecinos del municipio.

La condición de vecino se adquiere en el mismo momento de su inscripción en el Padrón.

CONCORDANCIAS

RD 1690/1986, de 11 de julio, arts. 54, 55, 70 y 74;
Ley Aragón 7/1999, de 9 de abril, art. 20;
Ley Galicia 5/1997, de 22 de julio, art. 52;

Ley La Rioja 1/2003, de 3 de marzo, art. 21;
Ley Madrid 2/2003, de 11 de marzo, art. 20.

REDACCIÓN ANTERIOR (ORIGINARIA)

1. Todo español o extranjero que viva en territorio español deberá estar empadronado en el Municipio en el que resida habitualmente.
Quien viva en varios Municipios deberá inscribirse en aquel en que habitara durante más tiempo al año.
Para poder obtener el alta en el Padrón de un Municipio será necesario presentar el certificado de baja en el Padrón del Municipio en el que se hubiera residido anteriormente.
2. Los españoles que, circunstancialmente, se hallen viviendo en un Municipio que no sea el de su residencia habitual, podrán inscribirse en él como transeúntes. En este caso no será necesario cumplimentar lo dispuesto en el tercer párrafo del número anterior.

Artículo 16

El Real Decreto-ley 6/2023, de 19 de diciembre, por el que se aprueban medidas urgentes para la ejecución del Plan de Recuperación, Transformación y Resiliencia en materia de servicio público de justicia, función pública, régimen local y mecenazgo, dio nueva redacción a este artículo 16.

Antes, la Ley 27/2013, de 27 de diciembre, de racionalización y sostenibilidad de la Administración Local, había dado nueva redacción al apartado 2 f). Previamente la redacción originaria había sido modificada por Ley 4/1996, de 10 de enero, por la que se modifica la LBRL, en relación con el Padrón municipal y por la Ley Orgánica 14/2003, de 23 de noviembre, que añadía al apartado 1, los párrafos 2º y 3º y daba nueva redacción a los apartados 2 f) y 3.

Véanse las redacciones anteriores al final de este mismo artículo.

1. El Padrón municipal es el registro administrativo donde constan los vecinos de un municipio. Sus datos constituyen prueba de la residencia en el municipio y del domicilio habitual en el mismo. Las certificaciones que de dichos datos se expidan tendrán carácter de documento público y fehaciente para todos los efectos administrativos.

La inscripción en el Padrón Municipal sólo surtirá efecto de conformidad con lo dispuesto en el artículo 15 por el tiempo que subsista el hecho que la motivó y, en todo caso, deberá ser objeto de renovación periódica cada dos años cuando se trate de la inscripción de extranjeros sin autorización de residencia de larga duración, no pertenecientes a un Estado miembro de la Unión Europea, a Estados parte en el Acuerdo sobre el Espacio Económico Europeo o a otros Estados a los que, en virtud de un convenio internacional se extienda el régimen jurídico previsto para los ciudadanos de los Estados mencionados anteriormente.

El transcurso del plazo señalado en el párrafo anterior será causa para acordar la caducidad de las inscripciones que deban ser objeto de renovación periódica, siempre que el interesado no hubiese procedido a tal renovación. En este caso, la caducidad podrá declararse sin necesidad de audiencia previa del interesado.

CONCORDANCIAS Y ANOTACIONES

RD 1690/1986, de 11 de julio, art. 53.1;
Ley Aragón 7/1999, de 9 de abril, art. 21;
Ley Galicia 5/1997, de 22 de julio, art. 53;

Párrafos segundo y tercero añadidos por el art. 3.1 de Ley Orgánica 14/2003, de 20 de noviembre, de reforma de la Ley Orgánica 4/2000, de 11 de enero, sobre derechos y libertades de los extranjeros en España.

El inciso final del párrafo segundo fue añadido por el Real Decreto-ley 6/2023, de 19 de diciembre.

2. La inscripción en el Padrón municipal contendrá como obligatorios sólo los siguientes datos:

a) Nombre y apellidos.

b) Sexo.

c) Domicilio habitual, con especificación de la referencia catastral, en el territorio fiscal común o el código equivalente en los territorios forales, siempre que el domicilio cuente con referencia catastral o código equivalente.

ANOTACIONES

Redacción de la letra c) modificada por el Real Decreto-ley 6/2023, de 19 de diciembre, añadió la "referencia catastral" al dato del domicilio habitual.

d) Nacionalidad.

e) Lugar y fecha de nacimiento.

f) Número de documento nacional de identidad o, tratándose de extranjeros:

1.º Número de identidad de extranjero que conste en el certificado de inscripción en el Registro Central de Extranjeros expedido por las autoridades españolas, o en su defecto, número del documento acreditativo de la identidad o del pasaporte en vigor expedido por las autoridades del país de procedencia, tratándose de ciudadanos nacionales de Estados miembros de la Unión Europea, de otros Estados parte en el Acuerdo sobre el Espacio Económico Europeo o de Estados a los que, en virtud de un convenio internacional se extienda el régimen jurídico previsto para los ciudadanos de los Estados mencionados.

2.º Número de identidad de extranjero que conste en documento, en vigor, expedido por las autoridades españolas o, en su defecto, por no ser titulares de estos, el número del pasaporte en vigor expedido por las autoridades del país de procedencia, tratándose de ciudadanos nacionales de Estados no comprendidos en el párrafo anterior, salvo que, por virtud de Tratado o Acuerdo Internacional, disfruten de un régimen específico de exención de visado en materia de pequeño tráfico fronterizo con el municipio en el que se pretenda el empadronamiento, en cuyo caso, se exigirá el correspondiente visado.

ANOTACIONES

Letra f) modificada por el Real Decreto-ley 6/2023, de 19 de diciembre, y, previamente, por la Ley 27/2013, de 27 de diciembre, de racionalización y sostenibilidad de la Administración Local.

REDACCIÓN ANTERIOR DE ESTE APARTADO

La redacción de esta letra por f) la Ley 27/2013, de 27 de diciembre, de racionalización y sostenibilidad de la Administración Local., o era en los siguientes términos:
f) Número de documento nacional de identidad o, tratándose de extranjeros:

– Número de la tarjeta de residencia en vigor, expedida por las autoridades españolas, o en su defecto, número del documento acreditativo de la identidad o del pasaporte en vigor expedido por las autoridades del país de procedencia, tratándose de ciudadanos nacionales de Estados Miembros de la Unión Europea, de otros Estados parte en el Acuerdo sobre el Espacio Económico Europeo o de Estados a los que, en virtud de un convenio internacional se extienda el régimen jurídico previsto para los ciudadanos de los Estados mencionados.

– Número de identificación de extranjero que conste en documento, en vigor, expedido por las autoridades españolas o, en su defecto, por no ser titulares de éstos, el número del pasaporte en vigor expedido por las autoridades del país de procedencia, tratándose de ciudadanos nacionales de Estados no comprendidos en el inciso anterior de este párrafo, salvo que, por virtud de Tratado o Acuerdo Internacional, disfruten de un régimen específico de exención de visado en materia de pequeño tráfico fronterizo con el municipio en el que se pretenda el empadronamiento, en cuyo caso, se exigirá el correspondiente visado.

Y la redacción originaria era la siguiente:
f) Número de documento nacional de identidad o, tratándose de extranjeros:
Número de la tarjeta de residencia en vigor, expedida por las autoridades españolas o, en su defecto, número del documento acreditativo de la identidad o del pasaporte en vigor expedido por las autoridades del país de procedencia, tratándose de ciuda-

*danos nacionales de estados miembros de la Unión Europea, de otros Estados parte
en el Acuerdo sobre el Espacio Económico Europeo o de Estados a los que, en virtud
de un convenio internacional se extienda el régimen jurídico previsto para los ciudadanos de los Estados mencionados.*
*Número de identificación de extranjero que conste en documento, en vigor, expedido
por las autoridades españolas o, en su defecto, por no ser titulares de éstos, el número
del pasaporte en vigor expedido por las autoridades del país de procedencia, tratándose de ciudadanos nacionales de Estados no comprendidos en el inciso anterior de
este párrafo.*

g) Certificado o título escolar o académico que se posea.

h) Cuantos otros datos puedan ser necesarios para la elaboración del Censo
Electoral, siempre que se garantice el respeto a los derechos fundamentales
reconocidos en la Constitución.

Asimismo, de conformidad con la Ley 39/2015, de 1 de octubre, del Procedimiento Administrativo Común de las Administraciones Públicas, la inscripción en el Padrón municipal podrá recoger la aportación voluntaria de los
datos relativos a la designación de las personas que pueden representar a cada
vecino ante la administración municipal a efectos padronales, el número de
teléfono de contacto y la dirección de correo electrónico.

ANOTACIONES
Párrafo introducido por el Real Decreto-ley 6/2023, de 19 de diciembre.

CONCORDANCIAS
RD 1690/1986, de 11 de julio, arts. 57 y 94.

3. Los datos obligatorios del Padrón Municipal se cederán a otras Administraciones públicas que lo soliciten sin consentimiento previo del afectado
solamente cuando les sean necesarios para el ejercicio de sus respectivas competencias, y exclusivamente para asuntos en los que la residencia o el domicilio sean datos relevantes. También pueden servir para elaborar estadísticas
oficiales sometidas al secreto estadístico, en los términos previstos en la Ley
12/1989, de 9 de mayo, de la Función Estadística Pública y en las leyes de
estadística de las Comunidades Autónomas con competencia en la materia. Los
datos de aportación voluntaria no serán susceptibles de cesión en ningún caso.

CONCORDANCIAS Y ANOTACIONES
RD 1690/1986, de 11 de julio, arts. 53.2, 83 y 93.

El Real Decreto-ley 6/2023, de 19 de diciembre, introduce la distinción entre "datos obligatorios" y "datos de cesión voluntaria" a efectos de posibilidad de cesión a otras Administraciones Públicas (los obligatorios) y de imposibilidad (en ningún caso) de los voluntarios.

Este apartado modificado por la Ley Orgánica 14/2003, de 20 de noviembre, de reforma de la Ley Orgánica 4/2000, de 11 de enero, sobre derechos y libertades de los extranjeros en España, que suprimió el párrafo segundo de la redacción que había recibido de la Ley 4/1996, de 10 de enero, por la que se modifica la LBRL, en relación con el Padrón municipal (redacción que puede consultarse al final de este mismo artículo) si bien el inciso eliminado permanece vigente en el art. 53.2 párrafo segundo del RD 1690/1986, de 11 de julio.

<small>REDACCIONES ANTERIORES</small>

La redacción anterior de este artículo procedía de la Ley 27/2013, de 27 de diciembre, de racionalización y sostenibilidad de la Administración Local, que había dado nueva redacción al apartado 2 f). Previamente la redacción originaria había sido modificada por Ley 4/1996, de 10 de enero, por la que se modifica la LBRL, en relación con el Padrón municipal y por la Ley Orgánica 14/2003, de 23 de noviembre, que añadía al apartado 1, los párrafos 2° y 3° y daba nueva redacción a los apartados 2 f) y 3.

La redacción anterior de este artículo, procedente de la Ley 27/2013, de 27 de diciembre, de racionalización y sostenibilidad de la Administración Local, lo era en los siguientes términos:

1. El Padrón municipal es el registro administrativo donde constan los vecinos de un municipio. Sus datos constituyen prueba de la residencia en el municipio y del domicilio habitual en el mismo. Las certificaciones que de dichos datos se expidan tendrán carácter de documento público y fehaciente para todos los efectos administrativos.
La inscripción en el Padrón Municipal sólo surtirá efecto de conformidad con lo dispuesto en el artículo 15 de esta ley por el tiempo que subsista el hecho que la motivó y, en todo caso, deberá ser objeto de renovación periódica cada dos años cuando se trate de la inscripción de extranjeros no comunitarios sin autorización de residencia permanente.
2. La inscripción en el Padrón municipal contendrá como obligatorios sólo los siguientes datos:
a) Nombre y apellidos.
b) Sexo.
c) Domicilio habitual.
d) Nacionalidad.
e) Lugar y fecha de nacimiento.
f) Número de documento nacional de identidad o, tratándose de extranjeros:
  – Número de la tarjeta de residencia en vigor, expedida por las autoridades españolas, o en su defecto, número del documento acreditativo de la identidad o del pasaporte en vigor expedido por las autoridades del país de procedencia, tratándose de ciudadanos nacionales de Estados Miembros de la Unión Europea,

de otros Estados parte en el Acuerdo sobre el Espacio Económico Europeo o de Estados a los que, en virtud de un convenio internacional se extienda el régimen jurídico previsto para los ciudadanos de los Estados mencionados.

– Número de identificación de extranjero que conste en documento, en vigor, expedido por las autoridades españolas o, en su defecto, por no ser titulares de éstos, el número del pasaporte en vigor expedido por las autoridades del país de procedencia, tratándose de ciudadanos nacionales de Estados no comprendidos en el inciso anterior de este párrafo, salvo que, por virtud de Tratado o Acuerdo Internacional, disfruten de un régimen específico de exención de visado en materia de pequeño tráfico fronterizo con el municipio en el que se pretenda el empadronamiento, en cuyo caso, se exigirá el correspondiente visado.

g) Certificado o título escolar o académico que se posea.

h) Cuantos otros datos puedan ser necesarios para la elaboración del Censo Electoral, siempre que se garantice el respeto a los derechos fundamentales reconocidos en la Constitución.

3. Los datos del Padrón Municipal se cederán a otras Administraciones públicas que lo soliciten sin consentimiento previo al afectado solamente cuando les sean necesarios para el ejercicio de sus respectivas competencias, y exclusivamente para asuntos en los que la residencia o el domicilio sean datos relevantes. También pueden servir para elaborar estadísticas oficiales sometidas al secreto estadístico, en los términos previstos en la Ley 12/1989, de 9 de mayo, de la Función Estadística Pública y en las leyes de estadística de las comunidades autónomas con competencia en la materia.

La redacción previa de este artículo procedía de la Ley 4/1996, de 10 de enero, por la que se modifica la LBRL, en relación con el Padrón municipal, que la fijó en los siguientes términos:

1. El Padrón municipal es el registro administrativo donde constan los vecinos de un municipio. Sus datos constituyen prueba de la residencia en el municipio y del domicilio habitual en el mismo. Las certificaciones que de dichos datos se expidan tendrán carácter de documento público y fehaciente para todos los efectos administrativos.

2. La inscripción en el Padrón municipal contendrá como obligatorios sólo los siguientes datos:

a) Nombre y apellidos.

b) Sexo.

c) Domicilio habitual.

d) Nacionalidad.

e) Lugar y fecha de nacimiento.

f) Número de documento nacional de identidad o, tratándose de extranjeros, del documento que lo sustituya.

g) Certificado o título escolar o académico que se posea.

h) Cuantos otros datos puedan ser necesarios para la elaboración del Censo Electoral, siempre que se garantice el respeto a los derechos fundamentales reconocidos en la Constitución.

3. Los datos del Padrón municipal se cederán a otras Administraciones públicas que lo soliciten sin consentimiento previo del afectado solamente cuando les sean necesarios para el ejercicio de sus respectivas competencias, y exclusivamente para asuntos en los que la residencia o el domicilio sean datos relevantes. También pueden servir para elaborar estadísticas oficiales sometidas al secreto estadístico, en los términos previstos en la Ley 12/1989, de 9 de mayo, de la Función Estadística Pública.

Fuera de estos supuestos, los datos del Padrón son confidenciales y el acceso a los mismos se regirá por lo dispuesto en la LO 5/1992, de 29 de octubre, de Regulación del Tratamiento Automatizado de los Datos de Carácter Personal y en la Ley 30/1992, de 26 de noviembre, de Régimen Jurídico de las Administraciones Públicas y del Procedimiento Administrativo Común.

Y la redacción originaria lo era en los siguientes términos:

1. La condición de residente se adquiere en el momento de realizar la inscripción en el Padrón. Los residentes se clasifican en vecinos y domiciliados.

2. Son vecinos los españoles mayores de edad que residan habitualmente en el término municipal y figuren inscritos con tal carácter en el Padrón.

3. Son domiciliados los españoles menores de edad y los extranjeros residentes habitualmente en el término municipal y que como tales figuren inscritos en el Padrón municipal.

4. A los efectos electorales, los españoles que residan en el extranjero se considerarán vecinos o domiciliados en el Municipio en cuyo Padrón figurarán inscritos.

Artículo 17

El Real Decreto-ley 6/2023, de 19 de diciembre, modificó el tercer párrafo del apartado 1, el tercer y cuarto párrafo del apartado 3 y el párrafo a) del apartado 4 de este artículo 17.

Artículo redactado por Ley Orgánica 14/2003, de 20 de noviembre, de reforma de la Ley Orgánica 4/2000, de 11 de enero, sobre derechos y libertades de los extranjeros en España. Previamente, la redacción originaria había sido modificada por la Ley 4/1996, de 10 de enero, por la que se modifica la LBRL, en relación con el Padrón municipal. Véanse las redacciones anteriores al final de este mismo artículo.

1. La formación, mantenimiento, revisión y custodia del Padrón municipal corresponde al Ayuntamiento, de acuerdo con lo que establezca la legislación del Estado.

Con este fin, los distintos organismos de la Administración General del Estado, competentes por razón de la materia, remitirán periódicamente a cada Ayuntamiento información sobre las variaciones de los datos de sus vecinos que con carácter obligatorio deben figurar en el Padrón municipal, en la forma que se establezca reglamentariamente.

La gestión del Padrón municipal se llevará por los Ayuntamientos con medios informáticos. Las Diputaciones Provinciales o entidades equivalentes, Cabildos y Consejos insulares asumirán la gestión informatizada de los Padrones de los municipios que, por su insuficiente capacidad económica y de gestión, no puedan mantener los datos de forma automatizada.

ANOTACIONES Y CONCORDANCIAS

El Real Decreto-ley 6/2023, de 19 de diciembre, introdujo los términos "o entidades equivalentes" en el último párrafo de este apartado, al igual que en los apartados 3 y 4 A).
RD 1690/1986, de 11 de julio, art. 60.1; Resolución de 16 de marzo de 2015, de la Subsecretaría, por la que se publica la Resolución de 30 de enero de 2015, de la Presidencia del Instituto Nacional de Estadística y de la Dirección General de Coordinación de Competencias con las Comunidades Autónomas y las Entidades Locales, sobre instrucciones técnicas a los Ayuntamientos sobre gestión del padrón municipal; Ley Aragón 7/1999, de 9 de abril, art. 21.2; Ley Galicia 5/1997, de 22 de julio, art. 54.

2. Los Ayuntamientos realizarán las actuaciones y operaciones necesarias para mantener actualizados sus Padrones de modo que los datos contenidos en éstos concuerden con la realidad.

Si un ayuntamiento no llevara a cabo dichas actuaciones, el Instituto Nacional de Estadística, previo informe del Consejo de Empadronamiento, podrá requerirle previamente concretando la inactividad, y si fuere rechazado, sin perjuicio de los recursos jurisdiccionales que procedan, podrá acudir a la ejecución sustitutoria prevista en el artículo 60 de la presente ley.

CONCORDANCIAS Y ANOTACIONES

RD 1690/1986, de 11 de julio, arts. 62.1, 69, 71.2, 73 y 77.

Párrafo segundo añadido por el art. 3.4 de Ley Orgánica 14/2003, de 20 de noviembre, de reforma de la Ley Orgánica 4/2000, de 11 de enero, sobre derechos y libertades de los extranjeros en España. Véanse las redacciones anteriores al final de este mismo artículo.

3. Los Ayuntamientos remitirán al Instituto Nacional de Estadística los datos de sus respectivos Padrones, en la forma que reglamentariamente se determine por la Administración General del Estado, a fin de que pueda llevarse a cabo la coordinación entre los Padrones de todos los municipios.

El Instituto Nacional de Estadística, en aras a subsanar posibles errores y evitar duplicidades, realizará las comprobaciones oportunas, y comunicará a los Ayuntamientos las actuaciones y operaciones necesarias para que los datos padronales puedan servir de base para la elaboración de estadísticas de población a nivel nacional, para que las cifras resultantes de las revisiones anuales puedan ser declaradas oficiales, y para que los Ayuntamientos puedan remitir, debidamente actualizados, los datos del Censo Electoral.

Corresponderá a la persona que ejerza la Presidencia del Instituto Nacional de Estadística la resolución de las discrepancias que, en materia de empadronamiento, surjan entre los Ayuntamientos, Diputaciones Provinciales o entidades equivalentes, Cabildos y Consejos insulares o entre estos entes y el Instituto Nacional de Estadística, así como elevar al Gobierno de la Nación la propuesta de cifras oficiales de población de los municipios españoles, comunicándolo en los términos que reglamentariamente se determinan al Ayuntamiento interesado.

El Instituto Nacional de Estadística podrá ceder los datos de su base padronal a otras Administraciones Públicas en las mismas condiciones señaladas en el artículo 16.3. Asimismo, el Instituto Nacional de Estadística facilitará a los Institutos estadísticos de las Comunidades autónomas u órganos competentes en la materia, los datos relativos a los padrones de los municipios de su ámbito territorial en las condiciones previstas en el artículo 16.3, y con la periodicidad que se acuerde entre las partes.

REDACCIÓN ANTERIOR DE ESTE APARTADO

La redacción de este apartado procede del Real Decreto-ley 6/2023, de 19 de diciembre. La redacción anterior lo era en los siguientes términos:

3. Los Ayuntamientos remitirán al Instituto Nacional de Estadística los datos de sus respectivos Padrones, en la forma que reglamentariamente se determine por la Administración General del Estado, a fin de que pueda llevarse a cabo la coordinación entre los Padrones de todos los municipios.

El Instituto Nacional de Estadística, en aras a subsanar posibles errores y evitar duplicidades, realizará las comprobaciones oportunas, y comunicará a los Ayuntamientos las actuaciones y operaciones necesarias para que los datos padronales puedan servir de base para la elaboración de estadísticas de población a nivel nacional, para que las cifras resultantes de las revisiones anuales puedan ser declaradas oficiales, y para que los Ayuntamientos puedan remitir, debidamente actualizados, los datos del Censo Electoral.

Corresponderá al Presidente del Instituto Nacional de Estadística la resolución de las discrepancias que, en materia de empadronamiento, surjan entre los Ayuntamientos, Diputaciones Provinciales, Cabildos y Consejos insulares o entre estos entes y el Instituto Nacional de Estadística, así como elevar al Gobierno de la Nación la propuesta de cifras oficiales de población de los municipios españoles, comunicándolo en los términos que reglamentariamente se determinan al Ayuntamiento interesado.

El Instituto Nacional de Estadística remitirá trimestralmente a los Institutos estadísticos de las comunidades autónomas u órganos competentes en la materia, y en su caso, a otras Administraciones públicas los datos relativos a los padrones en los municipios de su ámbito territorial en los que se produzcan altas o bajas de extranjeros en las mismas condiciones señaladas en el artículo 16.3 de esta Ley.

CONCORDANCIAS Y ANOTACIONES

RD 1690/1986, de 11 de julio, arts. 71.2, 74, 79 y 80.

Párrafo tercero modificado por el art. 3.4 de Ley Orgánica 14/2003, de 20 de noviembre, de reforma de la Ley Orgánica 4/2000, de 11 de enero, sobre derechos y libertades de los extranjeros en España. Véanse las redacciones anteriores al final de este mismo artículo.

Declaración oficial de cifras de población resultantes de la revisión del Padrón municipal referidas al 1 de enero de 2017 (RD 1039/2017, de 15 de diciembre, por el que se declaran oficiales las cifras de población resultantes de la revisión del Padrón municipal referidas al 1 de enero de 2017)

4. Adscrito al Ministerio de Economía y Hacienda se crea el Consejo de Empadronamiento como órgano colegiado de colaboración entre la Administración General del Estado y los Entes Locales en materia padronal, de acuerdo con lo que reglamentariamente se establezca.

El Consejo será presidido por el Presidente del Instituto Nacional de Estadística y estará formado por representantes de la Administración General del Estado y de los Entes Locales.

El Consejo funcionará en Pleno y en Comisión, existiendo en cada provincia una Sección Provincial bajo la presidencia del Delegado del Instituto Nacional de Estadística y con representación de los Entes Locales.

El Consejo de Empadronamiento desempeñará las siguientes funciones:

A) Elevar a la decisión de la persona que ejerza la Presidencia del Instituto Nacional de Estadística propuesta vinculante de resolución de las discrepancias que surjan en materia de empadronamiento entre Ayuntamientos, Diputaciones Provinciales o entidades equivalentes, Cabildos, Consejos insulares o entre estos entes y el Instituto Nacional de Estadística.

B) Informar, con carácter vinculante, las propuestas que eleve al Gobierno el Presidente del Instituto Nacional de Estadística sobre cifras oficiales de población de los municipios españoles.

C) Proponer la aprobación de las instrucciones técnicas precisas para la gestión de los padrones municipales.

D) Cualquier otra función que se le atribuya por disposición legal o reglamentaria.

5. La Administración General del Estado, en colaboración con los Ayuntamientos y Administraciones de las Comunidades Autónomas confeccionará un Padrón de españoles residentes en el extranjero, al que será de aplicación las normas de esta Ley que regulan el Padrón municipal.

Las personas inscritas en este Padrón se considerarán vecinos del municipio español que figura en los datos de su inscripción únicamente a efectos del ejercicio del derecho de sufragio, no constituyendo, en ningún caso, población del municipio.

tos las actuaciones y operaciones necesarias para que los datos padronales puedan servir de base para la elaboración de estadísticas de población a nivel nacional, para que las cifras resultantes de las revisiones anuales puedan ser declaradas oficiales, y para que los Ayuntamientos puedan remitir, debidamente actualizados, los datos del Censo Electoral.

Corresponderá al Presidente del Instituto Nacional de Estadística la resolución de las discrepancias que, en materia de empadronamiento, surjan entre los Ayuntamientos, Diputaciones Provinciales, Cabildos y Consejos insulares o entre estos entes y el Instituto Nacional de Estadística, así como elevar al Gobierno de la Nación la propuesta de cifras oficiales de población de los municipios españoles, comunicándolo en los términos que reglamentariamente se determinan al Ayuntamiento interesado.

El Instituto Nacional de Estadística podrá remitir a las Comunidades Autónomas y a otras Administraciones públicas los datos de los distintos Padrones en las mismas condiciones señaladas en el artículo 16.3 de esta Ley.

4. Adscrito al Ministerio de Economía y Hacienda se crea el Consejo de Empadronamiento como órgano colegiado de colaboración entre la Administración General del Estado y los Entes Locales en materia padronal, de acuerdo con lo que reglamentariamente se establezca.

El Consejo será presidido por el Presidente del Instituto Nacional de Estadística y estará formado por representantes de la Administración General del Estado y de los entes locales.

El Consejo funcionará en Pleno y en Comisión, existiendo en cada provincia una Sección Provincial bajo la presidencia del Delegado del Instituto Nacional de Estadística y con representación de los entes locales.

El Consejo de Empadronamiento desempeñará las siguientes funciones:

A) Elevar a la decisión del Presidente del Instituto Nacional de Estadística propuesta vinculante de resolución de las discrepancias que surjan en materia de empadronamiento entre Ayuntamientos, Diputaciones Provinciales, Cabildos, Consejos insulares o entre estos entes y el Instituto Nacional de Estadística.

B) Informar, con carácter vinculante, las propuestas que eleve al Gobierno el Presidente del Instituto Nacional de Estadística sobre cifras oficiales de población de los municipios españoles.

C) Proponer la aprobación de las instrucciones técnicas precisas para la gestión de los padrones municipales.

D) Cualquier otra función que se le atribuya por disposición legal o reglamentaria.

5. La Administración General del Estado, en colaboración con los Ayuntamientos y Administraciones de las Comunidades Autónomas confeccionará un Padrón de españoles residentes en el extranjero, al que serán de aplicación las normas de esta Ley que regulan el Padrón municipal.

Las personas inscritas en este Padrón se considerarán vecinos del municipio español que figura en los datos de su inscripción únicamente a efectos del ejercicio del derecho de sufragio, no constituyendo, en ningún caso, población del municipio.

Y la redacción originaria lo era en los siguientes términos:

1. La relación de los residentes y transeúntes en el término municipal constituye el Padrón municipal, que tiene carácter de documento público y fehaciente para todos los

efectos administrativos, y en el que deberán constar, respecto de todos los residentes, los datos personales precisos para las relaciones jurídicas públicas, con inclusión de los que el Estado o las Comunidades Autónomas soliciten a los Ayuntamientos en el ejercicio de las funciones de coordinación que a aquél o a éstas correspondan. En todo caso, se garantiza el respeto a los derechos fundamentales reconocidos en la Constitución.
2. La formación, mantenimiento y rectificación del Padrón corresponde al Ayuntamiento, que procederá a su renovación cada cinco años y a su rectificación anual, de acuerdo con lo que establezca la legislación del Estado.
3. Los Ayuntamientos confeccionarán un Padrón especial de españoles residentes en el extranjero en coordinación con las Administraciones del Estado y de las Comunidades Autónomas.

Artículo 18

Artículo redactado por Ley 57/2003, de 16 de diciembre, de Medidas para la Modernización del Gobierno Local (LMMGL). Previamente, la redacción originaria había sido modificada por la Ley 4/1996, de 10 de enero, por la que se modifica la LBRL, en relación con el Padrón municipal. Véanse las redacciones anteriores al final de este mismo artículo.

1. Son derechos y deberes de los vecinos:

CONCORDANCIAS
LPA/2015, arts, 13, 14 y 53;
RD 1690/1986, de 11 de julio, art. 56; ROF, art. 226;
Ley Aragón 7/1999, de 9 de abril, art. 22;
Decreto Legislativo Cataluña 2/2003, de 28 de abril, art. 43;
Ley Galicia 5/1997, de 22 de julio, art. 57.

a) Ser elector y elegible de acuerdo con lo dispuesto en la legislación electoral.

CONCORDANCIAS
LOREG, arts. 2 y 176.

b) Participar en la gestión municipal de acuerdo con lo dispuesto en las leyes y, en su caso, cuando la colaboración con carácter voluntario de los vecinos sea interesada por los órganos de gobierno y administración municipal.

CONCORDANCIAS
LBRL, art. 69.

c) Utilizar, de acuerdo con su naturaleza, los servicios públicos municipales, y acceder a los aprovechamientos comunales, conforme a las normas aplicables.

CONCORDANCIAS

LBRL, art. 79.3; TRRL, art. 75; RBEL, art. 103.1; RSCL, art. 33;
Ley Aragón 7/1999, de 9 de abril, arts. 183 y 201;
Ley Galicia 5/1997, de 22 de julio, art. 298.

d) Contribuir mediante las prestaciones económicas y personales legalmente previstas a la realización de las competencias municipales.

CONCORDANCIAS

TRLHL, arts. 128 a 130.

e) Ser informado, previa petición razonada, y dirigir solicitudes a la Administración municipal en relación a todos los expedientes y documentación municipal, de acuerdo con lo previsto en el artículo 105 de la Constitución.

CONCORDANCIAS

LBRL, art. 69; ROF, arts. 230 y 231.

f) Pedir la consulta popular en los términos previstos en la ley.

CONCORDANCIAS

LBRL, art. 71.

g) Exigir la prestación y, en su caso, el establecimiento del correspondiente servicio público, en el supuesto de constituir una competencia municipal propia de carácter obligatorio.

CONCORDANCIAS

LBRL, art. 26;
Ley Aragón 7/1999, de 9 de abril, art. 5.

h) Ejercer la iniciativa popular en los términos previstos en el artículo 70 bis.

CONCORDANCIAS

A pesar de que la Ley 57/2003, de 16 de diciembre, de Medidas para la Modernización del Gobierno Local (LMMGL) dio nueva redacción a la totalidad del artículo, la única modificación que se produjo fue la adición de esta letra que, a su vez, realiza una remisión al art. 70 bis, precepto que se añadía por esa misma Ley, en el que se regulaba la participación efectiva de los vecinos.

i) Aquellos otros derechos y deberes establecidos en las leyes.

CONCORDANCIAS

RD 1690/1986, de 11 de julio, art. 56; ROF, art. 226;
Ley Aragón 7/1999, de 9 de abril, art. 22;
Decreto Legislativo Cataluña 2/2003, de 28 de abril, arts. 43 y 44;
Ley Galicia 5/1997, de 22 de julio, art. 57.

2. La inscripción de los extranjeros en el padrón municipal no constituirá prueba de su residencia legal en España ni les atribuirá ningún derecho que no les confiera la legislación vigente, especialmente en materia de derechos y libertades de los extranjeros en España.

CONCORDANCIAS Y ANOTACIONES

LBRL, art. 26; LOREG, art. 176.
Ley Aragón 7/1999, de 9 de abril, art. 5;
Aunque la Ley 57/2003, de 16 de diciembre, de Medidas para la Modernización del Gobierno Local (LMMGL) dio nueva redacción a la totalidad del artículo, este apartado segundo se mantuvo en los mismos términos que presentaba la redacción anterior, que procedían de la reforma operada por la Ley 4/1996, de 10 de enero, por la que se modifica la LBRL, en relación con el Padrón municipal.

REDACCIONES ANTERIORES

El contenido de este artículo fue modificado por la Ley 57/2003, de 16 de diciembre, de Medidas para la Modernización del Gobierno Local (LMMGL). La redacción anterior, procedente de la Ley 4/1996, de 10 de enero, era la siguiente:
1. Son derechos y deberes de los vecinos:
a) Ser elector y elegible de acuerdo con lo dispuesto en la legislación electoral.
b) Participar en la gestión municipal de acuerdo con lo dispuesto en las leyes y, en su caso, cuando la colaboración con carácter voluntario de los vecinos sea interesada por los órganos de gobierno y administración municipal.
c) Utilizar, de acuerdo con su naturaleza, los servicios públicos municipales, y acceder a los aprovechamientos comunales, conforme a las normas aplicables.
d) Contribuir mediante las prestaciones económicas y personales legalmente previstas a la realización de las competencias municipales.
e) Ser informado, previa petición razonada, y dirigir solicitudes a la Administración municipal en relación a todos los expedientes y documentación municipal, de acuerdo con lo previsto en el artículo 105 de la Constitución.
f) Pedir la consulta popular en los términos previstos en la Ley.

g) Exigir la prestación y, en su caso, el establecimiento del correspondiente servicio público, en el supuesto de constituir una competencia municipal propia de carácter obligatorio.
h) Aquellos otros derechos y deberes establecidos en las leyes.
2. La inscripción de los extranjeros en el Padrón municipal no constituirá prueba de su residencia legal en España ni les atribuirá ningún derecho que no les confiera la legislación vigente, especialmente en materia de derechos y libertades de los extranjeros en España.

Y la redacción originaria lo era en los siguientes términos:
1. Son derechos y deberes de los vecinos:
a) Ser elector y elegible de acuerdo con lo dispuesto en la legislación electoral.
b) Participar en la gestión municipal de acuerdo con lo dispuesto en las Leyes y, en su caso, cuando la colaboración con carácter voluntario de los vecinos sea interesada por los órganos de gobierno y administración municipal.
c) Utilizar, de acuerdo con su naturaleza, los servicios públicos municipales, y acceder a los aprovechamientos comunales, conforme a las normas aplicables.
d) Contribuir mediante las prestaciones económicas y personales legalmente previstas a la realización de las competencias municipales.
e) Ser informado, previa petición razonada, y dirigir solicitudes a la Administración municipal en relación a todos los expedientes y documentación municipal, de acuerdo con lo previsto en el artículo 105 de la Constitución.
f) Pedir la consulta popular en los términos previstos en la Ley.
g) Exigir la prestación y, en su caso, el establecimiento del correspondiente servicio público, en el supuesto de constituir una competencia municipal propia de carácter obligatorio.
h) Aquellos otros derechos y deberes establecidos en las Leyes.
2. Los extranjeros domiciliados que sean mayores de edad tienen los derechos y deberes propios de los vecinos, salvo los de carácter político. No obstante, tendrán derecho de sufragio activo en los términos que prevea la legislación electoral general aplicable a las elecciones locales.

CAPÍTULO II. Organización

Téngase en cuenta que la Ley 57/2003, de 16 de diciembre adicionó un nuevo Título X a la Ley (arts. 121 a 138) que regula el "Régimen de organización de los municipios de gran población". El artículo que abre el referido Título X (art. 121) bajo la rúbrica "ámbito de aplicación" determina los municipios a los que afecta esa regulación.

Artículo 19

Artículo redactado por Ley 57/2003, de 16 de diciembre, de Medidas para la Modernización del Gobierno Local (LMMGL). Véanse la redacción anterior al final de este mismo artículo.

1. El Gobierno y la administración municipal, salvo en aquellos municipios que legalmente funcionen en régimen de Concejo Abierto, corresponde al ayuntamiento, integrado por el Alcalde y los Concejales.

<small>CONCORDANCIAS Y ANOTACIONES</small>

LBRL, art. 29; ROF, arts. 2.1 y 35;
Ley Aragón 7/1999, de 9 de abril, art. 26;
Decreto Legislativo Cataluña 2/2003, de 28 de abril, art. 47;
Ley Galicia 5/1997, de 22 de julio, art. 60.

A pesar de que la Ley 57/2003, de 16 de diciembre, de Medidas para la Modernización del Gobierno Local (LMMGL), dio nueva redacción a la totalidad del artículo este apartado primero mantuvo los mismos términos que presentaba la redacción anterior.

2. Los Concejales son elegidos mediante sufragio universal, igual, libre, directo y secreto, y el Alcalde es elegido por los Concejales o por los vecinos; todo ello en los términos que establezca la legislación electoral general.

<small>CONCORDANCIAS Y ANOTACIONES</small>

CE, art. 140; LOREG, arts. 176 y ss.; ROF, art. 6.1.;
Ley La Rioja 1/2003, de 3 de marzo, arts. 27 y ss.;
Ley Madrid 2/2003, de 11 de marzo, arts. 26 y ss.

A pesar de que la Ley 57/2003, de 16 de diciembre, de Medidas para la Modernización del Gobierno Local (LMMGL), dio nueva redacción a la totalidad del artículo este apartado segundo mantuvo los mismos términos que presentaba la redacción anterior.

3. El régimen de organización de los municipios señalados en el título X de esta ley se ajustará a lo dispuesto en el mismo. En lo no previsto por dicho título, será de aplicación el régimen común regulado en los artículos siguientes.

<small>ANOTACIONES</small>

En este apartado se efectúa la correspondiente remisión al nuevo Título X (arts. 121 a 138) introducidos por la Ley 57/2003, de 16 de diciembre, de Medidas para la Modernización del Gobierno Local (LMMGL) a la regulación específica por la que se regulan los Municipios de Gran Población.

<small>REDACCIONES ANTERIOR (ORIGINARIA)</small>

El contenido de este artículo fue modificado por la Ley 57/2003, de 16 de diciembre, de Medidas para la Modernización del Gobierno Local (LMMGL). La redacción originaria lo era en los siguientes términos:

1. El Gobierno y la administración municipal, salvo en aquellos Municipios que legalmente funcionen en régimen de Concejo Abierto, corresponde al Ayuntamiento, integrado por el Alcalde y los Concejales.
2. Los Concejales son elegidos mediante sufragio universal, igual, libre, directo y secreto, y el Alcalde es elegido por los Concejales o por los vecinos; todo ello en los términos que establezca la legislación electoral general.

Artículo 20

Artículo redactado por Ley 57/2003, de 16 de diciembre, de Medidas para la Modernización del Gobierno Local (LMMGL). Previamente, la redacción originaria había sido modificada por la Ley 11/1999, de 21 de abril, de modificación de la LBRL y otras medidas para el desarrollo del Gobierno Local, en materia de tráfico, circulación de vehículos a motor y seguridad vial y en materia de aguas. Véanse las redacciones anteriores al final de este mismo artículo.

1. La organización municipal responde a las siguientes reglas:

CONCORDANCIAS

ROF, art. 35.2.

a) El Alcalde, los Tenientes de Alcalde y el Pleno existen en todos los ayuntamientos.

CONCORDANCIAS Y ANOTACIONES

LBRL, arts. 21 y 22.

Téngase en cuenta que la Ley 57/2003, de 16 de diciembre, de Medidas para la Modernización del Gobierno Local (LMMGL) adiciona un nuevo Título X a la Ley (arts. 121 a 138) que regula el "Régimen de organización de los municipios de gran población". El art. 124 se refiere al "Alcalde" como órgano superior del municipio, los arts. 122 y 123 a la Organización del Pleno y a sus atribuciones y el art. 125 a los "Tenientes de Alcalde".

b) La Junta de Gobierno Local existe en todos los municipios con población superior a 5.000 habitantes y en los de menos, cuando así lo disponga su reglamento orgánico o así lo acuerde el Pleno de su ayuntamiento.

CONCORDANCIAS Y ANOTACIONES

LBRL, art. 23.

Téngase en cuenta que la Ley 57/2003, de 16 de diciembre, de Medidas para la Modernización del Gobierno Local (LMMGL), adiciona un nuevo Título X a la Ley (arts. 121 a 138) que regula el "Régimen de organización de los municipios de gran población". Los arts. 122 y 123 a la Organización del Pleno y a sus atribuciones y el art. 125 a los "tenientes de Alcalde".

La Ley 57/2003, de 16 de diciembre, de Medidas para la Modernización del Gobierno Local (LMMGL), sustituyó los términos "Comisión de Gobierno" por los de "Junta de Gobierno" Local a lo largo de todo el texto en los arts. 20, 21, 22, 23, 32, 34, 35, 52.2, 70, 85 bis, 123, 124, 125, 126, 127, 129 y 130, así como en las disp. adics. Octava y Décimocuarta, pues tal y como se indica en la propia Exposición de Motivos de la Ley 57/2003, de 16 de diciembre (párrafo 5º del apartado III), "en materia de organización, debe destacarse que la Comisión de Gobierno pasa a denominarse «Junta de Gobierno Local», expresión que tiende a destacar la naturaleza ejecutiva de dicho órgano. La propia exposición de Motivos de la Ley 57/2003 de 16 de diciembre (párrafo 3º del apartado IV) califica a este órgano como de "necesario". Llama la atención el cambio terminológico que sufre el texto de esta letra, puesto que antes de la reforma efectuada por la LMMGL empleaba la expresión "población de derecho superior" y, ahora, se limita a "población superior", acepciones que no pueden ser equiparadas por su distinto alcance.

c) En los municipios de más de 5.000 habitantes, y en los de menos en que así lo disponga su reglamento orgánico o lo acuerde el Pleno, existirán, si su legislación autonómica no prevé en este ámbito otra forma organizativa, órganos que tengan por objeto el estudio, informe o consulta de los asuntos que han de ser sometidos a la decisión del Pleno, así como el seguimiento de la gestión del Alcalde, la Junta de Gobierno Local y los concejales que ostenten delegaciones, sin perjuicio de las competencias de control que corresponden al Pleno. Todos los grupos políticos integrantes de la corporación tendrán derecho a participar en dichos órganos, mediante la presencia de concejales pertenecientes a los mismos en proporción al número de Concejales que tengan en el Pleno.

CONCORDANCIAS Y ANOTACIONES

ROF, arts. 123 a 126.
Además del cambio efectuado por la LMMGL de los términos "Comisión de Gobierno" por los de "Junta de Gobierno" es preciso señalar la adición del inciso final "… en proporción al número de Concejales que tengan en el Pleno" en cuanto a la presencia y, por lo tanto, participación de los diferentes grupos políticos en los órganos de estudio, informe o consulta y de seguimiento del Alcalde, de la Junta de Gobierno Local y de los Concejales que ostenten delegaciones.

d) La Comisión Especial de Sugerencias y Reclamaciones existe en los municipios señalados en el título X, y en aquellos otros en que el Pleno así lo acuerde, por el voto favorable de la mayoría absoluta del número legal de sus miembros, o así lo disponga su Reglamento orgánico.

ANOTACIONES

Esta letra supuso, con la LMMGL, una innovación respecto del régimen normativo anterior puesto que en la redacción anterior, no existía un supuesto equiparable.
En él se efectúa una remisión al nuevo Título X (arts. 121 a 138) introducidos por la propia Ley 57/2003, de 16 de diciembre. Téngase en cuenta, en particular, los arts. 123 y 132 en tanto que en ellos se establece como competencia del Pleno "la regulación de la Comisión Especial de Sugerencias y Reclamaciones" (art. 123.1 c) y su creación, configuración, finalidad y funciones (art. 132).

e) La Comisión Especial de Cuentas existe en todos los municipios, de acuerdo con la estructura prevista en el artículo 116.

ANOTACIONES

Esta letra supuso una innovación respecto del régimen normativo anterior a la LMMGL puesto que en la redacción anterior a la modificación, no existía un supuesto equiparable.
En él se efectúa una remisión al art. 116, precepto cuya redacción no se ha visto modificada por la Ley 57/2003, de 16 de diciembre.

2. Las leyes de las comunidades autónomas sobre el régimen local podrán establecer una organización municipal complementaria a la prevista en el número anterior.

CONCORDANCIAS

Ley Aragón 7/1999, de 9 de abril, arts. 28 y 35 a 41;
Decreto Legislativo Cataluña 2/2003, de 28 de abril, art. 49;
Ley Galicia 5/1997, de 22 de julio, art. 59.3;
Ley Región de Murcia 6/1988, de 25 de agosto, art. 22;
Ley Foral Navarra 6/1990, de 2 de julio, art. 9.

3. Los propios municipios, en los reglamentos orgánicos, podrán establecer y regular otros órganos complementarios, de conformidad con lo previsto en este artículo y en las leyes de las comunidades autónomas a las que se refiere el número anterior.

CONCORDANCIAS Y ANOTACIONES

Carta Europea de Autonomía Local, art. 6.1;
Decreto Legislativo Cataluña 2/2003, de 28 de abril, art. 49;
Ley Galicia 5/1997, de 22 de julio, arts. 4 y 59;
Ley Región de Murcia 6/1988, de 25 de agosto, art. 21.1;
Ley La Rioja 1/2003, de 3 de marzo, arts. 30 a 33.

El contenido de este artículo fue modificado íntegramente por la Ley 57/2003, de 16 de diciembre, de Medidas para la Modernización del Gobierno Local (LMMGL). La redacción anterior, que procedía de la Ley 11/1999, de 21 de abril, de modificación de la LBRL y otras medidas para el desarrollo del Gobierno Local, en materia de tráfico, circulación de vehículos a motor y seguridad vial y en materia de aguas era la siguiente:

1. La organización municipal responde a las siguientes reglas:

a) El Alcalde, los Tenientes de Alcalde y el Pleno existen en todos los Ayuntamientos.

b) La Comisión de Gobierno existe en todos los Municipios con población de derecho superior a 5.000 habitantes y en los de menos, cuando así lo disponga su Reglamento orgánico o así lo acuerde el Pleno de su Ayuntamiento.

c) En los Municipios de más de 5.000 habitantes, y en los de menos en que así lo disponga su Reglamento orgánico o lo acuerde el Pleno, existirán, si su legislación autonómica no prevé en este ámbito otra forma organizativa, órganos que tengan por objeto el estudio, informe o consulta de los asuntos que han de ser sometidos a la decisión del Pleno, así como el seguimiento de la gestión del Alcalde, la Comisión de Gobierno y los concejales que ostenten delegaciones, sin perjuicio de las competencias de control que corresponden al Pleno. Todos los grupos políticos integrantes de la Corporación tendrán derecho a participar en dichos órganos, mediante la presencia de concejales pertenecientes a los mismos.

d) El resto de los órganos, complementarios de los anteriores, se establece y regula por los propios municipios en sus reglamentos orgánicos.

2. Las leyes de las Comunidades Autónomas sobre el régimen local podrán establecer una organización municipal complementaria a la prevista en el número anterior.

3. Los propios municipios, en los reglamentos orgánicos, podrán establecer y regular otros órganos complementarios, de conformidad con lo previsto en este artículo y en las leyes de las Comunidades Autónomas a las que se refiere el número anterior.

Y la redacción originaria lo era en los siguientes términos:

1. La organización municipal responde a las siguientes reglas:

a) El Alcalde, los Tenientes de Alcalde y el Pleno existen en todos los Ayuntamientos.

b) La Comisión de Gobierno existe en los Municipios con población de derecho superior a 5.000 habitantes y en los de menos, cuando así lo disponga su Reglamento orgánico o así lo acuerde el Pleno de su Ayuntamiento.

c) El resto de los órganos, complementarios de los anteriores, se establece y regula por los propios Municipios en sus Reglamentos orgánicos, <u>sin otro límite que el respeto a la organización determinada por esta Ley.</u>

2. Sin perjuicio de lo dispuesto en la regla c) del número anterior, las Leyes de las Comunidades Autónomas sobre régimen local podrán establecer una organización municipal complementaria de la prevista en este texto legal, que regirá en cada Municipio <u>en todo aquello que su Reglamento orgánico no disponga lo contrario.</u>

3. Todos los grupos políticos integrantes de la Corporación tendrán derecho a participar, mediante la presencia de Concejales pertenecientes a los mismos, en los órganos complementarios del Ayuntamiento que tengan por función el estudio, informe o consulta de los asuntos que hayan de ser sometidos a la decisión del Pleno.

Sobre la redacción originaria es preciso tener en cuenta que la STC 214/1989, de 21 de diciembre, declaró la inconstitucionalidad de los incisos que aparecen subrayados en los apartados 1 c) y 2 de este art. 20 LBRL.

Artículo 21

Artículo redactado por Ley 57/2003, de 16 de diciembre, de Medidas para la Modernización del Gobierno Local (LMMGL), redacción de la que fueron derogadas, por la Ley 30/2007, de 30 de octubre, las letras ñ) y p) del apartado 1. Previamente la redacción originaria había sido modificada por el Real Decreto-Ley 5/1996, de 7 de junio, la Ley 7/1997, de 14 de abril, la Ley 11/1999, de 21 de abril, y la Ley 55/1999, de 29 de diciembre. Véase la redacción anterior al final de este mismo artículo.
Téngase en cuenta que la Ley 57/2003, de 16 de diciembre adiciona un nuevo Título X a la Ley (arts. 121 a 138) que regula el "Régimen de organización de los municipios de gran población". El art. 124 se refiere al "Alcalde" como órgano superior del municipio.

1. El Alcalde es el Presidente de la Corporación y ostenta las siguientes atribuciones:

CONCORDANCIAS
LBRL, art. 124; TRRL, arts. 18 y ss.; ROF, art. 41; LCSP/2017, disp. adic. Segunda.

a) Dirigir el gobierno y la administración municipal.

CONCORDANCIAS
ROF, disp. adic. 4ª.

b) Representar al ayuntamiento.
c) Convocar y presidir las sesiones del Pleno, salvo los supuestos previstos en esta ley y en la legislación electoral general, de la Junta de Gobierno Local, y de cualesquiera otros órganos municipales cuando así se establezca en disposición legal o reglamentaria, y decidir los empates con voto de calidad.

CONCORDANCIAS
LBRL, art. 46.2; ROF, arts. 80 y 112.

d) Dirigir, inspeccionar e impulsar los servicios y obras municipales.
e) Dictar bandos.

CONCORDANCIAS
TRRL, art. 55; RSCL, arts. 5 a) y 7.3.

f) El desarrollo de la gestión económica de acuerdo con el Presupuesto aprobado, disponer gastos dentro de los límites de su competencia, concertar operaciones de crédito, con exclusión de las contempladas en el artículo 158.5 de la Ley 39/1988, de 28 de diciembre, Reguladora de las Haciendas Locales, siempre que aquéllas estén previstas en el Presupuesto y su importe acumulado dentro de cada ejercicio económico no supere el 10 por ciento de sus recursos ordinarios, salvo las de tesorería que le corresponderán cuando el importe acumulado de las operaciones vivas en cada momento no supere el 15 por ciento de los ingresos corrientes liquidados en el ejercicio anterior, ordenar pagos y rendir cuentas; todo ello de conformidad con lo dispuesto en la Ley Reguladora de las Haciendas Locales.

ANOTACIONES Y CONCORDANCIAS
Letra redactada por Ley 55/1999, de 29 de diciembre.
LHL, arts. 53.2, 166.2, 167.1 y 193.

g) Aprobar la oferta de empleo público de acuerdo con el Presupuesto y la plantilla aprobados por el Pleno, aprobar las bases de las pruebas para la selección del personal y para los concursos de provisión de puestos de trabajo y distribuir las retribuciones complementarias que no sean fijas y periódicas.

CONCORDANCIAS
ROF, art. 41.14 h); RD 861/1986, de 25 de abril, arts. 5.6 y 6.2.

h) Desempeñar la jefatura superior de todo el personal, y acordar su nombramiento y sanciones, incluida la separación del servicio de los funcionarios de la Corporación y el despido del personal laboral, dando cuenta al Pleno, en estos dos últimos casos, en la primera sesión que celebre. Esta atribución se entenderá sin perjuicio de lo dispuesto en los artículos 99.1 y 3 de esta ley.
i) Ejercer la jefatura de la Policía Municipal.
j) Las aprobaciones de los instrumentos de planeamiento de desarrollo del planeamiento general no expresamente atribuidas al Pleno, así como la de los instrumentos de gestión urbanística y de los proyectos de urbanización.
k) El ejercicio de las acciones judiciales y administrativas y la defensa del ayuntamiento en las materias de su competencia, incluso cuando las hubiere delegado en otro órgano, y, en caso de urgencia, en materias de la competencia del Pleno, en este supuesto dando cuenta al mismo en la primera sesión que celebre para su ratificación.

l) La iniciativa para proponer al Pleno la declaración de lesividad en materias de la competencia de la Alcaldía.

m) Adoptar personalmente, y bajo su responsabilidad, en caso de catástrofe o de infortunios públicos o grave riesgo de los mismos, las medidas necesarias y adecuadas dando cuenta inmediata al Pleno.

CONCORDANCIAS

TRRL, art. 117.1; TRLHL, art. 177.

n) Sancionar las faltas de desobediencia a su autoridad o por infracción de las ordenanzas municipales, salvo en los casos en que tal facultad esté atribuida a otros órganos.

CONCORDANCIAS

LBRL, art. 78.4; TRRL, art. 73; ROF, art. 18.

ñ) *(Derogada)*

ANOTACIONES

Derogada por la Ley 30/2007, de 30 de octubre, de Contratos del Sector Público (entrada en vigor 30 de abril de 2008). Véase redacción al final de este mismo artículo

o) La aprobación de los proyectos de obras y de servicios cuando sea competente para su contratación o concesión y estén previstos en el presupuesto.

ANOTACIONES

Téngase en cuenta que la disp. adic. Segunda LCSP/2017 establece, en sus apartado 2 y 3, en cuanto a las competencias en materia de contratación en las Entidades Locales, que:
"1. Corresponden a los Alcaldes y a los Presidentes de las Entidades Locales las competencias como órgano de contratación respecto de los contratos de obras, de suministro, de servicios, los contratos de concesión de obras, los contratos de concesión de servicios y los contratos administrativos especiales, cuando su valor estimado no supere el 10 por ciento de los recursos ordinarios del presupuesto ni, en cualquier caso, la cuantía de seis millones de euros, incluidos los de carácter plurianual cuando su duración no sea superior a cuatro años, eventuales prórrogas incluidas siempre que el importe acumulado de todas sus anualidades no supere ni el porcentaje indicado, referido a los recursos ordinarios del presupuesto del primer ejercicio, ni la cuantía señalada.
3. En los municipios de población inferior a 5.000 habitantes es igualmente competencia del Pleno autorizar la redacción y licitación de proyectos independientes relativos a cada una de las partes de una obra cuyo periodo de ejecución exceda al

de un presupuesto anual, siempre que estas sean susceptibles de utilización separada en el sentido del uso general o del servicio, o puedan ser sustancialmente definidas".

p) (Derogada)

ANOTACIONES

Derogada por la Ley 30/2007, de 30 de octubre, de Contratos del Sector Público (entrada en vigor 30 de abril de 2008). Véase redacción al final de este mismo artículo

q) El otorgamiento de las licencias, salvo que las leyes sectoriales lo atribuyan expresamente al Pleno o a la Junta de Gobierno Local.

r) Ordenar la publicación, ejecución y hacer cumplir los acuerdos del Ayuntamiento.

s) Las demás que expresamente le atribuyan la leyes y aquellas que la legislación del Estado o de las comunidades autónomas asignen al municipio y no atribuyan a otros órganos municipales.

CONCORDANCIAS ANOTACIONES

TRLHL, arts. 168.1 y 217.1; LO 2/1987, de 18 de mayo, de Conflictos Jurisdiccionales, art. 3.
Tal y como aparece en el BOE, con la falta de concordancia "le atribuyan la leyes", artículo que debería estar en plural (las).

2. Corresponde asimismo al Alcalde el nombramiento de los Tenientes de Alcalde.

CONCORDANCIAS Y ANOTACIONES

Téngase en cuenta que la Ley 57/2003, de 16 de diciembre, de Medidas para la Modernización del Gobierno Local (LMMGL) adicionó un nuevo Título X a la Ley (arts. 121 a 138) que regula el "Régimen de organización de los municipios de gran población". El art. 125 LBRL, con la rúbrica "los Tenientes de Alcalde, establece que "El Alcalde podrá nombrar entre los concejales que formen parte de la Junta de Gobierno Local a los Tenientes de Alcalde, que le sustituirán, por el orden de su nombramiento, en los casos de vacante, ausencia o enfermedad".

3. El Alcalde puede delegar el ejercicio de sus atribuciones, salvo las de convocar y presidir las sesiones del Pleno y de la Junta de Gobierno Local, decidir los empates con el voto de calidad, la concertación de operaciones de crédito, la jefatura superior de todo el personal, la separación del servicio de los funcionarios y el despido del personal laboral, y las enunciadas en los párrafos a), e), j), k), l) y m) del apartado 1 de este artículo. No obstante,

podrá delegar en la Junta de Gobierno Local el ejercicio de las atribuciones contempladas en el párrafo j).

Concordancias

Ley Aragón 7/1999, de 9 de abril, art. 30;
Decreto Legislativo Cataluña 2/2003, de 28 de abril, art. 53;
Ley Galicia 5/1997, de 22 de julio, art. 61.

Anotaciones

La Ley 57/2003, de 16 de diciembre, de Medidas para la Modernización del Gobierno Local (LMMGL) sustituyó los términos "Comisión de Gobierno" por los de "Junta de Gobierno" Local a lo largo de todo el texto en los arts. 20, 21, 22, 23, 32, 34, 35, 52.2, 70, 85 bis, 123, 124, 125, 126, 127, 129 y 130, así como en las dips. adics. Octava y Décimocuarta, pues tal y como se indica en la propia Exposición de Motivos de la Ley 57/2003, de 16 de diciembre (párrafo 5º del apartado III), "en materia de organización, debe destacarse que la Comisión de Gobierno pasa a denominarse «Junta de Gobierno Local», expresión que tiende a destacar la naturaleza ejecutiva de dicho órgano. La propia exposición de Motivos de la Ley 57/2003 de 16 de diciembre (párrafo 3º del apartado IV) califica a este órgano como de "necesario".

Redacciones anteriores

El contenido de este artículo fue modificado íntegramente por la Ley 57/2003, de 16 de diciembre, de Medidas para la Modernización del Gobierno Local (LMMGL). De esa redacción la Ley 30/2007, de 30 de octubre, derogó las letras ñ) y p) del apartado 1 que tenían la siguiente redacción:
ñ) Las contrataciones y concesiones de toda clase cuando su importe no supere el 10 por 100 de los recursos ordinarios del Presupuesto ni, en cualquier caso, los seis millones de euros incluidas las de carácter plurianual, cuando su duración no sea superior a cuatro años, siempre que el importe acumulado de todas sus anualidades no supere ni el porcentaje indicado, referido a los recursos ordinarios del presupuesto del primer ejercicio, ni la cuantía señalada.
p) La adquisición de bienes y derechos cuando su valor no supere el 10 por 100 de los recursos ordinarios del presupuesto ni los tres millones de euros, así como la enajenación del patrimonio que no supere el porcentaje ni la cuantía indicados en los siguientes supuestos:
1º La de bienes inmuebles, siempre que esté prevista en el presupuesto.
2º La de bienes muebles, salvo los declarados de valor histórico o artístico cuya enajenación no se encuentre prevista en el presupuesto.

La redacción anterior procedía de la Ley 11/1999, de 21 de abril de modificación de la LBRL y otras medidas para el desarrollo del Gobierno Local, en materia de tráfico, circulación de vehículos a motor y seguridad vial y en materia de aguas
1. El Alcalde es el Presidente de la Corporación y ostenta, en todo caso, las siguientes atribuciones:
a) Dirigir el gobierno y la administración municipal.

b) Representar al Ayuntamiento.

c) Convocar y presidir las sesiones del Pleno, salvo los supuestos previstos en la presente Ley y en la legislación electoral general, de la Comisión de Gobierno y de cualesquiera otros órganos municipales, y decidir los empates con voto de calidad.

d) Dirigir, inspeccionar e impulsar los servicios y obras municipales.

e) Dictar bandos.

f) El desarrollo de la gestión económica de acuerdo con el Presupuesto aprobado, disponer gastos dentro de los límites de su competencia, concertar operaciones de crédito, con exclusión de la contempladas en el artículo 158.5 de la Ley 39/1988, de 28 de diciembre, Reguladora de las Haciendas Locales, siempre que aquéllas estén previstas en el Presupuesto y su importe acumulado dentro de cada ejercicio económico no supere el 10 por 100 de sus recursos ordinarios, salvo las de tesorería que le corresponderá cuando el importe acumulado de las operaciones vivas en cada momento no supere el 15 por 100 de los ingresos liquidados en el ejercicio anterior; ordenar pagos y rendir cuentas; todo ello de conformidad con lo dispuesto en la Ley Reguladora de las Haciendas Locales.

g) Aprobar la oferta de empleo público de acuerdo con el Presupuesto y la plantilla aprobados por el Pleno, aprobar las bases de las pruebas para la selección del personal y para los concursos de provisión de puestos de trabajo y distribuir las retribuciones complementarias que no sean fijas y periódicas.

h) Desempeñar la jefatura superior de todo el personal, y acordar su nombramiento y sanciones, incluida la separación del servicio de los funcionarios de la Corporación y el despido del personal laboral, dando cuenta al Pleno, en estos dos últimos casos, en la primera sesión que celebre. Esta atribución se entenderá sin perjuicio de lo dispuesto en los artículos 99.1 y 3 de esta Ley.

i) Ejercer la jefatura de la Policía Municipal.

j) Las aprobaciones de los instrumentos de planeamiento de desarrollo del planeamiento general no expresamente atribuidas al Pleno, así como la de los instrumentos de gestión urbanística y de los proyectos de urbanización.

k) El ejercicio de las acciones judiciales y administrativas y la defensa del Ayuntamiento en las materias de su competencia, incluso cuando las hubiere delegado en otro órgano, y, en caso de urgencia, en materias de la competencia del Pleno, en este supuesto dando cuenta al mismo en la primera sesión que celebre para su ratificación.

l) La iniciativa para proponer al Pleno la declaración de lesividad en materias de la competencia de la Alcaldía.

m) Adoptar personalmente, y bajo su responsabilidad, en caso de catástrofe o de infortunios públicos o grave riesgo de los mismos, las medidas necesarias y adecuadas dando cuenta inmediata al Pleno.

n) Sancionar las faltas de desobediencia a su autoridad o por infracción de las ordenanzas municipales, salvo en los casos en que tal facultad esté atribuida a otros órganos.

ñ) Las contrataciones y conexiones de toda clase cuando su importe no supere el 10 por 100 de los recursos ordinarios del Presupuesto ni, en cualquier caso, los 1.000.000.000 de pesetas; incluidas las de carácter plurianual cuando su duración no sea superior a cuatro años, siempre que el importe acumulado de todas sus anualidades no supere ni el porcentaje indicado, referido a los recursos ordinarios del Presupuesto del primer ejercicio, ni la cuantía señalada.

o) La aprobación de los proyectos de obras y de servicios cuando sea competente para su contratación o concesión y estén previstos en el Presupuesto.
p) La adquisición de bienes y derechos cuando su valor no supere el 10 por 100 de los recursos ordinarios del Presupuesto ni los 500.000.000 de pesetas, así como la enajenación del patrimonio que no supere el porcentaje ni la cuantía indicados en los siguientes supuestos:
La de bienes inmuebles, siempre que esté prevista en el Presupuesto.
La de bienes muebles, salvo los declarados de valor histórico o artístico cuya enajenación no se encuentre prevista en el Presupuesto.
q) El otorgamiento de las licencias, salvo que las leyes sectoriales lo atribuyan expresamente al Pleno o a la Comisión de Gobierno.
r) Ordenar la publicación, ejecución y hacer cumplir los acuerdos del Ayuntamiento.
s) Las demás que expresamente le atribuyan la leyes y aquellas que la legislación del Estado o de las Comunidades Autónomas asignen al municipio y no atribuyan a otros órganos municipales.
2. Corresponde asimismo al Alcalde el nombramiento de los Tenientes de Alcalde.
3. El Alcalde puede delegar el ejercicio de sus atribuciones, salvo las de convocar y presidir las sesiones del Pleno y de la Comisión de Gobierno, decidir los empates con el voto de calidad, la concertación de operaciones de crédito, la jefatura superior de todo el personal, la separación del servicio de los funcionarios y el despido del personal laboral, y las enunciadas en los apartados a), e), j), k), l) y m) del número 1 de este artículo. No obstante, podrán delegar en la Comisión de Gobierno el ejercicio de las atribuciones contempladas en el apartado j).

La redacción originaria (sobre la que fueron realizadas las modificaciones indicadas al inicio de este mismo artículo) lo era en los siguientes términos:
1. El Alcalde es el Presidente de la Corporación y ostenta, en todo caso, las siguientes atribuciones:
a) Dirigir el gobierno y la administración municipales.
b) Representar al Ayuntamiento.
c) Convocar y presidir las sesiones del Pleno, de la Comisión de Gobierno y de cualesquiera otros órganos municipales.
d) Dirigir, inspeccionar e impulsar los servicios y obras municipales.
e) Dictar Bandos.
f) Disponer gastos, dentro de los límites de su competencia; ordenar pagos y rendir cuentas.
g) Desempeñar la jefatura superior de todo el personal de la Corporación.
h) Ejercer la jefatura de la Policía Municipal, así como el nombramiento y sanción de los funcionarios que usen armas.
i) Ejercitar acciones judiciales y administrativas en caso de urgencia.
j) Adoptar personalmente, y bajo su responsabilidad, en caso de catástrofe o infortunios públicos o grave riesgo de los mismos, las medidas necesarias y adecuadas, dando cuenta inmediata al Pleno.
k) Sancionar las faltas de desobediencia a su autoridad o por infracción de las Ordenanzas municipales, salvo en los casos en que tal facultad esté atribuida a otros órganos.

l) Contratar obras y servicios siempre que su cuantía no exceda del 5 por 100 de los recursos ordinarios de su Presupuesto ni del 50 por 100 del límite general aplicable a la contratación directa, con arreglo al procedimiento legalmente establecido.
ll) Otorgar las licencias cuando así lo dispongan las Ordenanzas.
m) Las demás que expresamente le atribuyan las Leyes y aquellas que la legislación del Estado o de las Comunidades Autónomas asignen al Municipio y no atribuyan a otros órganos municipales.
2. Corresponde asimismo al Alcalde el nombramiento de los Tenientes de Alcalde.
3. El Alcalde puede delegar el ejercicio de sus atribuciones, salvo las de convocar y presidir las sesiones del Pleno y de la Comisión de Gobierno y las enumeradas en los apartados a), e), g), i) y j) del número 1 de este artículo.

Artículo 22

Artículo redactado por Ley 57/2003, de 16 de diciembre, de Medidas para la Modernización del Gobierno Local (LMMGL), redacción de la que fueron derogadas, por la Ley 30/2007, de 30 de octubre, las letras n) y o) del apartado 1 y modificado por la Ley 8/2007, de 28 de mayo, y por el Real Decreto Legislativo 2/2008, de 20 de junio. Previamente la redacción originaria había sido modificada por el Real Decreto-Ley 5/1996, de 7 de junio, la Ley 7/1997, de 14 de abril, la Ley 11/1999, de 21 de abril, y la Ley 55/1999, de 29 de diciembre. Véase la redacción anterior al final de este mismo artículo.
Téngase en cuenta que la LMMGL adicionó un nuevo Título X a la Ley (arts. 121 a 138) que regula el "Régimen de organización de los municipios de gran población". El art. 122 se refiere a la "Organización del Pleno" y el art. 123 a las "atribuciones del Pleno".

1. El Pleno, integrado por todos los Concejales, es presidido por el Alcalde.

CONCORDANCIAS
LBRL, art. 21.1 c); ROF, art. 49; LCSP/2017, disp. adic. Segunda.

2. Corresponden, en todo caso, al Pleno municipal en los Ayuntamientos, y a la Asamblea vecinal en el régimen de Concejo Abierto, las siguientes atribuciones:
   a) El control y la fiscalización de los órganos de gobierno.

CONCORDANCIAS
ROF, arts. 42, 104 y ss.

b) Los acuerdos relativos a la participación en organizaciones supramunicipales; alteración del término municipal; creación o supresión de municipios y de las entidades a que se refiere el artículo 45; creación de órganos desconcentrados; alteración de la capitalidad del municipio y el cambio de nombre de éste o de aquellas entidades y la adopción o modificación de su bandera, enseña o escudo.

CONCORDANCIAS

LBRL, art. 44.3; TRRL, arts. 35.3 y 42; RD 1690/1986, de 11 de julio, arts. 26, 29 y 33; ROF, art. 187 y disp. adic. 4ª.

c) La aprobación inicial del planeamiento general y la aprobación que ponga fin a la tramitación municipal de los planes y demás instrumentos de ordenación previstos en la legislación urbanística, así como los convenios que tengan por objeto la alteración de cualesquiera de dichos instrumentos.

ANOTACIONES

El inciso final "así como los convenios que tengan por objeto la alteración de cualesquiera de dichos instrumentos" fue añadido por la Ley 8/2007, de 28 de mayo, del Suelo. Posteriormente, y con la misma redacción, por el Real Decreto Legislativo 2/2008, de 20 de junio, que aprueba el texto refundido de la Ley del Suelo, para volver a ser añadida, de nuevo con el mimo texto, por el Real Decreto Legislativo 7/2015, de 30 de octubre, que aprueba el texto refundido de la Ley de Suelo y Rehabilitación Urbana.

d) La aprobación del reglamento orgánico y de las ordenanzas.

CONCORDANCIAS

LBRL, arts. 20.3, 49, 84, 106.2 y 111; TRRL, art. 55; TRLHL, arts. 15 a 19; RSCL, arts. 5 y 7.

e) La determinación de los recursos propios de carácter tributario; la aprobación y modificación de los presupuestos, y la disposición de gastos en materia de su competencia y la aprobación de las cuentas; todo ello de acuerdo con lo dispuesto en la Ley Reguladora de las Haciendas Locales.

CONCORDANCIAS

LBRL, arts. 106.2 y 112.4; TRLHL, arts. 7, 47, 52, 53, 74, 88, 168.4, 169, 174, 177 y 179.

f) La aprobación de las formas de gestión de los servicios y de los expedientes de municipalización.

CONCORDANCIAS

LBRL, art. 86.2; TRRL, art. 96; RSCL, art. 30.

g) La aceptación de la delegación de competencias hecha por otras Administraciones públicas.

CONCORDANCIAS
LBRL, art. 27.3; TRRL, art. 67.3.

h) El planteamiento de conflictos de competencias a otras entidades locales y demás Administraciones públicas.

CONCORDANCIAS
LBRL, art. 50.2; ROF, art. 222.

i) La aprobación de la plantilla de personal y de la relación de puestos de trabajo, la fijación de la cuantía de las retribuciones complementarias fijas y periódicas de los funcionarios y el número y régimen del personal eventual.

CONCORDANCIAS
LBRL, arts. 100, 102 y 104.1; TRRL, arts. 129.3 y 151 b); RD 861/1986, de 25 de abril, art. 6.1.

j) El ejercicio de acciones judiciales y administrativas y la defensa de la corporación en materias de competencia plenaria.
k) La declaración de lesividad de los actos del Ayuntamiento.
l) La alteración de la calificación jurídica de los bienes de dominio público.

CONCORDANCIAS
LBRL, art. 78.1; RBEL, arts. 8.2 y 100.

m) La concertación de las operaciones de crédito cuya cuantía acumulada, dentro de cada ejercicio económico, exceda del 10 por ciento de los recursos ordinarios del Presupuesto —salvo las de tesorería, que le corresponderán cuando el importe acumulado de las operaciones vivas en cada momento supere el 15 por ciento de los ingresos corrientes liquidados en el ejercicio anterior— todo ello de conformidad con lo dispuesto en la Ley Reguladora de las Haciendas Locales.

CONCORDANCIAS
TRLHL, art. 52 y 53.

n) *(Derogada)*

ANOTACIONES

*Derogada por la Ley 30/2007, de 30 de octubre, de Contratos del Sector Público
(entrada en vigor 30 de abril de 2008). Véase redacción al final de este mismo artículo*

ñ) La aprobación de los proyectos de obras y servicios cuando sea competente para su contratación o concesión, y cuando aún no estén previstos en
los presupuestos.

o) (Derogada)

ANOTACIONES

*Derogada por la Ley 30/2007, de 30 de octubre, de Contratos del Sector Público (en-
trada en vigor 30 de abril de 2008). Véase redacción al final de este mismo artículo.*

*Téngase en cuenta que la disp. adic. Segunda LCSP/2017 dispone, en su apartado 1,
en cuanto a las competencias en materia de contratación en las Entidades Locales,
que:
"2. Corresponden al Pleno las competencias como órgano de contratación respecto
de los contratos mencionados en el apartado anterior que celebre la Entidad Local, cuando por su valor o duración no correspondan al Alcalde o Presidente de la
Entidad Local, conforme al apartado anterior. Asimismo, corresponde al Pleno la
aprobación de los pliegos de cláusulas administrativas generales a los que se refiere
el artículo 121 de esta Ley.
3. En los municipios de población inferior a 5.000 habitantes es igualmente competencia del Pleno autorizar la redacción y licitación de proyectos independientes
relativos a cada una de las partes de una obra cuyo periodo de ejecución exceda al
de un presupuesto anual, siempre que estas sean susceptibles de utilización separada
en el sentido del uso general o del servicio, o puedan ser sustancialmente definidas".*

p) Aquellas otras que deban corresponder al Pleno por exigir su aprobación
una mayoría especial.

CONCORDANCIAS

LBRL, art. 47.

q) Las demás que expresamente le confieran las leyes.

CONCORDANCIAS

*TRRL, art. 23; ROF, art. 50; LCSP/2017, disp. adic. Segunda; Ley 5/1995, de 23 de
marzo, de Régimen Jurídico de Enajenación de Participaciones Públicas en Determi-
nadas Empresas, disp. adic. 2ª; Ley Orgánica 2/1987, de 18 de mayo, de Conflictos
Jurisdiccionales, art. 10;
Ley Aragón 7/1999, de 9 de abril, art. 29;
Decreto Legislativo Cataluña 2/2003, de 28 de abril, art. 52;
Ley Galicia 5/1997, de 22 de julio, art. 64.*

3. Corresponde, igualmente, al Pleno la votación sobre la moción de censura al Alcalde y sobre la cuestión de confianza planteada por el mismo, que serán públicas y se realizarán mediante llamamiento nominal en todo caso, y se rigen por lo dispuesto en la legislación electoral general.

CONCORDANCIAS Y ANOTACIONES

LOREG, arts. 197 y 197 bis; ROF, arts. 40.6, 50.1, 104, 107 y 108.

Téngase en cuenta que la Sentencia del Tribunal Constitucional 151/2017, de 21 de diciembre de 2017, declaro la inconstitucionalidad y nulidad del párrafo tercero del art. 197.1 a) de la Ley Orgánica 5/1985, de 19 de junio, de régimen electoral general, en la redacción dada por la Ley Orgánica 2/2011, de 28 de enero, en cuanto exígia una mayoría reformada en las mociones de censura "cuando alguno de los concejales proponentes de la moción haya dejado de pertenecer, por cualquier causa, al grupo político municipal al que se adscribió al inicio de su mandato" por vulnerar el art. 23.3 CE.

Téngase en cuenta que la Sentencia del Tribunal Constitucional 134/2025, de 10 de junio de 2025, decide en su Fallo "declarar, con el alcance establecido en el fundamento jurídico 6, la inconstitucionalidad y nulidad del párrafo segundo del artículo 197.1 a) de la Ley Orgánica 5/1985, de 19 de junio, de régimen electoral general, en la redacción dada por la Ley Orgánica 2/2011, de 28 de enero" y la "la inconstitucionalidad por conexión o consecuencia del inciso "los tres párrafos de" de la letra e) del art. 197.1 de la Ley Orgánica 5/1985, de 19 de junio, de régimen electoral general, en la redacción dada por la Ley Orgánica 2/2011, de 28 de enero", Fundamento Jurídico 6 en el que, sobre el alcance y efectos del fallo, se dispone que:

> *En un sentido idéntico al que determinó el alcance y efectos que correspondía atribuir a la declaración de inconstitucionalidad del párrafo tercero del art. 197.1 a) LOREG, en el presente supuesto, también debemos establecer que han de considerarse situaciones consolidadas no susceptibles de ser revisadas con fundamento en esta Sentencia no sólo aquéllas que hayan sido definitivamente decididas por resoluciones judiciales con fuerza de cosa juzgada (art. 40.1 LOTC), sino también, por exigencia del principio de seguridad jurídica (art. 9.3 CE), todas las que no hubieran sido impugnadas en la fecha de publicación de esta Sentencia (en ese sentido, SSTC 103/2013, de 25 de abril, FJ 6; o 179/1994, de 16 de junio, FJ 12).*
>
> *Para eliminar el resultado inconstitucional al que conduce el párrafo segundo de la letra a) del artículo 197.1 LOREG procede declarar su inconstitucionalidad y su nulidad, y por conexión o consecuencia, aplicando la previsión contenida en el art. 39.1 LOTC, la inconstitucionalidad y nulidad del inciso "los tres párrafos" de la letra e) del artículo 197.1 LOREG, que ha quedado sin efecto a resultas de lo fallado en el presente pronunciamiento y en la STC 151/2017.*
>
> *Por lo que hace a los efectos de esta declaración de inconstitucionalidad sobre el conflicto concreto que se plantea en el proceso contencioso administrativo en el seno del cual surge la presenta cuestión de inconstitucionalidad, el órgano*

judicial a quo tendrá en cuenta que el Ayuntamiento de Arredondo, como el resto de los ayuntamientos en España, se disolvió y se ha renovado como consecuencia de la celebración de las elecciones municipales de mayo de 2023, de modo que la decisión del Tribunal Superior de Justicia de Cantabria sucesiva al presente fallo de inconstitucionalidad, tendrá efectos meramente declarativos, al proyectarse sobre una situación respecto de la que no cabe restitución ninguna por estar acabada.

4. El Pleno puede delegar el ejercicio de sus atribuciones en el Alcalde y en la Junta de Gobierno Local, salvo las enunciadas en el apartado 2, párrafos a), b), c), d), e), f), g), h), i), l) y p), y en el apartado 3 de este artículo.

ANOTACIONES

La Ley 57/2003, de 16 de diciembre, de Medidas para la Modernización del Gobierno Local (LMMGL), sustituyó los términos "Comisión de Gobierno" por los de "Junta de Gobierno" Local a lo largo de todo el texto en los arts. 20, 21, 22, 23, 32, 34, 35, 52.2, 70, 85 bis, 123, 124, 125, 126, 127, 129 y 130, así como en las dips. adics. Octava y Décimocuarta, pues tal y como se indica en la propia Exposición de Motivos de la Ley 57/2003, de 16 de diciembre (párrafo 5º del apartado III), "en materia de organización, debe destacarse que la Comisión de Gobierno pasa a denominarse «Junta de Gobierno Local», expresión que tiende a destacar la naturaleza ejecutiva de dicho órgano. La propia exposición de Motivos de la Ley 57/2003 de 16 de diciembre (párrafo 3º del apartado IV) califica a este órgano como de "necesario".

REDACCIONES ANTERIORES

El contenido de este artículo fue modificado íntegramente por la Ley 57/2003, de 16 de diciembre, de Medidas para la Modernización del Gobierno Local (LMMCL). De esa redacción la Ley 30/2007, de 30 de octubre, derogó las letras n) y o) del apartado 2 que tenían la siguiente redacción:
n) Las contrataciones y concesiones de toda clase cuando su importe supere el 10 por 100 de los recursos ordinarios del Presupuesto y, en cualquier caso, los seis millones de euros, así como los contratos y concesiones plurianuales cuando su duración sea superior a cuatro años y los plurianuales de menor duración cuando el importe acumulado de todas sus anualidades supere el porcentaje indicado, referido a los recursos ordinarios del presupuesto del primer ejercicio y, en todo caso, cuando sea superior a la cuantía señalada en esta letra.
o) Las enajenaciones patrimoniales cuando su valor supere el 10 por 100 de los recursos ordinarios del presupuesto y, en todo caso, las permutas de bienes inmuebles.

Por medio de la Ley 8/2007, de 28 de mayo, se modificó el ap. 2 párrafo primero y por el Real Decreto Legislativo 2/2008, de 20 de junio, las letras 2 c) y o)

La redacción originaria lo era en los siguientes términos:
1. El Pleno, integrado por todos los Concejales, es presidido por el Alcalde.
2. Corresponden, en todo caso, al Pleno las siguientes atribuciones:

a) El control y la fiscalización de los órganos de gobierno.

b) Los acuerdos relativos a la participación en organizaciones supramunicipales; alteración del término municipal; creación o supresión de Municipios y de las Entidades a que se refiere el artículo 45; creación de órganos desconcentrados; alteración de la capitalidad del Municipio y el cambio de nombre de éste o de aquellas Entidades y la adopción o modificación de su bandera, enseña o escudo.

c) La aprobación de los planes y demás instrumentos de ordenación y gestión previstos en la legislación urbanística.

d) La aprobación del Reglamento orgánico y de las Ordenanzas.

e) La determinación de los recursos propios de carácter tributario; la aprobación y modificación de los Presupuestos; la disposición de gastos en los asuntos de su competencia y la aprobación de las cuentas.

f) La aprobación de las formas de gestión de los servicios y de los expedientes de municipalización.

g) La aceptación de la delegación de competencias hecha por otras Administraciones públicas.

h) El planteamiento de conflictos de competencias a otras Entidades locales y demás Administraciones públicas.

i) La aprobación de la plantilla de personal, la relación de puestos de trabajo, las bases de las pruebas para la selección de personal y para los concursos de provisión de puestos de trabajo, la fijación de la cuantía de las retribuciones complementarias de los funcionarios y el número y régimen del personal eventual, todo ello en los términos del título VII de esta Ley, así como la separación del servicio de los funcionarios de la Corporación, salvo lo dispuesto en el artículo 99, número 4, de esta Ley, y la ratificación del despido del personal laboral.

j) El ejercicio de las acciones administrativas y judiciales.

k) La alteración de la calificación jurídica de los bienes de dominio público.

l) La enajenación del patrimonio.

ll) Aquellas otras que deban corresponder al Pleno por exigir su aprobación una mayoría especial.

m) Las demás que expresamente le confieran las Leyes.

3. Pertenece, igualmente, al Pleno la votación sobre la moción de censura al Alcalde, que se rige por lo dispuesto en la legislación electoral general.

Artículo 23

Artículo redactado por Ley 57/2003, de 16 de diciembre, de Medidas para la Modernización del Gobierno Local (LMMGL). Véase la redacción anterior al final de este mismo artículo.

Téngase en cuenta que la LMMGL adicionó un nuevo Título X a la Ley (arts. 121 a 138) que regula el "Régimen de organización de los municipios de gran población". El art. 127 se refiere a la "Junta de Gobierno Local".

1. La Junta de Gobierno Local se integra por el Alcalde y un número de Concejales no superior al tercio del número legal de los mismos, nombrados y separados libremente por aquél, dando cuenta al Pleno.

CONCORDANCIAS

TRRL, art. 22; ROF, arts. 52, 112 y 113.

2. Corresponde a la Junta de Gobierno Local:

a) La asistencia al Alcalde en el ejercicio de sus atribuciones.

b) Las atribuciones que el Alcalde u otro órgano municipal le delegue o le atribuyan las leyes.

CONCORDANCIAS Y ANOTACIONES

Letra redactada por Ley 11/1999, de 21 de abril.
LBRL, art. 21.3; TRRL, art. 23.2; TRLHL, arts. 47.1 y 165.3; ROF, arts. 43, 51, 53, 120 y 121;
Ley Aragón 7/1999, de 9 de abril, art. 31;
Decreto Legislativo Cataluña 2/2003, de 28 de abril, art. 54;
Ley Galicia 5/1997, de 22 de julio, art. 65.

3. Los Tenientes de Alcalde sustituyen, por el orden de su nombramiento y en los casos de vacante, ausencia o enfermedad, al Alcalde, siendo libremente designados y removidos por éste de entre los miembros de la Junta de Gobierno Local y, donde ésta no exista, de entre los Concejales.

CONCORDANCIAS Y ANOTACIONES

LBRL, art. 21.2; TRRL, art. 21; ROF, art. 46;
Ley Aragón 7/1999, de 9 de abril, art. 32;
Decreto Legislativo Cataluña 2/2003, de 28 de abril, art. 55;
Ley Galicia 5/1997, de 22 de julio, art. 62.

Téngase en cuenta que la Ley 57/2003, de 16 de diciembre, de Medidas para la Modernización del Gobierno Local (LMMGL) adiciona un nuevo Título X a la Ley (arts. 121 a 138) que regula el "Régimen de organización de los municipios de gran población". El art. 125 LBRL, con la rúbrica "los Tenientes de Alcalde, establece que "El Alcalde podrá nombrar entre los concejales que formen parte de la Junta de Gobierno Local a los Tenientes de Alcalde, que le sustituirán, por el orden de su nombramiento, en los casos de vacante, ausencia o enfermedad".

4. El Alcalde puede delegar el ejercicio de determinadas atribuciones en los miembros de la Junta de Gobierno Local y, donde ésta no exista, en los Tenientes de Alcalde, sin perjuicio de las delegaciones especiales que, para

cometidos específicos, pueda realizar en favor de cualesquiera Concejales, aunque no pertenecieran a aquélla.

CONCORDANCIAS

ROF, arts. 43, 44, 112 y 113;
Ley Aragón 7/1999, de 9 de abril, art. 33;
Decreto Legislativo Cataluña 2/2003, de 28 de abril, art. 56.

ANOTACIONES

La Ley 57/2003, de 16 de diciembre, de Medidas para la Modernización del Gobierno Local (LMMGL), sustituyó los términos "Comisión de Gobierno" por los de "Junta de Gobierno" Local a lo largo de todo el texto en los arts. 20, 21, 22, 23, 32, 34, 35, 52.2, 70, 85 bis, 123, 124, 125, 126, 127, 129 y 130, así como en las dips. adics. Octava y Décimocuarta, pues tal y como se indica en la propia Exposición de Motivos de la Ley 57/2003, de 16 de diciembre (párrafo 5º del apartado III), "en materia de organización, debe destacarse que la Comisión de Gobierno pasa a denominarse «Junta de Gobierno Local», expresión que tiende a destacar la naturaleza ejecutiva de dicho órgano. La propia exposición de Motivos de la Ley 57/2003 de 16 de diciembre (párrafo 3º del apartado IV) califica a este órgano como de "necesario".

REDACCIONES ANTERIORES

El contenido de este artículo fue modificado íntegramente por la Ley 57/2003, de 16 de diciembre, de Medidas para la Modernización del Gobierno Local (LMMGL). La redacción anterior, procedente de la Ley 11/1999, de 21 de abril, de modificación de la LBRL y otras medidas para el desarrollo del Gobierno Local, en materia de tráfico, circulación de vehículos a motor y seguridad vial y en materia de aguas era la siguiente:
1. La Comisión de Gobierno se integra por el Alcalde y un número de Concejales no superior al tercio del número legal de los mismos, nombrados y separados libremente por aquél, dando cuenta al Pleno.
2. Corresponde a la Comisión de Gobierno:
a) La asistencia al Alcalde en el ejercicio de sus atribuciones.
b) Las atribuciones que el Alcalde u otro órgano municipal le delegue o le atribuyan las leyes.
3. Los Tenientes de Alcalde sustituyen, por el orden de su nombramiento y en los casos de vacante, ausencia o enfermedad, al Alcalde, siendo libremente designados y revocados por éste de entre los miembros de la Comisión de Gobierno y, donde ésta no exista, de entre los Concejales.
4. El Alcalde puede delegar el ejercicio de determinadas atribuciones en los miembros de la Comisión de Gobierno y, donde ésta no exista, en los Tenientes de Alcalde, sin perjuicio de las delegaciones especiales que, para cometidos específicos, pueda realizar en favor de cualesquiera Concejales, aunque no pertenecieran a aquella Comisión.

Y la redacción originaria lo era en los siguientes términos:

1. La Comisión de Gobierno se integra por el Alcalde y un número de Concejales no superior al tercio del número legal de los mismos, nombrados y separados libremente por aquél, dando cuenta al Pleno.
2. Corresponde a la Comisión de Gobierno:
a) La asistencia al Alcalde en el ejercicio de sus atribuciones.
b) Las atribuciones que el Alcalde u otro órgano municipal le delegue o le atribuyan las Leyes. No son delegables las atribuciones reservadas al Pleno en los números 2, letras a), b), c), d), e), f), g), h), i), k) y ll) y 3 del artículo anterior.
3. Los Tenientes de Alcalde sustituyen, por el orden de su nombramiento y en los casos de vacante, ausencia o enfermedad, al Alcalde, siendo libremente designados y revocados por éste de entre los miembros de la Comisión de Gobierno y, donde ésta no exista, de entre los Concejales.
4. El Alcalde puede delegar el ejercicio de determinadas atribuciones en los miembros de la Comisión de Gobierno y, donde ésta no exista, en los Tenientes de Alcalde, sin perjuicio de las delegaciones especiales que, para cometidos específicos, pueda realizar en favor de cualesquiera Concejales, aunque no pertenecieran a aquella Comisión.

Artículo 24

Artículo redactado por Ley 57/2003, de 16 de diciembre, de Medidas para la Modernización del Gobierno Local (LMMGL). Véase la redacción anterior al final de este mismo artículo.
Téngase en cuenta que la Ley 57/2003, de 16 de diciembre adicionó un nuevo Título X a la Ley (arts. 121 a 138) que regula el "Régimen de organización de los municipios de gran población". El art. 128 se refiere a los "Distritos", sentido en el que debe de entenderse la referencia efectuada en el apartado 2 de este art. 24.

1. Para facilitar la participación ciudadana en la gestión de los asuntos locales y mejorar ésta, los municipios podrán establecer órganos territoriales de gestión desconcentrada, con la organización, funciones y competencias que cada ayuntamiento les confiera, atendiendo a las características del asentamiento de la población en el término municipal, sin perjuicio de la unidad de gobierno y gestión del municipio.

CONCORDANCIAS Y ANOTACIONES

LBRL, arts. 69 y ss.; ROF, arts. 128 y 227 a 236;
Ley Aragón 7/1999, de 9 de abril, arts. 10.4, 38 y 41;
Decreto Legislativo Cataluña 2/2003, de 28 de abril, arts. 61 a 65;
Ley Galicia 5/1997, de 22 de julio, art. 69.

A pesar de que la Ley 57/2003, de 16 de diciembre, de Medidas para la Modernización del Gobierno Local (LMMGL), dio nueva redacción a la totalidad del artículo, este apartado primero se mantuvo los mismos términos que presentaba en la redacción anterior.

2. En los municipios señalados en el artículo 121 será de aplicación el régimen de gestión desconcentrada establecido en el artículo 128.

CONCORDANCIAS Y ANOTACIONES

A pesar de que la Ley 57/2003, de 16 de diciembre, de Medidas para la Moderniza-ción del Gobierno Local (LMMGL), dio nueva redacción a la totalidad del artículo la única modificación se produjo mediante la adición de este apartado, a su vez, realiza una remisión a los nuevos art. 121 y 128 que regula la el "ámbito de aplicación" (art. 121) del régimen de organización establecido en el Título X y "los distritos" (art. 128).

REDACCIÓN ANTERIOR

El contenido de este artículo fue modificado íntegramente por la Ley 57/2003, de 16 de diciembre, de Medidas para la Modernización del Gobierno Local (LMMGL). La redacción anterior era la siguiente:
Para facilitar la participación ciudadana en la gestión de los asuntos locales y mejorar ésta, los Municipios podrán establecer órganos territoriales de gestión desconcentra-da, con la organización, funciones y competencias que cada Ayuntamiento les con-fiera, atendiendo a las características del asentamiento de la población en el término municipal, sin perjuicio de la unidad de gobierno y gestión del Municipio.

Artículo 24 bis

Artículo añadido por la Ley 27/2013, de 27 de diciembre, de racionalización y soste-nibilidad de la Administración Local.

La Sentencia del Tribunal Constitucional 41/2016, de 3 de marzo, desestimó todos los motivos de inconstitucionalidad planteados contra la nueva redacción que, este artículo, recibió de la Ley 27/2013, de 27 de diciembre (Véase, en especial el Funda-mento de Derecho 7 que se extracta al final de este artículo).

1. Las leyes de las Comunidades Autónomas sobre régimen local regu-larán los entes de ámbito territorial inferior al Municipio, que carecerán de personalidad jurídica, como forma de organización desconcentrada del mismo para la administración de núcleos de población separados, bajo su denomi-nación tradicional de caseríos, parroquias, aldeas, barrios, anteiglesias, con-cejos, pedanías, lugares anejos y otros análogos, o aquella que establezcan las leyes.

2. La iniciativa corresponderá indistintamente a la población interesada o al Ayuntamiento correspondiente. Este último debe ser oído en todo caso.

3. Solo podrán crearse este tipo de entes si resulta una opción más eficien-te para la administración desconcentrada de núcleos de población separados

de acuerdo con los principios previstos en la Ley Orgánica 2/2012, de 27 de abril, de Estabilidad Presupuestaria y Sostenibilidad Financiera.

CONCORDANCIAS Y ANOTACIONES

LBRL, art. 3; Ley 27/2013, de 27 de diciembre, de racionalización y sostenibilidad de la Administración Local, disps. transits. Cuarta y Quinta.

Real Decreto 128/2018, de 16 de marzo, por el que se regula el régimen jurídico de los funcionarios de Administración Local con habilitación de carácter nacional, disp. adic. Quinta.

Ley Andalucía 5/2010, de 11 de junio, arts. 113.3, 114.1, 116.2 y 122 a 132; Decreto 156/2021, de 4 de mayo, por el que se regulan las Entidades Locales Autónomas de Andalucía;

Ley Aragón 7/1999, de 9 de abril, arts. 87 a 94;

Ley Baleares Ley 20/2006, de 15 de diciembre, arts. 51 a 57;

Ley Cantabria 3/2022, de 14 de junio, de Entidades Locales Menores

Ley Castilla-La Mancha 3/1991, de14 de marzo, arts. 24 a 38;

Ley Castilla y León 1/1998, de 4 de junio, arts. 49 a 71;

Decreto Legislativo Cataluña 2/2003, de 28 de abril, arts. 79 a 83;

Ley Extremadura 17/2010, de 22 de diciembre;

Ley Galicia 5/1997, de 22 de julio, arts. 153 a 164;

Ley La Rioja 1/2003, de 3 de marzo, arts. 76 a 83;

Ley Madrid 2/2003, de 11 de marzo, arts. 81 a 87

Ley Región de Murcia 6/1988, de 25 de agosto, arts. 67 a 75;

Ley Foral Navarra 6/1990, de 2 de julio, arts. 37 a 44;

Ley Comunidad Valenciana 8/2010, de 23 de junio, arts. 54 a 72;

La Ley 27/2013, de 27 de diciembre, de racionalización y sostenibilidad de la Administración Local, introduce este artículo y, al mismo tiempo, elimina (en el art. 3.2 LBRL) a los entes de ámbito territorial inferior al Municipio de entre los que merecen la consideración de entidad local y deja sin contenido el art. 45 LBRL en el que, hasta ese momento se regulaban estas cuestiones.

Ténganse en cuenta, además, las disposiciones transitorias Cuarta y Quinta de la Ley 27/2013, de 27 de diciembre, de racionalización y sostenibilidad de la Administración Local, cuyas previsiones no se incorporan al texto de la LBRL.

La disp. transit. Cuarta establece, con la rúbrica "Disolución de entidades de ámbito territorial inferior al Municipio" establece que:

"1. Las entidades de ámbito territorial inferior al Municipio existentes en el momento de la entrada en vigor de la presente Ley mantendrán su personalidad jurídica y la condición de Entidad Local.

2. Con fecha de 31 de diciembre de 2014, las entidades de ámbito territorial inferior al Municipio deberán presentar sus cuentas ante los organismos correspondientes del Estado y de la Comunidad Autónoma respectiva para no incurrir en causa de disolución.

3. La no presentación de cuentas por las entidades de ámbito territorial inferior al Municipio ante los organismos correspondientes del Estado y de la Comunidad Autónoma respectiva será causa de disolución. La disolución será acordada por Decreto

del órgano de gobierno de la Comunidad Autónoma respectiva en el que se podrá determinar su mantenimiento como forma de organización desconcentrada.
La disolución en todo caso conllevará:
a) Que el personal que estuviera al servicio de la entidad disuelta quedará incorporado en el Ayuntamiento en cuyo ámbito territorial esté integrada.
b) Que el Ayuntamiento del que dependa la entidad de ámbito territorial inferior al municipio queda subrogado en todos sus derechos y obligaciones".
Y la disp. transit. Quinta, sobre "Entidades de ámbito territorial inferior al Municipio en constitución" dispone que:
"El núcleo de población que antes del 1 de enero de 2013 hubiera iniciado el procedimiento para su constitución como entidad de ámbito territorial inferior al Municipio, una vez que se constituya, lo hará con personalidad jurídica propia y con la condición de Entidad Local y se regirá por lo dispuesto en la legislación autonómica correspondiente".
El Tribunal Constitucional ha declarado la constitucionalidad de la nueva redacción de este art. 3.2 al establecer que:

"La LRSAL mantiene las grandes líneas del anterior régimen básico [sobre el que se pronunció la STC 214/1989, FJ 15, letras a) y b)] en lo que afecta a las entidades locales menores ya creadas o en proceso de constitución antes del 1 de enero de 2013. Conservan la condición de entidad local con personalidad jurídica, rigiéndose en todo lo demás por la legislación autonómica (disposiciones transitorias 4ª.1 y 5ª). Más aún, la LRSAL ha derogado el art. 45 LBRL y, con ello, las previsiones básicas que éste contenía sobre la denominación (apartado 1) y los acuerdos sobre disposición de bienes, operaciones de crédito y expropiación forzosa de las entidades locales menores [apartado 2 c)]. Consecuentemente, respecto del régimen básico de las entidades locales menores ya creadas (o en proceso de creación antes de determinada fecha), el legislador estatal no solo no ha invadido las competencias de las Comunidades Autónomas, sino que, al reducir en alguna medida la regulación básica, ha aumentado correlativamente el espacio que puede ocupar la normativa municipal sobre organización interna y la autonómica sobre régimen local.
La LRSAL ha introducido, en efecto, un límite a la creación de nuevos entes de este tipo que, en cuanto tal, condiciona la potestad municipal de autoorganización y las competencias autonómicas sobre régimen local. La gestión a través de estos entes debe ser más eficiente que la administración concentrada de núcleos de población separados (apartado 24 bis, apartado 3, de la LBRL). No obstante, tal exigencia se inspira directamente en los mandatos constitucionales de eficiencia en el uso de los recursos públicos (art. 31.2 CE) y estabilidad presupuestaria (art. 135 CE), sin por ello vulnerar la potestad organizatoria municipal ni hurtar a las Comunidades Autónomas amplios márgenes de desarrollo. Esta previsión, aunque afecta a una cuestión de organización interna, incide en —intereses generales de alcance supraautonómico— [STC 214/1989, FJ 15 b)], razón que permite calificarla de básica y conforme a la garantía constitucional de la autonomía local.
A su vez, el régimen establecido para los entes que se creen a partir de la entrada en vigor de la reforma (o, más precisamente, los que no estuvieran en proceso

de constitución antes del 1 de enero de 2013) incluye reglas sobre la iniciativa de creación, denominación y objeto (la administración de núcleos de población separados) sustancialmente coincidentes con las previstas en el derogado art. 45 LBRL. Sobre cuya legitimidad constitucional y carácter básico ya se pronunció la STC 214/1989, FJ 15, letras a) y b). El art. 24 bis LBRL sigue sin incluir reglas precisas sobre creación, organización y competencias (art. 24 bis LBRL). Los propios municipios y, en su caso, las Comunidades Autónomas habrán de establecerlas.

El apartado 1 del art. 24 bis LBRL (junto al art. 3.2 LBRL) configura estas organizaciones como entes desconcentrados del municipio sin el carácter de entidad local y sin personalidad jurídica propia. Establece así una regulación sobre la —subjetividad— o posición de estas estructuras dentro de (o en relación con) el municipio. Si el problema de la subjetividad era antes una cuestión que podía regular el legislador básico, debe seguir siéndolo ahora, con independencia de que las previsiones enjuiciadas en este proceso hayan establecido un régimen de signo opuesto. Dicho de otro modo: el legislador básico no ha ocupado más espacio normativo; ha cambiado el sentido político de su regulación en el marco del amplio margen de configuración que le asigna la Constitución.

En todo caso, la configuración de estos entes como estructuras desconcentradas, sin el carácter de entidad local y sin personalidad jurídica propia, se justifica en —intereses generales de alcance supraautonómico— [STC 214/1989, FJ 15 b)]. De un lado, el Ayuntamiento se erige en el centro de imputación de las obligaciones y los derechos dimanantes de la actividad de estas —formas de organización desconcentrada— y, de otro, los órganos municipales de gobierno se relacionan con estas en términos de jerarquía, todo ello sobre la base de que así podrá facilitarse el cumplimiento de los objetivos de eficiencia, eficacia y estabilidad presupuestaria (arts. 31.2, 103.1 y 135 CE).

Cabe añadir que la sola previsión de que estos entes carecen de personalidad jurídica no elimina amplios espacios de desarrollo autonómico y autoorganización local. La personalidad jurídica propia o régimen de descentralización administrativa no implica un estatuto sustancialmente distinto, que garantice amplias esferas de autonomía a las entidades locales menores. Así lo declaró la STC 214/1989, FJ 15 b), refiriéndose a las facultades de tutela atribuidas al municipio, que las Comunidades Autónomas podían precisar y aumentar (art. 45.2 LBRL, ahora derogado). Ciertamente, la ausencia de personalidad jurídica propia remite al sistema de imputación y control de actos característico de las relaciones interorgánicas. No obstante, las concretas tareas que correspondan a estas —formas de organización desconcentrada— así como las facultades de control y supervisión que el municipio desarrolle respecto de ellas siguen dependiendo esencialmente de las opciones organizativas que adopten los propios entes locales en el marco de la legislación autonómica sobre régimen local y de las bases ex art. 149.1.18 CE.

Consecuentemente, el art. 24 bis LBRL se sitúa dentro de los márgenes del art. 149.1.18 CE" (Sentencia del Tribunal Constitucional 41/2016, de 3 de marzo, F. 7 b)".

CAPÍTULO III. Competencias

Artículo 25

Artículo redactado por la Ley 27/2013, de 27 de diciembre, de racionalización y sostenibilidad de la Administración Local. Véase la redacción anterior al final de este mismo artículo.

El Real Decreto-ley 6/2023, de 19 de diciembre, añadió un nuevo apartado 6 a este artículo. La Sentencia del Tribunal Constitucional 41/2016, de 3 de marzo, desestimó todos los motivos de inconstitucionalidad planteados contra la nueva redacción que, este artículo, recibió de la Ley 27/2013, de 27 de diciembre (Véase, en especial los Fundamentos de Derecho 10, 11, 12 y 13).

1. El Municipio, para la gestión de sus intereses y en el ámbito de sus competencias, puede promover actividades y prestar los servicios públicos que contribuyan a satisfacer las necesidades y aspiraciones de la comunidad vecinal en los términos previstos en este artículo.

CONCORDANCIAS Y ANOTACIONES

En el cambio de redacción de este apartado se contiene uno de los objetivos básicos anunciados en el Preámbulo de la propia 27/2013, de 27 de diciembre, de racionalización y sostenibilidad de la Administración Local, cuando se señala que la reforma persigue "clarificar las competencias municipales para evitar duplicidades con las competencias de otras Administraciones de forma que se haga efectivo el principio «una Administración una competencia»" (párrafo 3 del Preámbulo).

Así, y en relación a las actividades y servicios que pueden promover y prestar los Municipios, se pasa de los términos "toda clase de actividades y prestar cuantos servicios públicos" a los de "promover actividades y prestar los servicios públicos", expresión mucho más contenida y que ciñe la actuación municipal (actividades y servicios) a la delimitada por las competencias que tiene atribuidas, lo que hay que poner en relación con la nueva redacción que recibe el apartado 2 de este mismo artículo.

"La LRSAL suprime las reglas generales habilitantes previstas en la anterior redacción de los arts. 25.1 y 28 LBRL. En particular, modifica la redacción del apartado 1 del art. 25 con el fin de que la atribución de competencias —propias— quede sujeta a las exigencias de los apartados 2 a 5. Los municipios no pueden apoyarse en el art. 25.1 LBRL para entenderse autorizados a promover cualesquiera actividades y servicios relacionados con las necesidades y aspiraciones de la comunidad vecinal. La LRSAL deroga expresamente en paralelo el art. 28 LBRL, conforme al que los municipios podían —realizar actividades complementarias de las propias de otras Administraciones públicas y, en particular, las relativas a la educación, la cultura, la promoción de la mujer, la vivienda, la sanidad y la protección del medio ambiente—. En sustitución de aquellas reglas habilitantes generales, se establece otra que permite a los municipios (y a todas las entidades locales) ejercer cualesquiera competencias, pero con sujeción a exigentes condiciones materiales y formales (art. 7.4 LBRL, en

la redacción dada por el art. 1.3 LRSAL). Estas competencias se llamaban —impropias— en el anteproyecto. En el art. 7.4 LBRL reciben la denominación de —competencias distintas de las propias y de las atribuidas por delegación—. Su ejercicio no requiere de una habilitación legal específica, pero es posible solo si: 1) no hay riesgo para la sostenibilidad financiera de la hacienda municipal; 2) no se produce la ejecución simultánea del mismo servicio con otra Administración; 3) hay informe previo vinculante de la Administración competente por razón de la materia (que señale la inexistencia de duplicidades) y de la Administración que tenga atribuida la tutela financiera (sobre la sostenibilidad financiera de las nuevas competencias).

Cumplidas estas exigencias, el municipio podrá ejercer la competencia —en régimen de autonomía y bajo la propia responsabilidad, atendiendo siempre a la debida coordinación en su programación y ejecución con las demás Administraciones Públicas— [art. 7.2 LBRL]. Por eso la doctrina las ha denominado, en positivo, competencias —propias generales—. Se distinguen de las competencias propias del art. 25 LBRL, no por el nivel de autonomía de que dispone el municipio que las ejerce, sino por la forma en que están atribuidas. Si las reguladas en el art. 25 LBRL son competencias determinadas por la ley sectorial, las previstas en el art. 7.4 LBRL están directamente habilitadas por el legislador básico, quedando su ejercicio sujeto a la indicada serie de condiciones" (Sentencia del Tribunal Constitucional 41/2016, de 3 de marzo, F. 10 d)"

2. El Municipio ejercerá en todo caso como competencias propias, en los términos de la legislación del Estado y de las Comunidades Autónomas, en las siguientes materias:

CONCORDANCIAS Y ANOTACIONES

LBRL, arts. 1.1, 7, 27, 28 y disp. transit. 2ª.

"Las leyes pueden atribuir competencias propias a los municipios en materias distintas de las enumeradas en el art. 25.2 LBRL, quedando vinculadas en todo caso a las exigencias reseñadas (apartados 3, 4 y 5). Así resulta del tenor literal del art 25.2 LBRL, conforme al que las materias enumeradas son solo un espacio dentro del cual los municipios deben disponer —en todo caso— de competencias —propias—, sin prohibir que la ley atribuya otras en materias distintas.

La interpretación de que las —competencias propias— municipales no son solo las atribuidas dentro de los márgenes del art. 25.2 LBRL resulta igualmente de previsiones generales de la LBRL que han permanecido inalteradas. Así, la precisión de que —las competencias de las Entidades locales son propias o atribuidas por delegación— (art. 7.1 LBRL) y la obligación de que —la legislación del Estado y la de las Comunidades Autónomas, reguladora de los distintos sectores de acción pública, según la distribución constitucional de competencias—, garantice —la efectividad de la autonomía garantizada constitucionalmente a las Entidades Locales— y el —derecho— de —los Municipios, las Provincias y las Islas— a —intervenir en cuantos asuntos afecten directamente al círculo de sus intereses, atribuyéndoles las competencias que proceda en atención a las características de la actividad pública de que se tra-

te y a la capacidad de gestión de la Entidad Local, de conformidad con los principios de descentralización, proximidad, eficacia y eficiencia— (art. 2.1 LBRL). Respecto de este último precepto, la LRSAL solo ha incluido un último inciso para añadir la —estricta sujeción a la normativa de estabilidad presupuestaria y sostenibilidad financiera— como límite a la atribución de competencias locales (art. 1.1, apartado 1). Debe, pues, excluirse la interpretación de que los municipios solo pueden obtener competencias propias en las materias enumeradas en el art. 25.2 LBRL…" (Sentencia del Tribunal Constitucional 41/2016, de 3 de marzo, 10 c)".

El Dictamen 338/2014 emitido por la Comisión Permanente del Consejo de Estado en sesión celebrada el 26 de junio de 2013 sobre el anteproyecto de Ley de racionalización y sostenibilidad de la Administración Local considera que no hay fundamentos jurídicos suficientes para plantear el conflicto en defensa de la autonomía local en relación con este precepto.
Circular Aragón 1/2014, de 28 de abril, de la Dirección General del Administración Local sobre el régimen jurídico competencial de los municipios aragoneses tras la entrada en vigor de la LRSAL.
Decreto-ley de Baleares 1/2018, de 19 de enero, de medidas urgentes para la mejora y/o la ampliación de la red de equipamientos públicos de usos educativos, sanitarios o sociales de la Comunidad Autónoma de las Islas Baleares
Decreto-ley Cataluña 4/2014, de 22 de julio, por el que se establecen medidas urgentes para adaptar los convenios, los acuerdos y los instrumentos de cooperación suscritos entre la Administración de la Generalidad y los entes locales de Cataluña a la disposición adicional novena de la Ley 27/2013, de 27 de diciembre, de racionalización y sostenibilidad de la Administración local. Téngase en cuenta que el Decreto-ley 3/2014, de 17 de junio, por el que se establecen medidas urgentes para la aplicación en Cataluña de la Ley 27/2013, de 27 de diciembre, de racionalización y sostenibilidad de la Administración local fue "derogado" mediante la Resolución 774/X del Parlamento de Cataluña, por la que se hace pública la derogación del Decreto ley 3/2014, de 17 de junio, por el que se establecen medidas urgentes para la aplicación en Cataluña de la Ley 27/2013, de 27 de diciembre, de racionalización y sostenibilidad de la Administración local.
Ley Galicia 5/2014, de 27 de mayo, de medidas urgentes derivadas de la entrada en vigor de la Ley 27/2013, de 27 de diciembre, de racionalización y sostenibilidad de la Administración local
Ley Madrid 1/2014, de 25 de julio, de Adaptación del Régimen Local de la Comunidad de Madrid a la Ley 27/2013, de 27 de diciembre, de Racionalización y Sostenibilidad de la Administración Local
Circular Comunidad Valenciana de 18 de junio de 2014, de la Dirección General de Administración Local, sobre el nuevo régimen competencial contemplado en la Ley 27/2013, de 27 de diciembre, de Racionalización y Sostenibilidad de la Administración Local
Respecto de la redacción originaria de este apartado desaparecen la correspondientes a "mataderos" y a la "prestación de los servicios sociales y de promoción y reinserción social" que previamente se recogían en las letras g) y k) del art. 25.2 LBRL.

a) Urbanismo: planeamiento, gestión, ejecución y disciplina urbanística. Protección y gestión del Patrimonio histórico. Promoción y gestión de la vivienda de protección pública con criterios de sostenibilidad financiera. Conservación y rehabilitación de la edificación.

CONCORDANCIAS Y ANOTACIONES

Ley 16/1985, de 25 de junio, del Patrimonio Histórico Español.

Se corresponde con la previsiones que, en la redacción originaria, se efectuaban en el primer inciso del art. 25.2 d) LBRL ("Ordenación, gestión, ejecución y disciplina urbanística"), en el art. 25.2 e) LBRL ("Patrimonio histórico-artístico"), en el segundo inciso del art. 25.2 d) LBRL ("promoción y gestión de viviendas"). La referencia final a "conservación y rehabilitación de la edificación" no se corresponde, de manera expresa, con ninguna de las referencias que se efectuaban en la originaria redacción del art. 25.2 LBRL.

Nótese que en la redacción vigente se utiliza el término "planeamiento" en lugar del de "ordenación", que la referencia al "patrimonio histórico" (y ya no al "patrimonio histórico-artístico") se realiza en cuanto a su "protección y gestión" y que la relativa a la promoción y gestión de la vivienda se anuda al supuesto de "protección pública" y a que se realice "con criterios de sostenibilidad financiera".

Téngase en cuenta que, en relación a las competencias municipales en materia de urbanismo y medio ambiente el Tribunal Constitucional ha establecido (en relación a la Ley 4/2017, de 13 de julio, del suelo y de los espacios naturales protegidos de Canarias) que "la presencia del interés supralocal en las actuaciones estratégicas abiertamente definidas no es suficiente para poder autorizar su ejecución con independencia de las previsiones urbanísticas del municipio en cuyo territorio se van a asentar. Por ello, debemos estimar el recurso en este punto y declarar la inconstitucionalidad y nulidad del inciso "con independencia de su clasificación y calificación urbanística" del artículo 123.4 de la Ley; desestimando los restantes motivos de impugnación" (Sentencia del Tribunal Constitucional 86/2019, de 20 de junio, F. 10).

Y que "es innegable que el urbanismo es un ámbito de interés municipal preferente [art. 25.2 a) de la Ley reguladora de las bases del régimen local (LBRL), en la redacción dada al mismo por la Ley 27/2013, de 27 de diciembre, de racionalización y sostenibilidad de la administración local]. De ello se ha hecho eco este Tribunal en múltiples ocasiones: "no es necesario argumentar particularmente que, entre los asuntos de interés de los municipios y a los que por tanto se extienden sus competencias, está el urbanismo" (SSTC 40/1998, de 19 de febrero, FJ 39; 159/2001, de 5 de julio, FJ 4; 204/2002, de 31 de octubre, FJ 13; 104/2013, de 25 de abril, FJ 6, y 154/2015, de 9 de julio, FJ 5 a). Por imperativo de la garantía constitucional de la autonomía local (arts. 137 , 140 y 141.2 CE), el legislador autonómico, al realizar esta tarea en la que se configuran las competencias locales, debe graduar la intensidad de la participación del municipio en función de la relación entre intereses locales y supralocales. Respetando lo anterior, está legiti-

mado *"para regular de diversas maneras la actividad urbanística, y para otorgar en ella a los entes locales, y singularmente a los municipios, una mayor o menor presencia y participación en los distintos ámbitos en los cuales tradicionalmente se divide el urbanismo (planeamiento, gestión de los planes y disciplina)" (STC 159/2001, FJ 4)" (Sentencia del Tribunal Constitucional 161/2019, de 12 de diciembre, F. 5).*

El Tribunal Constitucional ha entendido, al resolver el recurso de inconstitucionalidad promovido frente a la Ley contra los arts. 1, 2 y 3, la disposición transitoria primera [apartado 1.a)], la disposición transitoria segunda, la disposición final primera y el anexo del Decreto-ley del Gobierno de la Generalitat de Cataluña 3/2023, de 7 de noviembre, de medidas urgentes sobre el régimen urbanístico de las viviendas de uso turístico (Sentencia del Tribunal Constitucional 64/2025, de 13 de marzo, F. 6 c) que:

> *Por otra parte, las previsiones impugnadas afectan limitadamente sobre las competencias urbanísticas municipales. Se proyectan sobre un aspecto muy concreto —el régimen de intervención aplicable al uso turístico de las viviendas—, sin incidir de manera transversal en la capacidad del municipio en punto a "la configuración del asentamiento urbano municipal" como "marco regulador del espacio físico de la convivencia de los vecinos" (STC 51/2004, FJ 12). Y esa incidencia no llega al punto de eliminar toda capacidad de intervención de los municipios en el régimen de las viviendas de uso turístico, sino que, por el contrario, se les asegura un importante nivel de participación en este ámbito, correlativo a la intensidad de sus intereses en la materia. En efecto, el Decreto-ley 3/2023 atribuye a los municipios incluidos dentro de su ámbito de aplicación, en primer lugar, la decisión última sobre la compatibilidad del uso turístico con el uso de vivienda —y, con ello, sobre la aplicabilidad del régimen de licencia urbanística controvertido—, decisión que se atribuye al planeamiento urbanístico municipal y respecto de la cual la nueva disposición adicional vigésimo séptima TRLUC, introducida por la disposición final segunda del Decreto-ley 3/2023, sienta criterios que limitan la discrecionalidad del planificador municipal únicamente cuando pretenda permitir la compatibilidad de usos, pero no en caso contrario. En segundo lugar, y como indica la memoria de elaboración del Decreto-ley 3/2023, corresponde a los municipios determinar, dentro del máximo legalmente establecido, el número de licencias urbanísticas a otorgar, que podrá ser inferior si el municipio concreto lo considera necesario. Y, en tercer lugar, corresponde a los ayuntamientos la regulación del régimen de otorgamiento, contenido y prórroga de las licencias —con sujeción a los criterios previstos en la ya citada disposición adicional vigesimoséptima TRLUC—, así como su ejecución.*

> *Las consideraciones precedentes conducen a rechazar la alegada lesión de la garantía constitucional de la autonomía local (arts. 137 y 140 CE) y, consecuentemente, a desestimar el presente motivo de impugnación.*

b) Medio ambiente urbano: en particular, parques y jardines públicos, gestión de los residuos sólidos urbanos y protección contra la contaminación acústica, lumínica y atmosférica en las zonas urbanas.

CONCORDANCIAS Y ANOTACIONES

Ley 7/2022, de 8 de abril, de residuos y suelos contaminados para una economía circular

El inciso inicial de este apartado se corresponde con la previsión que, en la redacción originaria, se efectuaba en el art. 25.2 f) LBRL ("Protección del medio ambiente"), lugar en el que se engloban las cuestiones relativas a previsiones que anteriormente se efectuaban en el art. 25.2 d) LBRL (en cuanto a "parques y jardines") y en el art. 25.2 l) LBRL (en lo relativo a "recogida y tratamiento de residuos".

La nueva redacción introduce el término "contaminación" (en cuanto a la protección contra ella en las zonas urbanas) en referencia a la acústica, lumínica y atmosférica.

Véase el último parráfo de las anotaciones efectuadas a letra anterior en relación a la Sentencia del Tribunal Constitucional 86/2019, de 20 de junio) así como el F.11 esa misma sentencia.

c) Abastecimiento de agua potable a domicilio y evacuación y tratamiento de aguas residuales.

CONCORDANCIAS Y ANOTACIONES

Las previsiones efectuadas en este apartado se corresponden con las que realizaba la redacción originaria en los incisos inicial y final del art. 25.2 l) LBRL ("Suministro de agua… alcantarillado y tratamiento de aguas residuales").

d) Infraestructura viaria y otros equipamientos de su titularidad.

CONCORDANCIAS Y ANOTACIONES

La nueva redacción hace uso de términos que no concuerdan con los empleados en la regulación anterior. Hay que entender que las previsiones aquí efectuadas se corresponden con las efectuadas en la redacción originaria en inciso final art. 25.2 d) LBRL ("pavimentación de vías públicas urbanas y conservación de caminos y vías rurales") y con una parte de lo establecido en el art. 25.2 l) ("alumbrado público" y "servicios de limpieza viaria").

e) Evaluación e información de situaciones de necesidad social y la atención inmediata a personas en situación o riesgo de exclusión social.

CONCORDANCIAS Y ANOTACIONES

La nueva redacción que, en esta materia, se efectúa difiere ostensiblemente de la previsión que se realizaba en la redacción originaria, puesto que el art. 25.2 k) LERL disponía la competencia municipal sobre la "prestación de los servicios sociales y de promoción y reinserción social", sin que ello quedara limitado, como ahora sucede a la "evaluación e información" y a la "atención inmediata a personas en situación o riesgo de exclusión social".

Ley Cataluña 11/2022, de 29 de diciembre, de mejoramiento urbano, ambiental y social de los barrios y villas.

Decreto 163/2025, de 29 de julio, de despliegue de la Ley 11/2022, de 29 de diciembre, de mejoramiento urbano, ambiental y social de los barrios y villas para aprobar las bases reguladoras de las subvenciones y crear la Oficina Técnica de Barrios y Villas.

f) Policía local, protección civil, prevención y extinción de incendios.

CONCORDANCIAS Y ANOTACIONES

Ley Orgánica 2/1986, de 13 de marzo, de Fuerzas y Cuerpos de Seguridad del Estado, arts. 51 y ss.

Ley 17/2015, de 9 de julio, del Sistema Nacional de Protección Civil.

Ley 43/2003, de 21 de noviembre, de Montes (modificada por el Real Decreto-ley 15/2022, de 1 de agosto, por el que se adoptan medidas urgentes en materia de incendios forestales).

La nueva redacción de este apartado engloba las previsiones que en la originaria redacción se realizaban en el art. 25.2 a) LBRL ("seguridad en lugares públicos"), en el art. 25.2 c) ("protección civil") y en el art. 25.2 d) LBRL ("prevención y extinción de incendios").

Nótese que ahora la competencia ya no se efectúa a "la seguridad en lugares públicos" si no a la "policía local" y, por tanto, a las competencias que a este cuerpo le sean atribuidas.

g) Tráfico, estacionamiento de vehículos y movilidad. Transporte colectivo urbano.

CONCORDANCIAS Y ANOTACIONES

Real Decreto Legislativo 6/2015, de 30 de octubre, por el que se aprueba el texto refundido de la Ley sobre Tráfico, Circulación de Vehículos a Motor y Seguridad Vial, en especial arts. 7, 21.3, 25.4 c), 38, 39.2, 84.4, 104, 105 y 106.

Las previsiones efectuadas en este apartado se corresponden con las que realizaba la redacción originaria en el art. 25.2 b) LBRL ("ordenación del tráfico de vehículos y personas en las vías urbanas") y en el art. 25.2 ll) LBRL ("transporte público de viajeros").

Las expresiones empleados no se corresponden con los utilizados en el régimen anterior. Se hace uso del término "movilidad" (más acorde con el empleado en este ámbito) y en la referencia al transporte se cambia "público de viajeros" por "colectivo urbano", que son semejantes, pero no idénticos.

El Tribunal Constitucional ha establecido que "En el ejercicio de dicha competencia, como declaramos en la STC 88/2024 [FJ 6 c)], «la comunidad autónoma debe graduar el alcance o intensidad de la intervención local en función de la relación existente entre los intereses locales y supralocales dentro de tales asuntos o materias. No se puede negar que la regulación del transporte urbano de viajeros tiene incidencia en los intereses locales. Conforme al artículo 25 de la Ley 7/1985, de 2 de abril, reguladora de las bases del régimen local, el municipio ejerce competencias propias, en los términos de la legislación del Estado y de las comunidades autónomas, en las materias de urbanismo [artículo 25.2 a)], medio ambiente urbano [artículo 25.2 b)], infraestructura viaria [artículo 25.2 d)] y tráfico, estacionamiento de vehículos y movilidad y transporte colectivo urbano [artículo 25.2 g)]. Y de acuerdo con el artículo 86.2 de dicha Ley, se declara la reserva en favor de las entidades locales del servicio de transporte público de viajeros, «de conformidad con lo previsto en la legislación sectorial aplicable». Y añadimos que, de otra parte, «existe un claro interés supralocal en la coordinación de este tipo de transporte consistente en el arrendamiento de vehículos con conductor cuando presta servicios tanto urbanos como interurbanos que por su propia naturaleza exceden de los intereses locales. Todo ello sin perjuicio de la necesidad de que se articulen los cauces necesarios para preservar los intereses locales en presencia, especialmente, pero no solo, en cuanto a la movilidad urbana» (Sentencia del Tribunal Constitucional 111/2024, de 10 de septiembre, F. 5 B b).

h) Información y promoción de la actividad turística de interés y ámbito local.

CONCORDANCIAS Y ANOTACIONES

La previsión efectuada en este apartado se corresponde con la efectuada en el inciso final de la redacción originaria del art. 25.2 m) LBRL ("turismo"), que la nueva redacción precisa y delimita al ámbito local.

i) Ferias, abastos, mercados, lonjas y comercio ambulante.

CONCORDANCIAS Y ANOTACIONES

RSCL, arts. 18 y 22; Real Decreto Legislativo 1/2007, de 16 de noviembre, por el que se aprueba el texto refundido de la Ley General para la Defensa de los Consumidores y Usuarios y otras leyes complementarias.

Los términos empleados en este apartado no se corresponden, de una manera exacta y precisa, con la regulación anterior contenida en el art. 25.2 g) LBRL en redacción originaria. La vigente redacción mantiene la referencia a "abastos, ferias y mercados", pero elimina la correspondiente a los "mataderos" y sustituye "defensa de consumidores y usuarios" por "comercio ambulante", lo que supone cambios en cuanto a los límites de la competencia atribuida en este ámbito.

j) Protección de la salubridad pública.

CONCORDANCIAS Y ANOTACIONES

Las previsiones efectuadas en este apartado se corresponden con las que realizaba la redacción originaria en el art. 25.2 h) LBRL ("protección de la salubridad pública").

k) Cementerios y actividades funerarias.

CONCORDANCIAS Y ANOTACIONES

Decreto 2263/1974, de 20 de julio, Reglamento de Policía Sanitaria Mortuoria; Ley 49/1978, de 3 de noviembre, de Enterramiento en Cementerios Municipales; Ley 14/1986, de 25 de abril, General de Sanidad, art. 42.3° e).

Las previsiones efectuadas en este apartado se vienen a corresponder con las que realizaba la redacción originaria en el art. 25.2 j) LBRL ("cementerios y servicios funerarios". El cambio se limita a sustitución del originario término "servicios" por el de "actividades".

l) Promoción del deporte e instalaciones deportivas y de ocupación del tiempo libre.

CONCORDANCIAS Y ANOTACIONES

Ley 10/1990, de 15 de octubre, del Deporte.

Las previsiones efectuadas en este apartado se vienen a corresponder con parte de las realizadas en el art. 25.2 m) LBRL ("Actividades o instalaciones... deportivas" y "ocupación del tiempo libre"). El cambio se limita a sustitución, en relación al deporte, del originario término "actividades" por el de "promoción".

m) Promoción de la cultura y equipamientos culturales.

CONCORDANCIAS Y ANOTACIONES

Las previsiones efectuadas en este apartado se vienen a corresponder con parte del as realizadas en el inciso inicial art. 25.2 m) LBRL ("Actividades o instalaciones culturales"). El cambio se limita a sustitución, en relación a la cultura, del originario término "actividades" por el de "promoción".

n) Participar en la vigilancia del cumplimiento de la escolaridad obligatoria y cooperar con las Administraciones educativas correspondientes en la obtención de los solares necesarios para la construcción de nuevos centros docentes. La conservación, mantenimiento y vigilancia de los edificios de titularidad local destinados a centros públicos de educación infantil, de educación primaria o de educación especial.

CONCORDANCIAS Y ANOTACIONES

Las previsiones efectuadas en este apartado sobre la competencia educativa municipal no se corresponden con las que realizaba la redacción originaria en el art. 25.2 n) LBRL, ya que desaparece la correspondiente a la "participación en la programación" y la responsabilidad "en la creación, construcción y sostenimiento de los centros docentes público" pasa a ser "en la obtención de los solares necesarios para la cons-

trucción de nuevos centros docentes", así como en la "conservación, mantenimiento y vigilancia de los edificios de titularidad local destinados a centros públicos de educación infantil, de educación primaria o de educación especial". De igual manera desaparece la intervención en sus órganos de gestión y la participación.

ñ) Promoción en su término municipal de la participación de los ciudadanos en el uso eficiente y sostenible de las tecnologías de la información y las comunicaciones.

CONCORDANCIAS Y ANOTACIONES

Esta previsión supone una innovación respecto de las previsiones originarias efectuadas en la redacción originaria que ni siquiera figuraba en el proyecto remitido por el Gobierno, tratándose de una competencia introducida en el trámite de enmiendas del Congreso con fundamento en lo dispuesto en el art. 70 bis de la propia LBRL sobre información y participación ciudadanas.

o) Actuaciones en la promoción de la igualdad entre hombres y mujeres así como contra la violencia de género.

CONCORDANCIAS Y ANOTACIONES

Esta previsión fue introducida por la disposición final 1 de Real Decreto-ley 9/2018 de 3 de agosto, de Medidas urgentes para el desarrollo del Pacto de Estado contra la violencia de género.
Ley Orgánica 3/2007, de 22 de marzo, para la igualdad efectiva de mujeres y hombres.
Ley 15/2022, de 12 de julio, integral para la igualdad de trato y la no discriminación.
Resolución de 18 de julio de 2025, de la Secretaría de Estado de Igualdad y para la Erradicación de la Violencia contra las Mujeres, de transferencias para el desarrollo de nuevas o ampliadas competencias reservadas a las entidades locales en el Pacto de Estado contra la Violencia de Género para el ejercicio 2025.

3. Las competencias municipales en las materias enunciadas en este artículo se determinarán por Ley debiendo evaluar la conveniencia de la implantación de servicios locales conforme a los principios de descentralización, eficiencia, estabilidad y sostenibilidad financiera.

CONCORDANCIAS Y ANOTACIONES

Ley Aragón 7/1999, de 9 de abril, art. 42;
Ley Castilla y León 1/1998, de 4 de junio, art. 20;
Decreto Legislativo Cataluña 2/2003, de 28 de abril, art. 66;
Ley Galicia 5/1997, de 22 de julio, art. 80.

"Las competencias —propias— se atribuirán a los municipios de modo específico y a través de normas (estatales o autonómicas) con rango de ley (art. 25, apartados 3 y 5, LBRL). Estas normas deben en cada caso: 1) —evaluar la conveniencia de la implantación de servicios locales conforme a los principios de descentralización, eficiencia, estabi-

lidad y sostenibilidad financiera—; 2) —prever la dotación de los recursos necesarios para asegurar la suficiencia financiera de las Entidades Locales, sin que ello pueda conllevar en ningún caso un mayor gasto de las Administraciones Públicas—; 3) —ir acompañada de una memoria económica que refleje el impacto sobre los recursos financieros de las Administraciones Públicas afectadas y el cumplimiento de los principios de estabilidad, sostenibilidad financiera y eficiencia del servicio o la actividad— y, si la ley es estatal, —de un informe del Ministerio de Hacienda y Administraciones Públicas en el que se acrediten los criterios antes señalados; 4) garantizar que —no se produce una atribución simultánea de la misma competencia a otra Administración pública— (apartados 3, 4 y 5 del art. 25 LBRL)" (Sentencia del Tribunal Constitucional 41/2016, de 3 de marzo, F 10 a)".

4. La Ley a que se refiere el apartado anterior deberá ir acompañada de una memoria económica que refleje el impacto sobre los recursos financieros de las Administraciones Públicas afectadas y el cumplimiento de los principios de estabilidad, sostenibilidad financiera y eficiencia del servicio o la actividad. La Ley debe prever la dotación de los recursos necesarios para asegurar la suficiencia financiera de las entidades locales sin que ello pueda conllevar, en ningún caso, un mayor gasto de las Administraciones Públicas.

Los proyectos de leyes estatales se acompañarán de un informe del Ministerio de Hacienda y Administraciones Públicas en el que se acrediten los criterios antes señalados.

CONCORDANCIAS Y ANOTACIONES

LBRL, arts. 7, 27, 57 bis y 116 bis.

Ver nota al apartado anterior.

5. La Ley determinará la competencia municipal propia de que se trate, garantizando que no se produce una atribución simultánea de la misma competencia a otra Administración Pública.

6. Con carácter previo a la atribución de competencias a los municipios, de acuerdo con el principio de diferenciación, deberá realizarse una ponderación específica de la capacidad de gestión de la entidad local, dejando constancia de tal ponderación en la motivación del instrumento jurídico que realice la atribución competencial, ya sea en su parte expositiva o en la memoria justificativa correspondiente.

CONCORDANCIAS Y ANOTACIONES

Este apartado fue introducido por el Real Decreto-ley 6/2023, de 19 de diciembre.
Sobre distribución y atribución de competencias véanse, en esta misma Ley, los arts. 2, 7, y 57 bis.

Concordancias y anotaciones

LBRL, arts. 7 y 57 bis.

Ver nota al apartado anterior.

Sobre la autonomía financiera de la que gozan los entes locales, tanto en su vertiente de ingresos como de gastos véase, por todas, la Sentencia del Tribunal Constitucional 82/2020, de 15 de julio, F.7, en la que se recoge La doctrina sobre la autonomía y la suficiencia financiera local.

Redacción anterior (originaria)

El contenido de este artículo fue modificado íntegramente por la Ley 27/2013, de 27 de diciembre, de racionalización y sostenibilidad de la Administración Local. La redacción anterior, que era la originaria era la siguiente:
1. El Municipio, para la gestión de sus intereses y en el ámbito de sus competencias, puede promover toda clase de actividades y prestar cuantos servicios públicos contribuyan a satisfacer las necesidades y aspiraciones de la comunidad vecinal.
2. El Municipio ejercerá, en todo caso, competencias, en los términos de la legislación del Estado y de las Comunidades Autónomas, en las siguientes materias:
a) Seguridad en lugares públicos.
b) Ordenación del tráfico de vehículos y personas en las vías urbanas.
c) Protección civil, prevención y extinción de incendios.
d) Ordenación, gestión, ejecución y disciplina urbanística; promoción y gestión de viviendas; parques y jardines, pavimentación de vías públicas urbanas y conservación de caminos y vías rurales.
e) Patrimonio histórico-artístico.
f) Protección del medio ambiente.
g) Abastos, mataderos, ferias, mercados y defensa de usuarios y consumidores.
h) Protección de la salubridad pública.
i) Participación en la gestión de la atención primaria de la salud.
j) Cementerios y servicios funerarios.
k) Prestación de los servicios sociales y de promoción y reinserción social.
l) Suministro de agua y alumbrado público; servicios de limpieza viaria, de recogida y tratamiento de residuos, alcantarillado y tratamiento de aguas residuales.
ll) Transporte público de viajeros.
m) Actividades o instalaciones culturales y deportivas; ocupación del tiempo libre; turismo.
n) Participar en la programación de la enseñanza y cooperar con la Administración educativa en la creación, construcción y sostenimiento de los centros docentes públicos, intervenir en sus órganos de gestión y participar en la vigilancia del cumplimiento de la escolaridad obligatoria.
3. Sólo la Ley determina las competencias municipales en las materias enunciadas en este artículo, de conformidad con los principios establecidos en el artículo 2.

Artículo 26

Artículo redactado por la Ley 27/2013, de 27 de diciembre, de racionalización y sostenibilidad de la Administración Local. Véase la redacción anterior al final de este mismo artículo.

La Sentencia 111/2016, de 9 de junio, declaró inconstitucionales y nulos los incisos del apartado 2 de este artículo en la redacción dada por el art. 1.9 de la Ley 27/2013: "al Ministerio de Hacienda y Administraciones Públicas" y "para reducir los costes efectivos de los servicios el mencionado Ministerio decidirá sobre la propuesta formulada que deberá contar con el informe preceptivo de la Comunidad Autónoma si es la Administración que ejerce la tutela financiera".

1. Los Municipios deberán prestar, en todo caso, los servicios siguientes:

a) En todos los Municipios: alumbrado público, cementerio, recogida de residuos, limpieza viaria, abastecimiento domiciliario de agua potable, alcantarillado, acceso a los núcleos de población y pavimentación de las vías públicas.

CONCORDANCIAS Y ANOTACIONES

Se corresponde con la anterior redacción de este mismo apartado del que se ha eliminado el inciso final "control de alimentos y bebidas"

b) En los Municipios con población superior a 5.000 habitantes, además: parque público, biblioteca pública y tratamiento de residuos.

CONCORDANCIAS Y ANOTACIONES

Se corresponde con la anterior redacción de este mismo apartado del que se ha eliminado el inciso "mercado"

c) En los Municipios con población superior a 20.000 habitantes, además: protección civil, evaluación e información de situaciones de necesidad social y la atención inmediata a personas en situación o riesgo de exclusión social, prevención y extinción de incendios e instalaciones deportivas de uso público.

CONCORDANCIAS Y ANOTACIONES

Se corresponde con la anterior redacción de este mismo apartado en el que se ha sustituido la anterior previsión de "prestación de servicios sociales" por la de "evaluación e información de situaciones de necesidad social y la atención inmediata a personas en situación o riesgo de exclusión social", lo que supone la limitación del ámbito de este servicio.

d) En los Municipios con población superior a 50.000 habitantes, además: transporte colectivo urbano de viajeros y medio ambiente urbano.

Se corresponde con la anterior redacción de este mismo apartado en el que se ha sustituido "protección de medio ambiente" por "medio ambiente urbano"

2. En los municipios con población inferior a 20.000 habitantes será la Diputación provincial o entidad equivalente la que coordinará la prestación de los siguientes servicios:

a) Recogida y tratamiento de residuos.

b) Abastecimiento de agua potable a domicilio y evacuación y tratamiento de aguas residuales.

c) Limpieza viaria.

d) Acceso a los núcleos de población.

e) Pavimentación de vías urbanas.

f) Alumbrado público.

Para coordinar la citada prestación de servicios la Diputación propondrá, con la conformidad de los municipios afectados, al Ministerio de Hacienda y Administraciones Públicas la forma de prestación, consistente en la prestación directa por la Diputación o la implantación de fórmulas de gestión compartida a través de consorcios, mancomunidades u otras fórmulas. Para reducir los costes efectivos de los servicios el mencionado Ministerio decidirá sobre la propuesta formulada que deberá contar con el informe preceptivo de la Comunidad Autónoma si es la Administración que ejerce la tutela financiera.

Cuando el municipio justifique ante la Diputación que puede prestar estos servicios con un coste efectivo menor que el derivado de la forma de gestión propuesta por la Diputación provincial o entidad equivalente, el municipio podrá asumir la prestación y coordinación de estos servicios si la Diputación lo considera acreditado.

Cuando la Diputación o entidad equivalente asuma la prestación de estos servicios repercutirá a los municipios el coste efectivo del servicio en función de su uso. Si estos servicios estuvieran financiados por tasas y asume su prestación la Diputación o entidad equivalente, será a ésta a quien vaya destinada la tasa para la financiación de los servicios.

LBRL, arts. 31, 36, 116 bis y 116 ter.

El Tribunal Constitucional (Sentencia 111/2016, de 9 de junio, F. 12 d) ha declarado la inconstitucionalidad de los dos incisos señalados al establecer que:

"Corresponde ahora determinar si la regulación enjuiciada vulnera las competencias que tienen estatutariamente atribuidas las Comunidades Autónomas. Respecto del régimen local, el art. 149.1.18 CE autoriza al Estado a adoptar normas, pero sin agotar la disciplina. La competencia alcanza solo a la regulación, y ni siquiera toda ella; está limitada a las bases y no a la función ejecutiva [por todas, SSTC 214/1989FJ 1; y 41/2016 FFJJ 3 a), 5, 6 c) y 7 c)]. Consecuentemente, el art. 26.2, párrafo segundo LBRL, al atribuir la indicada función al Ministerio de Hacienda y Administraciones Públicas, no puede ampararse en este título competencial.
Respecto de los concretos servicios sometidos al plan de aprobación ministerial, el Estado carece también de las competencias sectoriales que pudieran dar cobertura a la tarea ejecutiva que ha querido atribuirse en el párrafo segundo del art. 26.2LBRL. Son las Comunidades Autónomas quienes tienen conferidas las competencias ejecutivas en las materias a las que se refiere la mayor parte de los servicios enumerados en el art. 26.2LBRL: «gestión en materia de protección del medio ambiente» (art. 148.1.9 CE), «sanidad e higiene» (art. 148.1.21 CE), proyección, construcción y explotación de los «aprovechamientos hidráulicos» y «aguas minerales y termales» (art. 148.1.10 CE), «ordenación del territorio, urbanismo y vivienda» (art. 148.1.3 CE), «ferrocarriles y carreteras cuyo itinerario se desarrolle íntegramente por el territorio de la Comunidad Autónoma» (art. 148.1.5 CE) y «obras públicas de interés de la Comunidad Autónoma en su propio territorio» (art. 148.1.4 CE). El art. 149.1.23 CE reconoce al Estado competencia en materia de medio ambiente, pero esta alcanza solo a las bases, sin que, por tanto, éstas pueda dar cobertura a tareas de ejecución como la ahora enjuiciada (por todas, STC 33/2005, de 17 de febrero, FFJJ 8 y 9). Otro tanto cabe afirmar respecto de los títulos coordinación general y bases de la sanidad interior (art. 149.1.16 CE) (SSTC 32/1983, de 28 de abril, FJ 2; 42/1983; de 20 de mayo FJ 3).
En consecuencia, debemos declarar la inconstitucionalidad y nulidad de los siguientes incisos del art. 26.2LBRL, en la redacción dada por el art. 1.9 de la Ley 27/2013: "al Ministerio de Hacienda y Administraciones Públicas" y "para reducir los costes efectivos de los servicios el mencionado Ministerio decidirá sobre la propuesta formulada que deberá contar con el informe preceptivo de la Comunidad Autónoma si es la Administración que ejerce la tutela financiera" (Sentencia del Tribunal Constitucional 111/2016, de 9 de junio, F. 12 d).
Así mismo, la Sentencia del Tribunal Constitucional 107/2017, de 21 de septiembre (F. 4 c) resolviendo el conflicto en defensa de la autonomía local formulado por 2.393 municipios establece, en cuanto a la impugnación de esta disposición, que:
"El artículo 26.2 LBRL no «determina precisamente las circunstancias habilitantes de una u otra técnica de 'coordinación' (voluntaria)», pero, según venimos razonando, ello «no pone en riesgo la autonomía local constitucionalmente garantizada (arts. 137 y 140 CE) habida cuenta de que el precepto asigna al municipio la posibilidad de oponerse a cualquiera de esas técnicas» [STC 111/2016, FJ 12 d)]. La previsión impugnada no restringe la autonomía local sin que, por tanto, sea preciso examinarla a la luz de las exigencias de predeterminación normativa y ponderación que imponen los artículos 137, 140 y 141 CE.
Ahora bien, según los ayuntamientos recurrentes, en determinados casos, las Comunidades Autónomas uniprovinciales y las diputaciones pueden llegar a ejercer

las facultades previstas en el artículo 26.2 LBRL sin su «conformidad», lo que obligaría a realizar el indicado examen; habría de declararse la vulneración de la garantía constitucional de la autonomía local a la vista de, por un lado, la enorme indefinición de la competencia atribuida a las Comunidades Autónomas uniprovinciales y a las diputaciones en orden a imponer una u otra fórmula de gestión de los servicios municipales y, por otro, el marcado carácter municipal de los intereses involucrados. Ello ocurriría en supuestos en que el municipio incumple los objetivos de estabilidad presupuestaria y sostenibilidad financiera. Señalar a este respecto que el artículo 116 bis LBRL, en la redacción dada por el artículo 1.30 de la Ley 27/2013, entre las medidas que debe programar el plan económico-financiero, incluye la «gestión integrada o coordinada de los servicios obligatorios que presta la entidad local para reducir costes» sin hacer referencia a la «conformidad» municipal.

En realidad, la eventual inconstitucionalidad denunciada sería achacable, no al artículo 26.2 LBRL, sino al artículo 116 bis LBRL, que es el precepto que impondría aquella «gestión integrada» sin contar con la «conformidad» municipal. No comunicándose la eventual inconstitucionalidad del artículo 116 bis LBRL al artículo 26.2 de la misma Ley, hay que rechazar sin más esta alegación. En cualquier caso, cabe recordar que la propia corporación local incumplidora es quien elabora el plan económico-financiero (art. 23.3 de la Ley Orgánica 2/2012) incluyendo las medidas que, según las circunstancias, juzgue imprescindibles para cumplir los objetivos de estabilidad presupuestaria y sostenibilidad financiera: «cuando el art. 116 bis .2 LBRL dispone que 'el mencionado plan incluirá al menos las siguientes medidas' no ha de entenderse que el ente local está vinculado a recoger en dicho plan todas esas medidas, perdiendo así todo margen de opción en sus decisiones de gasto, sino que debe introducirlas si fueran imprescindibles para recobrar la senda del cumplimiento y en la medida en que lo sean» (STC 180/2016, FJ 8).

En fin, es verdad que aquella «conformidad» municipal podría resultar efectivamente ensombrecida, con el consiguiente riesgo para la autonomía municipal —dada la fuerte indeterminación normativa y la intensidad de los intereses municipales involucrados—, si la Comunidad Autónoma uniprovincial o diputación correspondiente, al amparo de la norma legal de referencia, diseñase mecanismos disuasorios de tal intensidad que solo formalmente preservasen los márgenes de autonomía municipal que asegura el artículo 26.2 LBRL. Pero, en tal caso, «el problema que tal circunstancia pudiera plantear para la autonomía municipal constitucionalmente garantizada (arts. 137 y 140 CE) afectaría estrictamente, no al impugnado artículo 26.2 LBRL, sino a los planes que hubieran desvirtuado materialmente la exigencia de 'conformidad' que este impone» [STC 111/2016, FJ 12 d), refiriéndose al artículo 26.2 LBRL solo en su aplicación por parte de las diputaciones provinciales].

Corresponde, por tanto, desestimar los motivos de inconstitucionalidad relativos al artículo 26.2 LBRL, en la redacción dada por el artículo 1.9 de la Ley 27/2013".

Sobre la prestación de servicios mediante consorcios ténganse en cuenta que la LRJSP/2015 derogó el art. 87 de esta LBRL y el régimen establecido, de manera general, para los Consorcios, en los arts. 84, 118 a 127, disp. adic. Décima. disp. transit. Segunda LRJSP/2017, así como las previsiones contenidas en las disposiciones adicionales Decimotercera y Decimocuarta de la Ley 27/2013, de 27 de diciembre, de racionalización y sostenibilidad de la Administración Local.

Ley Madrid 1/2014, de 25 de julio, de Adaptación del Régimen Local de la Comunidad de Madrid a la Ley 27/2013, de 27 de diciembre, de Racionalización y Sostenibilidad de la Administración Local

El Dictamen 338/2014 emitido por la Comisión Permanente del Consejo de Estado en sesión celebrada el 26 de junio de 2013 sobre el anteproyecto de Ley de racionalización y sostenibilidad de la Administración Local considera que hay fundamentos jurídicos suficientes para plantear el conflicto en defensa de la autonomía local en relación con el art. 26.2 LBRL en cuanto a la prestación de servicios por las Diputaciones Provinciales o implantación de fórmulas de gestión compartidas en los Municipios de población inferior a 20.000 habitantes.

Tal y como señala el preámbulo de la Ley 27/2013, de 27 de diciembre, de racionalización y sostenibilidad de la Administración Loca (párrafo duodécimo), "otra de las medidas adoptadas en la Ley es la de reforzar el papel de las Diputaciones Provinciales, Cabildos, Consejos insulares o entidades equivalentes. Esto se lleva a cabo mediante la coordinación por las Diputaciones de determinados servicios mínimos en los municipios con población inferior a 20.000 habitantes o la atribución a éstas de nuevas funciones como la prestación de servicios de recaudación tributaria, administración electrónica o contratación centralizada en los municipios con población inferior a 20.000 habitantes, su participación activa en la elaboración y seguimiento en los planes económico-financieros o las labores de coordinación y supervisión, en colaboración con las Comunidades Autónomas, de los procesos de fusión de Municipios".

   3. La asistencia de las Diputaciones o entidades equivalentes a los Municipios, prevista en el artículo 36, se dirigirá preferentemente al establecimiento y adecuada prestación de los servicios mínimos.

REDACCIÓN ANTERIOR

El contenido de este artículo fue modificado íntegramente por la Ley 27/2013, de 27 de diciembre, de racionalización y sostenibilidad de la Administración Local, con modificación de los apartados 1 y 2 y eliminación del 4. La redacción anterior, que coincidía con la originaria, lo era en los siguientes términos:

1. Los Municipios por sí o asociados deberán prestar, en todo caso, los servicios siguientes:

a) En todos los Municipios:

Alumbrado público, cementerio, recogida de residuos, limpieza viaria, abastecimiento domiciliario de agua potable, alcantarillado, acceso a los núcleos de población, pavimentación de las vías públicas y control de alimentos y bebidas.

b) En los Municipios con población superior a 5.000 habitantes, además:

Parque público, biblioteca pública, mercado y tratamiento de residuos.

c) En los municipios con población superior a 20.000 habitantes, además:

Protección civil, prestación de servicios sociales, prevención y extinción de incendios
e instalaciones deportivas de uso público.
d) En los Municipios con población superior a 50.000 habitantes, además:
Transporte colectivo urbano de viajeros y protección del medio ambiente.
2. Los Municipios podrán solicitar de la Comunidad Autónoma respectiva la dis-
pensa de la obligación de prestar los servicios mínimos que les correspondan según
lo dispuesto en el número anterior cuando, por sus características peculiares, resulte
de imposible o muy difícil cumplimiento el establecimiento y prestación de dichos
servicios por el propio Ayuntamiento.
3. La asistencia de las Diputaciones a los Municipios, prevista en el artículo 36, se
dirigirá preferentemente al establecimiento y adecuada prestación de los servicios
públicos municipales, así como la garantía del desempeño en las Corporaciones munici-
pales de las funciones públicas a que se refiere el número 3 del artículo 92 de esta Ley.
4. Sin perjuicio de lo establecido en el artículo 40, las Comunidades Autónomas
podrán cooperar con las Diputaciones Provinciales, bajo las formas y en los términos
previstos en esta Ley, en la garantía del desempeño de las funciones públicas a que se
refiere el apartado anterior. Asimismo, en las condiciones indicadas, las Diputaciones
Provinciales podrán cooperar con los entes comarcales en el marco de la legislación
autonómica correspondiente.

Artículo 27

Artículo redactado por la Ley 27/2013, de 27 de diciembre, de racionalización y
sostenibilidad de la Administración Local. Véase la redacción anterior al final de este
mismo artículo.

La Sentencia del Tribunal Constitucional 41/2016, de 3 de marzo, desestimó todos
los motivos de inconstitucionalidad planteados contra la nueva redacción que este
artículo, recibió de la Ley 27/2013, de 27 de diciembre (Véase, en especial el Funda-
mento de Derecho 11 que se extracta al final de este artículo).

1. El Estado y las Comunidades Autónomas, en el ejercicio de sus respectivas competencias, podrán delegar en los Municipios el ejercicio de sus
competencias.

La delegación habrá de mejorar la eficiencia de la gestión pública, contribuir a eliminar duplicidades administrativas y ser acorde con la legislación de
estabilidad presupuestaria y sostenibilidad financiera.

La delegación deberá determinar el alcance, contenido, condiciones y duración de ésta, que no podrá ser inferior a cinco años, así como el control de
eficiencia que se reserve la Administración delegante y los medios personales,
materiales y económicos, que ésta asigne sin que pueda suponer un mayor
gasto de las Administraciones Públicas.

La delegación deberá acompañarse de una memoria económica donde se justifiquen los principios a que se refiere el párrafo segundo de este apartado y se valore el impacto en el gasto de las Administraciones Públicas afectadas sin que, en ningún caso, pueda conllevar un mayor gasto de las mismas.

CONCORDANCIAS Y ANOTACIONES

LBRL, arts. 31, 36, 116 bis y 116 ter.

Tal y como señala el preámbulo de la Ley 27/2013, de 27 de diciembre, de raciona-lización y sostenibilidad de la Administración Loca (párrafos décimo y undécimo): "Con este respaldo constitucional, el Estado ejerce su competencia de reforma de la Administración local para tratar de definir con precisión las competencias que deben ser desarrolladas por la Administración local, diferenciándolas de las competencias estatales y autonómicas. En este sentido, se enumera un listado de materias en que los municipios han de ejercer, en todo caso, competencias propias, estableciéndose una reserva formal de ley para su determinación, así como una serie de garantías para su concreción y ejercicio. Las Entidades Locales no deben volver a asumir competencias que no les atribuye la ley y para las que no cuenten con la financiación adecuada. Por tanto, solo podrán ejercer competencias distintas de las propias o de las atribuidas por delegación cuando no se ponga en riesgo la sostenibilidad financiera del conjunto de la Hacienda municipal, y no se incurra en un supuesto de ejecución simultánea del mismo servicio público con otra Administración Pública. De igual modo, la estabi-lidad presupuestaria vincula de una forma directa la celebración de convenios entre administraciones y la eliminación de duplicidades administrativas.

Por otra parte, la delegación de competencias estatales o autonómicas en los Munici-pios debe ir acompañada de la correspondiente dotación presupuestaria, su duración no será inferior a los 5 años y la Administración que delega se reservará los mecanis-mos de control precisos para asegurar la adecuada prestación del servicio delegado".

2. Cuando el Estado o las Comunidades Autónomas deleguen en dos o más municipios de la misma provincia una o varias competencias comunes, dicha delegación deberá realizarse siguiendo criterios homogéneos.

La Administración delegante podrá solicitar la asistencia de las Diputacio-nes provinciales o entidades equivalentes para la coordinación y seguimiento de las delegaciones previstas en este apartado.

3. Con el objeto de evitar duplicidades administrativas, mejorar la transparen-cia de los servicios públicos y el servicio a la ciudadanía y, en general, contribuir a los procesos de racionalización administrativa, generando un ahorro neto de recursos, la Administración del Estado y las de las Comunidades Autónomas podrán delegar, siempre que no hayan sido atribuidas a los Municipios como propias en virtud del apartado 6 del artículo 25 de esta Ley, entre otras, las siguientes com-petencias:

a) Vigilancia y control de la contaminación ambiental.

b) Protección del medio natural.

c) Prestación de los servicios sociales, promoción de la igualdad de oportunidades y la prevención de la violencia contra la mujer.

d) Conservación o mantenimiento de centros sanitarios asistenciales de titularidad de la Comunidad Autónoma.

e) Creación, mantenimiento y gestión de las escuelas infantiles de educación de titularidad pública de primer ciclo de educación infantil.

f) Realización de actividades complementarias en los centros docentes.

g) Gestión de instalaciones culturales de titularidad de la Comunidad Autónoma o del Estado, con estricta sujeción al alcance y condiciones que derivan del artículo 149.1.28.ª de la Constitución Española.

h) Gestión de las instalaciones deportivas de titularidad de la Comunidad Autónoma o del Estado, incluyendo las situadas en los centros docentes cuando se usen fuera del horario lectivo.

i) Inspección y sanción de establecimientos y actividades comerciales.

j) Promoción y gestión turística.

k) Comunicación, autorización, inspección y sanción de los espectáculos públicos.

l) Liquidación y recaudación de tributos propios de la Comunidad Autónoma o del Estado.

m) Inscripción de asociaciones, empresas o entidades en los registros administrativos de la Comunidad Autónoma o de la Administración del Estado.

n) Gestión de oficinas unificadas de información y tramitación administrativa.

o) Cooperación con la Administración educativa a través de los centros asociados de la Universidad Nacional de Educación a Distancia.

CONCORDANCIAS Y ANOTACIONES

Resolución de 18 de julio de 2025, de la Secretaría de Estado de Igualdad y para la Erradicación de la Violencia contra las Mujeres, de transferencias para el desarrollo de nuevas o ampliadas competencias reservadas a las entidades locales en el Pacto de Estado contra la Violencia de Género para el ejercicio 2025.
Circular Aragón 1/2014, de 28 de abril, de la Dirección General del Administración Local sobre el régimen jurídico competencial de los municipios aragoneses tras la entrada en vigor de la LRSAL
Decreto Asturias 68/2014, de 10 de julio, por el que se regula el procedimiento para la obtención de los informes previstos en el artículo 7.4 de la Ley 7/1985, de 2 de abril, reguladora de las Bases del Régimen Local.

Ley Castilla-La Mancha 8/2015, de 2 de diciembre, de medidas para la garantía y continuidad en Castilla-La Mancha de los servicios públicos como consecuencia de la entrada en vigor de la Ley 27/2013, de 27 de diciembre, de racionalización y sostenibilidad de la Administración Local
Decreto-ley Cataluña 4/2014, de 22 de julio, por el que se establecen medidas urgentes para adaptar los convenios, los acuerdos y los instrumentos de cooperación suscritos entre la Administración de la Generalidad y los entes locales de Cataluña a la disposición adicional novena de la Ley 27/2013, de 27 de diciembre, de racionalización y sostenibilidad de la Administración local. Téngase en cuenta que el Decreto-ley 3/2014, de 17 de junio, por el que se establecen medidas urgentes para la aplicación en Cataluña de la Ley 27/2013, de 27 de diciembre, de racionalización y sostenibilidad de la Administración local fue "derogado" mediante la Resolución 774/X del Parlamento de Cataluña, por la que se hace pública la derogación del Decreto ley 3/2014, de 17 de junio, por el que se establecen medidas urgentes para la aplicación en Cataluña de la Ley 27/2013, de 27 de diciembre, de racionalización y sostenibilidad de la Administración local.
Ley Galicia 5/2014, de 27 de mayo, de medidas urgentes derivadas de la entrada en vigor de la Ley 27/2013, de 27 de diciembre, de racionalización y sostenibilidad de la Administración local.
Ley 2/2016, de 7 de abril, de Instituciones Locales de Euskadi, arts.109 a 121;
Decreto-ley Comunidad Valenciana 4/2015, de 4 de septiembre, del Consell, por el que se establecen medidas urgentes derivadas de la aplicación de las disposiciones adicional decimoquinta y transitorias primera y segunda de la Ley 27/2013, de 27 de diciembre, de Racionalización y Sostenibilidad de la Administración Local, relativas a la educación, salud y servicios sociales en el ámbito de la Comunitat Valenciana.

4. La Administración delegante podrá, para dirigir y controlar el ejercicio de los servicios delegados, dictar instrucciones técnicas de carácter general y recabar, en cualquier momento, información sobre la gestión municipal, así como enviar comisionados y formular los requerimientos pertinentes para la subsanación de las deficiencias observadas. En caso de incumplimiento de las directrices, denegación de las informaciones solicitadas, o inobservancia de los requerimientos formulados, la Administración delegante podrá revocar la delegación o ejecutar por sí misma la competencia delegada en sustitución del Municipio. Los actos del Municipio podrán ser recurridos ante los órganos competentes de la Administración delegante.

5. La efectividad de la delegación requerirá su aceptación por el Municipio interesado.

6. La delegación habrá de ir acompañada en todo caso de la correspondiente financiación, para lo cual será necesaria la existencia de dotación pre-

supuestaria adecuada y suficiente en los presupuestos de la Administración delegante para cada ejercicio económico, siendo nula sin dicha dotación.

El incumplimiento de las obligaciones financieras por parte de la Administración autonómica delegante facultará a la entidad local delegada para compensarlas automáticamente con otras obligaciones financieras que ésta tenga con aquélla.

7. La disposición o acuerdo de delegación establecerá las causas de revocación o renuncia de la delegación. Entre las causas de renuncia estará el incumplimiento de las obligaciones financieras por parte de la Administración delegante o cuando, por circunstancias sobrevenidas, se justifique suficientemente la imposibilidad de su desempeño por la Administración en la que han sido delegadas sin menoscabo del ejercicio de sus competencias propias. El acuerdo de renuncia se adoptará por el Pleno de la respectiva entidad local.

8. Las competencias delegadas se ejercen con arreglo a la legislación del Estado o de las Comunidades Autónomas.

ANOTACIONES

El Tribunal Constitucional (Sentencia 41/2016, de 3 de marzo, F. 11 a) ha declarado la constitucionalidad de la nueva redacción de este art. 27 al establecer que:
"La nueva redacción del art. 27 LBRL, más que ocupar mayor espacio normativo que la versión anterior, altera el sentido político de la delegación de competencias en los municipios. Conforme a la redacción anterior, la delegación servía esencialmente para extender el poder local a competencias cuya titularidad retiene la Comunidad Autónoma o el Estado, por predominar los intereses supralocales sobre los municipales. La delegación permite proteger los intereses locales involucrados (mediante la descentralización del ejercicio de la competencia en los entes locales) sin riesgo para los intereses supralocales que justifican la centralización de la titularidad (siguen tutelados mediante las facultades de dirección y control que se reserva la entidad delegante y que acepta la entidad delegada). El nuevo régimen no es ajeno a esta lógica, pero desarrolla otra hasta ahora menos presente: la delegación como mecanismo de reducción de costes en la gestión de las competencias autonómicas y estatales. El propio precepto dispone que la delegación garantizará la suficiencia financiera del municipio, mejorará el servicio a la ciudadanía, incrementará la transparencia de los servicios públicos y contribuirá a los procesos de racionalización administrativa, evitando duplicidades administrativas y generando un ahorro neto de recursos (apartados 1 y 3).
Alguna previsión del art. 27 LBRL está directamente relacionada con la suficiencia financiera del municipio [STC 233/1999, FJ 4 b)], estableciendo normas comunes de la actividad de las distintas haciendas que aseguran los principios constitucionales de eficacia y economía (STC 130/2013, FJ 9); de modo que, si no conecta con el art. 149.1.14 CE, es, al menos, una base del régimen local ex art. 149.1.18 CE. Así, en particular, la exigencia de que la delegación vaya siempre acompañada de la

correspondiente financiación con la consiguiente dotación presupuestaria adecuada y suficiente en los presupuestos de la Administración delegante para cada ejercicio económico correspondiente (apartado 6, párrafo primero).

Respecto del art. 27 LBRL en su conjunto hay que tener en cuenta que la legislación básica del régimen local (art. 149.1.18 CE) —comprende los principios o bases, relativos a los aspectos institucionales —organizativos y funcionales— y a las competencias locales— (STC 103/2013, FJ 4, citando la STC 214/1989, FFJJ 1 a 4). Entre estos aspectos se halla, sin duda, la delegación (SSTC 214/1989, FFJJ 11 y 27, y 233/1999, FJ 37, en relación con la delegación de competencias estatales en los entes locales y de las competencias locales en las entidades territoriales supralocales).

A través del precepto controvertido, el legislador básico ha pretendido poner el régimen de las competencias delegadas al servicio de la eficacia de la actuación administrativa (art. 103.1 CE), la eficiencia en el gasto público (art. 31.2 CE) y la estabilidad presupuestaria (art. 135 CE). El precepto fija un tope temporal (la delegación —no podrá ser inferior a cinco años—) y requisitos formales (memoria económica y contenidos de la disposición o acuerdo de delegación) (apartados 1 y 7), pero permanece en el terreno de los principios y criterios generales, precisando que el modo en que las competencias delegadas hayan de ejercerse dependerá de la legislación aplicable; estatal o autonómica, según corresponda (apartado 8). Recoge un listado detallado de competencias que el Estado y las Comunidades Autónomas —podrán delegar— (apartado 3), pero no impone la delegación ni impide que se produzca en otras materias.

REDACCIÓN ANTERIOR (ORIGINARIA)

El contenido de este artículo fue modificado íntegramente por la Ley 27/2013, de 27 de diciembre, de racionalización y sostenibilidad de la Administración Local. La redacción anterior, que coincidía con la originaria, lo era en los siguientes términos:
"1. La Administración del Estado, de las Comunidades Autónomas y otras Entidades locales podrán delegar en los Municipios el ejercicio de competencias en materias que afecten a sus intereses propios, siempre que con ello se mejore la eficacia de la gestión pública y se alcance una mayor participación ciudadana. La disposición o el acuerdo de delegación debe determinar el alcance, contenido, condiciones y duración de ésta, así como el control que se reserve la Administración delegante y los medios personales, materiales y económicos que ésta transfiera.
2. En todo caso, la Administración delegante podrá, para dirigir y controlar el ejercicio de los servicios delegados, emanar instrucciones técnicas de carácter general y recabar, en cualquier momento, información sobre la gestión municipal, así como enviar comisionados y formular los requerimientos pertinentes para la subsanación de las deficiencias observadas. En caso de incumplimiento de las directrices, denegación de las informaciones solicitadas o inobservancia de los requerimientos formulados, la Administración delegante podrá revocar la delegación o ejecutar por sí misma la competencia delegada en sustitución del Municipio. Los actos de éste podrán ser recurridos ante los órganos competentes de la Administración delegante.
3. La efectividad de la delegación requerirá su aceptación por el Municipio interesado, y, en su caso, la previa consulta e informe de la Comunidad Autónoma, salvo que

*por Ley se imponga obligatoriamente, en cuyo caso habrá de ir acompañada necesa-
riamente de la dotación o el incremento de medios económicos para desempeñarlos.
4. Las competencias delegadas se ejercen con arreglo a la legislación del Estado o
de las Comunidades Autónomas correspondientes o, en su caso, la reglamentación
aprobada por la Entidad local delegante".*

Artículo 28

*El Real Decreto-ley 6/2023, de 19 de diciembre, dio nuevo contenido a este artículo
al que, previamente, había dejado sin contenido la Ley 27/2013, de 27 de diciembre,
de racionalización y sostenibilidad de la Administración Local. Téngase en cuenta
que, conforme al o previsto en el art. 25.1 LBRL, en la redacción recibida de la
propia Ley 27/2013, de 27 de diciembre, de racionalización y sostenibilidad de la
Administración Local, "el Municipio, para la gestión de sus intereses y en el ámbito
de sus competencias, puede promover actividades y prestar los servicios públicos que
contribuyan a satisfacer las necesidades y aspiraciones de la comunidad vecinal en los
términos previstos en este artículo".*

Podrán establecerse, en municipios determinados de menos de 20.000
habitantes, sistemas de gestión colaborativa dirigidos a garantizar los recursos suficientes para el cumplimiento de las competencias municipales y, en
particular, para una prestación de calidad, financieramente sostenible, de los
servicios públicos mínimos obligatorios, mediante medidas de racionalización
organizativa y de funcionamiento; de garantía de la prestación de dichos servicios mediante fórmulas de gestión comunes o asociativas; de sostenimiento
del personal en común con otro u otros municipios; y, en general, de fomento
del desarrollo económico y social de los municipios.

La aplicación efectiva a un municipio de la gestión colaborativa requerirá
decisión en tal sentido de la Comunidad Autónoma respectiva, adoptada conforme a su legislación de régimen local propia, y en todo caso, con la conformidad
previa del municipio afectado y el informe de las entidades locales afectadas.

ANOTACIONES

*El texto introductorio del Real decreto-ley 6/2023, de 19 de diciembre señala que
"se dota nuevamente de contenido al artículo 28 con el fin de incluir la figura de la
gestión colaborativa en el caso de los municipios de menos de 20.000 habitantes.
Dicha figura, está dirigida a garantizar el cumplimiento de las competencias municipales y, esencialmente, una prestación de calidad de los servicios públicos mínimos
obligatorios de manera financieramente sostenible. Para ello, se establece un elenco
enunciativo de medidas que van desde la adopción de medidas de racionalización
organizativa y de funcionamiento a medidas orientadas a garantizar la prestación de
los servicios mínimos obligatorios a través de cualquier fórmula asociativa prevista*

en el ordenamiento jurídico, así como medidas dirigidas al sostenimiento del perso-
nal en común con otros municipios, o medidas de fomento orientadas al desarrollo
económico y social del municipio" y que "por lo que se refiere al cumplimiento del
objetivo de apoyar a las ciudades pequeñas en su prestación de servicios públicos,
la modificación de la Ley 7/1985, de 2 de abril, establece, de una parte, la inclusión
del principio de diferenciación en la atribución de competencias a los municipios, en
términos de ponderación específica de la capacidad de gestión de la entidad local a
los efectos de promover las adaptaciones o medidas que procedan en tal sentido".

REDACCIÓN ANTERIOR (ORIGINARIA)

La redacción previa (que coincidía con la originaria) lo era en los siguientes términos:
Los Municipios pueden realizar actividades complementarias de las propias de otras
Administraciones Públicas y, en particular, las relativas a la educación, la cultura, la
promoción de la mujer, la vivienda, la sanidad y la protección del medio ambiente.

El Tribunal Constitucional (Sentencia 54/2017, de 11 de mayo, f. 2 d) declaró la
constitucionalidad de la supresión de este art. 28 al establecer que:
"Al desarrollar la impugnación, el Letrado autonómico ha controvertido también el
artículo 1.11 de la Ley 27/2013 que suprime el artículo 28 LBRL. Esta previsión atri-
buía competencias a los entes locales mediante una cláusula general; los municipios
podían «realizar actividades complementarias de las propias de otras Administracio-
nes públicas y, en particular, las relativas a la educación, la cultura, la promoción de la
mujer, la vivienda, la sanidad y la protección del medio ambiente». Tal impugnación,
aunque se plantea ahora por vez primera, se desarrolla en estricta conexión con la
de los nuevos artículos 7.4 y 25 LBRL. Consecuentemente, lo razonado en la STC
41/2016, FFJJ 10, 11 b) y 12 a), b) y c) vale también para desestimar la impugnación
del artículo 1.11 de la Ley 27/2013. En todo caso, conviene insistir en, por un lado,
que el artículo 149.1.18 CE permite imponer a las Comunidades Autónomas exigen-
cias de concreción o determinación en la atribución de competencias locales y, por
otro, que «la sola proscripción de la cláusula general como técnica de distribución de
poder local» no vulnera «por sí la autonomía local constitucionalmente garantizada»
(arts. 137 y 140 CE; STC 41/2016, FJ 12 b)]".

CAPÍTULO IV. Regímenes Especiales

Artículo 29

Artículo redactado por Ley Orgánica 2/2011, de 28 de enero, que modifica la Ley
Orgánica 5/1985, de 19 de junio, del Régimen Electoral General (LOREG). Véase la
redacción anterior al final de este mismo artículo.

1. Funcionan en Concejo Abierto:
a) Los municipios que tradicional y voluntariamente cuenten con ese singular régimen de gobierno y administración.

b) Aquellos otros en los que por su localización geográfica, la mejor gestión de los intereses municipales u otras circunstancias lo hagan aconsejable.

CONCORDANCIAS

CE, art. 140; LBRL, art. 45.2 b), disp. transit. 4ª; LOREG, arts. 179.2 y 200; ROF, art. 54.
Ley Aragón 7/1999, de 9 de abril, art. 47; Ley Aragón 9/2009, de 22 de diciembre, reguladora de los Concejos Abiertos.
Ley de Cantabria 3/2022, de 14 de junio, de Entidades Locales Menores , arts. 11 y 12;
Ley Castilla-La Mancha 3/1991, de 14 de marzo, arts. 51 a 64;
Ley Castilla y León 1/1998, de 4 de junio, art. 72;
Decreto Legislativo Cataluña 2/2003, de 28 de abril, art. 73;
Ley Foral Navarra 6/1990, de 2 de julio, art. 32;
Ley La Rioja 1/2003, de 3 de marzo, arts. 38 a 47.
Ley Madrid 2/2003, de 11 de marzo, arts. 35.

La Sentencia del Tribunal Constitucional 210/2014, de 18 de diciembre, estableció que "debe desestimarse la tesis del Abogado del Estado acerca de que la norma reglamentaria contenida en el artículo 54.2 ROFEL tenga el carácter de norma básica" (F. 5).

2. La constitución en concejo abierto de los municipios a que se refiere el apartado b) del número anterior, requiere petición de la mayoría de los vecinos, decisión favorable por mayoría de dos tercios de los miembros del Ayuntamiento y aprobación por la Comunidad Autónoma.

CONCORDANCIAS Y ANOTACIONES

ROF, art. 99.3;
Ley Castilla-La Mancha 3/1991, de 14 de marzo, art. 52;
Ley Castilla y León 1/1998, de 4 de junio, art. 73;
Ley Aragón 9/2009, de 22 de diciembre, reguladora de los Concejos Abiertos;
Decreto Legislativo Cataluña 2/2003, de 28 de abril, art. 73.2;
Ley La Rioja 3/1993, de 22 de septiembre, art. 38.
Ley Madrid 2/2003, de 11 de marzo, arts. 35.

Téngase en cuenta la Sentencia del Tribunal Constitucional 210/2014, de 18 de diciembre, que, en relación a la Ley Aragón 9/2009, de 22 de diciembre, reguladora de los Concejos Abiertos, estableció que "Sin embargo, hemos de estar de acuerdo con el resto de alegaciones del Abogado del Estado porque, efectivamente, el procedimiento de autorización de funcionamiento en régimen de concejo abierto que prevé el artículo 16.2 de la Ley autonómica para los municipios que deseen adoptarlo, aun cuando no les sea aplicable por razón de su población ni de su tradición histórica, no respeta las líneas mínimas del procedimiento descrito, para idénticos supuestos en la ley básica estatal. Esas disposiciones básicas pretenden garantizar la intervención de los vecinos en el procedimiento y la existencia de una amplia opinión favorable al acceso a esta forma de gobierno local dentro del ayuntamiento o la junta vecinal. La previsión autonómica no garantiza la iniciativa vecinal en la toma de esta decisión y, además, rebaja la mayoría requerida para adoptarla en el pleno del ayuntamiento o la junta vecinal, lo que reduce el nivel de consenso en la adopción de una decisión en la que una amplia aceptación, manifestada en la exigencia de una mayoría particularmente cualificada, es considerada como imprescindible por la normativa básica".

3. En el régimen de Concejo Abierto, el gobierno y la administración municipales corresponden a un Alcalde y una asamblea vecinal de la que forman parte todos los electores. Ajustan su funcionamiento a los usos, costumbres y tradiciones locales y, en su defecto, a lo establecido en esta Ley y las leyes de las Comunidades Autónomas sobre régimen local.

CONCORDANCIAS

TRRL, art. 53; LOREG, arts. 179.2, 184 y 196; ROF, arts. 2.1, 54, 111 y 143; Ley Aragón 7/1999, de 9 de abril, arts. 47 a 57; Ley Aragón 9/2009, de 22 de diciembre, reguladora de los Concejos Abiertos.
Ley de Cantabria 3/2022, de 14 de junio, de Entidades Locales Menores, arts. 11 y 12;
Ley Castilla y León 1/1998, de 4 de junio, arts. 74 y 76;
Decreto Legislativo Cataluña 2/2003, de 28 de abril, art. 73.3;
Ley Foral Navarra 6/1990, de 2 de julio, art. 32;
Ley La Rioja 1/2003, de 3 de marzo, arts. 39;
Ley Madrid 2/2003, de 11 de marzo, arts. 36 a 38.

4. No obstante lo anterior, los alcaldes de las corporaciones de municipios de menos de 100 residentes podrán convocar a sus vecinos a Concejo Abierto para decisiones de especial trascendencia para el municipio. Si así lo hicieren deberán someterse obligatoriamente al criterio de la Asamblea vecinal constituida al efecto.

Los municipios que con anterioridad venían obligados por Ley en función del número de residentes a funcionar en Concejo Abierto, podrán continuar con ese régimen especial de gobierno y administración si tras la sesión constitutiva de la Corporación, convocada la Asamblea Vecinal, así lo acordaran por unanimidad los tres miembros electos y la mayoría de los vecinos.

REDACCIÓN ANTERIOR (ORIGINARIA)

El contenido de este artículo fue modificado por la Ley Orgánica 2/2011, de 28 de enero, que modifica la Ley Orgánica 5/1985, de 19 de junio, del Régimen Electoral General (LOREG). La redacción anterior, que coincidía con la originaria, lo era en los siguientes términos:
1. Funcionan en Concejo Abierto:

a) Los Municipios con menos de 100 habitantes y aquellos que tradicionalmente cuenten con este singular régimen de gobierno y administración.
b) Aquellos otros en los que su localización geográfica, la mejor gestión de los intereses municipales u otras circunstancias lo hagan aconsejable.
2. La constitución en Concejo Abierto de los Municipios a que se refiere el apartado b) del número anterior, requiere petición de la mayoría de los vecinos, decisión favorable por mayoría de dos tercios de los miembros del Ayuntamiento y aprobación por la Comunidad Autónoma.
3. En el régimen del Concejo Abierto, el gobierno y la administración municipales corresponden a un Alcalde y a una Asamblea vecinal de la que forman parte todos los electores. Ajustan su funcionamiento a los usos, costumbres y tradiciones locales y, en su defecto, a lo establecido en esta Ley y las leyes de las Comunidades Autónomas sobre régimen local.

Artículo 30

Las Leyes sobre régimen local de las Comunidades Autónomas, en el marco de lo establecido en esta Ley, podrán establecer regímenes especiales para Municipios pequeños o de carácter rural y para aquellos que reúnan otras características que lo hagan aconsejable, como su carácter histórico-artístico o el predominio en su término de las actividades turísticas, industriales, mineras u otras semejantes.

CONCORDANCIAS

Ley Aragón 7/1999, de 9 de abril, arts. 58 a 60; Ley 13/2023, de 30 de marzo, de dinamización del medio rural de Aragón;
Ley Castilla-La Mancha 3/1991, de 14 de marzo, arts. 65 a 67;
Ley Castilla y León 1/1998, de 4 de junio, arts. 77 a 79;
Decreto Legislativo Cataluña 2/2003, de 28 de abril, arts. 72 a 78;
Ley Galicia 5/1997, de 22 de julio, arts. 88 a 100;
Ley Región de Murcia 6/1988, de 25 de agosto, arts. 30 a 58;
Ley Foral 6/1990, de 2 de julio, arts. 45 y ss.;
Ley La Rioja 1/2003, de 3 de marzo, arts. 48 y ss.

TÍTULO III. La Provincia

Artículo 31

1. La Provincia es una Entidad local determinada por la agrupación de Municipios, con personalidad jurídica propia y plena capacidad para el cumplimiento de sus fines.

CONCORDANCIAS

CE, arts. 137 y 141.1; TRRL, arts. 1.1 y 25; RD 1690/1986, de 11 de julio, art. 51; ROF, art. 3.1 b)

Ley Andalucía 5/2010, de 11 de junio, art. 4;
Ley Aragón 7/1999, de 9 de abril, art. 62;
Ley Castilla y León 1/1998, de 4 de junio, art. 5;
Decreto Legislativo Cataluña 2/2003, de 28 de abril, art. 87.

2. Son fines propios y específicos de la Provincia garantizar los principios de solidaridad y equilibrio intermunicipales, en el marco de la política económica y social, y, en particular:

a) Asegurar la prestación integral y adecuada en la totalidad del territorio provincial de los servicios de competencia municipal.

CONCORDANCIAS
LBRL, arts. 26.3 y 36.1 a); TRRL, arts. 30 y ss.; RSCL, art. 156.

b) Participar en la coordinación de la Administración local con la de la Comunidad Autónoma y la del Estado.

CONCORDANCIAS
LBRL, arts. 55 y ss.; LRJSP/2015, arts. 3, 140.1, 148, 149, 151 y 154.

3. El gobierno y la administración autónoma de la Provincia corresponden a la Diputación u otras Corporaciones de carácter representativo.

CONCORDANCIAS
CE, art. 141.2; LBRL, art. 40; ROF, arts. 2.2 y 55;
Ley Aragón 7/1999, de 9 de abril, art. 63;
Ley Galicia 5/1997, de 22 de julio, art. 101.

CAPÍTULO I. Organización

Artículo 32

Artículo redactado por Ley 57/2003, de 16 de diciembre, de Medidas para la Modernización del Gobierno Local (LMMGL). Véase la redacción anterior al final de este mismo artículo.

La organización provincial responde a las siguientes reglas:

CONCORDANCIAS
ROF, art. 55.2.

1. El Presidente, los Vicepresidentes, la Junta de Gobierno y el Pleno existen en todas las Diputaciones.

Concordancias

TRRL, arts. 26 y 27.

2. Asimismo, existirán en todas las Diputaciones órganos que tengan por
objeto el estudio, informe o consulta de los asuntos que han de ser sometidos
a la decisión del Pleno, así como el seguimiento de la gestión del Presidente,
la Junta de Gobierno y los Diputados que ostenten delegaciones, siempre que
la respectiva legislación autonómica no prevea una forma organizativa distinta
en este ámbito y sin perjuicio de las competencias de control que corresponden al Pleno.

Todos los grupos políticos integrantes de la corporación tendrán derecho a
participar en dichos órganos, mediante la presencia de Diputados pertenecientes
a los mismos, en proporción al número de Diputados que tengan en el Pleno.

Anotaciones

*La redacción introducida por la Ley 57/2003, de 16 de diciembre, de Medidas para
la Modernización del Gobierno Local (LMMGL) además del cambio de los términos
"Comisión de Gobierno" por los de "Junta de Gobierno" añadió el inciso final del
párrafo segundo "...en proporción al número de Concejales que tengan en el Pleno"
en cuanto a la presencia y, por lo tanto, participación de los diferentes grupos políticos en los órganos de estudio, informe o consulta y de seguimiento del Presidente, de
la Junta de Gobierno y de los Diputados que ostenten delegaciones.*

3. El resto de los órganos complementarios de los anteriores se establece y
regula por las propias Diputaciones. No obstante las leyes de las comunidades
autónomas sobre régimen local podrán establecer una organización provincial
complementaria de la prevista en este texto legal.

Concordancias y anotaciones

*Ley Aragón 7/1999, de 9 de abril, art. 63.2;
Ley Galicia 5/1997, de 22 de julio, art. 103.*

*A pesar de que la Ley 57/2003, de 16 de diciembre, de Medidas para la Moderniza-
ción del Gobierno Local (LMMGL) dio nueva redacción a la totalidad del artículo este
apartado tercero mantiene los mismos términos que presentaba en la redacción anterior.*

Anotaciones

*La LMMGL sustituyó los términos "Comisión de Gobierno" por los de "Junta de
Gobierno" Local a lo largo de todo el texto en los arts. 20, 21, 22, 23, 32, 34, 35,*

52.2, 70, 85 bis, 123, 124, 125, 126, 127, 129 y 130, así como en las dips. adics. Octava y Décimocuarta, pues tal y como se indica en la propia Exposición de Motivos de la Ley 57/2003, de 16 de diciembre (párrafo 5º del apartado III), "en materia de organización, debe destacarse que la Comisión de Gobierno pasa a denominarse «Junta de Gobierno Local», expresión que tiende a destacar la naturaleza ejecutiva de dicho órgano. La propia exposición de Motivos de la Ley 57/2003 de 16 de diciembre (párrafo 3º del apartado IV) califica a este órgano como de "necesario".

REDACCIÓN ANTERIOR

El contenido de este artículo fue modificado íntegramente por la Ley 57/2003, de 16 de diciembre, de Medidas para la Modernización del Gobierno Local (LMMGL). La redacción anterior, procedente de la Ley 11/1999, de 21 de abril, era la siguiente: La organización provincial responde a las siguientes reglas:
1) El Presidente, los Vicepresidentes, la Comisión de Gobierno y el Pleno existen en todas las Diputaciones.
2) Asimismo existirán en todas las Diputaciones órganos que tengan por objeto el estudio, informe o consulta de los asuntos que han de ser sometidos a la decisión del Pleno, así como el seguimiento de la gestión del Presidente, la Comisión de Gobierno y los Diputados que ostenten delegaciones, siempre que la respectiva legislación autonómica no prevea una forma organizativa distinta en este ámbito y sin perjuicio de las competencias de control que corresponden al Pleno. Todos los grupos políticos integrantes de la Corporación tendrán derecho a participar en dichos órganos, mediante la presencia de Diputados pertenecientes a los mismos.
3) El resto de los órganos complementarios de los anteriores, se establece y regula por las propias Diputaciones. No obstante, las leyes de las Comunidades Autónomas sobre régimen local podrán establecer una organización provincial complementaria de la prevista en este texto legal.

Y la redacción originaria lo era en los siguientes términos:
La organización provincial responde a las siguientes reglas:
1. El Presidente, los Vicepresidentes, la Comisión de Gobierno y el Pleno existen en todas las Diputaciones.
2. El resto de los órganos, complementarios de los anteriores, se establece y regula por las propias Diputaciones sin otro límite que el respeto a la organización determinada por esta Ley. No obstante, las Leyes de las Comunidades Autónomas sobre régimen local podrán establecer una organización provincial complementaria de la prevista en este texto legal, que regirá en cada Provincia en todo aquello en lo que ésta no disponga lo contrario, en ejercicio de su potestad de autoorganización.
3. Todos los grupos políticos integrantes de la Corporación tendrán derecho a participar, mediante la presencia de Diputados pertenecientes a los mismos, en los órganos complementarios de la Diputación provincial que tengan por función el estudio, informe o consulta de los asuntos que hayan de ser sometidos a la decisión del Pleno.
Téngase en cuenta, sobre la redacción originaria, que el inciso final del apartado 2 (que aparece subrayada) había sido declarado inconstitucional por la STC 214/1989, de 21 de diciembre.

Artículo 32 bis. Personal directivo de Diputaciones, Cabildos y Consejos Insulares

Artículo añadido por Ley 27/2013, de 27 de diciembre, de racionalización y sostenibilidad de la Administración Local.

El nombramiento del personal directivo que, en su caso, hubiera en las Diputaciones, Cabildos y Consejos Insulares deberá efectuarse de acuerdo a criterios de competencia profesional y experiencia, entre funcionarios de carrera del Estado, de las Comunidades Autónomas, de las Entidades Locales o con habilitación de carácter nacional que pertenezcan a cuerpos o escalas clasificados en el subgrupo A1, salvo que el correspondiente Reglamento Orgánico permita que, en atención a las características específicas de las funciones de tales órganos directivos, su titular no reúna dicha condición de funcionario.

CONCORDANCIAS Y ANOTACIONES

Véanse los arts. 89 a 104 bis LBRL sobre el personal al servicio de las entidades locales.
El inciso final por el que se establece la posibilidad de excepcionar los requisitos establecidos mediante la correspondiente previsión en el Reglamento Orgánico fue introducido en la tramitación parlamentaria de la Ley 27/2013, de 27 de diciembre, de racionalización y sostenibilidad de la Administración Local.

Artículo 33

1. El Pleno de la Diputación está constituido por el Presidente y los Diputados.

CONCORDANCIAS

LOREG, arts. 202 a 209; ROF, art. 69.

2. Corresponde en todo caso al Pleno:

CONCORDANCIAS

TRRL, art. 28; ROF, art. 70; LCSP/2017, disp. adic. Segunda.

a) La organización de la Diputación.
b) La aprobación de las ordenanzas.

CONCORDANCIAS

LBRL, arts. 49, 84, 106.2 y 111; TRRL, art. 55; TRLHL, arts. 15 a 19; RSCL, arts. 5 y 7.

c) La aprobación y modificación de los Presupuestos, la disposición de gastos dentro de los límites de su competencia y la aprobación provisional de las cuentas; todo ello de acuerdo con lo dispuesto en la Ley Reguladora de las Haciendas Locales.

CONCORDANCIAS

LBRL, arts. 112.4 y 116; TRLHL, arts. 162 a 193 bis.

d) La aprobación de los planes de carácter provincial.

e) El control y la fiscalización de los órganos de gobierno.

CONCORDANCIAS

ROF, arts. 104 y ss.

f) La aprobación de la plantilla de personal, la relación de puestos de trabajo, la fijación de la cuantía de las retribuciones complementarias fijas y periódicas de los funcionarios, y el número y régimen del personal eventual.

CONCORDANCIAS

LBRL, arts. 100 y 102; TRRL, art. 129.1; RD 861/1986, de 25 de abril, art. 6.1.

g) La alteración de la calificación jurídica de los bienes de dominio público.

CONCORDANCIAS

LBRL, art. 78.1; RBEL, arts. 8 y 100.

h) El planteamiento de conflictos de competencias a otras Entidades locales y demás Administraciones públicas.

CONCORDANCIAS

LBRL, art. 50; ROF, art. 222.

i) El ejercicio de acciones judiciales y administrativas y la defensa de la Corporación en materias de competencia plenaria.

j) La declaración de lesividad de los actos de la Diputación.

k) La concertación de las operaciones de crédito cuya cuantía acumulada en el ejercicio económico exceda del 10 por 100 de los recursos ordinarios, salvo las de tesorería, que le corresponderán cuando el importe acumulado de las operaciones vivas en cada momento supere el 15 por 100 de los ingresos corrientes liquidados en el ejercicio anterior, todo ello de conformidad con lo dispuesto en la Ley Reguladora de las Haciendas Locales.

l) (Derogada)

m) La aprobación de los proyectos de obra y de servicios cuando sea competente para su contratación o concesión y cuando aún no estén previstos en los Presupuestos.

ANOTACIONES

Téngase en cuenta que la disp. adic. Segunda LCSP/2017 dispone, en su apartado 1, en cuanto a las competencias en materia de contratación en las Entidades Locales, que:

"2. Corresponden al Pleno las competencias como órgano de contratación respecto de los contratos mencionados en el apartado anterior que celebre la Entidad Local, cuando por su valor o duración no correspondan al Alcalde o Presidente de la Entidad Local, conforme al apartado anterior. Asimismo, corresponde al Pleno la aprobación de los pliegos de cláusulas administrativas generales a los que se refiere el artículo 121 de esta Ley.

3. En los municipios de población inferior a 5.000 habitantes es igualmente competencia del Pleno autorizar la redacción y licitación de proyectos independientes relativos a cada una de las partes de una obra cuyo periodo de ejecución exceda al de un presupuesto anual, siempre que estas sean susceptibles de utilización separada en el sentido del uso general o del servicio, o puedan ser sustancialmente definidas".

n) (Derogada)

ñ) Aquellas atribuciones que deban corresponder al Pleno por exigir su aprobación una mayoría especial.

CONCORDANCIAS

LBRL, art. 47.

o) Las demás que expresamente la atribuyan las leyes.

CONCORDANCIAS Y ANOTACIONES

Ap. 2 redactado por Ley 11/1999, de 21 de abril.
TRRL, art. 28.1 d); LO 2/1987, de 18 de mayo, de Conflictos Jurisdiccionales, art. 10.

3. Corresponde, igualmente, al Pleno la votación sobre la moción de censura al Presidente y sobre la cuestión de confianza planteada por el mismo, que serán públicas y se realizarán mediante llamamiento nominal en todo caso, y se rigen por lo dispuesto en la legislación electoral general.

CONCORDANCIAS Y ANOTACIONES

LOREG, arts. 197, 197 bis y 207.3 y 4; ROF, arts. 60.1.6, 70.1, 104.1 c), 107 y 108.

El contenido de este apartado tercero fue modificado por la LMMGL. La redacción anterior, procedente de la Ley 11/1999, de 21 de abril, era la siguiente:
"Pertenece, igualmente, al Pleno la votación sobre la moción de censura al Presidente y sobre la cuestión de confianza planteada por el mismo, que se rige por lo dispuesto en la legislación electoral general".
Téngase en cuenta que la Sentencia del Tribunal Constitucional 151/2017, de 21 de diciembre de 2017, declaró la inconstitucionalidad y nulidad del párrafo tercero del art. 197.1 a) de la Ley Orgánica 5/1985, de 19 de junio, de régimen electoral general, en la redacción dada por la Ley Orgánica 2/2011, de 28 de enero, en cuanto exigía una mayoría reformada en las mociones de censura "cuando alguno de los concejales proponentes de la moción haya dejado de pertenecer, por cualquier causa, al grupo político municipal al que se adscribió al inicio de su mandato" por vulnerar el art. 23.3 CE.

4. El Pleno puede delegar el ejercicio de sus atribuciones en el Presidente y en la Comisión de Gobierno, salvo las enunciadas en el número 2, letras a), b), c), d), e), f), h) y ñ), y número 3 de este artículo.

CONCORDANCIAS Y ANOTACIONES

Ap. 4 añadido por Ley 11/1999, de 21 de abril.
Ley Galicia 5/1997, de 22 de julio, art. 107.

REDACCIONES ANTERIORES

El contenido de este artículo fue modificado íntegramente por la Ley 57/2003, de 16 de diciembre, de Medidas para la Modernización del Gobierno Local (LMMGL). De esa redacción la Ley 30/2007, de 30 de octubre, derogó las letras l) y n) del apartado 2 que tenían la siguiente redacción:

l) Las contrataciones y concesiones de todo tipo, cuando su importe supere el 10 por 100 de los recursos ordinarios del Presupuesto y, en todo caso, los 1.000.000.000 de pesetas, así como los contratos y concesiones plurianuales cuando su duración sea superior a cuatro años en todo caso, y los plurianuales de duración inferior cuando su importe acumulado supere el porcentaje indicado, referido a los recursos ordinarios de Presupuesto del primer ejercicio, y en todo caso, cuando sea superior a la cuantía señalada en esta letra.

n) La adquisición de bienes y derechos cuando su valor supere el 10 por 100 de los recursos ordinarios del Presupuesto y, en todo caso, cuando sea superior a 500.000.000 de pesetas, así como las enajenaciones patrimoniales en los siguientes supuestos:
Cuando se trate de bienes inmuebles o de bienes muebles, que estén declarados de valor histórico o artístico y no estén previstas en el Presupuesto.
Cuando estando previstas en el Presupuesto, superen el porcentaje y la cuantía que se indican para las adquisiciones de bienes.

Artículo 34

Artículo modificado por Ley 11/1999, de 21 de abril, de modificación de la LBRL y otras medidas para el desarrollo del Gobierno Local, en materia de tráfico, circulación de vehículos a motor y seguridad vial y en materia de aguas, por la Ley 55/1999, de 29 de diciembre, de Medidas fiscales, administrativas y del orden social (apartado 1 f), por la Ley 57/2003, de 16 de diciembre, de Medidas para la Modernización del Gobierno Local (LMMGL, apartados 1c y 2) y por la Ley 30/2007, de 30 de octubre, de Contratos del Sector Público (derogación letras k y m del apartado 1). Véanse las redacciones previas al final de este mismo artículo.

1. Corresponde en todo caso al Presidente de la Diputación:

CONCORDANCIAS
TRRL, art. 29; ROF, art. 61; LCSP/2017, disp. adic. Segunda.

a) Dirigir el gobierno y la administración de la provincia.
b) Representar a la Diputación.
c) Convocar y presidir las sesiones del Pleno, salvo los supuestos previstos en la presente Ley y en la legislación electoral general, de la Junta de Gobierno y cualquier otro órgano de la Diputación, y decidir los empates con voto de calidad.

CONCORDANCIAS Y ANOTACIONES
LBRL, art. 46.2; TRRL, art. 46; ROF, arts. 80 y 100.2.

La LMMGL sustituyó los términos "Comisión de Gobierno" por los de "Junta de Gobierno" Local a lo largo de todo el texto en los arts. 20, 21, 22, 23, 32, 34, 35, 52.2, 70, 85 bis, 123, 124, 125, 126, 127, 129 y 130, así como en las dips. adics. Octava y Décimocuarta, pues tal y como se indica en la propia Exposición de Motivos de la Ley 57/2003, de 16 de diciembre (párrafo 5° del apartado III), "en materia de organización, debe destacarse que la Comisión de Gobierno pasa a denominarse «Junta de Gobierno Local», expresión que tiende a destacar la naturaleza ejecutiva de dicho órgano. La propia exposición de Motivos de la Ley 57/2003 de 16 de diciembre (párrafo 3° del apartado IV) califica a este órgano como de "necesario".

d) Dirigir, inspeccionar e impulsar los servicios y obras cuya titularidad o ejercicio corresponde a la Diputación Provincial.

e) Asegurar la gestión de los servicios propios de la Comunidad Autónoma cuya gestión ordinaria esté encomendada a la Diputación.

f) El desarrollo de la gestión económica de acuerdo con el Presupuesto aprobado, disponer gastos dentro de los límites de su competencia, concertar operaciones de crédito, con exclusión de las contempladas en el artículo 158.5 de la Ley 39/1988, de 28 de diciembre, Reguladora de las Haciendas Locales, siempre que aquéllas estén previstas en el Presupuesto y su importe acumulado dentro de cada ejercicio económico no supere el 10 por 100 de sus recursos ordinarios, salvo las de tesorería que le corresponderán cuando el importe acumulado de las operaciones vivas en cada momento no supere el 15 por 100 de los ingresos corrientes liquidados en el ejercicio anterior, ordenar pagos y rendir cuentas; todo ello de conformidad con lo dispuesto en la Ley Reguladora de las Haciendas Locales.

CONCORDANCIAS Y ANOTACIONES

Letra redactada por Ley 55/1999, de 29 de diciembre, de Medidas fiscales, administrativas y del orden social.
TRLHL, arts. 53.2, 166.2, 167.1 y 193.1.

g) Aprobar la oferta de empleo público de acuerdo con el Presupuesto y la plantilla aprobados por el Pleno, aprobar las bases de las pruebas para la selección del personal y para los concursos de provisión de puestos de trabajo y distribuir las retribuciones complementarias que no sean fijas y periódicas.

CONCORDANCIAS

ROF, art. 61.12 h); RD 861/1986, de 25 de abril, arts. 5.6 y 6.2.

h) Desempeñar la jefatura superior de todo el personal, y acordar su nombramiento y sanciones, incluida la separación del servicio de los funcionarios de la Corporación y el despido del personal laboral, dando cuenta al Pleno en la primera sesión que celebre. Esta atribución se entenderá sin perjuicio de lo previsto en el artículo 99.1 y 3 de esta Ley.

CONCORDANCIAS

LBRL, art. 104.2; TRRL, arts. 129.3, 136.1 y 150.1.

i) El ejercicio de las acciones judiciales y administrativas y la defensa de la Diputación en las materias de su competencia, incluso cuando las hubiere delegado en otro órgano, y, en caso de urgencia, en materias de la competencia del Pleno, en este último supuesto dando cuenta al mismo en la primera sesión que celebre para su ratificación.

j) La iniciativa para proponer al Pleno la declaración de lesividad en materia de la competencia del Presidente.

k) *(Derogada)*

l) La aprobación de los proyectos de obras y de servicios cuando sea competente para su contratación o concesión y estén previstos en el Presupuesto.

m) *(Derogada)*

ANOTACIONES

Téngase en cuenta que la disp. adic. Segunda LCSP/2017 dispone, en sus apartado 2 y 3, en cuanto a las competencias en materia de contratación en las Entidades Locales, que:
"1. Corresponden a los Alcaldes y a los Presidentes de las Entidades Locales las competencias como órgano de contratación respecto de los contratos de obras, de suministro, de servicios, los contratos de concesión de obras, los contratos de concesión de servicios y los contratos administrativos especiales, cuando su valor estimado no supere el 10 por ciento de los recursos ordinarios del presupuesto ni, en cualquier caso, la cuantía de seis millones de euros, incluidos los de carácter plurianual cuando su duración no sea superior a cuatro años, eventuales prórrogas incluidas siempre que el importe acumulado de todas sus anualidades no supere ni el porcentaje indicado, referido a los recursos ordinarios del presupuesto del primer ejercicio, ni la cuantía señalada.
3. En los municipios de población inferior a 5.000 habitantes es igualmente competencia del Pleno autorizar la redacción y licitación de proyectos independientes relativos a cada una de las partes de una obra cuyo periodo de ejecución exceda al de un presupuesto anual, siempre que estas sean susceptibles de utilización separada en el sentido del uso general o del servicio, o puedan ser sustancialmente definidas".

n) Ordenar la publicación y ejecución y hacer cumplir los acuerdos de la Diputación.

ñ) Las demás que expresamente les atribuyan las leyes.

CONCORDANCIAS

LO 2/1987, de 18 de mayo, de Conflictos Jurisdiccionales, art. 3.

o) El ejercicio de aquellas otras atribuciones que la legislación del Estado o de las Comunidades Autónomas asigne a la Diputación y no estén expresamente atribuidas a otros órganos.

CONCORDANCIAS

ROF, art. 61.25.

2. El Presidente puede delegar el ejercicio de sus atribuciones, salvo la de convocar y presidir las sesiones del Pleno y de la Junta de Gobierno, decidir los empates con el voto de calidad, concertar operaciones de crédito, la jefatura superior de todo el personal, la separación del servicio de funcionarios y el despido del personal laboral, y las enunciadas en los párrafos a), i) y j) del número anterior.

CONCORDANCIAS Y ANOTACIONES

LBRL, arts. 35 y 52.2; ROF, arts. 63 y 114 a 118.

La LMMGL sustituyó los términos "Comisión de Gobierno" por los de "Junta de Gobierno" Local a lo largo de todo el texto en los arts. 20, 21, 22, 23, 32, 34, 35, 52.2, 70, 85 bis, 123, 124, 125, 126, 127, 129 y 130, así como en las dips. adics. Octava y Décimocuarta, pues tal y como se indica en la propia Exposición de Motivos de la Ley 57/2003, de 16 de diciembre (párrafo 5º del apartado III), "en materia de organización, debe destacarse que la Comisión de Gobierno pasa a denominarse «Junta de Gobierno Local», expresión que tiende a destacar la naturaleza ejecutiva de dicho órgano. La propia exposición de Motivos de la Ley 57/2003 de 16 de diciembre (párrafo 3º del apartado IV) califica a este órgano como de "necesario".

REDACCIÓN ANTERIOR

El contenido de este apartado fue modificado por la Ley 57/2003, de 16 de diciembre. La redacción anterior, procedente de la Ley 11/1999, de 21 de abril, era la siguiente: "El Presidente puede delegar el ejercicio de sus atribuciones, salvo la de convocar y presidir las sesiones del Pleno y de la Comisión de Gobierno, decidir los empates con el voto de calidad, concertar operaciones de crédito, la jefatura superior de todo el personal, la separación del servicio de los funcionarios y el despido del personal laboral, y las enunciadas en los apartados a), i) y j) del número anterior".

3. Corresponde, asimismo, al Presidente el nombramiento de los Vicepresidentes.

CONCORDANCIAS

LBRL, art. 35.4; ROF, arts. 61.3 y 66; Ley 5/1997, de 22 de julio, art. 105.

Artículo 35

Artículo redactado por Ley 57/2003, de 16 de diciembre, de Medidas para la Modernización del Gobierno Local (LMMGL). Véase la redacción anterior al final de este mismo artículo.

1. La Junta de Gobierno se integra por el Presidente y un número de Diputados no superior al tercio del número legal de los mismos, nombrados y separados libremente por aquél, dando cuenta al Pleno.

CONCORDANCIAS Y ANOTACIONES

ROF, art. 72.

La LMMGL sustituyó los términos "Comisión de Gobierno" por los de "Junta de Gobierno" Local a lo largo de todo el texto en los arts. 20, 21, 22, 23, 32, 34, 35, 52.2, 70, 85 bis, 123, 124, 125, 126, 127, 129 y 130, así como en las dips. adics. Octava y Décimocuarta, pues tal y como se indica en la propia Exposición de Motivos de la Ley 57/2003, de 16 de diciembre (párrafo 5° del apartado III), "en materia de organización, debe destacarse que la Comisión de Gobierno pasa a denominarse «Junta de Gobierno Local», expresión que tiende a destacar la naturaleza ejecutiva de dicho órgano. La propia exposición de Motivos de la Ley 57/2003 de 16 de diciembre (párrafo 3° del apartado IV) califica a este órgano como de "necesario".

REDACCIÓN ANTERIOR

El contenido de este apartado fue modificado por la LMMGL. La redacción anterior era la siguiente:

"1. La Comisión de Gobierno se integra por el Presidente y un número de Diputados no superior al tercio del número legal de los mismos, nombrados y separados libremente por aquél, dando cuenta al Pleno".

2. Corresponde a la Junta de Gobierno:

a) La asistencia al Presidente en el ejercicio de sus atribuciones.

b) Las atribuciones que el Presidente le delegue o le atribuyan las leyes.

<small>CONCORDANCIAS Y ANOTACIONES</small>

TRRL, art. 28.2; ROF, arts. 63.2, 71.1 y 73; Ley 5/1997, de 22 de julio, art. 108. Letra redactada por Ley 11/1999, de 21 de abril, de modificación de la LBRL y otras medidas para el desarrollo del Gobierno Local, en materia de tráfico, circulación de vehículos a motor y seguridad vial y en materia de aguas.

3. El Presidente puede delegar el ejercicio de determinadas atribuciones en los miembros de la Junta de Gobierno, sin perjuicio de las delegaciones especiales que para cometidos específicos pueda realizar a favor de cualesquiera Diputados, aunque no perteneciera a la Junta de Gobierno.

<small>CONCORDANCIAS Y ANOTACIONES</small>

ROF, arts. 63.3, 64, 114 a 118, 120 y 121.

Al igual que en el apartado primero el único cambio que se produce en este apartado es la sustitución de los términos "Comisión de Gobierno" por los de "Junta de Gobierno" Local.

4. Los Vicepresidentes sustituyen, por el orden de su nombramiento y en los casos de vacante, ausencia o enfermedad, al Presidente, siendo libremente designados por éste entre los miembros de la Junta de Gobierno.

<small>CONCORDANCIAS Y ANOTACIONES</small>

LBRL, art. 34.3; ROF, arts. 67 y 68.

Al igual que en los apartados primero y tercero la única modificación que se produce en esta apartado es la sustitución de los términos "Comisión de Gobierno" por los de "Junta de Gobierno" Local,

<small>REDACCIÓN ANTERIOR</small>

El contenido de este artículo fue modificado íntegramente por la LMMGL. La redacción anterior, procedente de la Ley 11/1999, de 21 de abril, era la siguiente:
1. La Comisión de Gobierno se integra por el Presidente y un número de Diputados no superior al tercio del número legal de los mismos, nombrados y separados libremente por aquél, dando cuenta al Pleno.
2. Corresponde a la Comisión de Gobierno:

a) La asistencia al Presidente en el ejercicio de sus atribuciones.
b) Las atribuciones que el Presidente le delegue o le atribuyan las leyes.
3. El Presidente puede delegar el ejercicio de determinadas atribuciones en los miembros de la Comisión de Gobierno, sin perjuicio de las delegaciones especiales que para cometidos específicos pueda realizar en favor de cualesquiera Diputados aunque no pertenecieran a aquella Comisión.
4. Los Vicepresidentes sustituyen, por el orden de su nombramiento y en los casos de vacante, ausencia o enfermedad, al Presidente, siendo libremente designados por éste entre los miembros de la Comisión de Gobierno.

CAPÍTULO II. Competencias

Artículo 36

1. Son competencias propias de la Diputación o entidad equivalente las que le atribuyan en este concepto las leyes del Estado y de las Comunidades Autónomas en los diferentes sectores de la acción pública y, en todo caso, las siguientes:

a) La coordinación de los servicios municipales entre sí para la garantía de la prestación integral y adecuada a que se refiere el apartado a) del número 2 del artículo 31.

b) La asistencia y cooperación jurídica, económica y técnica a los Municipios, especialmente los de menor capacidad económica y de gestión. En todo caso garantizará en los municipios de menos de 1.000 habitantes la prestación de los servicios de secretaría e intervención.

CONCORDANCIAS Y ANOTACIONES

Se corresponde con la anterior redacción de este mismo apartado al que se añade el inciso final sobre la garantía de los servicios de secretaría y tesorería para los municipios de menos de 1.000 habitantes.

c) La prestación de servicios públicos de carácter supramunicipal y, en su caso, supracomarcal y el fomento o, en su caso, coordinación de la prestación unificada de servicios de los municipios de su respectivo ámbito territorial. En particular, asumirá la prestación de los servicios de tratamiento de residuos en los municipios de menos de 5.000 habitantes, y de prevención y extinción de incendios en los de menos de 20.000 habitantes, cuando éstos no procedan a su prestación.

CONCORDANCIAS Y ANOTACIONES

Sobre la genérico supuesto contenido en la redacción anterior (que se limitaba al primer inciso sobre la prestación de servicios supramunicipales o supracomarcales) a nueva redacción precisa los servicios a prestar.

La Sentencia del Tribunal Constitucional 111/2016, de 9 de junio, establece que procede desestimar todos los motivos de inconstitucionalidad dirigidos contra la letra c) del art. 36.1 LBRL, en la redacción dada por la Ley 27/2013".

d) La cooperación en el fomento del desarrollo económico y social y en la planificación en el territorio provincial, de acuerdo con las competencias de las demás Administraciones Públicas en este ámbito.

e) El ejercicio de funciones de coordinación en los casos previstos en el artículo 116 bis.

CONCORDANCIAS Y ANOTACIONES

Atribución de una nueva competencia a la Diputación sobre la base de las previsiones efectuadas en los arts. 26 y 116 bis LRBL)

f) Asistencia en la prestación de los servicios de gestión de la recaudación tributaria, en periodo voluntario y ejecutivo, y de servicios de apoyo a la gestión financiera de los municipios con población inferior a 20.000 habitantes.

CONCORDANCIAS Y ANOTACIONES

Atribución de una nueva competencia a la Diputación sobre la que nada se advierte en el art. 26 LBRL.

g) La prestación de los servicios de administración electrónica y la contratación centralizada en los municipios con población inferior a 20.000 habitantes.

CONCORDANCIAS Y ANOTACIONES

Atribución de una nueva competencia a la Diputación sobre la que nada se advierte en el art. 26 LBRL.

El Tribunal Constitucional (Sentencia 111/2016, de 9 de junio) ha declarado que el art. 36.1 g), en la redacción recibida de la LRSAL, no es inconstitucionales interpretado en los términos del fundamento jurídicos 11, en el que se establece que:

"La previsión impugnada en modo alguno transfiere en bloque a la diputación provincial toda la prestación de servicios de administración electrónica y de la contratación de municipios de menos de 20.000 habitantes; una traslación semejante, general e indiscriminada, ni la pretende el legislador ni resultaría compatible con la potestad de autoorganización inherente a la autonomía constitucionalmente garantizada a todos

los municipios (art. 137 CE), también a los de menores dimensiones. En realidad, el art. 36.1, letra g), LBRL, se ha limitado a incluir atribuciones nuevas que especifican la más general de «asistencia y cooperación jurídica, económica y técnica a los municipios, especialmente los de menor capacidad económica y de gestión», que estaba —y sigue— estando prevista como base del régimen local [art. 36.1, letra b), LBRL]. Hay que tener en cuenta, además, que el art. 31.2 a) LBRL dispone como fines propios y específicos de las diputaciones provinciales los de «garantizar los principios de solidaridad y equilibrio intermunicipales» y, de modo particular, el de «asegurar la prestación integral y adecuada en la totalidad del territorio provincial de los servicios de competencia municipal». Por ello, lo que pretende el precepto es dar efectividad a la prestación de unos servicios que exigen la aplicación de tecnología informática (en el caso de la administración electrónica) o técnico-jurídica (en el supuesto de la contratación centralizada) que los municipios de pequeña o mediana población (hasta 20.000 habitantes), pueden no estar en condiciones de asumir. En definitiva, se trata de que la diputación provincial cumpla su función institucional más característica prestando apoyo a estos municipios en las tareas que desempeñan relacionadas con la contratación y la llamada administración electrónica. Solo en este sentido, que se desprende naturalmente de interpretación conjunta de los citados artículos de la Ley reguladora de las bases del régimen local, puede entenderse el precepto impugnado.

Hay que tener en cuenta, que el art. 149.1.18 CE autoriza una legislación básica estatal que desarrolle «el apoyo a los Municipios» como «núcleo» de la actividad de la provincia, «en cuanto entidad local determinada por la agrupación de Municipios (art. 141.1 CE)» con autonomía constitucionalmente garantizada (STC 109/1998, de 21 de mayo, FJ 2). A su vez, las tareas provinciales de cooperación con (o asistencia al) municipio, lejos de vulnerar la autonomía municipal, contribuyen a facilitar su desarrollo efectivo, por lo que no pueden entenderse infringidos los arts. 137 y 140 CE. Por tanto, procede desestimar la impugnación de la letra g) del art. 36.1 LBRL, en la redacción dada por el art. 1.13 de la Ley 27/2013, en esta interpretación conforme, que será llevada al fallo".

h) El seguimiento de los costes efectivos de los servicios prestados por los municipios de su provincia. Cuando la Diputación detecte que estos costes son superiores a los de los servicios coordinados o prestados por ella, ofrecerá a los municipios su colaboración para una gestión coordinada más eficiente de los servicios que permita reducir estos costes.

CONCORDANCIAS Y ANOTACIONES

Atribución de una nueva competencia a la Diputación sobre la base de las previsiones efectuadas en los arts. 26, 116 bis y 116 ter LRBL). Téngase en cuenta la Orden HAP/2075/2014, de 6 de noviembre, por la que se establecen los criterios de cálculo del coste efectivo de los servicios prestados por las entidades locales, en cuanto que regula la previsión efectuada en el art. 116 ter LBRL en cuanto a los gastos directos e indirectos imputables a los servicios, los gastos en los casos de la gestión indirecta de los servicios así como el suministro de la información y su publicidad.

Así como la Resolución de 23 de junio de 2015, de la Secretaría General de Coordi-
nación Autonómica y Local, por la que se especifican los elementos incluidos en los
anexos de la Orden HAP/2075/2014, de 6 de noviembre, por la que se establecen los
criterios de cálculo del coste efectivo de los servicios prestados por las entidades locales.

i) La coordinación mediante convenio, con la Comunidad Autónoma respectiva, de la prestación del servicio de mantenimiento y limpieza de los con-
sultorios médicos en los municipios con población inferior a 5000 habitantes.

CONCORDANCIAS Y ANOTACIONES

Atribución de una nueva competencia a la Diputación sobre la que nada se advierte
en el art. 26 LBRL.

2. A los efectos de lo dispuesto en las letras a), b) y c) del apartado anterior, la Diputación o entidad equivalente:

a) Aprueba anualmente un plan provincial de cooperación a las obras y
servicios de competencia municipal, en cuya elaboración deben participar los
Municipios de la Provincia. El plan, que deberá contener una memoria justificativa de sus objetivos y de los criterios de distribución de los fondos,
criterios que en todo caso han de ser objetivos y equitativos y entre los que
estará el análisis de los costes efectivos de los servicios de los municipios,
podrá financiarse con medios propios de la Diputación o entidad equivalente,
las aportaciones municipales y las subvenciones que acuerden la Comunidad
Autónoma y el Estado con cargo a sus respectivos presupuestos. Sin perjuicio
de las competencias reconocidas en los Estatutos de Autonomía y de las anteriormente asumidas y ratificadas por éstos, la Comunidad Autónoma asegura,
en su territorio, la coordinación de los diversos planes provinciales, de acuerdo
con lo previsto en el artículo 59 de esta Ley.

Cuando la Diputación detecte que los costes efectivos de los servicios
prestados por los municipios son superiores a los de los servicios coordinados
o prestados por ella, incluirá en el plan provincial fórmulas de prestación unificada o supramunicipal para reducir sus costes efectivos.

El Estado y la Comunidad Autónoma, en su caso, pueden sujetar sus subvenciones a determinados criterios y condiciones en su utilización o empleo
y tendrán en cuenta el análisis de los costes efectivos de los servicios de los
municipios.

ANOTACIONES

El Tribunal Constitucional (Sentencia 111/2016, de 9 de junio) ha declarado que el art. 36.2 a), en la redacción recibida de la LRSAL, no es inconstitucional interpretado en los términos del fundamento jurídicos 12 c), en el que se establece que:

"[...]
Consecuentemente, el párrafo segundo del art. 36.2 a) LBRL sería contrario a los arts. 137 y 140 CE si fuera interpretado como previsión que atribuye por sí unas facultades de coordinación cuyo concreto alcance hubiera de fijar la propia diputación a través de los correspondientes planes de cooperación. Sin embargo, está interpretación ha de excluirse, habida cuenta de que hay otra que, siendo igualmente razonable, resulta conforme a la Constitución.
De acuerdo a esa otra interpretación, el art. 36.2 a) LBRL es una previsión básica que, en cuanto tal, no pretende ni puede pretender agotar la regulación de la materia. Se refiere a una submateria —competencias locales— en la que las Comunidades Autónomas disponen de amplios márgenes de desarrollo y en la que, en todo caso, concurren regulaciones sectoriales (STC 41/2016 FJ 7 c). Bajo esta perspectiva, la ausencia de precisión característica de la previsión impugnada no resulta en sí problemática desde la perspectiva de la autonomía municipal (arts. 137 y 140 CE). En este sentido, puede entenderse que, en ausencia de indicaciones básicas más precisas en torno al alcance de las facultades de coordinación de la diputación provincial, la legislación autonómica sobre régimen local o las regulaciones sectoriales hayan de concretarlas. Tales regulaciones habrán de predeterminar suficientemente aquellas facultades ajustándose a las prescripciones básicas (que obligan a tomar en consideración el «coste efectivo») y a la Constitución (que obliga a asegurar que la capacidad decisoria municipal sea tendencialmente correlativa al nivel de interés municipal involucrado). La previsión impugnada debe interpretarse, por tanto, en el sentido de que precisa de complementos normativos que, en todo caso, deben dejar márgenes de participación a los municipios. Todo ello no condiciona en absoluto, naturalmente, que, frente a estas regulaciones (y los propios planes provinciales) que pudieran vulnerar la indicada serie de exigencias ex arts. 137 y 140 CE, podrán, en su caso, utilizarse las vías procesales oportunas a fin de restablecer la garantía de autonomía municipal constitucionalmente garantizada (en parecido sentido, con relación a las facultades de coordinación previstas en el art. 59 LBRL, STC 214/1989 FJ 21).
Corresponde, en consecuencia, declarar que, así entendido, el art. 36.2, letra a), párrafo segundo, LBRL, en la redacción dada por el art. 1.13 de la Ley 27/2013, no es inconstitucional. Esta interpretación de conformidad se llevará al fallo".

b) Asegura el acceso de la población de la Provincia al conjunto de los servicios mínimos de competencia municipal y a la mayor eficacia y economía en la prestación de éstos mediante cualesquiera fórmulas de asistencia y cooperación municipal.

Con esta finalidad, las Diputaciones o entidades equivalentes podrán otorgar subvenciones y ayudas con cargo a sus recursos propios para la realización y el mantenimiento de obras y servicios municipales, que se instrumentarán a través de planes especiales u otros instrumentos específicos.

c) Garantiza el desempeño de las funciones públicas necesarias en los Ayuntamientos y les presta apoyo en la selección y formación de su personal sin perjuicio de la actividad desarrollada en estas materias por la Administración del Estado y la de las Comunidades Autónomas.

d) Da soporte a los Ayuntamientos para la tramitación de procedimientos administrativos y realización de actividades materiales y de gestión, asumiéndolas cuando aquéllos se las encomienden.

CONCORDANCIAS

LBRL, arts. 26, 116 bis y 116 ter.

REDACCIÓN ANTERIOR

1. Son competencias propias de la Diputación las que les atribuyan, en este concepto, las leyes del Estado y de las comunidades autónomas en los diferentes sectores de la acción pública, y en todo caso:

a) La coordinación de los servicios municipales entre sí para la garantía de la prestación integral y adecuada a que se refiere el apartado a) del número 2 del artículo 31.

b) La asistencia y la cooperación jurídica, económica y técnica a los Municipios, especialmente los de menor capacidad económica y de gestión.

c) La prestación de servicios públicos de carácter supramunicipal y, en su caso, supracomarcal.

d) La cooperación en el fomento del desarrollo económico y social y en la planificación en el territorio provincial, de acuerdo con las competencias de las demás Administraciones Públicas en este ámbito.

e) En general, el fomento y la administración de los intereses peculiares de la provincia.

2. A los efectos de lo dispuesto en los párrafos a) y b) del número anterior, la Diputación:

a) Aprueba anualmente un Plan provincial de cooperación a las obras y servicios de competencia municipal, en cuya elaboración deben participar los municipios de la provincia. El Plan, que deberá contener una memoria justificativa de sus objetivos y de los criterios de distribución de los fondos, criterios que en todo caso han de ser objetivos y equitativos, podrá financiarse con medios propios de la Diputación, las aportaciones municipales y las subvenciones que acuerden la comunidad autónoma y el Estado con cargo a sus respectivos presupuestos. Sin perjuicio de las competencias reconocidas en los Estatutos de Autonomía y de las anteriormente asumidas y ratificadas por éstos, la comunidad autónoma asegura, en su territorio, la coordinación de los diversos Planes provinciales, de acuerdo con lo previsto en el artículo 59 de esta ley.

El Estado y la comunidad autónoma, en su caso, pueden sujetar sus subvenciones a determinados criterios y condiciones en su utilización o empleo.
b) Asegura el acceso de la población de la provincia al conjunto de los servicios mínimos de competencia municipal y la mayor eficacia y economía en la prestación de éstos mediante cualesquiera fórmulas de asistencia y cooperación municipal. Con esta finalidad, las Diputaciones podrán otorgar subvenciones y ayudas con cargo a sus fondos propios para la realización y el mantenimiento de obras y servicios municipales que se instrumentarán a través de Planes especiales u otros instrumentos específicos.

Artículo 37

1. Las Comunidades Autónomas podrán delegar competencias en las Diputaciones, así como encomendar a éstas la gestión ordinaria de servicios propios en los términos previstos en los Estatutos correspondientes. En este último supuesto las Diputaciones actuarán con sujeción plena a las instrucciones generales y particulares de las Comunidades.

CONCORDANCIAS

TRRL, arts. 66 a 68;
Ley Andalucía 5/2010, de 11 de junio, arts. 16 a 23;
Ley Aragón 7/1999, de 9 de abril, arts. 94 a 102;
Ley Galicia 5/1989, de 13 de abril, arts. 17 a 21;
Ley Castilla-La Mancha 2/1991, de 14 de marzo, arts. 11 a 15;
Ley Castilla y León 1/1998, de 4 de junio, arts. 85 a 94;
Ley Extremadura, 3/2019, de 22 de enero, art. 14;
Decreto Legislativo Cataluña 2/2003, de 28 de abril, arts. 1137 a 143;
Ley Galicia 5/1997, de 22 de julio, art. 119;
Ley País Vasco 27/1983, de 25 de noviembre, arts. 12 y 13.

2. El Estado podrá, asimismo, previa consulta e informe de la Comunidad Autónoma interesada, delegar en las Diputaciones competencias de mera ejecución cuando el ámbito provincial sea el más idóneo para la prestación de los correspondientes servicios.

CONCORDANCIAS
TRRL, arts. 66 a 68.

3. El ejercicio por las Diputaciones de las facultades delegadas se acomodará a lo dispuesto en el artículo 27.

CONCORDANCIAS
LBRL, arts. 7.3 y 27.

Artículo 38

Las previsiones establecidas para la Diputación en este Capítulo y en los restantes de la presente Ley serán de aplicación a aquellas otras Corporaciones de carácter representativo a las que corresponda el gobierno y la administración autónoma de la Provincia.

CONCORDANCIAS
CE, art. 141.2; TRRL, art. 1; ROF, art. 3.

CAPÍTULO III. Regímenes especiales

Artículo 39

Los órganos forales de Álava, Guipúzcoa y Vizcaya conservan su régimen peculiar en el marco del Estatuto de Autonomía de la Comunidad Autónoma del País Vasco. No obstante, las disposiciones de la presente Ley les serán de aplicación con carácter supletorio.

CONCORDANCIAS Y ANOTACIONES
LBRL, disp. adic. 2ª; TRRL, disp. final 1ª; LOREG, art. 209; TRLHL, art. 1.2 y disp. adic. 8ª; ROF, disp. adic. 1ª;
Ley País Vasco 27/1983, de 25 de noviembre; Ley 2/2016, de 7 de abril, de Instituciones Locales de Euskadi.

Téngase en cuenta que la Ley 27/2013, de 27 de diciembre, de racionalización y sostenibilidad de la Administración Local dio nueva redacción a la dips. adic. 2ª LBRL y, al mismo tiempo, determinaba en su disp. adic. Primera el régimen aplicable a la Comunidad Autónoma del País Vasco.

Artículo 40

Las Comunidades Autónomas uniprovinciales y la Foral de Navarra asumen las competencias, medios y recursos que corresponden en el régimen ordinario a las Diputaciones Provinciales. Se exceptúa la Comunidad Autónoma de las Islas Baleares en los términos de su Estatuto propio.

CONCORDANCIAS
LBRL, disp. adic. 3ª; LOREG, art. 209; ROF, disps. adics. 2ª y 3ª;
Ley Región de Murcia 6/1988, de 25 de agosto, art. 2.
Ley Foral Navarra 6/1990, de 2 de julio;

Téngase en cuenta que la disp. adic. Segunda de la Ley 27/2013, de 27 de diciembre, de racionalización y sostenibilidad de la Administración Local, sobre el régimen aplicable a la Comunidad Foral de Navarra.

Artículo 41

Artículo redactado por Ley 57/2003, de 16 de diciembre, de Medidas para la Modernización del Gobierno Local (LMMGL). Véase la redacción anterior al final de este mismo artículo.

1. Los Cabildos Insulares Canarios, como órganos de gobierno, administración y representación de cada isla, se rigen por las normas contenidas en la disposición adicional decimocuarta de esta ley y supletoriamente por las normas que regulan la organización y funcionamiento de las Diputaciones provinciales, asumiendo las competencias de éstas, sin perjuicio de lo dispuesto en el Estatuto de Autonomía de Canarias.

CONCORDANCIAS Y ANOTACIONES

CE, art. 141.4; TRRL, art. 1; LOREG, art. 201; ROF, arts. 1 c), 2.3 y 74; Ley 8/2015, de 1 de abril, de Cabildos Insulares de Canarias.

Téngase en cuenta la disp. adic. Décimocuarta de la propia LBRL, con la rúbrica "Régimen especial de organización de los Cabildos Insulares Canarios" (introducido por la Ley 53/2003, de 16 de diciembre, de Medidas para la Modernización del Gobierno Local (LMMGL) y la disposición transitoria primera de la referida LMMGL, que bajo la rúbrica "adecuación de los municipios a las previsiones del título X de la Ley 7/1985, de 2 de abril, Reguladora de las Bases del Régimen Local" establece que: "Los Plenos de los ayuntamientos a los que resulte de aplicación el régimen previsto en el título X de la Ley 7/1985, de 2 de abril, Reguladora de las Bases del Régimen Local, introducido por esta Ley, dispondrán de un plazo de seis meses desde su entrada en vigor para aprobar las normas orgánicas necesarias para la adaptación de su organización a lo previsto en el dicho título. En tanto se aprueban tales normas, continuarán en vigor las normas que regulen estas materias en el momento de entrada en vigor de esta Ley. Igual previsión será de aplicación a los Plenos de los Cabildos que queden incluidos en el ámbito de aplicación de la disposición adicional decimocuarta".

2. En el Archipiélago Canario subsisten las mancomunidades provinciales interinsulares exclusivamente como órganos de representación y expresión de los intereses provinciales. Integran dichos órganos los Presidentes de los Cabildos insulares de las provincias correspondientes, presidiéndolos el del Cabildo de la Isla en que se halle la capital de la provincia.

CONCORDANCIAS
ROF, arts. 74 y 75.

3. Los Consejos Insulares de las Islas Baleares, a los que son de aplicación las normas de esta ley que regulan la organización y funcionamiento de las Diputaciones provinciales, asumen sus competencias de acuerdo con lo dispuesto en esta ley y las que les correspondan de conformidad con el Estatuto de Autonomía de Baleares.

CONCORDANCIAS
TRLHL, art. 157; ROF, art. 76;
Ley 4/2022, de 28 de junio, de consejos insulares; Ley Baleares 3/2014, de 17 de junio, del sistema de financiación definitivo de los Consejos Insulares

REDACCIÓN ANTERIOR

El contenido de este artículo fue modificado íntegramente por Ley 57/2003, de 16 de diciembre, de Medidas para la Modernización del Gobierno Local (LMMGL). La redacción anterior, era la siguiente:
"1. Los Cabildos, como órgano de gobierno, administración y representación de cada Isla, se rigen por las normas de esta Ley que regulan la organización y funcionamiento de las Diputaciones provinciales, asumiendo las competencias de éstas, sin perjuicio de las que les corresponden por su legislación específica.
2. En el Archipiélago Canario subsisten las Mancomunidades Provinciales Interinsulares exclusivamente como órganos de representación y expresión de los intereses provinciales. Integran dichos órganos los Presidentes de los Cabildos Insulares de las Provincias correspondientes, presidiéndolos el del Cabildo de la Isla en que se halle la capital de la Provincia.
3. Los Consejos Insulares de las Islas Baleares, a los que son de aplicación las normas de esta Ley que regulan la organización y funcionamiento de las Diputaciones provinciales, asumen sus competencias de acuerdo con lo dispuesto en esta Ley y las que les correspondan de conformidad con el Estatuto de Autonomía de Baleares".

TÍTULO IV. Otras Entidades locales

Artículo 42

1. Las Comunidades Autónomas, de acuerdo con lo dispuesto en sus respectivos Estatutos, podrán crear en su territorio comarcas u otras Entidades que agrupen varios Municipios, cuyas características determinen intereses comunes precisados de una gestión propia o demanden la prestación de servicios de dicho ámbito.

CONCORDANCIAS Y ANOTACIONES

CE, arts. 141.3 y 152.3; TRRL, art. 37;

Decreto Legislativo Aragón 1/2006, de 27 de diciembre;
Ley Asturias 3/1986, de 15 de mayo;
Ley Castilla y León 1/1991, de 14 de marzo;
Decreto Legislativo Cataluña 4/2003, de 4 de noviembre;
Ley Galicia 7/1996, de 10 de julio;
Ley Región de Murcia 6/1988, de 25 de agosto, art. 59.

Téngase en cuenta que la disp. adic. Sexta de Ley 27/2013, de 27 de diciembre, de
racionalización y sostenibilidad de la Administración Local establece que:
"Las previsiones de esta Ley se aplicarán respetando la organización comarcal en
aquellas Comunidades Autónomas cuyos estatutos de autonomía tenga atribuida ex-
presamente la gestión de servicios supramunicipales".

2. La iniciativa para la creación de una comarca podrá partir de los propios Municipios interesados. En cualquier caso, no podrá crearse la comarca si a ello se oponen expresamente las dos quintas partes de los Municipios que debieran agruparse en ella, siempre que, en este caso, tales Municipios representen al menos la mitad del censo electoral del territorio correspondiente. Cuando la comarca deba agrupar a Municipios de más de una Provincia, será necesario el informe favorable de las Diputaciones Provinciales a cuyo ámbito territorial pertenezcan tales Municipios.

CONCORDANCIAS

LBRL, disp. adic. 4ª; ROF, art. 70.26; RD 382/1986, de 10 de febrero, art. 3 F);
Decreto Legislativo Aragón 1/2006, de 27 de diciembre;
Ley Asturias 3/1986, de 15 de mayo;
Ley Castilla y León 1/1991, de 14 de marzo;
Decreto Legislativo Cataluña 4/2003, de 4 de noviembre;
Ley Galicia 7/1996, de 10 de julio;
Ley Región de Murcia 6/1988, de 25 de agosto, art. 59.

3. Las Leyes de las Comunidades Autónomas determinarán el ámbito territorial de las comarcas, la composición y el funcionamiento de sus órganos de gobierno, que serán representativos de los Ayuntamientos que agrupen, así como las competencias y recursos económicos que, en todo caso, se les asignen.

CONCORDANCIAS

ROF, art. 2.4;
Ley 8/2015, de 1 de abril, de Cabildos Insulares de Canarias.

4. La creación de las Comarcas no podrá suponer la pérdida por los Municipios de la competencia para prestar los servicios enumerados en el artículo 26, ni privar a los mismos de toda intervención en cada una de las materias enumeradas en el apartado 2 del artículo 25.

CONCORDANCIAS

Ley La Rioja 1/2003, de 3 de marzo, arts. 67 y ss.;
Ley Madrid 2/2003, de 11 de marzo, art. 75.

Artículo 43

1. Las Comunidades Autónomas, previa audiencia de la Administración del Estado y de los Ayuntamientos y Diputaciones afectados, podrán crear, modificar y suprimir, mediante Ley, áreas metropolitanas, de acuerdo con lo dispuesto en sus respectivos Estatutos.

CONCORDANCIAS

CE, art. 152.3; ROF, art. 70.26;
Ley Aragón 7/1999, de 9 de abril, art. 76; Decreto Legislativo Aragón 1/2006, de 27 de diciembre, disp. adic. 16ª;
Ley Castilla y León 1/1998, de 4 de junio, arts. 45 a 47;
Legislativo Cataluña 2/2003, de 28 de abril, arts. 94 a 96; Ley 7/1987, de 4 de abril;
Ley Galicia 5/1997, de 22 de julio, arts. 120 a 134;
Ley Región de Murcia 6/1988, de 25 de agosto, art. 62.

2. Las áreas metropolitanas son Entidades locales integradas por los Municipios de grandes aglomeraciones urbanas entre cuyos núcleos de población existan vinculaciones económicas y sociales que hagan necesaria la planificación conjunta y la coordinación de determinados servicios y obras.

3. La legislación de la Comunidad Autónoma determinará los órganos de gobierno y administración, en los que estarán representados todos los Municipio integrados en el área; el régimen económico y de funcionamiento, que garantizará la participación de todos los Municipios en la toma de decisiones y una justa distribución de las cargas entre ellos; así como los servicios y obras de prestación o realización metropolitana y el procedimiento para su ejecución.

CONCORDANCIAS

ROF, art. 2.4; TRLHL, arts. 150 a 155;
Ley La Rioja 1/2003, de 3 de marzo, art. 75;
Ley Madrid 2/2003, de 11 de marzo, art. 76.

Artículo 44

Artículo redactado por Ley 57/2003, de 16 de diciembre, de Medidas para la Modernización del Gobierno Local (LMMGL). Véase la redacción anterior al final de este mismo artículo.

1. Se reconoce a los municipios el derecho a asociarse con otros en mancomunidades para la ejecución en común de obras y servicios determinados de su competencia.

CONCORDANCIAS Y ANOTACIONES

Carta Europea de Autonomía Local, art. 10; LBRL, arts. 3.2 y 47.3 b); TRRL. art. 35; RD 1690/1986, de 11 de julio, arts. 31 y ss.;
Ley Andalucía 5/2010, de 11 de junio, arts. 63 y 64;
Ley Aragón 7/1999, de 9 de abril, arts. 77 a 86;
Ley Baleares 20/2006, de 15 de diciembre, arts. 30 a 32;
Ley Castilla-La Mancha 3/1991, de 14 de marzo, arts. 39 a 46;
Ley Castilla y León 1/1998, de 4 de junio, arts. 29 a 41; Decreto Castilla y León 30/2015, de 30 de abril;
Decreto Legislativo Cataluña 2/2003, de 28 de abril, art. 115;
Ley Extremadura 17/2010, de 22 de diciembre, art. 3;
Ley Galicia 5/1997, de 22 de julio, arts. 135 a 148;
Ley Foral 6/1990, de 2 de julio, arts. 47 a 53;
Ley La Rioja 1/2003, de 3 de marzo, arts. 51 y 52;
Ley 2/2016, de 7 de abril, de Instituciones Locales de Euskadi, arts. 101 a 107;
Ley 21/2018, de 16 de octubre, de Mancomunidades de la Comunitat Valenciana.

A pesar de que la Ley 57/2003, de 16 de diciembre, de Medidas para la Modernización del Gobierno Local (LMMGL) dio nueva redacción a la totalidad del artículo este apartado primero mantuvo los mismos términos que presentaba en la redacción anterior.

2. Las mancomunidades tienen personalidad y capacidad jurídicas para el cumplimiento de sus fines específicos y se rigen por sus Estatutos propios. Los Estatutos han de regular el ámbito territorial de la entidad, su objeto y competencia, órganos de gobierno y recursos, plazo de duración y cuantos otros extremos sean necesarios para su funcionamiento.

CONCORDANCIAS

TRRL art. 36; LHL, arts. 131 y 135; RD 1690/1986, de 11 de julio, arts. 32.1 y 34; ROF, art. 140;
Ley Andalucía 5/2010, de 11 de junio, art. 65;
Ley Aragón 7/1999, de 9 de abril, art. 79;
Ley Baleares 20/2006, de 15 de diciembre, art. 32;

Ley Castilla-La Mancha 3/1991, de 14 de marzo, art. 41;
Decreto Castilla y León 30/2015, de 30 de abril, art. 2;
Decreto Legislativo Cataluña 2/2003, de 28 de abril, art. 116;
Ley Extremadura 17/2010, de 22 de diciembre, art. 4, 5, 6 y 10 a 13;
Ley Galicia 5/1997, de 22 de julio, arts. 142 y 147;
Ley Región de Murcia 6/1988, de 25 de agosto, art. 64;
Ley Foral 6/1990, de 2 de julio, art. 48;
Ley La Rioja 1/2003, de 3 de marzo, arts. 53 y 56.

En todo caso, los órganos de gobierno serán representativos de los ayun-tamientos mancomunados.

CONCORDANCIAS Y ANOTACIONES

TRRL, art. 35.4; RD 1690/1986, de 11 de julio, arts. 33.3 y 37;
Ley Andalucía 5/2010, de 11 de junio, art. 67;
Ley Baleares 20/2006, de 15 de diciembre, art. 35;
Decreto Legislativo Cataluña 2/2003, de 28 de abril, art. 116.2;
Ley Galicia 5/1997, de 22 de julio, arts. 142.2, 145 y 146;
Ley La Rioja 1/2003, de 3 de marzo, art. 53.2.
A pesar de que la Ley 57/2003, de 16 de diciembre, de Medidas para la Moderniza-ción del Gobierno Local (LMMGL) dio nueva redacción a la totalidad del artículo este apartado primero mantuvo los mismos términos que presentaba en la redacción anterior.

3. El procedimiento de aprobación de los estatutos de las mancomunidades se determinará por la legislación de las comunidades autónomas y se ajustará, en todo caso, a las siguientes reglas:

a) La elaboración corresponderá a los concejales de la totalidad de los municipios promotores de la mancomunidad, constituidos en asamblea.

b) La Diputación o Diputaciones provinciales interesadas emitirán informe sobre el proyecto de estatutos.

c) Los Plenos de todos los ayuntamientos aprueban los estatutos.

CONCORDANCIAS Y ANOTACIONES

RD 1690/1986, de 11 de julio, art. 35.
Ley Andalucía 5/2010, de 11 de junio, arts. 66 y 74;
Ley Baleares 20/2006, de 15 de diciembre, arts. 35 a 37;
Ley Castilla-La Mancha 3/1991, de 14 de marzo, art. 43;
Ley Castilla y León 1/1998, de 4 de junio, arts. 33 a 36; Decreto Castilla y León 30/2015, de 30 de abril, arts. 15 a 17;
Decreto Legislativo Cataluña 2/2003, de 28 de abril, arts. 117 a 120;
Ley Extremadura 17/2010, de 22 de diciembre, arts. 8 a 18;
Ley Galicia 5/1997, de 22 de julio, art. 137;

Ley Región de Murcia 6/1988, de 25 de agosto, art. 65;
Ley Foral 6/1990, de 2 de julio, art. 50;
Ley La Rioja 1/2003, de 3 de marzo, arts. 54 a 56.
A pesar de que la Ley 57/2003, de 16 de diciembre, de Medidas para la Moderniza-
ción del Gobierno Local (LMMGL) dio nueva redacción a la totalidad del artículo
este apartado primero mantuvo los mismos términos que presentaba en la redacción
anterior.

4. Se seguirá un procedimiento similar para la modificación o supresión
de mancomunidades.

CONCORDANCIAS Y ANOTACIONES

RD 1690/1986, de 11 de julio, art. 36;
Ley Andalucía 5/2010, de 11 de junio, arts. 74 a 77;
Ley Baleares 20/2006, de 15 de diciembre, arts. 38 a 40;
Ley Castilla-La Mancha 3/1991, de 14 de marzo, arts. 45 y 46;
Ley Castilla y León 1/1998, de 4 de junio, arts. 37 a 41; Decreto Castilla y León
30/2015, de 30 de abril, arts. 18 a 25;
Decreto Legislativo Cataluña 2/2003, de 28 de abril, art. 121;
Ley Extremadura 17/2010, de 22 de diciembre, arts. 65 a 69;
Ley Galicia 5/1997, de 22 de julio, art. 143;
Ley Región de Murcia 6/1988, de 25 de agosto, art. 66;
Ley Foral 6/1990, de 2 de julio, art. 52;
Ley La Rioja 1/2003, de 3 de marzo, arts. 56.2;
Ley Madrid 2/2003, de 11 de marzo, arts. 54 y ss.
A pesar de que la Ley 57/2003, de 16 de diciembre, de Medidas para la Moderniza-
ción del Gobierno Local (LMMGL) dio nueva redacción a la totalidad del artículo
este apartado primero mantuvo los mismos términos que presentaba en la redacción
anterior.

Sobre el carácter básico de este art. 44.4 LBRL, y su sentido y alcance, el Tribunal
Constitucional ha señalado que "la interpretación de que el art. 44.4 LBRL exige la
aprobación plenaria de cada uno de los ayuntamientos (o fórmulas garantizadoras
de una capacidad decisoria municipal equivalente) para la válida adopción de mo-
dificaciones estatutarias estructurales que afectan a la autonomía de cada municipio
no es incompatible con el tenor del precepto y resulta a las claras de su finalidad, que
es justamente, la que da soporte a la competencia estatal para interferir en cuestio-
nes organizativas que corresponden primariamente a otros niveles de gobierno (art.
149.1.18 CE): el desarrollo de la autonomía municipal reconocida por la Constitu-
ción (arts. 137 y 141 CE) y la Carta europea de la autonomía local (arts. 3 y 10),
contexto sistemático obligado de todas las normas sobre entes locales. Ciertamen-
te, esta interpretación sigue abriendo márgenes de indeterminación, singularmente
en cuanto a qué modificaciones, por afectar sustancialmente a la autonomía de los
municipios mancomunados, exigen el reconocimiento a cada uno de una capacidad
decisoria análoga a la ejercida en el momento constitutivo. Sin embargo, ello "no
es problemático en el contexto de una submateria que corresponde, en principio,

a la normativa local y autonómica". Tal indeterminación supone simplemente "el reconocimiento de márgenes de actuación" a los municipios y a las comunidades autónomas (STC 41/2016, FJ 7 c)" (Sentencia del Tribunal Constitucional 19/2022, de 9 de febrero, F. 4).

5. Podrán integrarse en la misma mancomunidad municipios pertenecientes a distintas comunidades autónomas, siempre que lo permitan las normativas de las comunidades autónomas afectadas.

CONCORDANCIAS Y ANOTACIONES

Apartado introducido por la Ley 57/2003, de 16 de diciembre, de Medidas para la Modernización del Gobierno Local (LMMGL).

A este respecto téngase en cuenta que el párrafo 4 del apartado III de la Exposición de Motivos de la Ley 57/2003, de 16 de diciembre señala que "dentro de este primer bloque de medidas, se refuerza el papel de las mancomunidades de municipios en nuestro sistema local, de forma que, por una parte, se mejora la regulación de sus potestades, aclarando que su determinación, en el marco de la legislación aplicable a cada una de ellas, corresponde a los municipios mancomunados, y, por otra parte, estableciendo la posibilidad de que puedan crearse entre municipios de distintas Comunidades Autónomas, en los términos de sus legislaciones respectivas".

Téngase en cuenta lo establecido en la disp. transit. Undécima de la Ley 27/2013, de 27 de diciembre, de racionalización y sostenibilidad de la Administración Local, en la que se establece que:

"Disposición transitoria undécima. Mancomunidades de municipios.

En el plazo de seis meses desde la entrada en vigor de esta Ley, las mancomunidades de municipios deberán de adaptar sus estatutos a lo previsto en el artículo 44 de la Ley 7/1985, de 2 de abril, reguladora de las Bases de Régimen Local, para no incurrir en causa de disolución.

Las competencias de las mancomunidades de municipios estarán orientadas exclusivamente a la realización de obras y la prestación de los servicios públicos que sean necesarios para que los municipios puedan ejercer las competencias o prestar los servicios enumerados en los artículos 25 y 26 de la Ley 7/1985, de 2 de abril, reguladora de las Bases de Régimen Local.

El expediente para la disolución será iniciado y resuelto por el Órgano de Gobierno de la Comunidad Autónoma, y en todo caso conllevará:

a) Que el personal que estuviera al servicio de la mancomunidad disuelta quedará incorporado en las Entidades Locales que formaran parte de ella de acuerdo con lo previsto en sus estatutos.

b) Las Entidades Locales que formaran parte de la mancomunidad disuelta quedan subrogadas en todos sus derechos y obligaciones".

Artículo 45

Artículo dejado sin contenido por la Ley 27/2013, de 27 de diciembre, de racionalización y sostenibilidad de la Administración Local. Téngase en cuenta lo previsto en el art. 24 bis LBRL precepto añadido por la propia Ley 27/2013, de 27 de diciembre, de racionalización y sostenibilidad de la Administración Local.

El Tribunal Constitucional —Sentencia 54/2017, de 11 de mayo, F. 2 d) iii— ha declarado que:
"Al desarrollar la impugnación, el presente recurso controvierte dos disposiciones más: el artículo 1.14 de la Ley 27/2013, que deroga la previsión que establecía un mínimo de reglas básicas sobre las denominadas entidades locales menores (artículo 45 LBRL); y la disposición transitoria quinta de la Ley 27/2013, que preserva el carácter de entidad local con personalidad jurídica de algunas de estas organizaciones, las ya constituidas y las que estaban en proceso de creación a fecha de 1 de enero de 2013. El letrado autonómico no impugna estos preceptos autónomamente. Lo hace en conexión con las precitadas previsiones básicas y ello por entender que el Estado carece de competencia tanto para rechazar el carácter de entidad local con personalidad jurídica de los entes de ámbito territorial inferior al municipio como para prever su supresión o extinción. Consecuentemente, aunque la SSTC 41/2016, FJ 7 a), b) y c), y 111/2016, FJ 2 d), se han pronunciado solo sobre los artículos 3.2 y 24 bis LBRL y la disposición transitoria cuarta de la Ley 27/2013, todo lo razonado para descartar la inconstitucionalidad de estos preceptos es enteramente trasladable a este proceso para desestimar la impugnación formulada contra el artículo 1.14 y la disposición transitoria quinta de la Ley 27/2013".

La redacción previa (que coincidía con la originaria) lo era en los siguientes términos:
1. Las Leyes de las Comunidades Autónomas sobre régimen local regularán las entidades de ámbito territorial inferior al Municipio, para la administración descentralizada de núcleos de población separados, bajo su denominación tradicional de caseríos, parroquias, aldeas, barrios, anteiglesias, concejos, pedanías, lugares anejos y otros análogos, o aquella que establezcan las Leyes.
2. En todo caso se respetarán las siguientes reglas:
a) La iniciativa corresponderá indistintamente a la población interesada o al Ayuntamiento correspondiente. Este último debe ser oído en todo caso.
b) La entidad habrá de contar con un órgano unipersonal ejecutivo de elección directa y un órgano colegiado de control, cuyo número de miembros no podrá ser inferior a dos ni superior al tercio del número de Concejales que integren el respectivo Ayuntamiento. La designación de los miembros del órgano colegiado se hará de conformidad con los resultados de las elecciones para el Ayuntamiento en la Sección o Secciones constitutivas de la circunscripción para la elección del órgano unipersonal.
No obstante, podrá establecerse el régimen de Concejo Abierto para las Entidades en que concurran las características previstas en el número 1 del artículo 29.
c) Los acuerdos sobre disposición de bienes, operaciones de crédito y expropiación forzosa deberán ser ratificados por el Ayuntamiento.

Sobre la redacción originaria téngase en cuenta que la STC 214/1989, de 21 de diciembre declaró el carácter no básico de las letras a) y b) del apartado 2.

TÍTULO V. Disposiciones comunes a las Entidades locales

CAPÍTULO I. Régimen de funcionamiento

ROF, arts. 77 a 110; RD 1111/1979, de 10 de mayo, sobre empleo de lenguas en las actuaciones de las Corporaciones Locales.

Artículo 46

1. Los órganos colegiados de las Entidades locales funcionan en régimen de sesiones ordinarias de periodicidad preestablecida y extraordinarias, que pueden ser, además, urgentes.

CONCORDANCIAS

TRRL, arts. 46 y ss.; ROF, arts. 77 y ss.;
Ley Aragón 7/1999, de 9 de abril, art. 114;
Decreto Legislativo Cataluña 2/2003, de 28 de abril, arts. 97 a 114;
Ley Galicia 5/1997, de 22 de julio, art. 210.1;
Ley Foral 6/1990, de 2 de julio, arts. 77 a 87.

2. En todo caso, el funcionamiento del Pleno de las Corporaciones Locales se ajusta a las siguientes reglas:

CONCORDANCIAS Y ANOTACIONES

Téngase en cuenta que la Ley 57/2003, de 16 de diciembre, de Medidas para la Mo-dernización del Gobierno Local (LMMGL) incorporó un nuevo Título X a la Ley (arts. 121 a 138) que regula el "Régimen de organización de los municipios de gran población". El art. 122 se refiere a la "Organización del Pleno" y el art. 123 a las "atribuciones del Pleno".

a) El Pleno celebra sesión ordinaria como mínimo cada mes en los Ayuntamientos de municipios de más de 20.000 habitantes y en las Diputaciones Provinciales; cada dos meses en los Ayuntamientos de los municipios de una población entre 5.001 habitantes y 20.000 habitantes; y cada tres en los municipios de hasta 5.000 habitantes. Asimismo, el Pleno celebra sesión extraordinaria cuando así lo decida el Presidente o lo solicite la cuarta parte, al menos, del número legal de miembros de la Corporación, sin que ningún concejal pueda solicitar más de tres anualmente. En este último caso, la celebración del mismo no podrá demorarse por más de quince días hábiles desde que fuera solicitada, no pudiendo incorporarse el asunto al orden del día de un Pleno ordinario o de otro extraordinario con más asuntos si no lo autorizan expresamente los solicitantes de la convocatoria.

Si el Presidente no convocase el Pleno extraordinario solicitado por el número de concejales indicado dentro del plazo señalado, quedará automáticamente convocado para el décimo día hábil siguiente al de la finalización de dicho plazo, a las doce horas, lo que será notificado por el Secretario de la Corporación a todos los miembros de la misma al día siguiente de la finalización del plazo citado anteriormente. En ausencia del Presidente o de quien legalmente haya de sustituirle, el Pleno quedará válidamente constituido siempre que concurra el quórum requerido en la letra c) de este precepto, en cuyo caso será presidido por el miembro de la Corporación de mayor edad entre los presentes.

CONCORDANCIAS Y ANOTACIONES

TRRL, art. 48; ROF, art. 78;
Ley Aragón 7/1999, de 9 de abril, art. 115;
Decreto Legislativo Cataluña 2/2003, de 28 de abril, art. 98;
Ley Foral 6/1990, de 2 de julio, art. 77.2 y 3.
Letra redactada por Ley 11/1999, de 21 de abril. La redacción anterior (originaria) era la siguiente:
"El Pleno celebra sesión ordinaria como mínimo cada tres meses y extraordinaria, cuando así lo decida el Presidente o lo solicite la cuarta parte, al menos, del número legal de los miembros de la Corporación. En este último caso, la celebración del mismo no podrá demorarse por más de dos meses desde que fuera solicitada".

b) Las sesiones plenarias han de convocarse, al menos, con dos días hábiles de antelación, salvo las extraordinarias que lo hayan sido con carácter urgente, cuya convocatoria con este carácter deberá ser ratificada por el Pleno. La documentación íntegra de los asuntos incluidos en el orden del día, que deba servir de base al debate y, en su caso, votación, deberá figurar a disposición de los Concejales o Diputados, desde el mismo día de la convocatoria, en la Secretaría de la Corporación.

CONCORDANCIAS

TRRL, art. 47; ROF, arts. 79, 80 y 84;
Ley Aragón 7/1999, de 9 de abril, art. 116;
Decreto Legislativo Cataluña 2/2003, de 28 de abril, art. 98;
Ley Foral 6/1990, de 2 de julio, arts. 78 y 81.

c) El Pleno se constituye válidamente con la asistencia de un tercio del mínimo legal de miembros del mismo, que nunca podrá ser inferior a tres. En los municipios de hasta 100 residentes, que no funcionen en régimen de Concejo Abierto, el Pleno se constituirá válidamente con la asistencia del número legal de miembros del mismo, que nunca deberá ser inferior a dos. Estos quórums ceberán mantenerse durante toda la sesión.

En todo caso, se requiere la asistencia del Presidente y del Secretario de la Corporación o de quienes legalmente les sustituyan.

CONCORDANCIAS

LOREG, art. 182; ROF, art. 90; TRRL, arts. 50 y ss.;
Ley Aragón 7/1999, de 9 de abril, art. 120;
Decreto Legislativo Cataluña 2/2003, de 28 de abril, art. 98;
Ley Foral 6/1990, de 2 de julio, art. 79.
Letra redactada por Ley Orgánica 2/2011, de 28 de enero, que modifica la Ley Orgánica 5/1985, de 19 de junio, del Régimen Electoral General (LOREG). La redacción anterior (originaria) era la siguiente:
"El Pleno se constituye válidamente con la asistencia de un tercio del número legal de miembros del mismo, que nunca podrá ser inferior a tres. Este quórum deberá mantenerse durante toda la sesión.
En todo caso, se requiere la asistencia del Presidente y del Secretario de la Corporación o de quienes legalmente les sustituyan".

d) La adopción de acuerdos se produce mediante votación ordinaria, salvo que el propio Pleno acuerde, para un caso concreto, la votación nominal. El voto puede emitirse en sentido afirmativo o negativo, pudiendo los miembros de las Corporaciones abstenerse de votar.

La ausencia de uno o varios Concejales o Diputados, una vez iniciada la deliberación de un asunto, equivale, a efectos de la votación correspondiente, a la abstención.

En el caso de votaciones con resultado de empate, se efectuará una nueva votación, y si persistiera el empate, decidirá el voto de calidad del Presidente.

CONCORDANCIAS

TRRL, art. 24 a); ROF, arts. arts. 41.4, 61.4, 100, 101 y 102;
Ley Aragón 7/1999, de 9 de abril, arts. 125 a 127.
Decreto Legislativo Cataluña 2/2003, de 28 de abril, art. 98;
Ley Foral 6/1990, de 2 de julio, arts. 84 a 87.

e) En los plenos ordinarios la parte dedicada al control de los demás órganos de la Corporación deberá presentar sustantividad propia y diferenciada de la parte resolutiva, debiéndose garantizar de forma efectiva en su funcionamiento y, en su caso, en su regulación, la participación de todos los grupos municipales en la formulación de ruegos, preguntas y mociones.

CONCORDANCIAS Y ANOTACIONES

Letra añadida por Ley 11/1999, de 21 de abril.
Decreto Legislativo Cataluña 2/2003, de 28 de abril, art. 98;
Ley Galicia 5/1997, de 22 de julio, art. 210.2.

3. En todo caso, cuando concurran situaciones excepcionales de fuerza mayor, de grave riesgo colectivo, o catástrofes públicas que impidan o dificulten de manera desproporcionada el normal funcionamiento del régimen presencial de las sesiones de los órganos colegiados de las Entidades Locales, estos podrán, apreciada la concurrencia de la situación descrita por el Alcalde o Presidente o quien válidamente les sustituya al efecto de la convocatoria de acuerdo con la normativa vigente, constituirse, celebrar sesiones y adoptar acuerdos a distancia por medios electrónicos y telemáticos, siempre que sus miembros participantes se encuentren en territorio español y quede acreditada su identidad. Asimismo, se deberá asegurar la comunicación entre ellos en tiempo real durante la sesión, disponiéndose los medios necesarios para garantizar el carácter público o secreto de las mismas según proceda legalmente en cada caso.

A los efectos anteriores, se consideran medios electrónicos válidos las audioconferencias, videoconferencias, u otros sistemas tecnológicos o audiovisuales que garanticen adecuadamente la seguridad tecnológica, la efectiva participación política de sus miembros, la validez del debate y votación de los acuerdos que se adopten.

CONCORDANCIAS Y ANOTACIONES

Apartado añadido por la disposición final 2 de Real Decreto-ley 11/2020, de 31 de marzo, por el que se adoptan medidas urgentes complementarias en el ámbito social y económico para hacer frente al COVID-19.

Artículo 47

Artículo redactado por Ley 57/2003, de 16 de diciembre, de Medidas para la Modernización del Gobierno Local (LMMGL). Véase la redacción anterior al final de este mismo artículo.

1. Los acuerdos de las corporaciones locales se adoptan, como regla general, por mayoría simple de los miembros presentes. Existe mayoría simple cuando los votos afirmativos son más que los negativos.

CONCORDANCIAS Y ANOTACIONES

ROF, art. 99.1.
A pesar de que la Ley 57/2003, de 16 de diciembre, de Medidas para la Modernización del Gobierno Local (LMMGL) dio nueva redacción a la totalidad del artículo, este apartado primero se mantuvo en los mismos términos que presentaba en la redacción anterior.

2. Se requiere el voto favorable de la mayoría absoluta del número legal de miembros de las corporaciones para la adopción de acuerdos en las siguientes materias:

CONCORDANCIAS Y ANOTACIONES

LOREG, art. 182.2; ROF, art. 99.3.
La Ley 57/2003, de 16 de diciembre, de Medidas para la Modernización del Gobierno Local (LMMGL) modificó la previsión efectuada anteriormente en un doble sentido, al refundir los supuestos previstos en los apartados 2 y 3 del antiguo art. 47. Por una parte en cuanto al número de votos exigidos para adoptar determinados acuerdos. Mientras que la anterior redacción establecía que era necesario contar con "el voto favorable de las dos terceras partes del número de hecho y, en todo caso, de la mayoría absoluta del número legal de miembros" la actual redacción se limita a exigir "el voto favorable de la mayoría absoluta del número legal de miembros", lo que supone la eliminación de la mayoría cualificada que, hasta la promulgación de la Ley 57/2003, de 16 de diciembre, se venía exigiendo. Es decir, reduce el nivel de exigencia para los cuatro primeros casos.
Por otra en cuanto que amplía la lista previa que pasa de cuatro supuestos a dieciséis. El resultado final es que se mantienen 17 supuestos si bien se ha incluido el relativo a la "adopción o modificación de su bandera, enseña o escudo" y se ha eliminado el correspondiente a "imposición y ordenación de los recursos propios de carácter tributario" que constituía el art. 47.3 h) de la anterior redacción, tal y como señala el párrafo 7 apartado III de la Exposición de Motivos de la Ley 57/2003, de 16 de diciembre al indicar que "en materia de régimen jurídico, la novedad más relevante es la supresión del quórum del voto favorable de la mayoría absoluta de los miembros que legalmente compongan el pleno de la entidad para la aprobación de las ordenan-

*zas fiscales, a todas luces excesivo, pasándose a exigir el mismo que el requerido para
la aprobación de los presupuestos".*
*Téngase en cuenta que la Ley 57/2003, de 16 de diciembre, adiciona un nuevo Título
X a la Ley (arts. 121 a 138) que regula el "Régimen de organización de los municipios de gran población". El art. 122 se refiere a la "Organización del Pleno" y el art.
123 a las "atribuciones del Pleno".*

a) Creación y supresión de municipios y alteración de términos municipales.

CONCORDANCIAS
TRRL, art. 9; RD 1690/1986, de 11 de julio, art. 10.2.

b) Creación, modificación y supresión de las entidades a que se refiere el
artículo 45 de esta ley.
c) Aprobación de la delimitación del término municipal.

CONCORDANCIAS
RD 1690/1986, de 11 de julio, art. 1.4.

d) Alteración del nombre y de la capitalidad del municipio.

CONCORDANCIAS
TRRL, art. 11; RD 1690/1986, de 11 de julio, arts. 26 y 29.

e) Adopción o modificación de su bandera, enseña o escudo.

CONCORDANCIAS Y ANOTACIONES
*Previsión introducida por la Ley 57/2003, de 16 de diciembre, de Medidas para la
Modernización del Gobierno Local (LMMGL) en cuanto que no figuraba previsión
equivalente en la anterior redacción del art. 47.*

f) Aprobación y modificación del reglamento orgánico propio de la corporación.
g) Creación, modificación o disolución de mancomunidades u otras organizaciones asociativas, así como la adhesión a las mismas y la aprobación y
modificación de sus estatutos.

CONCORDANCIAS
TRRL, art. 35; RD 1690/1986, de 11 de julio, art. 33.

h) Transferencia de funciones o actividades a otras Administraciones públicas, así como la aceptación de las delegaciones o encomiendas de gestión realizadas por otras administraciones, salvo que por ley se impongan obligatoriamente.

i) Cesión por cualquier título del aprovechamiento de los bienes comunales.

CONCORDANCIAS

TRRL, art. 82.2; RBEL, arts. 102 y 116.2.

j) Concesión de bienes o servicios por más de cinco años, siempre que su cuantía exceda del 20 por ciento de los recursos ordinarios del presupuesto.

CONCORDANCIAS

RBEL, art. 89.

k) Municipalización o provincialización de actividades en régimen de monopolio y aprobación de la forma concreta de gestión del servicio correspondiente.

CONCORDANCIAS

LBRL, art. 86.3; TRRL, art. 97.2.

l) Aprobaciones de operaciones financieras o de crédito y concesiones de quitas o esperas, cuando su importe supere el 10 por ciento de los recursos ordinarios de su presupuesto, así como las operaciones de crédito previstas en el artículo 158.5 de la Ley 39/1988, de 28 de diciembre, reguladora de las Haciendas Locales.

CONCORDANCIAS

TRLHL, arts. 52 a 55.

ll) Los acuerdos que corresponda adoptar a la corporación en la tramitación de los instrumentos de planeamiento general previstos en la legislación urbanística.

CONCORDANCIAS

TRLHL, art. 166.

m) Enajenación de bienes, cuando su cuantía exceda del 20 por ciento de los recursos ordinarios de su presupuesto.

n) Alteración de la calificación jurídica de los bienes demaniales o comunales.

Concordancias

TRRL, art. 78.1; RBEL, arts. 8 y 100.

ñ) Cesión gratuita de bienes a otras Administraciones o instituciones públicas.

Concordancias

RBEL, art. 110.1.

o) Las restantes determinadas por la ley.

Concordancias y anotaciones

TRRL, art. 51; LOREG, art. 182;
Ley Aragón 7/1999, de 9 de abril, art. 127;
Ley Galicia 5/1997, de 22 de julio, art. 215.
Esta letra se corresponde con la previsión que antes de la reforma se efectuaba en el art. 47.3 m) y que había sido introducida por la Ley 11/1999, de 21 de abril.

3. Las normas relativas a adopción de acuerdos en los municipios señalados en el artículo 121 de esta ley, son las contenidas en el apartado 2 del artículo 123.

Concordancias y anotaciones

Este apartado hace una remisión a las normas introducidas por la Ley 57/2003, de 16 de diciembre, de Medidas para la Modernización del Gobierno Local (LMMGL) en el Título X de la Ley (arts. 121 a 138) con expresa referencia al ámbito de aplicación (art. 121) y a las atribuciones del Pleno y número de votos exigidos para la adopción de determinados acuerdos (art. 123.2).

Redacción anterior

El contenido de este artículo fue modificado íntegramente por la Ley 57/2003, de 16 de diciembre, de Medidas para la Modernización del Gobierno Local (LMMGL). La redacción anterior era la siguiente:
1. Los acuerdos de las Corporaciones locales se adoptan, como regla general, por mayoría simple de los miembros presentes. Existe mayoría simple cuando los votos afirmativos son más que los negativos.
2. Se requiere el voto favorable de las dos terceras partes del número de hecho y, en todo caso, de la mayoría absoluta del número legal de miembros de las Corporaciones para la adopción de acuerdos en las siguientes materias:

a) Creación y supresión de Municipios y alteración de términos municipales.
b) Creación, modificación y supresión de las entidades a que se refiere el artículo 45 de esta Ley.
c) Aprobación de la delimitación del término municipal.
d) Alteración del nombre y de la capitalidad del Municipio.
3. Es necesario el voto favorable de la mayoría absoluta del número legal de miembros de la Corporación para la adopción de acuerdos en las siguientes materias:
a) Aprobación y modificación del reglamento orgánico propio de la Corporación
b) Creación, modificación o disolución de Mancomunidades y otras organizaciones asociativas, así como la adhesión a las mismas y la aprobación y modificación de sus Estatutos.
c) Transferencia de funciones o actividades a otras Administraciones públicas, así como la aceptación de las delegaciones o encomiendas de gestión realizadas por otras Administraciones, salvo que por ley se impongan obligatoriamente.
d) Cesión por cualquier título del aprovechamiento de los bienes comunales.
e) Concesión de bienes o servicios por más de cinco años, siempre que su cuantía exceda del 20 por 100 de los recursos ordinarios del Presupuesto.
f) Municipalización o provincialización de actividades en régimen de monopolio y aprobación de la forma concreta de gestión del servicio correspondiente.
g) Aprobaciones de operaciones financieras o de crédito y concesiones de quitas o esperas, cuando su importe supere el 10 por 100 de los recursos ordinarios de su Presupuesto, así como las operaciones de crédito previstas en el artículo 158.5 de la Ley 39/1988, de 28 de diciembre, Reguladora de las Haciendas Locales.
h) Imposición y ordenación de los recursos propios de carácter tributario.
i) Los acuerdos que corresponda adoptar a la Corporación en la tramitación de los instrumentos de planeamiento general previstos en la legislación urbanística.
j) Enajenación de bienes, cuando su cuantía exceda del 20 por 100 de los recursos ordinarios de su Presupuesto.
k) Alteración de la calificación jurídica de los bienes demaniales o comunales.
l) Cesión gratuita de bienes a otras Administraciones o Instituciones públicas.
m) Las restantes determinadas por la ley".

Artículo 48

En los asuntos en que sea preceptivo el dictamen del Consejo de Estado, la correspondiente solicitud se cursará por conducto del Presidente de la Comunidad Autónoma *y a través del Ministerio de Administración Territorial.*

CONCORDANCIAS Y ANOTACIONES

Inciso en cursiva declarado inconstitucional y nulo por STC 214/1989, de 21 de diciembre.
ROF, art. 218.2.

Cuando el dictamen deba ser solicitado conjuntamente por Entidades pertenecientes al ámbito territorial de distintas Comunidades Autónomas, la solicitud se cursará por conducto del Ministerio de Administraciones Públicas a petición de la Entidad de mayor población.

ANOTACIONES
Párrafo añadido por Ley 11/1999, de 21 de abril.

Artículo 49

La aprobación de las Ordenanzas locales se ajustará al siguiente procedimiento:

CONCORDANCIAS
LBRL, arts. 22.2 b), 32.1 b) y 47.3 a); TRRL, arts. 56 y ss.; ROF, arts. 50.3 y 70.4; LPA/2015, arts. 127 a 133.

a) Aprobación inicial por el Pleno.

b) Información pública y audiencia a los interesados por el plazo mínimo de treinta días para la presentación de reclamaciones y sugerencias.

c) Resolución de todas las reclamaciones y sugerencias presentadas dentro del plazo y aprobación definitiva por el Pleno.

CONCORDANCIAS
LBRL, art. 113.3.

En el caso de que no se hubiera presentado ninguna reclamación o sugerencia, se entenderá definitivamente adoptado el acuerdo hasta entonces provisional.

CONCORDANCIAS Y ANOTACIONES
Párrafo añadido por Ley 11/1999, de 21 de abril.
Ley Aragón 7/1999, de 9 de abril, arts. 139 y 140;
Decreto Legislativo Cataluña 2/2003, de 28 de abril, art. 178;
Ley Foral 6/1990, de 2 de julio, art. 325;
Ley La Rioja 1/2003, de 3 de marzo, arts. 150 y ss.

Artículo 50

1. Los conflictos de atribuciones que surjan entre órganos y Entidades dependientes de una misma Corporación local se resolverán:

a) Por el Pleno, cuando se trate de conflictos que afecten a órganos colegiados, miembros de éstos o Entidades locales de las previstas en el artículo 45.

b) Por el Alcalde o Presidente de la Corporación, en el resto de los supuestos.

CONCORDANCIAS

ROF, art. 222.
Ley Aragón 7/1999, de 9 de abril, art. 143;
Ley Castilla y León 1/1998, de 4 de junio, art. 65.

2. Los conflictos de competencias planteados entre diferentes entidades locales serán resueltos por la Administración de la Comunidad Autónoma o por la Administración del Estado, previa audiencia de las Comunidades Autónomas afectadas, según se trate de entidades pertenecientes a la misma o a distinta Comunidad, y sin perjuicio de la ulterior posibilidad de impugnar la resolución cictada ante la Jurisdicción contencioso-administrativa.

CONCORDANCIAS

LO 2/1987, de 18 de mayo, de Conflictos Jurisdiccionales, arts. 3.3 y 10.3;
Ley Aragón 7/1999, de 9 de abril, art. 144;
Ley Baleares 8/1993, de 1 de diciembre, art. 1.5;
Ley Castilla y León 1/1998, de 4 de junio, art. 82;
Decreto Legislativo Cataluña 2/2003, de 28 de abril, arts. 25 y 176;
Ley Foral 6/1990, de 2 de julio, arts. 330 y 331.

3. Las cuestiones que se susciten entre municipios pertenecientes a distintas Comunidades Autónomas sobre deslinde de sus términos municipales se resolverán por la Administración del Estado, previo informe del Instituto Geográfico Nacional, audiencia de los municipios afectados y de las respectivas Comunidades Autónomas y dictamen del Consejo de Estado.

CONCORDANCIAS Y ANOTACIONES

Apartado añadido por Ley 11/1999, de 21 de abril.
Real Decreto 3426/2000, de 15 de diciembre;
Ley La Rioja 1/2003, de 3 de marzo, art. 115;
Ley Madrid 2/2003, de 11 de marzo, arts. 154 y ss.

Artículo 51

Los actos de las Entidades locales son inmediatamente ejecutivos, salvo en aquellos casos en que una disposición legal establezca lo contrario o cuando se suspenda su eficacia de acuerdo con la Ley.

CONCORDANCIAS

LBRL, arts. 4.1 e) y 67; LPA/2015, arts. 38 y 39; ROF, art. 208;
Ley Aragón 7/1999, de 9 de abril, art. 135.2;
Decreto Legislativo Cataluña 2/2003, de 28 de abril, art. 171.

Artículo 52

1. Contra los actos y acuerdos de las Entidades locales que pongan fin a la vía administrativa, los interesados podrán ejercer las acciones que procedan ante la jurisdicción competente, pudiendo no obstante interponer con carácter previo y potestativo recurso de reposición.

CONCORDANCIAS

LBRL, arts. 6.2 y 108; LPA/2015, art. 112 y ss.; LJCA, arts. 25 y ss.; ROF, art. 20;
Decreto Legislativo Cataluña 2/2003, de 28 de abril, art. 172;
Apartado redactado por Ley 11/1999, de 21 de abril. La redacción anterior ('originaria) era la siguiente:

Contra los actos y acuerdos de las Entidades locales que pongan fin a la vía administrativa los interesados podrán, previo recurso de reposición, en los casos en que proceda, ejercer las acciones que proceda ante la Jurisdicción competente.

2. Ponen fin a la vía administrativa las resoluciones de los siguientes órganos y autoridades:

a) Las del Pleno, los Alcaldes o Presidentes y las Juntas de Gobierno, salvo en los casos excepcionales en que una ley sectorial requiera la aprobación ulterior de la Administración del Estado o de la comunidad autónoma, o cuando proceda recurso ante éstas en los supuestos del artículo 27.2.

ANOTACIONES

La Ley 57/2003, de 16 de diciembre, de Medidas para la Modernización del Gobierno Local (LMMGL) dio nueva redacción a esta letra y sustituyó los términos "Comisión de Gobierno" por los de "Junta de Gobierno" Local a lo largo de todo el texto en los arts. 20, 21, 22, 23, 32, 34, 35, 52.2, 70, 85 bis, 123, 124, 125, 126, 127, 129 y 130, así como en las dips. adics. Octava y Décimocuarta, pues tal y como se indica en la propia Exposición de Motivos de la Ley 57/2003, de 16 de diciembre (párrafo 5º del apartado III), "en materia de organización, debe destacarse que la Comisión de Gobierno pasa a denominarse «Junta de Gobierno Local», expresión que tiende a destacar la naturaleza ejecutiva de dicho órgano. La propia exposición de Motivos de la Ley 57/2003 de 16 de diciembre (párrafo 3º del apartado IV) califica a este órgano como de "necesario".

b) Las de autoridades y órganos inferiores en los casos que resuelvan por delegación del Alcalde, del Presidente o de otro órgano cuyas resoluciones pongan fin a la vía administrativa.

c) Las de cualquier otra autoridad u órgano cuando así lo establezca una disposición legal.

CONCORDANCIAS
*ROF, arts. 209 y ss.;
Ley Aragón 7/1999, de 9 de abril, art. 137;
Decreto Legislativo Cataluña 2/2003, de 28 de abril, art. 172;
Ley La Rioja 1/2003, de 3 de marzo, art. 148.*

Artículo 53

Sin perjuicio de las previsiones específicas contenidas en los artículos 65, 67 y 110 de esta Ley, las Corporaciones locales podrán revisar sus actos y acuerdos en los términos y con el alcance que, para la Administración del Estado, se establece en la legislación del Estado reguladora del procedimiento administrativo común.

CONCORDANCIAS
*LBRL, art. 4.1 g); LPA/2015, arts. 106 a 111; ROF, arts. 4.1 g) y 218;
Ley Aragón 7/1999, de 9 de abril, art. 136;
Decreto Legislativo Cataluña 2/2003, de 28 de abril, art. 173.*

Artículo 54

Las Entidades locales responderán directamente de los daños y perjuicios causados a los particulares en sus bienes y derechos como consecuencia del funcionamiento de los servicios públicos o de la actuación de sus autoridades, funcionarios o agentes, en los términos establecidos en la legislación general sobre responsabilidad administrativa.

CONCORDANCIAS

CE, art. 106. 2; LBRL, art. 78; TRRL, art. 60; LRJSP/2015, arts. 32 a 37; ROF, arts. 223 y ss.;
Decreto Legislativo Cataluña 2/2003, de 28 de abril, art. 174;
Ley Foral 6/1990, de 2 de julio, art. 317.3.

CAPÍTULO II. Relaciones interadministrativas

Artículo 55

Artículo redactado por la Ley 27/2013, de 27 de diciembre, de racionalización y sostenibilidad de la Administración Local. Véase la redacción anterior al final de este mismo artículo.

Para la efectiva coordinación y eficacia administrativa, la Administración General del Estado, así como las Administraciones autonómica y local, de acuerdo con el principio de lealtad institucional, deberán en sus relaciones recíprocas:

a) Respetar el ejercicio legítimo por las otras Administraciones de sus competencias y las consecuencias que del mismo se deriven para las propias.

b) Ponderar, en la actuación de las competencias propias, la totalidad de los intereses públicos implicados y, en concreto, aquellos cuya gestión esté encomendada a otras Administraciones.

c) Valorar el impacto que sus actuaciones, en materia presupuestaria y financiera, pudieran provocar en el resto de Administraciones Públicas.

d) Facilitar a las otras Administraciones la información sobre la propia gestión que sea relevante para el adecuado desarrollo por éstas de sus cometidos.

e) Prestar, en el ámbito propio, la cooperación y asistencia activas que las otras Administraciones pudieran precisar para el eficaz cumplimiento de sus tareas.

CONCORDANCIAS

LRJSP/2015, arts. 3 y 4; Ley Orgánica 2/2012, de 27 de abril, de Estabilidad Presupuestaria, art. 9;
Decreto Legislativo Cataluña 2/2003, de 28 de abril, art. 144.

REDACCIÓN ANTERIOR (ORIGINARIA)

El contenido de este artículo fue modificado íntegramente por la Ley 27/2013, de 27 de diciembre, de racionalización y sostenibilidad de la Administración Local. La redacción anterior, que coincidía con la originaria, lo era en los siguientes términos:

Para la efectividad de la coordinación y la eficacia administrativas, las Administracio-
nes del Estado y de las Comunidades Autónomas, de un lado, y las Entidades locales,
de otro, deberán en sus relaciones recíprocas:
a) Respetar el ejercicio legítimo por las otras Administraciones de sus competencias y
las consecuencias que del mismo se deriven para las propias.
b) Ponderar, en la actuación de las competencias propias, la totalidad de los intereses
públicos implicados y, en concreto, aquellos cuya gestión esté encomendada a las
otras Administraciones.
c) Facilitar a las otras Administraciones la información sobre la propia gestión que
sea relevante para el adecuado desarrollo por éstas de sus cometidos.
d) Prestar, en el ámbito propio, la cooperación y asistencia activas que las otras Admi-
nistraciones pudieran precisar para el eficaz cumplimiento de sus tareas.

Artículo 56

1. Las Entidades locales tienen el deber de remitir a las Administraciones del Estado y de las Comunidades Autónomas, en los plazos y forma que reglamentariamente se determinen, copia o, en su caso, extracto comprensivo de los actos y acuerdos de las mismas. Los Presidentes y, de forma inmediata, los Secretarios de las Corporaciones serán responsables del cumplimiento de este deber.

CONCORDANCIAS

LBRL, art. 64; TRRL, arts. 9.4, 86 y 129.3; TRLHL, art. 169.4; ROF, art. 196; Real
Decreto 128/2018, de 16 de marzo, por el que se regula el régimen jurídico de los
funcionarios de Administración Local con habilitación de carácter nacional, art. 3 g);
Ley Aragón 7/1999, de 9 de abril, art. 145;
Ley Baleares 8/1993, de 1 de diciembre, arts. 1.5.6 y 7.1;
Decreto Legislativo Cataluña 2/2003, de 28 de abril, art. 145;
Ley Galicia 5/1997, de 22 de julio, art. 203;
Ley Región de Murcia 6/1988, de 25 de agosto, art. 84;
Ley Foral 6/1990, de 2 de julio, arts. 60 y 345.

2. En todo caso, las Administraciones del Estado y de las Comunidades Autónomas estarán facultadas, con el fin de comprobar la efectividad, en su aplicación y, respectivamente, de la legislación estatal y la autonómica, para recabar y obtener información concreta sobre la actividad municipal, pudiendo solicitar incluso la exhibición de expedientes y la emisión de informes.

3. La Administración del Estado y la de las Comunidades Autónomas deberán facilitar el acceso de los representantes legales de las Entidades locales a

los instrumentos de planificación, programación y gestión de obras y servicios
que les afecten directamente.

CONCORDANCIAS

Ley La Rioja 1/2003, de 3 de marzo, art. 156;
Ley Madrid 2/2003, de 11 de marzo, art. 113.

Artículo 57

Artículo redactado por la Ley 27/2013, de 27 de diciembre, de racionalización y
sostenibilidad de la Administración Local. Véase la redacción anterior al final de este
mismo artículo.
La Sentencia del Tribunal Constitucional 41/2016, de 3 de marzo, desestimó todos
los motivos de inconstitucionalidad planteados contra la nueva redacción que, este
artículo, recibió de la Ley 27/2013, de 27 de diciembre (Véase, en especial, el Funda-
mento de Derecho 8 que se extracta al final de este artículo).

1. La cooperación económica, técnica y administrativa entre la Administración local y las Administraciones del Estado y de las Comunidades Autónomas, tanto en servicios locales como en asuntos de interés común, se desarrollará con carácter voluntario, bajo las formas y en los términos previstos en
las leyes, pudiendo tener lugar, en todo caso, mediante los consorcios o los
convenios administrativos que suscriban.

De cada acuerdo de cooperación formalizado por alguna de estas Administraciones se dará comunicación a aquellas otras que, resultando interesadas,
no hayan intervenido en el mismo, a los efectos de mantener una recíproca y
constante información.

2. La suscripción de convenios y constitución de consorcios deberá mejorar la eficiencia de la gestión pública, eliminar duplicidades administrativas
y cumplir con la legislación de estabilidad presupuestaria y sostenibilidad financiera.

3. La constitución de un consorcio solo podrá tener lugar cuando la cooperación no pueda formalizarse a través de un convenio y siempre que, en tér-mi-
nos de eficiencia económica, aquélla permita una asignación más eficiente de
los recursos económicos. En todo caso, habrá de verificarse que la constitución
del consorcio no pondrá en riesgo la sostenibilidad financiera del conjunto de
la Hacienda de la Entidad Local de que se trate, así como del propio consorcio,
que no podrá demandar más recursos de los inicialmente previstos.

4. Asimismo, en el ámbito de las relaciones interadministrativas de coope-ración, las entidades locales, cuando concurran situaciones ocasionadas tras la producción de una emergencia civil por catástrofes naturales o derivadas de la acción humana con graves daños, podrán aportar por decisión de los órganos competentes de la entidad local, con sujeción a la normativa de estabilidad presupuestaria y sostenibilidad financiera, medios humanos y materiales a las entidades locales afectadas gravemente por dicha catástrofe a fin de coadyuvar al restablecimiento de la normalidad en lo posible, todo ello en razón de la protección de los intereses públicos y la aplicación del principio de solidaridad.

ANOTACIONES

Apartado cuarto introducido por el Real Decreto-ley 7/2024, de 11 de noviembre, por el que se adoptan medidas urgentes para el impulso del Plan de respuesta inmediata, reconstrucción y relanzamiento frente a los daños causados por la Depresión Aislada en Niveles Altos (DANA) en diferentes municipios entre el 28 de octubre y el 4 de noviembre de 2024.

Sobre la introducción de esta previsión el texto introductorio que antecede al Real Decreto-ley 7/2024, de 11 de noviembre, señala que:

> *Por su parte, la disposición final primera modifica la Ley 7/1985, de 2 de abril, Reguladora de las Bases del Régimen Local. Tras la DANA, resulta imprescindible comenzar las labores de recuperación y reconstrucción de los territorios afectados, poniéndose de manifiesto en este contexto las dificultades existentes en España para atender las labores de reconstrucción ante situaciones de emergencia civil, en las que es fundamental el papel a desarrollar por los Ayuntamientos, dada su condición de administración pública más próxima a la ciudadanía. Dentro de este marco, ante las dificultades de aplicación que se han producido en algunas entidades locales para poder realizar actuaciones de cooperación con los municipios afectados dirigidas a la reparación de los gravísimos daños producidos y con la finalidad de aportar una mayor seguridad jurídica y claridad en el funcionamiento de las corporaciones locales, se propone la adición de un apartado cuarto del artículo 57, para dar cobertura legal a estas actuaciones de cooperación a las administraciones afectadas en las circunstancias excepcionales mencionadas.*

CONCORDANCIAS

LRJSP/2015, arts. 11, 47 a 53, 123, 143, 144 y disp. adic. Séptima, disp. adic. Octava. El Dictamen 338/2014 emitido por la Comisión Permanente del Consejo de Estado en sesión celebrada el 26 de junio de 2013 sobre el anteproyecto de Ley de racionalización y sostenibilidad de la Administración Local considera que no hay fundamentos jurídicos suficientes para plantear el conflicto en defensa de la autonomía local en relación con este precepto.

El Tribunal Constitucional (Sentencia 41/2016, de 3 de marzo, F.8 b) ha declarado la constitucionalidad de este artículo al establecer que:

"La disposición transitoria 11ª LRSAL delimita los servicios que admiten la mancomunidad como fórmula de gestión compartida. Son los reconducibles a las materias
enumeradas en los arts. 25 y 26 LBRL. Esta previsión, con independencia de su
virtualidad real, se presenta como una directriz básica que pretende evitar la proliferación de mancomunidades y los riesgos que se entiende que ello supone para los
principios de eficacia (art. 103.1 CE), eficiencia en el gasto público (art. 31.2 CE)
y estabilidad financiera (art. 135 CE). El examen de los arts. 25 y 26 LBRL permite afirmar que los ámbitos en los que los Ayuntamientos pueden mancomunarse
son suficientemente amplios y que el legislador autonómico conserva dentro de ellos
(en particular, en los descritos en el art. 25.2 LBRL que pueden reconducirse a sus
atribuciones estatutarias) la competencia para conferir y regular las competencias
propias municipales.
Este razonamiento es extensible al art. 57 LBRL. Remite el régimen de las fórmulas de cooperación a —los términos previstos en las leyes— (apartado 1), sin
incluir una regulación completa del consorcio que pudiera desbordar la competencia estatal para fijar las bases del régimen local. Introduce solo algunos límites
a la constitución y funcionamiento del consorcio que, con independencia de su
eficacia real, están claramente destinados a introducir los criterios de racionalidad
económica que exige la realización de mandatos constitucionales (arts. 31.2, 103.1,
135, 137, 140 CE).
Ningún problema de constitucionalidad puede suscitar la previsión genérica de que
el consorcio, sin poner —en riesgo la sostenibilidad financiera del conjunto de la
Hacienda de la Entidad Local—, debe permitir —una asignación más eficiente de los
recursos económicos— y —mejorar la eficiencia de la gestión pública, eliminar duplicidades administrativas y cumplir con la legislación de estabilidad presupuestaria y
sostenibilidad financiera— (apartados 2 y 3).
La preferencia asignada a la fórmula convencional en detrimento de la consorcial
(apartado 3) puede discutirse políticamente, pero constituye una directriz directamente encaminada a desarrollar una política de contención de personificaciones públicas que se sitúa dentro de los amplios márgenes de configuración legislativa que
abre la Constitución y amparan los apartados 14 y 18 del art. 149.1 CE. Lo mismo
cabe decir de la previsión de que los consorcios constituidos no podrán demandar
más recursos de los inicialmente previstos (apartado 3).
Por otra parte, el Estado no ha disuelto directamente mancomunidad alguna. La
disolución se produce solo si las mancomunidades no respetan normas básicas a cuyo
cumplimiento están constitucionalmente obligadas (arts. 9, apartados 1 y 3, y 103.1
CE). A su vez, la obligación cuyo incumplimiento acarrea la disolución se refiere a la
adaptación de los estatutos de la mancomunidad a una norma básica que lleva más
de una década en vigor: la redacción vigente del art. 44 LBRL procede del art. 1.1 de
la Ley 57/2003, sin que la LRSAL la haya modificado. Por otra parte, quien aprecia
y aplica esta causa de disolución es la Comunidad Autónoma, que, por lo demás, es
competente para regular y atribuir competencias locales en muchas de las materias a

que debe quedar circunscrita esta fórmula de —gestión compartida— de acuerdo con la disposición transitoria 11ª LRSAL.

No obstante, tiene razón la Asamblea legislativa recurrente cuando denuncia la extralimitación que supone la indicación precisa del órgano autonómico al que corresponde iniciar y resolver el expediente de disolución. Tal indicación vulnera los arts. 148.1.1ª CEy 9.1.1 del Estatuto de Autonomía de Extremadura.

Consecuentemente, procede declarar la inconstitucionalidad y nulidad del inciso —el Órgano de Gobierno de— incluido en el párrafo tercero de la disposición transitoria 11ª LRSALy desestimar esta impugnación en todo lo demás."

El contenido de este artículo fue modificado íntegramente por la Ley 27/2013, de 27 de diciembre, de racionalización y sostenibilidad de la Administración Local. La redacción anterior, que coincidía con la originaria, lo era en los siguientes términos:

La cooperación económica, técnica y administrativa entre la Administración Local y las Administraciones del Estado y de las Comunidades Autónomas, tanto en servicios locales como en asuntos de interés común, se desarrollará con carácter voluntario, bajo las formas y en los términos previstos en las leyes, pudiendo tener lugar, en todo caso, mediante los consorcios o convenios administrativos que suscriban.

De cada acuerdo de cooperación formalizado por alguna de estas Administraciones se dará comunicación a aquellas otras que, resultando interesadas, no hayan intervenido en el mismo, a los efectos de mantener una recíproca y constante información.

Artículo 57 bis. Garantía de pago en el ejercicio de competencias delegadas

Artículo declarado inconstitucional y nulo por la Sentencia 41/2016, de 3 de marzo (Véase, en especial, el Fundamento de Derecho 16 que se extracta al final de este artículo).

Artículo añadido por Ley 27/2013, de 27 de diciembre, de racionalización y sostenibilidad de la Administración Local.

1. Si las Comunidades Autónomas delegan competencias o suscriben convenios de colaboración con las Entidades Locales que impliquen obligaciones financieras o compromisos de pago a cargo de las Comunidades Autónomas, será necesario que éstas incluyan una cláusula de garantía del cumplimiento de estos compromisos consistente en la autorización a la Administración General del Estado a aplicar retenciones en las transferencias que les correspondan por aplicación de su sistema de financiación. La citada cláusula deberá establecer, en todo caso, los plazos para la realización de los pagos comprometidos, para la recla-

mación por parte de la Entidad Local en caso de incumplimiento por parte de la Comunidad Autónoma de la obligación que hubiere contraído y para la comunicación a la Administración General del Estado de haberse producido dicho incumplimiento, teniendo en cuenta el plazo que, en su caso, se pueda establecer mediante la Orden del Ministerio de Hacienda y Administraciones Públicas a la que se refiere el apartado 3 de este artículo. Para la aplicación de esta cláusula no será precisa la autorización previa a la que hace referencia la disposición adicional septuagésima segunda de la Ley 17/2012, de 27 de diciembre, de Presupuestos Generales del Estado para el año 2013.

2. Los acuerdos de delegación de competencias y convenios de colaboración que, a la entrada en vigor de la presente norma, hayan sido objeto de prórroga, expresa o tácita, por tiempo determinado, sólo podrán volver a prorrogarse en el caso de que se incluyan en los mismos la cláusula de garantía a la que hace referencia el apartado anterior. Esta norma será de aplicación a aquellos acuerdos que se puedan prorrogar, expresa o tácitamente, por vez primera con posterioridad a la citada entrada en vigor.

3. El procedimiento para la aplicación de las retenciones mencionadas en el apartado 1 anterior y la correspondiente puesta a disposición a favor de las Entidades Locales de los fondos retenidos a las Comunidades Autónomas se regulará mediante Orden del Ministerio de Hacienda y Administraciones Públicas a la que se refiere la disposición adicional septuagésima segunda de la Ley 17/2012, de 27 de diciembre, de Presupuestos Generales del Estado para el año 2013.

CONCORDANCIAS Y ANOTACIONES

LBRL, art. 25.4

Sobre la autonomía financiera de la que gozan los entes locales, tanto en su vertiente de ingresos como de gastos véase, por todas, la Sentencia del Tribunal Constitucional 82/2020, de 15 de julio, F.7, en la que se recoge La doctrina sobre la autonomía y la suficiencia financiera local.

El Tribunal Constitucional ha declarado (Sentencia 41/2016, de 3 de marzo, F. 16) la inconstitucionalidad este art. 57 bis, introducido en la LBRL por la Ley 27/2013, de 27 de diciembre, al establecer que:

"El art. 57 bis LBRL contiene una regulación que, al incidir directamente sobre las relaciones financieras del Estado y las Comunidades Autónomas, debió revestir forma de ley orgánica. Esta conclusión no cambia por la circunstancia de que el precepto esté evidentemente destinado a garantizar la suficiencia financiera de los entes locales. La protección de la autonomía financiera del ente local (art. 142 CE) podría ser una razón, en su caso, para descartar que la medida interfiera ilegítimamente en la autonomía financiera de las Comunidades Autónomas (art. 156.1 CE), no para rechazar que afecte a relaciones financieras cuya regulación corresponde a la ley orgánica (art. 157.3 CE)".

Decreto-ley Andalucía 7/2014, de 20 de mayo, por el que se establecen medidas urgentes para la aplicación de la Ley 27/2013, de 27 de diciembre, de racionalización y sostenibilidad de la Administración Local
Decreto Asturias 68/2014, de 10 de julio, por el que se regula el procedimiento para la obtención de los informes previstos en el artículo 7.4 de la Ley 7/1985, de 2 de abril, reguladora de las Bases del Régimen Local
Decreto-ley Castilla y León 1/2014, de 27 de marzo, de medidas urgentes para la garantía y continuidad de los servicios públicos en Castilla y León, derivado de la entrada en vigor de la Ley 27/2013, de 27 de diciembre, de racionalización y sostenibilidad de la Administración Local
Decreto-ley Cataluña 4/2014, de 22 de julio, por el que se establecen medidas urgentes para adaptar los convenios, los acuerdos y los instrumentos de cooperación suscritos entre la Administración de la Generalidad y los entes locales de Cataluña a la disposición adicional novena de la Ley 27/2013, de 27 de diciembre, de racionalización y sostenibilidad de la Administración local. Téngase en cuenta que el Decreto-ley 3/2014, de 17 de junio, por el que se establecen medidas urgentes para la aplicación en Cataluña de la Ley 27/2013, de 27 de diciembre, de racionalización y sostenibilidad de la Administración local fue "derogado" mediante la Resolución 774/X del Parlamento de Cataluña, por la que se hace pública la derogación del Decreto ley 3/2014, de 17 de junio, por el que se establecen medidas urgentes para la aplicación en Cataluña de la Ley 27/2013, de 27 de diciembre, de racionalización y sostenibilidad de la Administración local.
Ley Galicia 5/2014, de 27 de mayo, de medidas urgentes derivadas de la entrada en vigor de la Ley 27/2013, de 27 de diciembre, de racionalización y sostenibilidad de la Administración local
Ley Madrid 1/2014, de 25 de julio, de Adaptación del Régimen Local de la Comunidad de Madrid a la Ley 27/2013, de 27 de diciembre, de Racionalización y Sostenibilidad de la Administración Local
Decreto-Ley Región de Murcia 1/2014, de 27 de junio, de medidas urgentes para la garantía y continuidad de los servicios públicos en la Comunidad Autónoma de la Región de Murcia, derivado de la entrada en vigor de la Ley 27/2013, de 27 de diciembre, de racionalización y sostenibilidad de la Administración Local
Circular Comunidad Valenciana de 18 de junio de 2014, de la Dirección General de Administración Local, sobre el nuevo régimen competencial contemplado en la Ley 27/2013, de 27 de diciembre, de Racionalización y Sostenibilidad de la Administración Local

Tal y como señala el preámbulo de la Ley 27/2013, de 27 de diciembre, de racionalización y sostenibilidad de la Administración Local (párrafos décimo y undécimo):
"Con este respaldo constitucional, el Estado ejerce su competencia de reforma de la Administración local para tratar de definir con precisión las competencias que deben ser desarrolladas por la Administración local, diferenciándolas de las competencias estatales y autonómicas. En este sentido, se enumera un listado de materias en que los municipios han de ejercer, en todo caso, competencias propias, estableciéndose una reserva formal de ley para su determinación, así como una serie de garantías para su concreción y ejercicio. Las Entidades Locales no deben volver a asumir competencias

que no les atribuye la ley y para las que no cuenten con la financiación adecuada. Por tanto, solo podrán ejercer competencias distintas de las propias o de las atribuidas por delegación cuando no se ponga en riesgo la sostenibilidad financiera del conjunto de la Hacienda municipal, y no se incurra en un supuesto de ejecución simultánea del mismo servicio público con otra Administración Pública. De igual modo, la estabilidad presupuestaria vincula de una forma directa la celebración de convenios entre administraciones y la eliminación de duplicidades administrativas.

Por otra parte, la delegación de competencias estatales o autonómicas en los Municipios debe ir acompañada de la correspondiente dotación presupuestaria, su duración no será inferior a los 5 años y la Administración que delega se reservará los mecanismos de control precisos para asegurar la adecuada prestación del servicio delegado".

Y la disp, adic. Novena de Ley 27/2013, de 27 de diciembre, de racionalización y sostenibilidad de la Administración Local determina que:
"Disposición adicional novena. Convenios sobre ejercicio de competencias y servicios municipales.
1. Los convenios, acuerdos y demás instrumentos de cooperación ya suscritos, en el momento de la entrada en vigor de esta Ley, por el Estado y las Comunidades Autónomas con toda clase de Entidades Locales, que lleven aparejada cualquier tipo de financiación destinada a sufragar el ejercicio por parte de éstas últimas de competencias delegadas o competencias distintas a las enumeradas en los artículos 25 y 27 de la Ley 7/1985, de 2 de abril, Reguladora de las Bases del Régimen Local, deberán adaptarse a lo previsto en esta Ley a 31 de diciembre de 2014. Transcurrido este plazo sin haberse adaptado quedarán sin efecto.
2. La adaptación a las previsiones de esta Ley de los instrumentos de cooperación suscritos por las Entidades Locales para el funcionamiento de Centros Asociados de la Universidad Nacional de Educación a Distancia deberá realizarse en el plazo de tres años desde su entrada en vigor. Durante el plazo de adaptación de los instrumentos de cooperación, la financiación de las Administraciones locales a los centros asociados no se extenderá a los servicios académicos que se presten a los alumnos matriculados con posterioridad a la entrada en vigor de esta Ley".

Artículo 58

1. Las leyes del Estado o de las Comunidades Autónomas podrán crear, para la coordinación administrativa, órganos de colaboración de las Administraciones correspondientes con las Entidades locales. Estos órganos, que serán únicamente deliberantes o consultivos, podrán tener ámbito autonómico o provincial y carácter general o sectorial.

Para asegurar la colaboración entre la Administración del Estado y la Administración Local en materia de inversiones y de prestación de servicios, el Gobierno podrá crear en cada Comunidad Autónoma una Comisión Territorial de Administración Local. Reglamentariamente, se establecerá la composición, o⁻ganización y funcionamiento de la Comisión.

CONCORDANCIAS

LBRL, arts. 117 a 120 bis;
Ley Aragón 7/1999, de 9 de abril, arts. 164, 167 y 168;
Ley Baleares 8/2000, de 27 de octubre, arts. 45, 34, 35, 40 y 46;
Ley Castilla-La Mancha 3/1991, de 14 de marzo, arts. 75 a 77;
Ley Castilla y León 1/1998, de 4 de junio, arts. 95 a 100;
Decreto Legislativo Cataluña 2/2003, de 28 de abril, art. 144 y 147;
Ley Extremadura, 3/2019, de 22 de enero, art. 14;
Ley Galicia 5/1997, de 22 de julio, arts. 188 a 192;
Ley Foral 6/1990, de 2 de julio, arts. 64 y ss.

2. Tanto la Administración del Estado como las de las Comunidades Autónomas podrán participar en los respectivos órganos de colaboración establecidos por cada una de ellas.

En todo caso, las Administraciones que tengan atribuidas la formulación y aprobación de instrumentos de planificación deberán otorgar a las restantes una participación que permita armonizar los intereses públicos afectados.

La participación de los municipios en la formación de los planes generales de obras públicas que les afecten se realizará en todo caso de conformidad con lo que disponga la correspondiente legislación sectorial. Asimismo, en la determinación de usos y en la adopción de resoluciones por parte de otras Administraciones públicas en materia de concesiones o autorizaciones relativa al dominio público de su competencia, será requisito indispensable para su aprobación el informe previo de los municipios en cuyo territorio se encuentre dicho dominio público, de acuerdo con lo establecido en los artículos 82 y 83 de la Ley 30/1992, de 26 de noviembre, de Régimen Jurídico de las Administraciones Públicas y del Procedimiento Administrativo Común.

CONCORDANCIAS Y ANOTACIONES

Párrafo añadido por Ley 11/1999, de 21 de abril.
RD 3489/2000, de 29 de diciembre, que regula la naturaleza, composición y funciones de las Comisiones Provinciales de Colaboración del Estado con las Corporaciones Locales;
Decreto Legislativo Cataluña 2/2003, de 28 de abril, arts. 186 y 187;
Ley La Rioja 1/2003, de 3 de marzo, art. 103;
Ley Madrid 2/2003, de 11 de marzo, arts. 123 y ss.

Artículo 59

1. A fin de asegurar la coherencia de la actuación de las Administraciones Públicas, en los supuestos previstos en el número 2 del artículo 10 y para el caso de que dicho fin no pueda alcanzarse por los procedimientos contemplados en los artículos anteriores o éstos resultaran manifiestamente inadecuados por razón de las características de la tarea pública de que se trate, las leyes del Estado y las de las Comunidades Autónomas, reguladoras de los distintos sectores de la acción pública, podrán atribuir al Gobierno de la Nación, o al Consejo de Gobierno, la facultad de coordinar la actividad de la Administración Local y, en especial, de las Diputaciones Provinciales en el ejercicio de sus competencias.

La coordinación se realizará mediante la definición concreta y en relación con una materia, servicio o competencia determinados de los intereses generales o comunitarios, a través de planes sectoriales para la fijación de los objetivos y la determinación de las prioridades de la acción pública en la materia correspondiente. En la tramitación de los mismos se observará lo dispuesto en el número 2 del artículo anterior.

Las Entidades locales ejercerán sus facultades de programación, planificación u ordenación de los servicios o actividades de su competencia en el marco de las previsiones de los planes a que se refiere el párrafo anterior.

CONCORDANCIAS Y ANOTACIONES

Carta Europea de Autonomía Local, art. 8; LBRL, arts. 7 y 36.1 a);
Ley Andalucía 5/2010, de 11 de junio, arts. 57 a 59;
Ley Aragón 7/1999, de 9 de abril, art. 161;
Ley Baleares 8/2000, de 27 de octubre, arts. 5, 25, 31 y 32;
Ley Castilla-La Mancha 2/1991, de 14 de marzo, arts. 2, 4, 7 a 10 y 16;
Ley Castilla y León 1/1998, de 4 de junio, arts. 102 a 110;
Decreto Legislativo Cataluña 2/2003, de 28 de abril, arts. 144, 146 y 148;
Ley Extremadura, 3/2019, de 22 de enero;
Ley Galicia 5/1997, de 22 de julio, arts. 205 a 209;
Ley Madrid 2/2003, de 11 de marzo, arts. 118 y ss.
Ley Región de Murcia 6/1988, de 25 de agosto, art. 82.

Así, en relación con la diputaciones, el referido apartado dispone que la Diputación de Alicante financiará el 85 % del módulo de los municipios de menos de 20.000 habitantes y el 90 % en los municipios de menos de 10.000; la Diputación de Castellón financiará el 90 % del módulo de los municipios de menos de 10.000 habitantes, y la Diputación de Valencia financiará el 85 % del módulo de los municipios de menos de 15.000 habitantes y el 90 % en los municipios de menos de 10.000.

Estos porcentajes mínimos, que, sin embargo, llegan hasta el 90 % de los módulos del personal, suponen una prefiguración exhaustiva del contenido de la actividad del ente coordinado. La referida prefiguración exhaustiva no se adecua, sin embargo, a la normativa básica estatal cuando exige, en el art. 59.1 LRBRL, que la potestad de coordinación de la Comunidad Autónoma de la función provincial de asistencia económica a los ayuntamientos, se realice a través de planes sectoriales en los que se garantice la participación de los entes locales con la finalidad de armonizar los intereses públicos afectados. Así, las exigencias recogidas en la normativa básica suponen indudablemente una garantía de la autonomía local, pues implican, por un lado, la participación de los entes locales en la tramitación del plan y, por otro, que cualquier desviación respecto de los intereses locales manifestados mediante su participación en la elaboración de aquel, sólo podría justificarse en la armonización de los intereses públicos en presencia.

Precisamente hemos afirmado en esta misma resolución la compatibilidad del art. 107 de la norma autonómica con las exigencias que se imponen constitucional y normativamente a la función de coordinación autonómica, cuando se refiere a la capacidad de la Generalitat, en ejercicio de tal función de coordinación de las diputaciones provinciales, para establecer los porcentajes de participación de estas en la financiación del personal, pues se remite para ello a una planificación en cuya tramitación participan los entes locales. Sin embargo, la letra b) del apartado 4 de la Disposición transitoria cuarta, al establecer directamente los porcentajes mínimos de participación de las diputaciones provinciales en la financiación del personal, no se adecua a las exigencias recogidas en la normativa básica estatal para desarrollar la función de coordinación, y que tienen como finalidad garantizar la autonomía local. Por ello vulneran aquella garantía y el recurso debe ser estimado en este punto, declarándose la letra b) del apartado 4 de la Disposición transitoria cuarta de la Ley 3/2019, de 18 de febrero, de servicios sociales inclusivos de la Comunitat Valenciana inconstitucional y nula, ya que los referidos porcentajes mínimos de participación deben establecerse a través de los planes sectoriales en los que se garantice la participación de los entes locales afectados, y no directamente en una disposición transitoria (Sentencia del Tribunal Constitucional 82/2020, de 15 de julio, F. 18).

2. En todo caso, la Ley deberá precisar, con el suficiente grado de detalle, las condiciones y los límites de la coordinación, así como las modalidades de control que se reserven las Cortes Generales o las correspondientes Asambleas Legislativas.

Artículo 60

Cuando una Entidad local incumpliera las obligaciones impuestas directamente por la Ley de forma que tal incumplimiento afectará al ejercicio de competencias de la Administración del Estado o de la Comunidad Autónoma, y cuya cobertura económica estuviere legalmente o presupuestariamente garantizada, una u otra, según su respectivo ámbito competencial, deberá recordarle su cumplimiento concediendo al efecto el plazo que fuere necesario. Si, transcurrido dicho plazo, nunca inferior a un mes, el incumplimiento persistiera, se procederá a adoptar las medidas necesarias para el cumplimiento de la obligación a costa y en sustitución de la Entidad local.

CONCORDANCIAS

Ley Aragón 7/1999, de 9 de abril, art. 163;
Decreto Legislativo Cataluña 2/2003, de 28 de abril, art. 151;
Ley Galicia 5/1997, de 22 de julio, art. 208;
Ley Región de Murcia 6/1988, de 25 de agosto, art. 87;
Ley Foral 6/1990, de 2 de julio, arts. 100.3 y 114.2;
Ley La Rioja 1/2003, de 3 de marzo, art. 105;
Ley Madrid 2/2003, de 11 de marzo, art. 116.

Artículo 61

1. El Consejo de Ministros, a iniciativa propia y con conocimiento del Consejo de Gobierno de la comunidad autónoma correspondiente o a solicitud de éste y, en todo caso, previo acuerdo favorable del Senado, podrá proceder, mediante real decreto, a la disolución de los órganos de las corporaciones locales en el supuesto de gestión gravemente dañosa para los intereses generales que suponga incumplimiento de sus obligaciones constitucionales.

2. Se considerarán, en todo caso, decisiones gravemente dañosas para los intereses generales en los términos previstos en el apartado anterior, los acuerdos o actuaciones de los órganos de las corporaciones locales que den cobertura o apoyo, expreso o tácito, de forma reiterada y grave, al terrorismo o a quienes participen en su ejecución, lo enaltezcan o justifiquen, y los que menosprecien o humillen a las víctimas o a sus familiares.

3. Acordada la disolución, será de aplicación la legislación electoral general, cuando proceda, en relación a la convocatoria de elecciones parciales y, en todo caso, la normativa reguladora de la provisional administración ordinaria de la corporación.

ANOTACIONES Y CONCORDANCIAS

Artículo redactado por la Ley Orgánica 1/2003, de 10 de marzo, para la garantía de la democracia en los Ayuntamientos y la seguridad de los Concejales.
LOREG, art. 183;
Ley Madrid 2/2003, de 11 de marzo, art. 117.

Artículo 62

En aquellos casos en que la naturaleza de la actividad de que se trate haga muy difícil o inconveniente una asignación diferenciada y distinta de facultades decisorias en la materia, las Leyes reguladoras de la acción pública en relación con la misma asegurarán, en todo caso, a las Entidades locales su participación o integración en actuaciones o procedimientos conjuntamente con la Administración del Estado y/o con la de la Comunidad Autónoma correspondiente, atribuyéndole a una de éstas la decisión final.

En ningún caso estas técnicas podrán afectar a la potestad de autoorganización de los servicios que corresponde a la Entidad local.

CONCORDANCIAS

Carta Europea de Autonomía Local, art. 4.5;
Ley Aragón 7/1999, de 9 de abril, art. 162;
Ley Castilla-La Mancha 2/1991, de 14 de marzo, art. 5;
Decreto Legislativo Cataluña 2/2003, de 28 de abril, art. 149;
Ley Cataluña 23/1987, de 23 de diciembre, art. 7, con relación a la participación de los entes locales en la elaboración del Plan;
Ley Galicia 5/1997, de 22 de julio, arts. 9 y 209;
Ley Madrid 6/1986, de 25 de junio, arts. 15 y 16;
Ley Región de Murcia 7/1983, de 7 de octubre, art. 6;
Ley Región de Murcia 6/1988, de 25 de agosto, arts. 3.2 y 83.

CAPÍTULO III. Impugnación de actos y acuerdos y ejercicio de acciones

Artículo 63

1. Junto a los sujetos legitimados en el régimen general del proceso contencioso-administrativo podrán impugnar los actos y acuerdos de las Entidades locales que incurran en infracción del ordenamiento jurídico:

a) La Administración del Estado y la de las Comunidades Autónomas, en los casos y términos previstos en este Capítulo.

b) Los miembros de las corporaciones que hubieran votado en contra de tales actos y acuerdos.

CONCORDANCIAS

LOREG, arts. 178.2 y 203.2 b); LJCA, art. 20 a); ROF, arts. 209.2 y 211.3;
Ley Aragón 7/1999, de 9 de abril, art. 148.2;
Decreto Legislativo Cataluña 2/2003, de 28 de abril, art. 180;
Ley Galicia 5/1997, de 22 de julio, art. 216.

2. Están igualmente legitimadas en todo caso las Entidades locales territoriales para la impugnación de las disposiciones y actos de la Administraciones del Estado y de las Comunidades Autónomas que lesionen su autonomía, tal como ésta resulta garantizada por la Constitución y esta Ley.

CONCORDANCIAS

LJCA, art. 19.1 e); ROF, art. 219.

3. Asimismo, las Entidades locales territoriales estarán legitimadas para promover, en los términos del artículo 119 de esta Ley, la impugnación arte el Tribunal Constitucional de leyes del Estado o de las Comunidades Autónomas cuando se estime que son éstas las que lesionan la autonomía constitucionalmente garantizada.

CONCORDANCIAS

LBRL, art. 119; LOTC, arts. 75 bis a 75 quinquies.
La Ley Orgánica 7/1999, de 21 de abril, modificó la LOTC para que "puedan ser objeto de impugnación ante el Tribunal Constitucional, por parte de los Entes locales, aquellas leyes del Estado o de las Comunidades Autónomas que pudieran no resultar respetuosas de dicha autonomía", para lo cual introdujo en la LOTC los referidos arts. 75 bis a 75 quinquies donde se regulan "los conflictos en defensa de la autonomía local".

Artículo 64

Artículo redactado por la Ley 11/1999, de 21 de abril, de modificación de la LBRL y otras medidas para el desarrollo del Gobierno Local, en materia de tráfico, circulación de vehículos a motor y seguridad vial y en materia de aguas. Véase la redacción anterior al final de este mismo artículo.

La Administración del Estado y la de las Comunidades Autónomas pueden solicitar ampliación de la información a que se refiere el número 1 del artículo 56, que deberá remitirse en el plazo máximo de veinte días hábiles, excepto en el caso previsto en el artículo 67 de esta Ley, en el que lo será de cinco días hábiles. En tales casos se suspende el cómputo de los plazos a que se refieren el número 2 del artículo 65 y el 1 del artículo 67, que se reanudarán a partir de la recepción de la documentación interesada.

CONCORDANCIAS

ROF, art. 215;
Ley Aragón 7/1999, de 9 de abril, art. 145;

Decreto Legislativo Cataluña 2/2003, de 28 de abril, art. 183;
Ley Galicia 5/1997, de 22 de julio, art. 217;
Ley Foral 6/1990, de 2 de julio, art. 345.

REDACCIÓN ANTERIOR (ORIGINARIA)
11/1999, de 21 de abril, de modificación de la LBRL y otras medidas para el desa-
rrollo del Gobierno Local, en materia de tráfico, circulación de vehículos a motor
y seguridad vial y en materia de aguas. La redacción anterior, que coincidía con la
originaria, lo era en los siguientes términos:
"La Administración del Estado y de las Comunidades Autónomas pueden solicitar
ampliación de la información a que se refiere el número 1 del artículo 56 que deberá
remitirse en el plazo máximo de veinte días hábiles. En tales casos se interrumpe el
cómputo del plazo a que se refiere el número 2 del artículo siguiente".

Artículo 65

Artículo redactado por la Ley 11/1999, de 21 de abril, de modificación de la LBRL
y otras medidas para el desarrollo del Gobierno Local, en materia de tráfico, circula-
ción de vehículos a motor y seguridad vial y en materia de aguas. Véase la redacción
anterior al final de este mismo artículo.

1. Cuando la Administración del Estado o de las Comunidades Autónomas considere, en el ámbito de las respectivas competencias, que un acto o acuerdo de alguna Entidad local infringe el ordenamiento jurídico, podrá requerirla, invocando expresamente el presente artículo, para que anule dicho acto en el plazo máximo de un mes.

CONCORDANCIAS
ROF, arts. 78.4 y 215.1.

2. El requerimiento deberá ser motivado y expresar la normativa que se estime vulnerada. Se formulará en el plazo de quince días hábiles a partir de la recepción de la comunicación del acuerdo.

CONCORDANCIAS
ROF, art. 215.2.

3. La Administración del Estado o, en su caso, la de la Comunidad Autónoma, podrá impugnar el acto o acuerdo ante la jurisdicción contencioso-administrativa dentro del plazo señalado para la interposición del recurso de tal naturaleza señalado en la Ley Reguladora de dicha Jurisdicción, contado desde el día siguiente a aquel en que venza el requerimiento dirigido a la En-

tidad local, o al de la recepción de la comunicación de la misma rechazando el requerimiento, si se produce dentro del plazo señalado para ello.

CONCORDANCIAS

ROF, arts. 214 y 215.

4. La Administración del Estado o, en su caso, la de la Comunidad Autónoma, podrá también impugnar directamente el acto o acuerdo ante la jurisdicción contencioso-administrativa, sin necesidad de formular requerimiento, en el plazo señalado en la Ley Reguladora de dicha Jurisdicción.

CONCORDANCIAS

Ley Aragón 7/1999, de 9 de abril, arts. 146 y 147;
Ley Baleares 8/1993, de 1 de diciembre, arts. 1.5.6 y 7.2;
Decreto Legislativo Cataluña 2/2003, de 28 de abril, art. 182;
Ley Galicia 5/1997, de 22 de julio, art. 217;
Ley Región de Murcia 6/1988, de 25 de agosto, art. 85;
Ley Foral 6/1990, de 2 de julio, arts. 341 y 342.

REDACCIÓN ANTERIOR (ORIGINARIA)

11/1999, de 21 de abril, de modificación de la LBRL y otras medidas para el desarrollo del Gobierno Local, en materia de tráfico, circulación de vehículos a motor y seguridad vial y en materia de aguas. La redacción anterior, que coincidía con la originaria, lo era en los siguientes términos:
"1. Cuando la Administración del Estado o la de las Comunidades Autónomas considere, en el ámbito de sus respectivas competencias, que un acto o acuerdo de alguna Entidad local infringe el ordenamiento jurídico, podrá requerirla, invocando expresamente el presente artículo, para que anule dicho acto o acuerdo.
2. El requerimiento deberá ser motivado y expresar la normativa que se estime vulnerada. Se formulará en el plazo de quince días hábiles a partir de la recepción de la comunicación del acuerdo.
3. La Administración del Estado o, en su caso, la de la Comunidad Autónoma, podrá impugnar el acto o acuerdo ante la jurisdicción contencioso-administrativa bien directamente, una vez recibida la comunicación del mismo, o bien una vez transcurrido el plazo señalado en el requerimiento dirigido a la Entidad local, si se hubiera optado por hacer uso de la posibilidad contemplada en los dos números anteriores".

Artículo 66

Los actos o acuerdos de las Entidades locales que menoscaben competencias del Estado o de las Comunidades Autónomas, interfieran su ejercicio o excedan de la competencia de dichas Entidades, podrán ser impugnados por cualquiera de los procedimientos previstos en el artículo anterior.

La impugnación deberá precisar la lesión o, en su caso, extralimitación competencial que la motiva y las normas legales vulneradas en que se funda. En el caso de que, además, contuviera petición expresa de suspensión del acto o acuerdo impugnado, razonada en la integridad y efectividad del interés general o comunitario afectado, el Tribunal, si la estima fundada, acordará dicha suspensión en el primer trámite subsiguiente a la presentación de la impugnación. No obstante, a instancia de la Entidad local y oyendo a la Administración demandante, podrá alzar en cualquier momento, en todo o en parte, la suspensión decretada, en caso de que de ella hubiera de derivarse perjuicio al interés local no justificado por las exigencias del interés general o comunitario hecho valer en la impugnación.

Artículo 67

1. Si una Entidad local adoptara actos o acuerdos que atenten gravemente al interés general de España, el Delegado del Gobierno, previo requerimiento para su anulación al Presidente de la Corporación efectuado dentro de los diez días siguientes al de la recepción de aquéllos, podrá suspenderlos y adoptar las medidas pertinentes para la protección de dicho interés.

ANOTACIONES

Sobre la redacción de este apartado téngase en cuenta la corrección de errores de la Ley 11/1999, de 21 de abril, de modificación de la LBRL, publicada en el BOE de 3 de agosto de 1999.

2. El plazo concedido al Presidente de la Corporación en el requerimiento de anulación no podrá ser superior a cinco días. El del ejercicio de la facultad de suspensión será de diez días, contados a partir del siguiente al de la finalización del plazo del requerimiento o al de la respuesta del Presidente de la Corporación, si fuese anterior.

3. Acordada la suspensión de un acto o acuerdo, el Delegado del Gobierno deberá impugnarlo en el plazo de diez días desde la suspensión ante la Jurisdicción Contencioso-administrativa.

CONCORDANCIAS Y ANOTACIONES

Procedimiento en los casos de suspensión administrativa previa de acuerdos regulado en el art. 127 LJCA

REDACCIÓN ANTERIOR (ORIGINARIA)

11/1999, de 21 de abril, de modificación de la LBRL y otras medidas para el desarrollo del Gobierno Local, en materia de tráfico, circulación de vehículos a motor y seguridad vial y en materia de aguas. La redacción anterior, que coincidía con la originaria, lo era en los siguientes términos:
"Si una Entidad local adoptara actos o acuerdos que atenten gravemente el interés general de España, el Delegado del Gobierno, previo requerimiento al Presidente de la Corporación y en el caso de no ser atendido, podrá suspenderlos y adoptar las medidas pertinentes a la producción de dicho interés, debiendo impugnarlos en el plazo de diez días desde la suspensión ante la Jurisdicción contencioso-administrativa".

Artículo 68

1. Las Entidades locales tienen la obligación de ejercer las acciones necesarias para la defensa de sus bienes y derechos.

CONCORDANCIAS

TRRL, art. 54.3; ROF, art. 220.1; RBEL, arts. 9.2 y 73;
Ley Aragón 7/1999, de 9 de abril, arts. 51.1, 72.1 y 173.2;
Ley Galicia 5/1997, de 22 de julio, art. 270.

2. Cualquier vecino que se hallare en pleno goce de sus derechos civiles y políticos podrá requerir su ejercicio a la Entidad interesada. Este requerimiento, del que se dará conocimiento a quienes pudiesen resultar afectados por las

correspondientes acciones, suspenderá el plazo para el ejercicio de las mismas por un término de treinta días hábiles.

CONCORDANCIAS

ROF, art. 220.2.

3. Si en el plazo de esos treinta días la entidad no acordara el ejercicio de las acciones solicitadas, los vecinos podrán ejercitar dicha acción en nombre e interés de la Entidad local.

CONCORDANCIAS

ROF, art. 220.3.

4. De prosperar la acción, el actor tendrá derecho a ser reembolsado por la Entidad de las costas procesales y a la indemnización de cuantos daños y perjuicios se le hubieran seguido.

CONCORDANCIAS

ROF, art. 220.4;
Ley Aragón 7/1999, de 29 de abril, arts. 51.1 y 72.1;
Decreto Legislativo Cataluña 2/2003, de 28 de abril, art. 175;
Ley Galicia 5/1997, de 22 de julio, art. 220;
Ley Foral 6/1990, de 2 de julio, art. 110.

CAPÍTULO IV. Información y participación ciudadanas

Artículo 69

1. Las Corporaciones locales facilitarán la más amplia información sobre su actividad y la participación de todos los ciudadanos en la vida local.

CONCORDANCIAS

LBRL, art. 18.1 b) e); RD 1690/1986, de 11 de julio, art. 61.1 b) e); ROF, arts. 130, 131 y 230; Ley 19/2013, de 9 de diciembre, de transparencia, acceso a la información pública y buen gobierno.

2. Las formas, medios y procedimientos de participación que las Corporaciones establezcan en ejercicio de su potestad de autoorganización no podrán en ningún caso menoscabar las facultades de decisión que corresponden a los órganos representativos regulados por la Ley.

CONCORDANCIAS

LPA/2015, arts. 132 y 133;
Ley Aragón 7/1999, de 9 de abril, arts. 40.2, 41 y 152;
Decreto Legislativo Cataluña 2/2003, de 28 de abril, art. 154;
Ley Cataluña 22/1998, de 30 de diciembre, arts. 30 y ss.;
Ley Galicia 5/1997, de 22 de julio, art. 251;
Ley Región de Murcia 6/1988, de 25 de agosto, art. 43;
Ley Foral 6/1990, de 2 de julio, art. 92;
Ley La Rioja 1/2003, de 3 de marzo, arts. 163 y ss.;
Ley Madrid 2/2003, de 11 de marzo, arts. 22 y ss.

Artículo 70

Artículo redactado por la Ley 57/2003, de 16 de diciembre, de Medidas para la Modernización del Gobierno Local (LMMGL). Véase la redacción anterior al final de este mismo artículo.

1. Las sesiones del Pleno de las corporaciones locales son públicas. No obstante, podrán ser secretos el debate y votación de aquellos asuntos que puedan afectar al derecho fundamental de los ciudadanos a que se refiere el artículo 18.1 de la Constitución, cuando así se acuerde por mayoría absoluta. No son públicas las sesiones de la Junta de Gobierno Local.

CONCORDANCIAS Y ANOTACIONES

ROF, arts. 88.1, 113.1 b) y 227.1 y 2;
Ley Aragón 7/1999, de 9 de abril, arts. 118 y 154;
Decreto Legislativo Cataluña 2/2003, de 28 de abril, arts. 155;
Ley Galicia 5/1997, de 22 de julio, art. 253;
Ley Foral Navarra 6/1990, de 2 de julio, art. 80.

La STC 164/2013, de 26 de septiembre, establece que "el art. 70.1, párrafo segundo, LBRL, en tanto establece que las sesiones de las juntas de Gobierno local no son públicas, es conforme con el principio democrático (art. 1.1 CE) y el derecho a la participación en los asuntos públicos (art. 23.1 CE), siempre que se interprete en el sentido de que no incluye las decisiones relativas a las atribuciones delegadas por el pleno" (F. 9)

A pesar de que la Ley 57/2003, de 16 de diciembre, de Medidas para la Modernización del Gobierno Local (LMMGL) dio nueva redacción a la totalidad del artículo, este apartado primero se mantuvo en los mismos términos que presentaba la redacción anterior.
La LMMGL sustituyó los términos "Comisión de Gobierno" por los de "Junta de Gobierno" Local a lo largo de todo el texto en los arts. 20, 21, 22, 23, 32, 34, 35, 52.2, 70, 85 bis, 123, 124, 125, 126, 127, 129 y 130, así como en las dips. adics. Octava y Décimocuarta, pues tal y como se indica en la propia Exposición de Moti-

vos de la Ley 57/2003, de 16 de diciembre (párrafo 5° del apartado III), "en materia de organización, debe destacarse que la Comisión de Gobierno pasa a denominarse «Junta de Gobierno Local», expresión que tiende a destacar la naturaleza ejecutiva de dicho órgano. La propia exposición de Motivos de la Ley 57/2003 de 16 de diciembre (párrafo 3° del apartado IV) califica a este órgano como de "necesario".

2. Los acuerdos que adopten las corporaciones locales se publican o notifican en la forma prevista por la Ley. Las ordenanzas, incluidos el articulado de las normas de los planes urbanísticos, así como los acuerdos correspondientes a éstos cuya aprobación definitiva sea competencia de los entes locales, se publicarán en el "Boletín Oficial" de la Provincia y no entrarán en vigor hasta que se haya publicado completamente su texto y haya transcurrido el plazo previsto en el artículo 65.2 salvo los presupuestos y las ordenanzas fiscales que se publican y entran en vigor en los términos establecidos en la Ley 39/1988, de 28 de diciembre, reguladora de las Haciendas Locales. Las Administraciones públicas con competencias urbanísticas deberán tener, a disposición de los ciudadanos que lo soliciten, copias completas del planeamiento vigente en su ámbito territorial.

CONCORDANCIAS

LBRL, arts. 104 y 111; TRRL, disp. final 8ª; LHL, arts. 17 y ss. y 150; ROF, arts. 192 a 196; LPA/2015, art. 131.

Ley 5/2002, de 4 de abril, reguladora de los Boletines Oficiales de las Provincias. La reforma operada por la Ley 57/2003, de 16 de diciembre introduce un cambio en cuanto que establece un tratamiento diferente ("salvo") para los presupuestos y ordenanzas fiscales que se regirán, en cuanto a su publicación y entrada en vigor, por lo establecido de manera específica en la LHL.

3. Todos los ciudadanos tienen derecho a obtener copias y certificaciones acreditativas de los acuerdos de las corporaciones locales y sus antecedentes, así como a consultar los archivos y registros en los términos que disponga la legislación de desarrollo del artículo 105, párrafo b), de la Constitución. La denegación o limitación de este derecho, en todo cuanto afecte a la seguridad y defensa del Estado, la averiguación de los delitos o la intimidad de las personas, deberá verificarse mediante resolución motivada.

CONCORDANCIAS

LPA/2015, arts. 13 d) y 53 a); ROF, art. 207;
Ley Foral Navarra 6/1990, de 2 de julio, art. 95;
Decreto Legislativo Cataluña 2/2003, de 28 de abril, art. 155.

A pesar de que la Ley 57/2003, de 16 de diciembre dio nueva redacción a la totalidad del artículo este apartado primero se mantuvo en los mismos términos que presentaba la redacción anterior.

Artículo 70 bis

Artículo añadido por Ley 57/2003, de 16 de diciembre, de Medidas para la Modernización del Gobierno Local (LMMGL) y al que la Ley 25/2009, de 22 de diciembre, de modificación de diversas leyes para su adaptación a la Ley sobre el libre acceso a las actividades de servicios y su ejercicio le añadió el apartado 4.

1. Los ayuntamientos deberán establecer y regular en normas de carácter orgánico procedimientos y órganos adecuados para la efectiva participación de los vecinos en los asuntos de la vida pública local, tanto en el ámbito del municipio en su conjunto como en el de los distritos, en el supuesto de que existan en el municipio dichas divisiones territoriales.

2. Los vecinos que gocen del derecho de sufragio activo en las elecciones municipales podrán ejercer la iniciativa popular, presentando propuestas de acuerdos o actuaciones o proyectos de reglamentos en materias de la competencia municipal.

Dichas iniciativas deberán ir suscritas al menos por el siguiente porcentaje de vecinos del municipio:

a) Hasta 5.000 habitantes, el 20 por ciento.

b) De 5.001 a 20.000 habitantes, el 15 por ciento.

c) A partir de 20.001 habitantes, el 10 por ciento.

Tales iniciativas deberán ser sometidas a debate y votación en el Pleno, sin perjuicio de que sean resueltas por el órgano competente por razón de la materia. En todo caso, se requerirá el previo informe de legalidad del secretario del ayuntamiento, así como el informe del interventor cuando la iniciativa afecte a derechos y obligaciones de contenido económico del ayuntamiento. En los municipios a que se refiere el artículo 121 de esta ley, el informe de legalidad será emitido por el secretario general del Pleno y cuando la iniciativa afecte a derechos y obligaciones de contenido económico, el informe será emitido por el Interventor general municipal.

Lo dispuesto en este apartado se entiende sin perjuicio de la legislación autonómica en esta materia.

Tales iniciativas pueden llevar incorporada una propuesta de consulta popular local, que será tramitada en tal caso por el procedimiento y con los requisitos previstos en el artículo 71.

3. Asimismo, las entidades locales y, especialmente, los municipios, deberán impulsar la utilización interactiva de las tecnologías de la información y la comunicación para facilitar la participación y la comunicación con los vecinos, para la presentación de documentos y para la realización de trámites administrativos, de encuestas y, en su caso, de consultas ciudadanas.

Las Diputaciones provinciales, Cabildos y Consejos insulares colaborarán con los municipios que, por su insuficiente capacidad económica y de gestión, no puedan desarrollar en grado suficiente el deber establecido en este apartado.

4. Cuando se trate de procedimientos y trámites relativos a una actividad de servicios y a su ejercicio incluida en el ámbito de aplicación de la Ley 17/2009, de 23 de noviembre, sobre el libre acceso a las actividades de servicios y su ejercicio, los prestadores podrán realizarlos, por medio de una ventanilla única, por vía electrónica y a distancia, salvo que se trate de la inspección del lugar o del equipo que se utiliza en la prestación del servicio.

Asimismo, las Entidades locales garantizarán, dentro del ámbito de sus competencias, que los prestadores de servicios puedan a través de la ventanilla única obtener la información y formularios necesarios para el acceso a una actividad y su ejercicio, y conocer las resoluciones y resto de comunicaciones de las autoridades competentes en relación con sus solicitudes. Las Entidades Locales impulsarán la coordinación para la normalización de los formularios necesarios para el acceso a una actividad y su ejercicio.

ANOTACIONES

Apartado 4 añadido por la Ley 25/2009, de 22 de diciembre, de modificación de diversas leyes para su adaptación a la Ley sobre el libre acceso a las actividades de servicios y su ejercicio

Sobre la regulación contenida en este artículo téngase en cuenta que los párrafos 8 y 9 del apartado III de la Exposición de Motivos de la Ley 57/2003, de 16 de diciembre, señalan que "en materia de participación ciudadana, se establecen unos estándares mínimos que constituyen los mecanismos necesarios para su potenciación: el establecimiento de la necesidad de reglamentos orgánicos en todos los municipios en materia de participación ciudadana, que determinen y regulen los procedimientos y mecanismos adecuados para hacerla efectiva; la aplicación necesaria de las nuevas tecnologías de la información y la comunicación de forma interactiva, para facilitar la participación y la comunicación con los vecinos, así como para facilitar la realización de trámites administrativos y la introducción en la legislación básica sobre régimen local de las iniciativas ciudadanas, que pueden constituir un importante instrumento participativo, que puede dar lugar, incluso, a consultas populares" y que "en definitiva, los diversos mecanismos participativos creados e impulsados por la Ley, tanto con carácter general como los que más adelante se señalarán para los municipios a los que resulta de aplicación el título X de la Ley, colocan a nuestro régimen local en la línea avanzada de promoción de la participación que está adquiriendo cuerpo en todo el continente, impulsada por el Consejo de Europa, y de la que es una importante manifestación la Recomendación de su Comité de Ministros Rec (2001) 19, que ha servido de fuente de inspiración para esta reforma".

Artículo 70 ter

Artículo añadido por la Ley 8/2007, de 28 de mayo, del Suelo. Posteriormente, y con la misma redacción, por el Real Decreto Legislativo 2/2008, de 20 de junio, que aprueba el texto refundido de la Ley del Suelo, para volver a ser añadido, de nuevo con el mimo texto, por el Real Decreto Legislativo 7/2015, de 30 de octubre, que aprueba el texto refundido de la Ley de Suelo y Rehabilitación Urbana.

1. Las Administraciones públicas con competencias de ordenación territorial y urbanística deberán tener a disposición de los ciudadanos o ciudadanas que lo soliciten, copias completas de los instrumentos de ordenación territorial y urbanística vigentes en su ámbito territorial, de los documentos de gestión y de los convenios urbanísticos.

2. Las Administraciones públicas con competencias en la materia, publicarán por medios telemáticos el contenido actualizado de los instrumentos de ordenación territorial y urbanística en vigor, del anuncio de su sometimiento a información pública y de cualesquiera actos de tramitación que sean relevantes para su aprobación o alteración.

En los municipios menores de 5.000 habitantes, esta publicación podrá realizarse a través de los entes supramunicipales que tengan atribuida la función de asistencia y cooperación técnica con ellos, que deberán prestarles dicha cooperación.

3. Cuando una alteración de la ordenación urbanística, que no se efectúe en el marco de un ejercicio pleno de la potestad de ordenación, incremente la edificabilidad o la densidad o modifique los usos del suelo, deberá hacerse constar en el expediente la identidad de todos los propietarios o titulares de otros derechos reales sobre las fincas afectadas durante los cinco años anteriores a su iniciación, según conste en el registro o instrumento utilizado a efectos de notificaciones a los interesados de conformidad con la legislación en la materia.

Artículo 70 quater

Artículo añadido por el Real Decreto-ley 6/2023, de 19 de diciembre, por el que se aprueban medidas urgentes para la ejecución del Plan de Recuperación, Transformación y Resiliencia en materia de servicio público de justicia, función pública, régimen local y mecenazgo.

1. Las Entidades Locales deberán adoptar las medidas necesarias para facilitar la accesibilidad de los servicios públicos a los vecinos, promoviendo la utilización de las tecnologías de la información y la comunicación en la prestación de los mismos. Para ello, elaborarán planes que tengan por objeto la implementación de mecanismos digitales que faciliten la accesibilidad de los vecinos y de las empresas a los servicios públicos.

2. Las Entidades Locales deberán crear y mantener un portal de internet de información a los vecinos y de acceso a los servicios públicos digitalizados para los que así se determine, que opere como plataforma tecnológica de comunicación entre aquellos y la Administración local destinada a promover la digitalización progresiva de los servicios públicos.

3. En este portal deberán publicar la información que las Administraciones locales consideren adecuada a este efecto y, en su caso, la relación de servicios públicos a los que se pueda acceder por el portal o los vínculos a la información sobre el acceso a los servicios públicos disponibles en el territorio, en los términos en los que disponga la normativa autonómica.

4. En el caso de los municipios de menos de 20.000 habitantes, los servicios previstos en este artículo se prestarán con las adaptaciones y plazos de implementación correspondientes a sus especialidades en los términos que se determinen por la legislación autonómica.

CONCORDANCIAS Y ANOTACIONES

Sobre la adición de este artículo el texto introductorio (apartado VIII) que antecede al articulado del Real Decreto-ley 6/2023, de 19 de diciembre, señala que:

Asimismo, se introduce un nuevo artículo 70 quater en el que se prevé que las entidades locales adopten las medidas necesarias para facilitar la accesibilidad de los servicios públicos a los vecinos, promoviendo la utilización de las tecnologías de la información. Para ello, elaborarán planes que tengan por objeto la implementación de mecanismos digitales que faciliten la accesibilidad de los vecinos y de las empresas a los servicios públicos. Además, deberán crear y mantener un portal de internet destinado a promover la digitalización progresiva de los servicios públicos.

Artículo 71

De conformidad con la legislación del Estado y de la Comunidad Autónoma, cuando ésta tenga competencia estatutariamente atribuida para ello, los Alcaldes, previo acuerdo por mayoría absoluta del Pleno y autorización del Gobierno de la Nación, podrán someter a consulta popular aquellos asuntos de la competencia propia municipal y de carácter local que sean de especial relevancia para los intereses de los vecinos, con excepción de los relativos a la Hacienda local.

CONCORDANCIAS

LBRL, art. 18.1 f); ROF, art. 41.26;
Ley de Andalucía 2/2001, de 3 de mayo, de consultas populares locales en Andalucía;
Ley Aragón 7/1999, de 9 de abril, art. 157;
Ley Cataluña 4/2010, de 17 de marzo, de consultas populares por vía de referéndum;
Ley Cataluña 10/2014, de 26 de septiembre, de Consultas Populares no Referendarias;
Ley Galicia 5/1997, de 22 de julio, art. 257;
Ley Foral Navarra 6/1990, de 2 de julio, art. 96; Ley Foral 27/2002, de 28 de octubre, de Consultas Populares de Ámbito Local de Navarra; Ley Foral Navarra 12/2019, de 22 de marzo, de Participación Democrática en Navarra;
Ley La Rioja 1/2003, de 3 de marzo, art. 168;
Ley Madrid 2/2003, de 11 de marzo, art. 25.

Artículo 72

Las Corporaciones locales favorecen el desarrollo de las asociaciones para la defensa de los intereses generales o sectoriales de los vecinos, les facilitan la más amplia información sobre sus actividades y, dentro de sus posibilidades, el uso de los medios públicos y el acceso a las ayudas económicas para la realización de sus actividades e impulsan su participación en la gestión de la Corporación en los términos del número 2 del artículo 69. A tales efectos pueden ser declaradas de utilidad pública.

CONCORDANCIAS

TRLHL, arts. 36 y 37; ROF, arts. 227 a 236;
Ley Aragón 7/1999, de 9 de abril, art. 156;
Decreto Legislativo Cataluña 2/2003, de 28 de abril, art. 158;
Ley Galicia 5/1997, de 22 de julio, arts. 253, 255 y 256;
Ley Foral Navarra 6/1990, de 2 de julio, art. 92.3;
Ley La Rioja 1/2003, de 3 de marzo, art. 167.

CAPÍTULO V. Estatuto de los miembros de las Corporaciones locales

Artículo 73

1. La determinación del número de miembros de las Corporaciones locales, el procedimiento para su elección, la duración de su mandato y los supuestos de inelegibilidad e incompatibilidad se regularán en la legislación electoral.

CONCORDANCIAS

TRRL, art. 154; LOREG, arts. 176 y ss.; ROF, art. 6.1; Ley 53/1984, de 26 de diciembre, de Incompatibilidades del Personal al Servicio de las Administraciones Públicas.

2. Los miembros de las Corporaciones locales gozan, una vez que tomen posesión de su cargo, de los honores, prerrogativas y distinciones propios del mismo que se establezcan por la Ley del Estado o de las Comunidades Autónomas y están obligados al cumplimiento estricto de los deberes y obligaciones inherentes a aquél.

CONCORDANCIAS

TRRL, arts. 19 y 27; ROF, arts. 6.2, 33 y 34;
Ley Aragón 7/1999, de 9 de abril, art. 104;
Decreto Legislativo Cataluña 2/2003, de 28 de abril, arts. 163 a 167;
Ley Galicia 5/1997, de 22 de julio, art. 221.

3. A efectos de su actuación corporativa, los miembros de las corporaciones locales se constituirán en grupos políticos, en la forma y con los derechos y las obligaciones que se establezcan con excepción de aquéllos que no se integren en el grupo político que constituya la formación electoral por la que fueron elegidos o que abandonen su grupo de procedencia, que tendrán la consideración de miembros no adscritos.

El Pleno de la corporación, con cargo a los Presupuestos anuales de la misma, podrá asignar a los grupos políticos una dotación económica que deberá contar con un componente fijo, idéntico para todos los grupos y otro variable, en función del número de miembros de cada uno de ellos, dentro de los límites que, en su caso, se establezcan con carácter general en las Leyes de Presupuestos Generales del Estado y sin que puedan destinarse al pago de remuneraciones de personal de cualquier tipo al servicio de la corporación o a la adquisición de bienes que puedan constituir activos fijos de carácter patrimonial.

Los derechos económicos y políticos de los miembros no adscritos no podrán ser superiores a los que les hubiesen correspondido de permanecer en el grupo de procedencia, y se ejercerán en la forma que determine el reglamento orgánico de cada corporación.

Esta previsión no será de aplicación en el caso de candidaturas presentadas como coalición electoral, cuando alguno de los partidos políticos que la integren decida abandonarla.

Respecto a la dotación a que se refiere el párrafo segundo de este apartado 3, las aportaciones que los grupos políticos destinen a los partidos políticos, de conformidad con lo dispuesto en la normativa de financiación de estos últimos, no serán objeto de contabilidad específica excepto de aquellas cantidades que, en su caso, se pudiera reservar el grupo municipal que pondrá a disposición del pleno de la corporación siempre que este lo pida.

ANOTACIONES

Párrafo quinto de este apartado tercero introducido por Ley Orgánica 1/2025, de 2 de enero, de medidas en materia de eficiencia del Servicio Público de Justicia, párrafo que sustituye a la anterior redacción en la que se señalaba que "los grupos políticos deberán llevar una contabilidad específica de la dotación a que se refiere el párrafo segundo de este apartado 3, que pondrán a disposición del Pleno de la Corporación, siempre que éste lo pida".

Cuando la mayoría de los concejales de un grupo político municipal abandonen la formación política que presentó la candidatura por la que concurrieron a las elecciones o sean expulsados de la misma, serán los concejales que permanezcan en la citada formación política los legítimos integrantes de dicho grupo político a todos los efectos. En cualquier caso, el secretario de la corporación podrá dirigirse al representante legal de la formación política que presentó la correspondiente candidatura a efectos de que notifique la acreditación de las circunstancias señaladas.

CONCORDANCIAS Y ANOTACIONES

ROF, arts. 23 a 29;
Ley Aragón 7/1999, de 9 de abril, arts. 111 a 113;

En el primer párrafo de este apartado la Ley 57/2003, de 16 de diciembre, añadió el inciso final "con excepción de aquellos que no se integren en el grupo político que constituya la formación electoral por la que fueron elegidos o que abandonen su grupo de procedencia, que tendrán la consideración de miembros no adscritos" con la evidente pretensión de dar un tratamiento diferenciado a los miembros de las

Corporaciones que abandonen el grupo con el que llegaron al cargo, los comúnmente conocidos como tránsfugas.

El resto de las previsiones introducidas pretenden evitar beneficios económicos para los tránsfugas (párrafos 2 y 3) y para el caso de disgregación de un grupo (abandono de la mayoría de los miembros de un grupo) quiénes son los representantes legítimos de la formación política.

El Tribunal Supremo ha establecido como interpretación del artículo 73.3 LBRL y en cuanto a los derechos económicos y políticos de los miembros no adscritos (párrafo tercero) que (Sentencias del Tribunal Supremo de 26 de octubre de 2020, recurso de casación 1178/2019, y de 16 de diciembre de 2020, recurso de casación 1855/2019):
1. A los efectos del artículo 93.1 de la LJCA y respecto de la cuestión en la que se apreció interés casacional para la formación de jurisprudencia, se declara que el alcance del límite previsto en el artículo 73.3.3° de la LRBRL se interpreta en el sentido de que las limitaciones que impone al concejal no adscrito no puede afectar a los derechos políticos y económicos ligados al ejercicio del mandato representativo otorgado por los electores como concejal electo.
2. Por el contrario el pase a la condición de concejal no adscrito, como consecuencia o por razón de un supuesto de transfuguismo, sí impide que se asuman cargos o que perciban retribuciones que antes no ejercía o percibía e impliquen mejoras personales, políticas o económicas. Queda excluida de esta limitación la incorporación a las comisiones informativas.
Y la Sentencia del Tribunal Supremo de 24 de enero de 2020 (recurso de casación 5035/2018) ha entendido respecto del párrafo sexto (y último) que:
1°) que lo dispuesto en el artículo 73.3, párrafo 6° de la Ley 7/85, de 2 de abril reguladora de la Ley de Bases de Régimen Local (LBRL), que está directamente conectado en su párrafo tercero, presenta dimensión iusfundamental y, en consecuencia, cabe controlar su aplicación desde la óptica del artículo 23 de la Constitución Española (CE) pues la circunstancia de dejar de ser o no legítimo integrante de un determinado grupo municipal puede afectar al derecho de participación política cuando se haya producido una limitación injustificada del ejercicio.
2°) que dicho precepto no resulta aplicable a aquellos supuestos en que los concejales no han abandonado en sentido estricto la formación política que presentó la candidatura por la que concurrieron a las elecciones ni han sido expulsados de la misma, sino que es dicha formación política la que ha sufrido alteraciones internas y ello provoca la afectación de su derecho de participación política.
3°) que procede la estimación plena del recurso de casación, con revocación de la sentencia apelada y la de instancia, lo que determinará que, haciendo aplicación del artículo 93.3 de la LJCA, resolvamos y estimemos el recurso contencioso administrativo interpuesto por los hoy recurrentes contra el Acuerdo del Pleno del Ayuntamiento de Coslada de 15 de diciembre de 2016, reintegrándoles en su condición de concejales del grupo político municipal "Izquierda Unidad Comunidad de Madrid-Los Verdes" con todos los derechos inherentes a ello, quedando sin efectos todos los actos posteriores que hubieran afectado a su integración en la estructura del gobierno local.

REDACCIÓN ANTERIOR

El contenido de este apartado fue modificado por la LMMGL. La redacción anterior, procedente de la Ley 11/1999, de 21 de abril, y por la que se había añadido este apartado a la redacción originaria era la siguiente:

"3. A efectos de su actuación corporativa, los miembros de las Corporaciones locales se constituirán en grupos políticos, en la forma y con los derechos y obligaciones que se establezcan.

El Pleno de la Corporación, con cargo a los Presupuestos anuales de la misma, podrá asignar a los grupos políticos una dotación económica que deberá contar con un componente fijo, idéntico para todos los grupos, y otro variable, en función del número de miembros de cada uno de ellos, dentro de los límites que, en su caso, se establezcan con carácter general en las Leyes de Presupuestos Generales del Estado, y sin que puedan destinarse al pago de remuneraciones de personal de cualquier tipo al servicio de la Corporación o a la adquisición de bienes que puedan constituir activos fijos de carácter patrimonial.

Los Grupos políticos deberán llevar una contabilidad específica de la dotación a que se refiere el párrafo anterior, que pondrán a disposición del Pleno de la Corporación siempre que éste lo pida".

Artículo 74

1. Los miembros de las Corporaciones locales quedan en situación de servicios especiales en los siguientes supuestos:

a) Cuando sean funcionarios de la propia Corporación para la que han sido elegidos.

b) Cuando sean funcionarios de carrera de otras Administraciones públicas y desempeñen en la Corporación para la que han sido elegidos un cargo retribuido y de dedicación exclusiva.

En ambos supuestos, las Corporaciones afectadas abonarán las cotizaciones de las mutualidades obligatorias correspondientes para aquellos funcionarios que dejen de prestar el servicio que motivaba su pertenencia a ellas, extendiéndose a las cuotas de clases pasivas.

CONCORDANCIAS

TREBEB, arts. 85. 1 b) y 87.1 h); TRRL, art. 140; LOREG, art. 178.4; Ley 53/1984, de 26 de diciembre, de Incompatibilidades del Personal al Servicio de las Administraciones Públicas, art. 5.

2. Para el personal laboral rigen idénticas reglas, de acuerdo con lo previsto en su legislación específica.

CONCORDANCIAS

LBRL, disp. transit. 8ª.

3. Los miembros de las Corporaciones locales que no tengan dedicación exclusiva en dicha condición tendrán garantizada, durante el período de su mandato, la permanencia en el centro o centros de trabajo públicos o privados en el que estuvieran prestando servicios en el momento de la elección, sin que puedan ser trasladados u obligados a concursar a otras plazas vacantes en distintos lugares.

CONCORDANCIAS

*LOREG, art. 178.3 y 4; Ley 5/1997, de 22 de julio, art. 224;
Ley Foral Navarra 6/1990, de 2 de julio, art. 54.*

Artículo 75

Artículo modificado (apartados 7 y 8) por la Ley 8/2007, de 28 de mayo, del Suelo. Posteriormente, y con la misma redacción, por el Real Decreto Legislativo 2/2008, de 20 de junio, que aprueba el texto refundido de la Ley del Suelo, para volver a ser modificado, de nuevo con la misma redacción, por el Real Decreto Legislativo 7/2015, de 30 de octubre, que aprueba el texto refundido de la Ley de Suelo y Rehabilitación Urbana.

1. Los miembros de las Corporaciones locales percibirán retribuciones por el ejercicio de sus cargos cuando los desempeñen con dedicación exclusiva, en cuyo caso serán dados de alta en el Régimen general de la Seguridad Social, asumiendo las Corporaciones el pago de las cuotas empresariales que corresponda, salvo lo dispuesto en el artículo anterior.

En el supuesto de tales retribuciones, su percepción será incompatible con la de otras retribuciones con cargo a los presupuestos de las Administraciones públicas y de los entes, organismos o empresas de ellas dependientes, así como para el desarrollo de otras actividades, todo ello en los términos de la Ley 53/1984, de 26 de diciembre, de Incompatibilidades del Personal al Servicio de las Administraciones Públicas.

2. Los miembros de las Corporaciones locales que desempeñen sus cargos con dedicación parcial por realizar funciones de presidencia, vicepresidencia u ostentar delegaciones, o desarrollar responsabilidades que así lo requieran, percibirán retribuciones por el tiempo de dedicación efectiva a las mismas, en cuyo caso serán igualmente dados de alta en el Régimen General de la

Seguridad Social en tal concepto, asumiendo las Corporaciones las cuotas empresariales que corresponda, salvo lo dispuesto en el artículo anterior. Dichas retribuciones no podrán superar en ningún caso los límites que se fijen, en su caso, en las Leyes de Presupuestos Generales del Estado. En los acuerdos plenarios de determinación de los cargos que lleven aparejada esta dedicación parcial y de las retribuciones de los mismos, se deberá contener el régimen de la dedicación mínima necesaria para la percepción de dichas retribuciones.

Los miembros de las Corporaciones locales que sean personal de las Administraciones públicas y de los entes, organismos y empresas de ellas dependientes solamente podrán percibir retribuciones por su dedicación parcial a sus funciones fuera de su jornada en sus respectivos centros de trabajo, en los términos señalados en el artículo 5 de la Ley 53/1984, de 26 de diciembre, sin perjuicio de lo dispuesto en el apartado sexto del presente artículo.

3. Sólo los miembros de la Corporación que no tengan dedicación exclusiva ni dedicación parcial percibirán asistencias por la concurrencia efectiva a las sesiones de los órganos colegiados de la Corporación de que formen parte, en la cuantía señalada por el pleno de la misma.

4. Los miembros de las Corporaciones locales percibirán indemnizaciones por los gastos efectivos ocasionados en el ejercicio de su cargo, según las normas de aplicación general en las Administraciones públicas y las que en desarrollo de las mismas apruebe el pleno corporativo.

5. Las Corporaciones locales consignarán en sus presupuestos las retribuciones, indemnizaciones y asistencias a que se hace referencia en los cuatro números anteriores, dentro de los límites que con carácter general se establezcan, en su caso. Deberán publicarse íntegramente en el "Boletín Oficial" de la Provincia y fijarse en el tablón de anuncios de la Corporación los acuerdos plenarios referentes a retribuciones de los cargos con dedicación exclusiva y parcial y régimen de dedicación de estos últimos, indemnizaciones y asistencias, así como los acuerdos del Presidente de la Corporación determinando los miembros de la misma que realizarán sus funciones en régimen de dedicación exclusiva o parcial.

6. A efectos de lo dispuesto en el artículo 37.3.d) del Estatuto de los Trabajadores y en el artículo 30.2 de la Ley 30/1984, se entiende por tiempo indispensable para el desempeño del cargo electivo de una Corporación local, el necesario para la asistencia a las sesiones del pleno de la Corporación o de las Comisiones y atención a las Delegaciones de que forme parte o que desempeñe el interesado.

7. Los representantes locales, así como los miembros no electos de la Junta de Gobierno Local, formularán declaración sobre causas de posible incompatibilidad y sobre cualquier actividad que les proporcione o pueda proporcionar ingresos económicos.

Formularán asimismo declaración de sus bienes patrimoniales y de la participación en sociedades de todo tipo, con información de las sociedades por ellas participadas y de las liquidaciones de los impuestos sobre la Renta, Patrimonio y, en su caso, Sociedades.

Tales declaraciones, efectuadas en los modelos aprobados por los plenos respectivos, se llevarán a cabo antes de la toma de posesión, con ocasión del cese y al final del mandato, así como cuando se modifiquen las circunstancias de hecho.

Las declaraciones anuales de bienes y actividades serán publicadas con carácter anual, y en todo caso en el momento de la finalización del mandato, en los términos que fije el Estatuto municipal.

Tales declaraciones se inscribirán en los siguientes Registros de intereses, que tendrán carácter público:

a) La declaración sobre causas de posible incompatibilidad y actividades que proporcionen o puedan proporcionar ingresos económicos, se inscribirá, en el Registro de Actividades constituido en cada Entidad local.

b) La declaración sobre bienes y derechos patrimoniales se inscribirá en el Registro de Bienes Patrimoniales de cada Entidad local, en los términos que establezca su respectivo estatuto.

Los representantes locales y miembros no electos de la Junta de Gobierno Local respecto a los que, en virtud de su cargo, resulte amenazada su seguridad personal o la de sus bienes o negocios, la de sus familiares, socios, empleados o personas con quienes tuvieran relación económica o profesional podrán realizar la declaración de sus bienes y derechos patrimoniales ante el Secretario o la Secretaria de la Diputación Provincial o, en su caso, ante el órgano competente de la Comunidad Autónoma correspondiente. Tales declaraciones se inscribirán en el Registro Especial de Bienes Patrimoniales, creado a estos efectos en aquellas instituciones.

En este supuesto, aportarán al Secretario o Secretaria de su respectiva entidad mera certificación simple y sucinta, acreditativa de haber cumplimentado sus declaraciones, y que éstas están inscritas en el Registro Especial de Intereses a que se refiere el párrafo anterior, que sea expedida por el funcionario encargado del mismo.

8. Durante los dos años siguientes a la finalización de su mandato, a los representantes locales a que se refiere el apartado primero de este artículo que hayan ostentado responsabilidades ejecutivas en las diferentes áreas en que se organice el gobierno local, les serán de aplicación en el ámbito territorial de su competencia las limitaciones al ejercicio de actividades privadas establecidas en el artículo 8 de la Ley 5/2006, de 10 de abril, de Regulación de los Conflictos de Intereses de los Miembros del Gobierno y de los Altos Cargos de la Administración General del Estado.

A estos efectos, los Ayuntamientos podrán contemplar una compensación económica durante ese periodo para aquéllos que, como consecuencia del régimen de incompatibilidades, no puedan desempeñar su actividad profesional, ni perciban retribuciones económicas por otras actividades.

CONCORDANCIAS Y ANOTACIONES

ROF, arts. 30 a 32;
Ley Aragón 7/1999, de 9 de abril, arts. 109 y 110;
Decreto Legislativo Cataluña 2/2003, de 28 de abril, art. 166;
Ley Foral Navarra 6/1990, de 2 de julio, art. 56;
Ley La Rioja 1/2003, de 3 de marzo, art. 120.

La redacción de este artículo ha sufrido múltiples modificaciones. La Ley 9/1991, de 22 de marzo, por la que se modificaban determinados preceptos de la Ley 25/1983, de 26 de diciembre, de incompatibilidades de altos cargos modificó los originales términos en los que se encontraba redactado este precepto.
La Ley 11/1999, de 21 de abril, de modificación de la LBRL y otras medidas para el desarrollo del Gobierno Local, en materia de tráfico, circulación de vehículos a motor y seguridad vial y en materia de aguas, dio nueva redacción al apartado primero.
La Ley 14/2000, de 29 de diciembre, Medidas Fiscales, Administrativas y del Orden Social, dio nueva redacción para todo el artículo y la Ley Orgánica 1/2003, de 10 de marzo, de Garantía de la democracia en los Ayuntamientos y la seguridad de los Concejales, añadió dos párrafos al apartado séptimo.
Sobre esa redacción la Ley 8/2007, de 28 de mayo, del Suelo, modifica el apartado séptimo y añade un octavo, lo que, posteriormente y con la misma redacción, se vuelve a realizar por medio del Real Decreto Legislativo 2/2008, de 20 de junio, que aprueba el Texto Refundido de la Ley del Suelo (disp. adic. Novena.2).

Téngase en cuenta que las referencias que en el apartado 7 de este artículo se realizan a los miembros no electos de las Juntas Locales carecen de sentido tras la STC 103/2013, de 25 de abril, que acordó "declarar inconstitucional y nulo, en los términos establecidos en el Fundamento Jurídico 6 de esta sentencia, el inciso «El Alcalde podrá nombrar como miembros de la Junta de Gobierno Local a personas que no ostenten la condición de concejales, siempre que su número no supere un tercio de sus miembros, excluido el Alcalde», del párrafo segundo, del artículo 126.2 de la Ley

7/1985, Reguladora de las Bases de Régimen Local, en la redacción dada al mismo por el artículo primero de la 57/2003, de 16 de diciembre, de Medidas para la Modernización del Gobierno Local".

Artículo 75 bis

La Sentencia del Tribunal Constitucional 111/2016, de 9 de junio, desestimó todos los motivos de inconstitucionalidad planteados contra la nueva redacción que, este artículo, recibió de la Ley 27/2013, de 27 de diciembre —Véase, en especial, el Fundamento de Derecho 6 b) que se extracta al final de este artículo—.

1. Los miembros de las Corporaciones Locales serán retribuidos por el ejercicio de su cargo en los términos establecidos en el artículo anterior. Los Presupuestos Generales del Estado determinarán, anualmente, el límite máximo total que pueden percibir los miembros de las Corporaciones Locales por todos los conceptos retributivos y asistencias, excluidos los trienios a los que en su caso tengan derecho aquellos funcionarios de carrera que se encuentren en situación de servicios especiales, atendiendo entre otros criterios a la naturaleza de la Corporación local y a su población según la siguiente tabla:

Habitantes	Referencia
Más de 500.000	Secretario de Estado.
300.001 a 500.000	Secretario de Estado -10%.
150.001 a 300.000	Secretario de Estado -20%.
75.001 a 150.000	Secretario de Estado -25%.
50.001 a 75.000	Secretario de Estado -35%.
20.001 a 50.000	Secretario de Estado -45%.
10.001 a 20.000	Secretario de Estado -50%.
5.001 a 10.000	Secretario de Estado -55%.
1.000 a 5.000	Secretario de Estado -60%.

Los miembros de Corporaciones locales de población inferior a 1.000 habitantes no tendrán dedicación exclusiva. Excepcionalmente, podrán desempeñar sus cargos con dedicación parcial, percibiendo sus retribuciones dentro de los límites máximos señalados al efecto en la Ley de Presupuestos Generales del Estado.

CONCORDANCIAS Y ANOTACIONES

Por medio del artículo undécimo del Real Decreto-ley 1/2014, de 24 de enero, de reforma en materia de infraestructuras y transporte, y otras medidas económicas se procedió a la modificación de la de la Ley 22/2013, de 23 de diciembre, de Presu-

puestos Generales del Estado para el año 2014, a la que se añade nueva disposición adicional nonagésima, que queda redactada como sigue:
"Nonagésima. Régimen retributivo de los miembros de las Corporaciones Locales.
De conformidad con lo previsto en el artículo 75 bis de la Ley 7/1985, de 2 de abril, reguladora de las Bases del Régimen Local, según la redacción dada por la Ley 27/2013, de 27 de diciembre, de racionalización y sostenibilidad de la Administración Local, y considerando lo dispuesto en el artículo 22 de la presente ley, el límite máximo total que pueden percibir los miembros de las Corporaciones Locales por todos los conceptos retributivos y asistencias, excluidos los trienios a los que, en su caso, tengan derecho aquellos funcionarios de carrera que se encuentren en situación de servicios especiales, será el que se recoge a continuación, atendiendo a su población:

Habitantes	Referencia
Más de 500.000	100.000 euros
300.001 a 500.000	90.000 euros
150.001 a 300.000	80.000 euros
75.001 a 150.000	75.000 euros
50.001 a 75.000	65.000 euros
20.001 a 50.000	55.000 euros
10.001 a 20.000	50.000 euros
5.001 a 10.000	45.000 euros
1.000 a 5.000	40.000 euros

En el caso de Corporaciones Locales de menos de 1.000 habitantes, resultará de aplicación la siguiente escala, atendiendo a su dedicación:

Dedicación	Referencia
Dedicación parcial al 75%	30.000 euros
Dedicación parcial al 50%	22.000 euros
Dedicación parcial al 25%	15.000 euros

2. Sin perjuicio de la regla general establecida en el apartado anterior, en el caso de las retribuciones de los Presidentes de las Diputaciones provinciales o entidades equivalentes, tendrán un límite máximo por todos los conceptos retributivos y asistencias que será igual a la retribución del tramo correspondiente al Alcalde o Presidente de la Corporación municipal más poblada de su provincia.

En el caso de los Cabildos y Consejos Insulares, sus Presidentes tendrán un límite máximo por todos los conceptos retributivos y asistencias referenciado a la retribución del tramo correspondiente al Alcalde o Presidente de la Corporación municipal más poblada de su provincia, según la siguiente tabla:

Habitantes	Referencia
Más de 150.000	Alcalde o Presidente de la Corporación municipal más poblada de su provincia.
25.000 a 150.000	70% del Alcalde o Presidente de la Corporación municipal más poblada de su provincia.
0 a 25.000	50% del Alcalde o Presidente de la Corporación municipal más poblada de su provincia.

Los concejales que sean proclamados diputados provinciales o equivalentes deberán optar por mantener el régimen de dedicación exclusiva en una u otra Entidad Local, sin que en ningún caso puedan acumularse ambos regímenes de dedicación.

CONCORDANCIAS Y ANOTACIONES

Véase la nota al apartado anterior.

3. Solo los miembros de la Corporación que no tengan dedicación exclusiva ni dedicación parcial percibirán asistencias por la concurrencia efectiva a las sesiones de los órganos colegiados de la Corporación de que formen parte, en la cuantía señalada por el Pleno de la misma.

4. En el marco de lo establecido en la Ley Orgánica 2/2012, de 27 de abril, de Estabilidad Presupuestaria y Sostenibilidad Financiera, y en el artículo 93.2 de esta Ley, las Leyes anuales de Presupuestos Generales del Estado podrán establecer un límite máximo y mínimo total que por todos los conceptos retributivos pueda percibir el personal al servicio de las Entidades Locales y entidades de ellas dependientes en función del grupo profesional de los funcionarios públicos o equivalente del personal laboral, así como de otros factores que se puedan determinar en las Leyes de Presupuestos Generales del Estado de cada año.

CONCORDANCIAS Y ANOTACIONES

Ley 27/2013, de 27 de diciembre, de racionalización y sostenibilidad de la Administración Local, disp. adic. Cuarta

El Tribunal Supremo ha establecido que las retribuciones de los miembros del Consejo de Gobierno de la Ciudad Autónoma de Ceuta no están sujetas al art. 75 bis LBRL, por impedirlo la disposición adicional 4ª de la Ley 27/2013 (Sentencia del Tribunal Supremo de 18 de noviembre de 2021, recurso de casación 2994/2020).

El Tribunal Constitucional (Sentencia 111/2016, de 9 de junio, F. 6) ha declarado la constitucionalidad de este artículo al establecer que:

"*Los arts. 75 bis y 75 ter LBRL introducen limitaciones al régimen de dedicación y retribución de los miembros de entes locales con población inferior a 1.000 habitantes que responden a los principios de eficiencia en los recursos públicos (art. 31.2 CE) y estabilidad presupuestaria (art. 135 CE). Parten del razonable criterio de que, a menor población, menor carga real de trabajo y menor remuneración, asegurando en todo caso ámbitos decisorios suficientemente amplios que permitan ponderar otras variables. Excluyen la «dedicación exclusiva», pero los entes locales pueden fijar una variedad de regímenes de dedicación parcial (como ha confirmado la disposición adicional nonagésima del Real Decreto-ley 1/2014, al distinguir modalidades según porcentajes de dedicación) y decidir el concreto alcance de las consiguientes retribuciones dentro de los topes máximos previstos. Configuran la «dedicación parcial» como excepcional, pero no predeterminan el porcentaje de cargos sin dedicación específica. Los entes locales conservan márgenes relevantes para decidir entre estos regímenes de dedicación. A su vez, los arts. 75 bis y 75 ter LBRL no han cerrado las cantidades que hayan de percibir los miembros locales sin dedicación específica; su específico importe dependerá de las indemnizaciones y asistencias que decida el ente local dentro del marco de límites que establezca la legislación estatal y autonómica. Consecuentemente, los preceptos controvertidos, en lo que afecta a los entes locales con menos de 1.000 habitantes, ni carecen de toda justificación ni impiden ajustar las remuneraciones a la carga que supongan las tareas concretamente realizadas por el miembro de la corporación ni producen por sí los efectos que le imputa el recurso de inconstitucionalidad. Los entes locales conservan márgenes suficientemente amplios para decidir las remuneraciones de sus miembros por lo que la Ley 27/2013 difícilmente ha podido vulnerar el derecho fundamental de participación política de los cargos públicos representativos (art. 23.2 CE). Este Tribunal ha señalado en este sentido que «una determinada modalidad retributiva como es la percepción de un sueldo fijo» no «constituye, per se, un derecho que forma parte del núcleo esencial del derecho fundamental a acceder en condiciones de igualdad a las funciones y cargos públicos protegido por el art. 23.2 CE». Así lo declaró la STC 36/2014, de 27 de enero FJ 8, al enjuiciar el régimen de dedicación y retribución de los diputados de las Cortes de Castilla-La Mancha establecido en el Reglamento de la Cámara; sustituía un sistema de dedicación exclusiva (con la consiguiente percepción de un sueldo) por otro en el que solo los cargos previamente fijados por la Mesa podrán disfrutar de esa dedicación, pasando el resto de los diputados a recibir una cantidad en concepto de indemnización por los gastos derivados de sus funciones representativas así como por la concurrencia efectiva a las sesiones de los órganos colegiados de los que formen parte.*

Procede, pues, desestimar la impugnación de los arts. 75 bis y 75 ter LBRL, introducidos por los apartados 18 y 19, respectivamente, del art. 1 de la Ley 27/2013."

Artículo 75 ter

Artículo añadido por la Ley 27/2013, de 27 de diciembre, de racionalización y sostenibilidad de la Administración Local.

La Sentencia del Tribunal Constitucional 111/2016, de 9 de junio, desestimó todos los motivos de inconstitucionalidad planteados contra la nueva redacción que, este artículo, recibió de la Ley 27/2013, de 27 de diciembre —Véase, en especial, el Fundamento de Derecho 6 b) que se extracta al final del artículo anterior (art. 75 bis)—.

1. De conformidad con lo establecido en el artículo 75 de esta Ley, la prestación de servicios en los Ayuntamientos en régimen de dedicación exclusiva por parte de sus miembros deberá ajustarse en todo caso a los siguientes límites:

a) En los Ayuntamientos de Municipios con población inferior a 1.000 habitantes, ningún miembro podrá prestar sus servicios en régimen de dedicación exclusiva.

b) En los Ayuntamientos de Municipios con población comprendida entre 1.001 y 2.000 habitantes, solo un miembro podrá prestar sus servicios en régimen de dedicación exclusiva.

c) En los Ayuntamientos de Municipios con población comprendida entre 2.001 y 3.000 habitantes, los miembros que podrán prestar sus servicios en régimen de dedicación exclusiva no excederá de dos.

d) En los Ayuntamientos de Municipios con población comprendida entre 3.001 y 10.000 habitantes, los miembros que podrán prestar sus servicios en régimen de dedicación exclusiva no excederá de tres.

e) En los Ayuntamientos de Municipios con población comprendida entre 10.001 y 15.000 habitantes, los miembros que podrán prestar sus servicios en régimen de dedicación exclusiva no excederá de cinco.

f) En Ayuntamientos de Municipios con población comprendida entre 15.001 y 20.000 habitantes, los miembros que podrán prestar sus servicios en régimen de dedicación exclusiva no excederá de siete.

g) En los Ayuntamientos de Municipios con población comprendida entre 20.001 y 35.000 habitantes, los miembros que podrán prestar sus servicios en régimen de dedicación exclusiva no excederá de diez.

h) En los Ayuntamientos de Municipios con población comprendida entre 35.001 y 50.000 habitantes, los miembros que podrán prestar sus servicios en régimen de dedicación exclusiva no excederá de once.

i) En los Ayuntamientos de Municipios con población comprendida entre 50.001 y 100.000 habitantes, los miembros que podrán prestar sus servicios en régimen de dedicación exclusiva no excederá de quince.

j) En los Ayuntamientos de Municipios con población comprendida entre 100.001 y 300.000 habitantes, los miembros que podrán prestar sus servicios en régimen de dedicación exclusiva no excederá de dieciocho.

k) En los Ayuntamientos de Municipios con población comprendida entre 300.001 y 500.000 habitantes, los miembros que podrán prestar sus servicios en régimen de dedicación exclusiva no excederá de veinte.

l) En los Ayuntamientos de Municipios con población comprendida entre 500.001 y 700.000 habitantes, los miembros que podrán prestar sus servicios en régimen de dedicación exclusiva no excederá de veintidós.

m) En los Ayuntamientos de Municipios con población comprendida entre 700.001 y 1.000.000 habitantes, los miembros que podrán prestar sus servicios en régimen de dedicación exclusiva no excederá de veinticinco.

n) En los Ayuntamientos de Municipios de Madrid y Barcelona, los miembros que podrán prestar sus servicios en régimen de dedicación exclusiva no excederán, respectivamente, de cuarenta y cinco y de treinta y dos.

2. El número máximo de miembros que podrán prestar sus servicios en régimen de dedicación exclusiva en las Diputaciones provinciales será el mismo que el del tramo correspondiente a la Corporación del municipio más poblado de su provincia.

3. En los Cabildos y Consejos Insulares el número máximo de miembros que podrán prestar sus servicios en régimen de dedicación exclusiva se determinará en función del siguiente criterio: en las islas con más de 800.000 habitantes se reduce en 2 respecto al número actual de miembros de cabildo, y en las de menos de 800.000 habitantes el 60% de los cargos electos en cada Cabildo Insular.

ANOTACIONES

El Tribunal Constitucional (Sentencia 111/2016, de 9 de junio) ha declarado la constitucionalidad de este artículo. Véase el extracto del Fundamento de Derecho 5 b) transcrito en las anotaciones al final del artículo anterior (art. 57 bis).

Artículo 76

Sin perjuicio de las causas de incompatibilidad establecidas por la Ley, los miembros de las Corporaciones locales deberán abstenerse de participar en la deliberación, votación, decisión y ejecución de todo asunto cuando concurra alguna de las causas a que se refiere la legislación de procedimiento administrativo y contratos de las Administraciones Públicas. La actuación de los miembros en que concurran tales motivos implicará, cuando haya sido determinante, la invalidez de los actos en que hayan intervenido.

CONCORDANCIAS

LRJSP/2015, arts. 23 y 24; LCSP, art. 71.1 g); ROF, arts. 21, 47.2, 67.2, 96 y 185;
Ley Aragón 7/1999, de 9 de abril, art. 108;
Decreto Legislativo Cataluña 2/2003, de 28 de abril, art. 167;
Ley Galicia 5/1997, de 22 de julio, art. 230;
Ley La Rioja 1/2003, de 3 de marzo, art. 119.

Artículo 77

Todos los miembros de las Corporaciones locales tienen derecho a obtener del Alcalde o Presidente o de la Comisión de Gobierno cuantos antecedentes, datos o informaciones obren en poder de los servicios de la Corporación y resulten precisos para el desarrollo de su función.

La solicitud de ejercicio del derecho recogido en el párrafo anterior habrá ce ser resuelta motivadamente en los cinco días naturales siguientes a aquél en que se hubiese presentado.

CONCORDANCIAS Y ANOTACIONES

Párrafo segundo añadido por la Ley 11/1999, de 21 de abril, de modificación de la
LBRL y otras medidas para el desarrollo del Gobierno Local, en materia de tráfico,
circulación de vehículos a motor y seguridad vial y en materia de agua.
ROF, arts. 14 a 16;
Ley Aragón 7/1999, de 9 de abril, art. 104;
Decreto Legislativo Cataluña 2/2003, de 28 de abril, art. 164;
Ley Galicia 5/1997, de 22 de julio, art. 226;
Ley La Rioja 1/2003, de 3 de marzo, art. 118.

Sobre el alcance e interpretación que ha de darse a las previsiones efectuadas en este
art. 77 LBRL en Tribunal Supremo ha efectuado diversas consideraciones
"... a los efectos del derecho fundamental reconocido en el artículo 23 de la CE, el dere-
cho de acceso a expedientes y documentos por parte de los concejales que materialmen-
te reconocen los artículos 77 de la LBRL y 14 del ROF (RCL 1986, 3812), no puede
quedar condicionado a que se trate de asuntos a debatir por el Pleno municipal" (Sen-
tencia del Tribunal Supremo de 10 de febrero de 2022, recurso de casación 681/2021).
"Examinando los preceptos citados de la normativa sobre régimen local en materia
de acceso a la información de los miembros de las corporaciones locales (artículos
77 LBRL y 14 a 16 ROF) a la luz de la jurisprudencia que delimita el significado y
alcance de la disposición adicional primera.2 de la Ley 19/2013, de Transparencia y
Buen Gobierno, bien puede decirse que la normativa de régimen local contiene una
regulación que desarrolla el derecho de acceso a la información en dicho ámbito por
parte de los miembros de la corporación local. Lo que, a efectos de lo establecido
en la citada disposición adicional primera.2 de la Ley 19/2013 significa que dicho
régimen específico habrá de ser aplicado con carácter preferente a la regulación de la

Ley de Transparencia, siendo esta de aplicación supletoria" (Sentencia del Tribunal Supremo de 10 de marzo de 2022, recurso de casación 3382/2020).

Artículo 78

1. Los miembros de las Corporaciones locales están sujetos a responsabilidad civil y penal por los actos y omisiones realizados en el ejercicio de su cargo. Las responsabilidades se exigirán ante los Tribunales de Justicia competentes y se tramitarán por el procedimiento ordinario aplicable.

CONCORDANCIAS
ROF, arts. 8 y 22.1.

2. Son responsables de los acuerdos de las Corporaciones locales los miembros de las mismas que los hubiesen votado favorablemente.

CONCORDANCIAS
ROF, art. 22.2.

3. Las Corporaciones locales podrán exigir la responsabilidad de sus miembros cuando por dolo o culpa grave, hayan causado daños y perjuicios a la Corporación o a terceros, si éstos hubiesen sido indemnizados por aquélla.

CONCORDANCIAS
LBRL, art. 54; TRRL, art. 60; ROF, art. 225.

4. Los Presidentes de las Corporaciones locales podrán sancionar con multa a los miembros de las mismas, por falta no justificada de asistencia a las sesiones o incumplimiento reiterado de sus obligaciones, en los términos que determine la Ley de la Comunidad Autónoma y, supletoriamente, la del Estado.

CONCORDANCIAS
LBRL, art. 21.1 n); TRRL, arts. 59 y 73; ROF, arts. 12 y 18
Ley Aragón 7/1999, de 9 de abril, art. 105;
Decreto Legislativo Cataluña 2/2003, de 28 de abril, art. 168;
Ley Galicia 5/1997, de 22 de julio, arts. 228 y 229;
Ley Foral 6/1990, de 2 de julio, art. 75.

TÍTULO VI. Bienes, actividades y servicios, y contratación

CAPÍTULO I. Bienes

Concordancias
TRRL, arts. 74 a 87; RBEL.

Artículo 79

1. El patrimonio de las Entidades locales está constituido por el conjunto de bienes, derechos y acciones que les pertenezcan.

Concordancias
RBEL, art. 1.1.

2. Los bienes de las Entidades locales son de dominio público o patrimoniales.

Concordancias
RBEL, art. 2.

3. Son bienes de dominio público los destinados a un uso o servicio público. Tienen la consideración de comunales aquellos cuyo aprovechamiento corresponda al común de los vecinos.

Concordancias
CE, art. 132.1; LBRL, art. 18.1 c); TRRL, arts. 74 y 75; RBEL, arts. 3, 4, 94 y ss.;
Ley Andalucía 7/1999, de 29 de septiembre;
Ley Aragón 7/1999, de 9 de abril, arts. 169 y 170;
Decreto Legislativo Cataluña 2/2003, de 28 de abril, arts. 200 a 203;
Ley Galicia 5/1997, de 22 de julio, arts. 263, 264 y 265;
Ley Foral 6/1990, de 2 de julio, arts. 97, 98 y 139 a 178;
Ley La Rioja 1/2003, de 3 de marzo, arts. 169 y ss.;
Ley Madrid 2/2003, de 11 de marzo, arts. 88 y ss.

Artículo 80

1. Los bienes comunales y demás bienes de dominio público son inalienables, inembargables e imprescriptibles y no están sujetos a tributo alguno.

Concordancias
CE, art. 132; LHL, art. 154.2; RBEL, art. 5;
Ley Andalucía 7/1999, de 29 de septiembre, art. 3;

Ley Aragón 7/1999, de 9 de abril, art. 172.1;
Decreto Legislativo Cataluña 2/2003, de 28 de abril, arts. 202 y 208;
Ley Galicia 5/1997, de 22 de julio, art. 266;
Ley Foral Navarra 6/1990, de 2 de julio, art. 100.

2. Los bienes patrimoniales se rigen por su legislación específica y, en su defecto, por las normas de Derecho privado.

CONCORDANCIAS

TRRL, arts. 76 y ss.; RBEL, arts. 8 y 92
Ley Andalucía 7/1999, de 29 de septiembre, arts. 2.3, 16 a 25 y 36 a 41;
Ley Aragón 7/1999, de 9 de abril, art. 172.3;
Decreto Legislativo Cataluña 2/2003, de 28 de abril, art. 203;
Ley Galicia 5/1997, de 22 de julio, art. 268;
Ley 20/1998, de 29 de junio.

Artículo 81

1. La alteración de la calificación jurídica de los bienes de las Entidades locales requiere expediente en el que se acrediten su oportunidad y legalidad.

CONCORDANCIAS

LBRL, arts. 22.2 l), 33.2 g) y 47.3 k); TRRL, art. 86; ROF, arts. 50.13 y 70.13;
RBEL, arts. 8 y 100;
Ley Andalucía 7/1999, de 29 de septiembre, arts. 5 y 6;
Ley Aragón 7/1999, de 9 de abril, art. 177;
Decreto Legislativo Cataluña 2/2003, de 28 de abril, art. 204;
Ley Foral Navarra 6/1990, de 2 de julio, art. 103.

2. No obstante, la alteración se produce automáticamente en los siguientes supuestos:

a) Aprobación definitiva de los planes de ordenación urbana y de los proyectos de obras y servicios.

b) Adscripción de bienes patrimoniales por más de veinticinco años a un uso o servicio públicos.

CONCORDANCIAS

LCSP, art. 302.3; RBEL, art. 8.4;
Ley Aragón 7/1999, de 9 de abril, art. 178;
Decreto Legislativo Cataluña 2/2003, de 28 de abril, art. 204.2;
Ley Galicia 5/1997, de 22 de julio, art. 269;
Ley Foral Navarra 6/1990, de 2 de julio, art. 103.2;
Ley La Rioja 1/2003, de 3 de marzo, arts. 181 y ss.

Artículo 82

Las Entidades locales gozan, respecto de sus bienes, de las siguientes perrogativas:

CONCORDANCIAS
LBRL, art. 4.1 d); ROF, art. 4.1 d); RBEL, art. 44.

a) La de recuperar por sí mismas su posesión en cualquier momento cuando se trate de los de dominio público, y en el plazo de un año, los patrimoniales.

CONCORDANCIAS
RBEL, arts. 70, 71 y 72.

b) La de deslinde, que se ajustará a lo dispuesto en la legislación del Patrimonio del Estado y, en su caso, en la legislación de los montes.

CONCORDANCIAS
*RBEL, arts. 56 a 59;
Ley Andalucía 7/1999, de 29 de septiembre, arts. 63 a 71;
Ley Aragón 7/1999, de 9 de abril, art. 173;
Decreto Legislativo Cataluña 2/2003, de 28 de abril, arts. 225 y 226;
Ley Galicia 5/1997, de 22 de julio, arts. 40 a 47 y 280;
Ley Foral Navarra 6/1990, de 2 de julio, art. 114;
Ley La Rioja 1/2003, de 3 de marzo, art. 173.*

Artículo 83

Los montes vecinales en mano común se regulan por su legislación específica.

CONCORDANCIAS
Ley 55/1980, de 11 de noviembre, de Montes Vecinales en Mano Común; Decreto núm. 569/1970 de 26 de febrero, por el que se aprueba el reglamento de los montes vecinales en mano común.

Sobre los requisitos para la clasificación de los Montes como vecinales en Mano Común y sus efectos véanse las SSTS de 10 de enero de 1997 y de 3 de noviembre de 1998.

*Ley Galicia 13/1989, de 10 de octubre, de montes vecinales en mano común.
Decreto Legislativo 1/2017, de 20 de junio, aprueba el texto refundido de la Ley de Montes de Aragón, art. 28.*

CAPÍTULO II. Actividades y servicios

Artículo 84

> *Artículo redactado por la Ley 25/2009, de 22 de diciembre, de modificación de diversas leyes para su adaptación a la Ley sobre el libre acceso a las actividades de servicios y su ejercicio. Previamente, la Ley 11/1999, de 21 de abril, de modificación de la LBRL y otras medidas para el desarrollo del Gobierno Local, en materia de tráfico, circulación de vehículos a motor y seguridad vial y en materia de aguas, había añadido un párrafo tercero a la redacción originaria. Véanse las redacciones anteriores al final de este mismo artículo.*

1. Las Entidades locales podrán intervenir la actividad de los ciudadanos a través de los siguientes medios:

> CONCORDANCIAS Y ANOTACIONES
>
> *RSCL, arts. 1 y ss. Téngase en cuenta la Ley 17/2009, de 23 de noviembre, sobre el libre acceso a las actividades de servicios y su ejercicio, y la Ley 20/2013, de 9 de diciembre, de garantía de unidad de mercado.*
> *Decreto Legislativo Cataluña 2/2003, de 28 de abril, art. 236;*

a) Ordenanzas y bandos.

> CONCORDANCIAS
>
> *LBRL, arts. 22.2 d), 33.2 b), 49 y 106; TRRL, art. 55; RSCL, arts. 5 a), 7 y 11.*

b) Sometimiento a previa licencia y otros actos de control preventivo. No obstante, cuando se trate del acceso y ejercicio de actividades de servicios incluidas en el ámbito de aplicación de la Ley 17/2009, de 23 de noviembre, sobre el libre acceso a las actividades de servicios y su ejercicio, se estará a lo dispuesto en la misma.

> CONCORDANCIAS
>
> *LBRL, arts. 22.2 d), 33.2 b), 49 y 106; TRRL, art. 55; RSCL, arts. 5 a), 7 y 11.*
> *Ley 17/2009, de 23 de noviembre, sobre el libre acceso a las actividades de servicios y su ejercicio, y la Ley 20/2013, de 9 de diciembre, de garantía de unidad de mercado.*

c) Sometimiento a comunicación previa o a declaración responsable, de conformidad con lo establecido en el artículo 71 bis de la Ley 30/1992, de 26 de noviembre, de Régimen Jurídico de las Administraciones Públicas y del Procedimiento Administrativo Común.

CONCORDANCIAS Y ANOTACIONES

RSCL, arts. 8, 9, 12 y 16;
LPA/2015, art, 69;
Ley Aragón 7/1999, de 9 de abril, arts. 193 a 196
Ley 17/2009, de 23 de noviembre, sobre el libre acceso a las actividades de servicios
y su ejercicio, y la Ley 20/2013, de 9 de diciembre, de garantía de unidad de mercado.

Téngase en cuenta que la referencia que en este artículo se efectúa al art. 71 bis de
la LRJ-PAC, hay que entenderla efectuada, tras su derogación, al art. 69 LPA/2015.

d) Sometimiento a control posterior al inicio de la actividad, a efectos de verificar el cumplimiento de la normativa reguladora de la misma.

CONCORDANCIAS

RSCL, arts. 8, 9, 12 y 16;
Ley Aragón 7/1999, de 9 de abril, arts. 193 a 196
Ley 17/2009, de 23 de noviembre, sobre el libre acceso a las actividades de servicios
y su ejercicio, y la Ley 20/2013, de 9 de diciembre, de garantía de unidad de mercado.

e) Órdenes individuales constitutivas de mandato para la ejecución de un acto o la prohibición del mismo.

CONCORDANCIAS

RSCL, art. 5 c); Foral 6/1990, de 2 de julio, art. 180.

2. La actividad de intervención de las Entidades locales se ajustará, en todo caso, a los principios de igualdad de trato, necesidad y proporcionalidad con el objetivo que se persigue.

CONCORDANCIAS

RSCL, arts. 2, 4 y 6;
Decreto Legislativo Cataluña 2/2003, de 28 de abril, art. 236;
Ley Galicia 5/1997, de 22 de julio, art. 286;
Ley Foral 6/1990, de 2 de julio, art. 179.

3. Las licencias o autorizaciones otorgadas por otras Administraciones Públicas no eximen a sus titulares de obtener las correspondientes licencias de las Entidades locales, respetándose en todo caso lo dispuesto en las correspondientes leyes sectoriales.

CONCORDANCIAS Y ANOTACIONES

Apartado añadido por Ley 11/1999, de 21 de abril.
Ley La Rioja 1/2003, de 3 de marzo, arts. 193 y ss.

REDACCIONES ANTERIORES

La redacción anterior,
1. Las Corporaciones locales podrán intervenir la actividad de los ciudadanos a través de los siguientes medios:
a) Ordenanzas y bandos.
b) Sometimiento a previa licencia y otros actos de control preventivo.
c) Ordenes individuales constitutivas de mandato para la ejecución de un acto o la prohibición del mismo.
2. La actividad de intervención se ajustará, en todo caso, a los principios de igualdad de trato, congruencia con los motivos y fines justificativos y respeto a la libertad individual.
3. Las licencias o autorizaciones otorgadas por otras Administraciones públicas no eximen a sus titulares de obtener licencias de las correspondientes de las entidades locales, respetándose en todo caso lo dispuesto en las correspondientes leyes sectoriales".

La redacción originaria lo era en los siguientes términos:
"1. Las Corporaciones locales podrán intervenir la actividad de los ciudadanos a través de los siguientes medios:
a) Ordenanzas y Bandos.
b) Sometimiento a previa licencia y otros actos de control preventivo.
c) Ordenes individuales constitutivas de mandato para la ejecución de un acto o la prohibición del mismo.
2. La actividad de intervención se ajustará, en todo caso, a los principios de igualdad de trato, congruencia con los motivos y fines justificativos y respecto a la libertad individual".

Redacción a la que la Ley 11/1999, de 21 de abril, de modificación de la LBRL y otras medidas para el desarrollo del Gobierno Local, en materia de tráfico, circulación de vehículos a motor y seguridad vial y en materia de aguas, añadió un apartado 3:
"3. Las licencias o autorizaciones otorgadas por otras Administraciones públicas no eximen a sus titulares de obtener las correspondientes licencias de las entidades locales, respetándose en todo caso lo dispuesto en las correspondientes leyes sectoriales".

Artículo 84 bis

Artículo modificado por la Ley 27/2013, de 27 de diciembre, de racionalización y sostenibilidad de la Administración Local.

La Sentencia del Tribunal Constitucional 101/2017, de 20 de julio, desestimó todos los motivos de inconstitucionalidad planteados contra la nueva redacción que, este artículo, recibió de la Ley 27/2013, de 27 de diciembre —Véase, en especial, el Fundamento de Derecho 10 que se extracta al final de este artículo—.

1. Sin perjuicio de lo dispuesto en el artículo anterior, con carácter general, el ejercicio de actividades no se someterá a la obtención de licencia u otro medio de control preventivo.

No obstante, podrá exigirse una licencia u otro medio de control preventivo respecto a aquellas actividades económicas:

a) Cuando esté justificado por razones de orden público, seguridad pública, salud pública o protección del medio ambiente en el lugar concreto donde se realiza la actividad, y estas razones no puedan salvaguardarse mediante la presentación de una declaración responsable o de una comunicación.

b) Cuando por la escasez de recursos naturales, la utilización de dominio público, la existencia de inequívocos impedimentos técnicos o en función de la existencia de servicios públicos sometidos a tarifas reguladas, el número de operadores económicos del mercado sea limitado.

2. Las instalaciones o infraestructuras físicas para el ejercicio de actividades económicas solo se someterán a un régimen de autorización cuando lo establezca una Ley que defina sus requisitos esenciales y las mismas sean susceptibles de generar daños sobre el medioambiente y el entorno urbano, la seguridad o la salud públicas y el patrimonio histórico y resulte proporcionado. La evaluación de este riesgo se determinará en función de las características de las instalaciones, entre las que estarán las siguientes:

a) La potencia eléctrica o energética de la instalación.

b) La capacidad o aforo de la instalación.

c) La contaminación acústica.

d) La composición de las aguas residuales que emita la instalación y su capacidad de depuración.

e) La existencia de materiales inflamables o contaminantes.

f) Las instalaciones que afecten a bienes declarados integrantes del patrimonio histórico.

3. En caso de existencia de licencias o autorizaciones concurrentes entre una Entidad Local y otra Administración, la Entidad Local deberá motivar expresamente en la justificación de la necesidad de la autorización o licencia el interés general concreto que se pretende proteger y que éste no se encuentra ya cubierto mediante otra autorización ya existente.

CONCORDANCIAS Y ANOTACIONES

Como señala el Preámbulo de la Ley 2/2011, de 4 de marzo, de Economía Sostenible (párrafo tercero, apartado IV) "se modifica la Ley 7/1985, de 2 de abril, de Bases de Régimen Local, para restringir la posibilidad de exigir licencias a aquellas actividades en las que concurran razones imperiosas de interés general, vinculadas con la protección de la salud o seguridad públicas, el medioambiente o el patrimonio histórico-artístico. Se habilita a las Haciendas Locales, a través de la reforma del Real Decreto Legislativo 2/2004, de 5 de marzo, por el que se aprueba el Texto Refundido de la Ley Reguladora de las Haciendas Locales, a cobrar tasas por las actividades de verificación para aquellas actividades no sujetas a autorización o control previo, y se prevé en la disposición adicional octava un procedimiento de clarificación de la situación resultante en cuanto a las licencias exigibles tras la reforma.

El Tribunal Constitucional (Sentencia 101/2017, de 20 de julio) ha declarado la constitucionalidad de este artículo al establecer que:
"La STC 91/2017, FJ 7, desestimó por la misma razón la impugnación de la redacción original del artículo 84 bis LBRL, luego derogada y sustituida por la similar redacción introducida por la previsión impugnada en el presente procedimiento, el artículo 1.20 de la Ley 27/2013: «el precepto impugnado no suprime las licencias locales, ni siquiera pone en cuestión globalmente la figura de la licencia local de actividad»; aun admitiendo que «conlleva per se una limitación de las competencias autonómicas, ello no equivaldría en modo alguno a su vaciamiento. El precepto únicamente limita, en el sentido indicado, las facultades de control de las Administraciones autonómicas y locales en relación con el ejercicio de las actividades económicas, pero ello no impide que las Comunidades Autónomas puedan establecer, en concreto y en ejercicio de sus competencias estatutarias, respecto de la actividad de que se trate, condiciones materiales destinadas a objetivos legítimos distintos de los enunciados en el precepto».
A la vista de todo ello, cabe señalar, en primer término, que la redacción vigente del artículo 84 bis LBRL, que es la que aquí se controvierte, estando específicamente destinada a condicionar las regulaciones sectoriales relativas a la intervención local en actividades económicas, puede entenderse amparada en la competencia estatal para dictar las bases del régimen local (art. 149.1.18 CE), sin perjuicio de la «estrecha conexión» que guarda con el artículo 149.1.13 CE toda normativa sobre intervención pública en la economía (en este sentido, refiriéndose a «toda regulación de servicios reservados», en relación con el art. 85.2 LBRL , STC 41/2016, de 3 de marzo, FJ 14).

Cabe concluir también, en consonancia con la doctrina constitucional expuesta, que el precepto impugnado no ha privado estrictamente a las Comunidades Autónomas de la capacidad de «decidir políticamente fines y orientar hacia ellos la regulación de una materia», como «genuino sentido» de que el sistema constitucional «les haya atribuido competencias en el ámbito regulado» (STC 41/2016, de 3 de marzo, FJ 4). No impide que las Comunidades Autónomas, en ejercicio de sus competencias estatutarias, establezcan, respecto de la actividad de que se trate, condiciones materiales destinadas a objetivos legítimos distintos de los que este precepto enuncia específicamente. La Comunidad Autónoma no puede optar por el sistema autorizatorio para *proteger objetivos legítimos distintos de los enumerados en la previsión impugnada, pero puede tutelar otros bienes fijando requisitos y límites y, en general, mediante las regulaciones materiales cuya aprobación le corresponde por virtud de su Estatuto de Autonomía.*

El artículo 84 bis LBRL, introducido por el artículo 1.20 de la Ley 27/2013, es, pues, una base del régimen local (art. 149.1.18 CE) que no llega a impedir que las Comunidades Autónomas desarrollen políticas propias. Procede, pues, desestimar la impugnación"

REDACCIÓN ANTERIOR

Este artículo había sido añadido por la Ley 2/2011, de 4 de marzo, de Economía Sostenible, con la siguiente redacción:
"Sin perjuicio de lo dispuesto en el artículo anterior, con carácter general, el ejercicio de actividades no se someterá a la obtención de licencia u otro medio de control preventivo. No obstante, podrán someterse a licencia o control preventivo aquellas actividades que afecten a la protección del medio ambiente o del patrimonio histórico-artístico, la seguridad o la salud públicas, o que impliquen el uso privativo y ocupación de los bienes de dominio público, siempre que la decisión de sometimiento esté justificada y resulte proporcionada. En caso de existencia de licencias o autorizaciones concurrentes entre una entidad local y alguna otra Administración, la entidad local deberá motivar expresamente en la justificación de la necesidad de la autorización o licencia el interés general concreto que se pretende proteger y que éste no se encuentra ya cubierto mediante otra autorización ya existente".

Artículo 84 ter

Artículo añadido por Ley 2/2011, de 4 de marzo, de Economía Sostenible.

Cuando el ejercicio de actividades no precise autorización habilitante y previa, las Entidades locales deberán establecer y planificar los procedimientos de comunicación necesarios, así como los de verificación posterior del cumplimiento de los requisitos precisos para el ejercicio de la misma por los interesados previstos en la legislación sectorial.

CONCORDANCIAS Y ANOTACIONES

Véase la nota al artículo anterior sobre la Ley 2/2011, de 4 de marzo, de Economía Sostenible, que introduce este precepto en la LBRL.

Artículo 85

Artículo modificado por la Ley 27/2013, de 27 de diciembre, de racionalización y sostenibilidad de la Administración Local. La redacción originaria había sido modificada por la Ley 57/2003, de 16 de diciembre, de Medidas para la Modernización del Gobierno Local (LMMGL), y por la Ley 30/2007, de Contratos del Sector Público.

La Sentencia del Tribunal Constitucional 180/2016, de 20 de julio, desestimó todos los motivos de inconstitucionalidad planteados contra la nueva redacción que, el aparado 2 de este artículo, recibió de la Ley 27/2013, de 27 de diciembre (Véase, en especial, el Fundamento de Derecho 14 que se transcribe al final de este artículo).

1. Son servicios públicos locales los que prestan las entidades locales en el ámbito de sus competencias.

2. Los servicios públicos de competencia local habrán de gestionarse de la forma más sostenible y eficiente de entre las enumeradas a continuación:

A) Gestión directa:

a) Gestión por la propia Entidad Local.

b) Organismo autónomo local.

c) Entidad pública empresarial local.

d) Sociedad mercantil local, cuyo capital social sea de titularidad pública.

Solo podrá hacerse uso de las formas previstas en las letras c) y d) cuando quede acreditado mediante memoria justificativa elaborada al efecto que resultan más sostenibles y eficientes que las formas dispuestas en las letras a) y b), para lo que se deberán tener en cuenta los criterios de rentabilidad económica y recuperación de la inversión. Además, deberá constar en el expediente la memoria justificativa del asesoramiento recibido que se elevará al Pleno para su aprobación en donde se incluirán los informes sobre el coste del servicio, así como, el apoyo técnico recibido, que deberán ser publicitados. A estos efectos, se recabará informe del interventor local quien valorará la sostenibilidad financiera de las propuestas planteadas, de conformidad con lo previsto en el artículo 4 de la Ley Orgánica 2/2012, de 27 de abril, de Estabilidad Presupuestaria y Sostenibilidad Financiera.

B) Gestión indirecta, mediante las distintas formas previstas para el contrato de gestión de servicios públicos en el texto refundido de la Ley de Contratos del Sector Público, aprobado por Real Decreto Legislativo 3/2011, de 14 de noviembre.

La forma de gestión por la que se opte deberá tener en cuenta lo dispuesto en el artículo 9 del Estatuto Básico del Empleado Público, aprobado por Ley 7/2007, de 12 de abril, en lo que respecta al ejercicio de funciones que corresponden en exclusiva a funcionarios públicos.

CONCORDANCIAS Y ANOTACIONES

Las menciones realizadas en este apartado a la Ley de Contratos del Sector Público y al Estatuto Básico del Empleado Público han de entenderse efectuadas, respectivamente, a la Ley 9/2017, de 8 de noviembre (LCSP/2017) y al Real Decreto Legislativo 5/2015, de 5 de octubre (TREBEP/2015).

Véanse, en este sentido, los arts. 284 a 295 LCSP/2017.

Téngase en cuenta que el art. 284.1 LCSP/2017 dispone que "la Administración podrá gestionar indirectamente, mediante contrato de concesión de servicios, los servicios de su titularidad o competencia siempre que sean susceptibles de explotación económica por particulares" y que "en ningún caso podrán prestarse mediante concesión de servicios los que impliquen ejercicio de la autoridad inherente a los poderes públicos", previsión, ésta última, que ha sido eliminada de la LBRL al suprimir la Ley 27/2013, de 27 de diciembre, el art. 85.3 LBRL.

La nueva redacción (LMMGL) incorpora dos párrafos en el que se jerarquizan las formas de gestión directa estableciendo la preferencia de la gestión por la entidad local u organismo autónomo de la misma, determinando los requisitos a cumplir en caso de recurrir a otros modos de gestión y la necesidad de que sea cual sea la forma de gestión por la que se opte resulta preciso que se respete el ejercicio de funciones atribuido, de manera exclusiva, a los funcionarios públicos.

El Dictamen 338/2014 emitido por la Comisión Permanente del Consejo de Estado en sesión celebrada el 26 de junio de 2013 sobre el anteproyecto de Ley de racionalización y sostenibilidad de la Administración Local considera que no hay fundamentos jurídicos suficientes para plantear el conflicto en defensa de la autonomía local en relación con este precepto.

El Tribunal Constitucional (Sentencia 41/2016, de 3 de marzo, F. 14) ha declarado la constitucionalidad del art. 85.2 al establecer que:

"El recurso de inconstitucionalidad impugna el art. 85.2 LBRL, en la redacción dada por el art. 1.21 LRSAL. Se dirige contra el régimen de preferencia de gestión por la propia entidad local o sus organismos autónomos sobre la realizada mediante entidades públicas empresariales o sociedades mercantiles locales. Vulneraría la garantía constitucional de la autonomía local y las competencias estatutarias de las Comunidades Autónomas, que alcanzan a la regulación de las modalidades de gestión, sin que la prelación establecida pueda reputarse un principio básico que pueda establecer válidamente el Estado.

Conforme a la nueva redacción del art. 85.2 LBRL, los —servicios públicos de competencia local— deben gestionarse —de la forma más sostenible y eficiente—. A su vez, en lo concerniente a la gestión directa, tienen preferencia unas soluciones sobre otras. El recurso a la entidad pública empresarial o a la sociedad mercantil local cabe solo si resulta más sostenible y eficiente que la gestión mediante organismo autónomo o por la propia entidad local —a partir de criterios de rentabilidad económica y recuperación de la inversión— y si se cumplen determinadas exigencias formales, entre ellas, un informe del interventor local sobre su sostenibilidad financiera conforme al art. 4 LOEPSF.

Bajo la óptica de las Comunidades Autónomas, esta regulación impone limitaciones a la legislación autonómica del régimen local que deben reputarse básicas. El art. 149.1.18 CE da cobertura a una legislación básica sobre la gestión de servicios públicos locales [SSTC 103/2013, FJ 3 d); 143/2013, FJ 7], teniendo cuenta la estrecha conexión que toda regulación de servicios reservados (más o menos sustraídos al régimen de libre mercado) guarda con las opciones de ordenación general de la economía que la Constitución atribuye al Estado (art. 149.1.13 CE). La nueva ordenación básica responde a la finalidad de evitar la proliferación de personificaciones instrumentales o, más precisamente, de asegurar la sostenibilidad financiera y eficiencia de las que se creen; con independencia de la eficacia real del instrumento, expresa una opción, no solo legítima, sino estrechamente vinculada a determinados mandatos constitucionales (arts. 31.2, 103.1 y 135 CE).

Desde la perspectiva de los entes locales, el art. 85.2 LBRL condiciona la autonomía local, pero no la vulnera en absoluto. Los entes locales conservan amplios espacios de opción organizativa. No puede ponerse reparos a la previsión de un informe del interventor local que valore la sostenibilidad financiera. Así resulta de la doctrina constitucional en relación con el control de eficacia que el art. 136 LBRL atribuye al interventor municipal. La STC 143/2013, FJ 10, declaró que ni ese control —ni la circunstancia de que ello implicaría una valoración de la gestión económico-financiera llevada a cabo por los órganos de gobierno del Ayuntamiento suscitan reparos de índole constitucional, sino todo lo contrario, pues todo ello se ajusta plenamente a los principios generales de buena gestión financiera parcialmente constitucionalizados en el art. 31.2 CE—.

Consecuentemente, procede desestimar la impugnación del art. 85.2 LBRL, en la redacción dada por el art. 1.21 LRSAL".

Apartado modificado por la Ley 27/2013, de 27 de diciembre, de racionalización y sostenibilidad de la Administración Local. La redacción anterior, que procedía de la Ley 30/2007, de 30 de octubre, de Contratos del Sector Público, era la siguiente:
2. Los servicios públicos de la competencia local podrán gestionarse mediante alguna de las siguientes formas:
A. Gestión directa:
a) Gestión por la propia entidad local.
b) Organismo autónomo local.
c) Entidad pública empresarial local.
d) Sociedad mercantil local, cuyo capital social sea de titularidad pública.
B. Gestión indirecta, mediante las distintas formas previstas para el contrato de gestión de servicios públicos en la Ley de Contratos del Sector Público.

Redacciones anteriores

La Ley 27/2013, de 27 de diciembre, de racionalización y sostenibilidad de la Administración Local, suprimió el apartado 3 en el que se establecía que:
"3. En ningún caso podrán prestarse por gestión indirecta ni mediante sociedad mercantil de capital social exclusivamente local los servicios públicos que impliquen ejercicio de autoridad".

Téngase e cuenta lo señalado sobre esta cuestión en las concordancias y anotaciones realizadas en este mismo artículo.

Artículo 85 bis

Artículo añadido por la Ley 57/2003, de 16 de diciembre, de Medidas para la Moder-
nización del Gobierno Local (LMMGL).

1. La gestión directa de los servicios de la competencia local mediante las
formas de organismos autónomos locales y de entidades públicas empresariales
locales se regirán, respectivamente, por lo dispuesto en los artículos 45 a 52
y 53 a 60 de la Ley 6/1997, de 14 de abril, de Organización y Funcionamiento
de la Administración General del Estado, en cuanto les resultase de aplicación,
con las siguientes especialidades:

CONCORDANCIAS Y ANOTACIONES

LRJSP/2015, arts. 81 a 139.
Téngase en cuenta que con la derogación dela Ley 6/1997, de 14 de abril, de Or-
ganización y Funcionamiento de la Administración General del Estado por la LRJ-
SP/2015 las referencias aquí efectuadas hay que entenderlas realizadas a los arts. 98
a 102 (organismos autónomos locales) y 103 a 108 (entidades públicas empresariales
locales).

a) Su creación, modificación, refundición y supresión corresponderá al Pleno de la entidad local, quien aprobará sus estatutos. Deberán quedar adscritas
a una Concejalía, Área u órgano equivalente de la entidad local, si bien, en el
caso de las entidades públicas empresariales, también podrán estarlo a un organismo autónomo local. Excepcionalmente, podrán existir entidades públicas
empresariales cuyos estatutos les asignen la función de dirigir o coordinar a
otros entes de la misma o distinta naturaleza.

b) El titular del máximo órgano de dirección de los mismos deberá ser un
funcionario de carrera o laboral de las Administraciones públicas o un profesional del sector privado, titulados superiores en ambos casos, y con más de
cinco años de ejercicio profesional en el segundo. En los municipios señalados
en el título X, tendrá la consideración de órgano directivo.

c) En los organismos autónomos locales deberá existir un consejo rector,
cuya composición se determinará en sus estatutos.

d) En las entidades públicas empresariales locales deberá existir un consejo de administración, cuya composición se determinará en sus Estatutos. El
secretario del Consejo de Administración, que debe ser un funcionario público
al que se exija para su ingreso titulación superior, ejercerá las funciones de

fe pública y asesoramiento legal de los órganos unipersonales y colegiados de estas entidades.

e) La determinación y modificación de las condiciones retributivas, tanto del personal directivo como del resto del personal, deberán ajustarse en todo caso a las normas que al respecto apruebe el Pleno o la Junta de Gobierno, según corresponda.

f) Estarán sometidos a controles específicos sobre la evolución de los gastos de personal y de la gestión de sus recursos humanos por las correspondientes concejalías, áreas u órganos equivalentes de la entidad local.

g) Su inventario de bienes y derechos se remitirá anualmente a la concejalía, área u órgano equivalente de la entidad local.

h) Será necesaria la autorización de la concejalía, área u órgano equivalente de la entidad local a la que se encuentren adscritos, para celebrar contratos de cuantía superior a las cantidades previamente fijadas por aquélla.

i) Estarán sometidos a un control de eficacia por la concejalía, área u órgano equivalente de la entidad local a la que estén adscritos.

j) Cualquier otra referencia a órganos estatales efectuada en la Ley 6/1997, de 14 de abril, y demás normativa estatal aplicable, se entenderá realizada a los órganos competentes de la entidad local.

Las referencias efectuadas en el presente artículo a la Junta de Gobierno, se entenderán efectuadas al Pleno en los municipios en que no exista aquélla.

2. Los estatutos de los organismos autónomos locales y de las entidades públicas empresariales locales comprenderán los siguientes extremos:

a) La determinación de los máximos órganos de dirección del organismo, ya sean unipersonales o colegiados, así como su forma de designación, con respeto en todo caso a lo dispuesto en el apartado anterior, con indicación de aquellos actos y resoluciones que agoten la vía administrativa.

b) Las funciones y competencias del organismo, con indicación de las potestades administrativas generales que éste puede ejercitar.

c) En el caso de las entidades públicas empresariales, los estatutos también determinarán los órganos a los que se confiera el ejercicio de las potestades administrativas.

d) El patrimonio que se les asigne para el cumplimiento de sus fines y los recursos económicos que hayan de financiar el organismo.

e) El régimen relativo a recursos humanos, patrimonio y contratación.

f) El régimen presupuestario, económico-financiero, de contabilidad, de intervención, control financiero y control de eficacia, que serán, en todo caso, conformes con la legislación sobre las Haciendas Locales y con lo dispuesto en el capítulo III del título X de esta ley.

3. Los estatutos deberán ser aprobados y publicados con carácter previo a la entrada en funcionamiento efectivo del organismo público correspondiente.

ANOTACIONES

La nueva redacción de la LMMGL sustituyó los términos "Comisión de Gobierno" por los de "Junta de Gobierno" Local a lo largo de todo el texto en los arts. 20, 21, 22, 23, 32, 34, 35, 52.2, 70, 85 bis, 123, 124, 125, 126, 127, 129 y 130, así como en las dips. adics. Octava y Décimocuarta, pues tal y como se indica en la propia Exposición de Motivos de la Ley 57/2003, de 16 de diciembre (párrafo 5º del apartado III), "en materia de organización, debe destacarse que la Comisión de Gobierno pasa a denominarse «Junta de Gobierno Local», expresión que tiende a destacar la naturaleza ejecutiva de dicho órgano. La propia exposición de Motivos de la Ley 57/2003 de 16 de diciembre (párrafo 3º del apartado IV) califica a este órgano como de "necesario".

Artículo 85 ter

Artículo añadido por la Ley 57/2003, de 16 de diciembre, de Medidas para la Modernización del Gobierno Local (LMMGL).

1. Las sociedades mercantiles locales se regirán íntegramente, cualquiera que sea su forma jurídica, por el ordenamiento jurídico privado, salvo las materias en que les sea de aplicación la normativa presupuestaria, contable, de control financiero, de control de eficacia y contratación, y sin perjuicio de lo señalado en el apartado siguiente de este artículo.

2. La sociedad deberá adoptar una de las formas previstas en el texto refundido de la Ley de Sociedades de Capital aprobado por el Real Decreto Legislativo 1/2010, de 2 de julio, y en la escritura de constitución constará el capital que deberá ser aportado por las Administraciones Públicas o por las entidades del sector público dependientes de las mismas a las que corresponda su titularidad.

CONCORDANCIAS Y ANOTACIONES

Apartado modificado por la Ley 27/2013, de 27 de diciembre, de racionalización y sostenibilidad de la Administración Local. La redacción anterior, procedente de la Ley 57/2003, de 16 de diciembre, de Medidas para la Modernización del Gobierno Local (LMMGL), lo era en los siguientes términos:

> *"La sociedad deberá adoptar una de las formas de sociedad mercantil de responsabilidad limitada, y en la escritura de constitución constará el capital, que deberá ser aportado íntegramente por la entidad local o un ente público de la misma".*

3. Los estatutos determinarán la forma de designación y el funcionamiento de la Junta General y del Consejo de Administración, así como los máximos órganos de dirección de las mismas.

CONCORDANCIAS Y ANOTACIONES

La LMMGL había introducido un disp. adic. Duodécima en la LBRL sobre "reordenación de sociedades mercantiles" cuyo texto ha sido modificado por la Ley 27/2013, de 27 de diciembre, de racionalización y sostenibilidad de la Administración Local. Los términos en los que se encontraba redactada la referida disp. adic. Duodécima, hasta su reforma, eran los siguientes:

"1. En los supuestos de constitución de una entidad pública empresarial con la función de dirigir o coordinar a otros entes con naturaleza de sociedad mercantil local, la incorporación, en su caso, de participaciones accionariales de titularidad de la corporación o de un ente público de la misma a la entidad pública empresarial, o de ésta a aquélla se acordará por el Pleno del ayuntamiento. Las operaciones de cambio de titularidad tendrán plena efectividad a partir del Acuerdo Plenario que constituirá título acreditativo de la nueva titularidad a todos los efectos. Las participaciones accionariales recibidas se registrarán en la contabilidad del nuevo titular por el mismo valor contable que tenían en el anterior titular a la fecha de dicho Acuerdo.

2. Asimismo, las citadas operaciones de cambio de titularidad no estarán sujetas a la legislación del mercado de valores ni al régimen de oferta pública de adquisición y no darán lugar al ejercicio de derechos de tanteo, retracto o cualquier otro derecho de adquisición preferente que estatutaria o contractualmente pudieran ostentar sobre dichas participaciones otros accionistas de las sociedades cuyas participaciones sean transferidas o, en su caso, terceros a esas sociedades. Adicionalmente, la mera transferencia y reordenación de participaciones societarias que se realice en aplicación de esta norma no podrá ser entendida como causa de modificación o de resolución de las relaciones jurídicas que mantengan tales sociedades.

3. Todas las operaciones societarias, cambios de titularidad y actos derivados de lo previsto en la presente disposición estarán exentos de cualquier tributo estatal, incluidos los tributos cedidos a las Comunidades Autónomas, o local, sin que en este último caso proceda la compensación a que se refiere el primer párrafo del apartado 2 del artículo 9 de la Ley 39/1988, de 28 de diciembre, Reguladora de las Haciendas Locales.

Los aranceles de los fedatarios públicos y registradores de la propiedad y mercantiles que intervengan los actos derivados de la ejecución de la presente norma se reducirán en un 90 por 100".

Artículo 86

Artículo modificado por la Ley 27/2013, de 27 de diciembre, de racionalización y sostenibilidad de la Administración Local. Véase la redacción anterior al final de este mismo artículo.

La Sentencia del Tribunal Constitucional 54/2017, de 11 de mayo, desestimó todos los motivos de inconstitucionalidad planteados contra la nueva redacción que, este art. 86, recibió de la Ley 27/2013, de 27 de diciembre —Véase, en especial, el Fundamento de Derecho 5 b) que se extracta al final de este artículo—.

1. Las entidades locales podrán ejercer la iniciativa pública para el desarrollo de actividades económicas, siempre que esté garantizado el cumplimiento del objetivo de estabilidad presupuestaria y de la sostenibilidad financiera del ejercicio de sus competencias. En el expediente acreditativo de la conveniencia y oportunidad de la medida habrá de justificarse que la iniciativa no genera riesgo para la sostenibilidad financiera del conjunto de la Hacienda municipal debiendo contener un análisis del mercado, relativo a la oferta y a la demanda existente, a la rentabilidad y a los posibles efectos de la actividad local sobre la concurrencia empresarial.

Corresponde al pleno de la respectiva Corporación local la aprobación del expediente, que determinará la forma concreta de gestión del servicio.

2. Se declara la reserva en favor de las entidades locales de las siguientes actividades o servicios esenciales: abastecimiento domiciliario y depuración de aguas; recogida, tratamiento y aprovechamiento de residuos, y transporte público de viajeros, de conformidad con lo previsto en la legislación sectorial aplicable. El Estado y las Comunidades Autónomas, en el ámbito de sus respectivas competencias, podrán establecer, mediante Ley, idéntica reserva para otras actividades y servicios.

La efectiva ejecución de estas actividades en régimen de monopolio requiere, además del acuerdo de aprobación del pleno de la correspondiente Corporación local, la aprobación por el órgano competente de la Comunidad Autónoma.

3. En todo caso, la Administración del Estado podrá impugnar los actos y acuerdos previstos en este artículo, con arreglo a lo dispuesto en el Capítulo III del Título V de esta Ley, cuando incumplan la legislación de estabilidad presupuestaria y sostenibilidad financiera.

243 Reguladora de las bases del régimen local

Concordancias y anotaciones

El Tribunal Constitucional (Sentencia 54/2017, de 11 de mayo, F. 5 b) ha declarado la constitucionalidad del art. 86 al establecer que:
"El artículo 128.2 CE «reconoce la iniciativa pública en la actividad económica» y, con ello, la posibilidad de que el Estado, las Comunidades Autónomas y las corporaciones locales creen y mantengan empresas públicas a fin de realizar tareas susceptibles de aprovechamiento económico. Esta previsión, en cuanto norma habilitante, autoriza directamente el ejercicio de un poder sin necesidad de interposición legislativa. No obstante, el ejercicio de esta iniciativa pública no está exento de límites.
Hay, de un lado, los límites que resultan de otros preceptos constitucionales: la iniciativa pública en la actividad económica, en cuanto poder fiduciario, debe ejercerse en beneficio de intereses públicos (art. 103.1 CE) y teniendo en cuenta los principios de eficiencia y economía (art. 31.2 CE), asignación equitativa de los recursos públicos (art. 31.2 CE), subordinación de la riqueza nacional al interés general (art. 128.1 CE) y estabilidad presupuestaria (art. 135 CE). Hay, de otro lado, las condiciones que impone el legislador al concretar los términos en que el Estado, las Comunidades Autónomas y los entes locales pueden hacer uso de esta iniciativa pública económica. Por ejemplo, los establecidos en el título VII, sobre «patrimonio empresarial de la Administración General del Estado» (artículos 166-188), de la Ley 33/2003, de 3 de noviembre, del patrimonio de las Administraciones públicas. En cuanto a los entes locales, la Ley reguladora de las bases del régimen local viene fijando los términos en que estos pueden ejercer la iniciativa económica que tienen constitucionalmente reconocida, singularmente en los artículos 85 ter (añadido por el art. 1.3 de la Ley 57/2003, de 16 de diciembre) y 86. Estas consideraciones permiten ya descartar que el nuevo artículo 86.1 LBRL vulnere la autonomía local constitucionalmente garantizada (arts. 137, 140 y 141.1 CE) o la iniciativa pública económica constitucionalmente reconocida (art. 128.2 CE) por el solo hecho de regular y condicionar los términos en que los entes locales pueden crear y mantener empresas públicas. El artículo 128.2 CE autoriza directamente a los entes locales el desarrollo de actividades susceptibles de aprovechamiento económico, pero en modo alguno prohíbe que el legislador competente regule esa potestad, sometiéndola a límites y condiciones. Por lo demás, la supresión de la referencia al artículo 128.2 CE no impide ni dificulta la aplicación de ese precepto constitucional ni es por sí indicador de una supuesta voluntad de la Ley 27/2013 de erradicar la iniciativa pública económica constitucionalmente reconocida a los entes locales. Si el nuevo artículo 86.1 LBRL puede o no interpretarse en ese sentido dependerá del alcance o intensidad de las condiciones que haya impuesto efectivamente a la creación y mantenimiento de empresas públicas.
A este respecto, las concretas limitaciones introducidas no desvirtúan ni desactivan la opción constitucional favorable a permitir la iniciativa pública local en la actividad económica (art. 128.2 CE). En modo alguno resulta injustificado o desproporcionado exigir la ausencia de «riesgo para la sostenibilidad financiera del conjunto de la Hacienda municipal» y los requisitos formales asociados (justificación de aquella condición material que incluya un análisis de mercado sobre la oferta y la demanda existente, la rentabilidad y los efectos posibles de la actividad sobre la concurrencia empresarial), máxime si se tiene en cuenta que de ese modo se dinamizan otros prin-

cipios constitucionales, la eficiencia (art. 31.2 CE) y la estabilidad presupuestaria (art. 135 CE).
Corresponde, pues, desestimar la impugnación del artículo 86 LBRL, en la redacción dada por el artículo 1.23 de la Ley 27/2013".

REDACCIÓN ANTERIOR

Apartado modificado por la Ley 27/2013, de 27 de diciembre, de racionalización y sostenibilidad de la Administración Local. La redacción anterior, procedente de la Ley 57/2003, de 16 de diciembre, de Medidas para la Modernización del Gobierno Local (LMMGL), lo era en los siguientes términos:
1. Las Entidades locales, mediante expediente acreditativo de la conveniencia y oportunidad de la medida, podrán ejercer la iniciativa pública para el ejercicio de actividades económicas conforme al artículo 128.2 de la Constitución.
2. Cuando el ejercicio de la actividad se haga en régimen de libre concurrencia, la aprobación definitiva corresponderá al Pleno de la Corporación, que determinará la forma concreta de gestión del servicio.
3. Se declara la reserva en favor de las Entidades locales de las siguientes actividades o servicios esenciales: abastecimiento y depuración de aguas; recogida, tratamiento y aprovechamiento de residuos; <u>suministro de gas y calefacción</u>; mataderos, mercados y lonjas centrales; transporte público de viajeros; <u>servicios mortuorios</u>. El Estado y las Comunidades Autónomas, en el ámbito de sus respectivas competencias, podrán establecer, mediante Ley, idéntica reserva para otras actividades y servicios.
La efectiva ejecución de estas actividades en régimen de monopolio requiere, además de lo dispuesto en el número 2 de este artículo, la aprobación por el órgano de gobierno de la Comunidad Autónoma.

Sobre esa redacción originaria se habían eliminado los incisos subrayados. El Real Decreto-Ley 7/1996, de 7 de junio, por el que se liberalizó la prestación de los servicios mortuorios (art. 22) y la Ley 34/1998, de 7 de octubre, de Hidrocarburos, que derogó el art. 86.3 y disposiciones concordantes, en los que se refieren al suministro de gas.

Artículo 87

Artículo derogado por la LRJSP/2015.
Véanse los arts. 84, 118 a 127, disp. adic. Décima. disp. transit. Segunda LRJSP/2017.

Artículo redactado por la Ley 57/2003, de 16 de diciembre, de Medidas para la Modernización del Gobierno Local (LMMGL). Véase la redacción anterior al final de este mismo artículo.

1. Las entidades locales pueden constituir consorcios con otras Administraciones públicas para fines de interés común o con entidades privadas sin ánimo de lucro que persigan fines de interés público, concurrentes con los de las Administraciones públicas.

CONCORDANCIAS Y ANOTACIONES

LBRL, art. 57; TRRL, arts. 64, 69 y 110; RSCL, arts. 37 a 40;

Ley Andalucía 5/2010, de 11 de junio, arts. 62 y 78 a 82;
Ley Aragón 7/1999, de 9 de abril, arts. 218 y 219; Decreto Legislativo Aragón
1/2006, de 27 de diciembre, disp. adic. Cuarta;
Ley Castilla y León 1/1998, de 4 de junio, art. 48;
Decreto Legislativo Cataluña 2/2003, de 28 de abril, arts. 150, 191 y 270 a 272;
Ley Galicia 5/1997, de 22 de julio, arts. 117, 149 a 152, 196 y 297.3;
Ley Región de Murcia 7/1983, de 7 de octubre, art. 4.3;
Ley Foral Navarra 6/1990, de 2 de julio, arts. 212 y 213;
Ley La Rioja 1/2003, de 3 de marzo, arts. 99 y 219;
Ley Madrid 2/2003, de 11 de marzo, art. 136.
A pesar de que la Ley 57/2003, de 16 de diciembre, da nueva redacción a la totalidad
del artículo este apartado primero, antiguo apartado único, mantiene los mismos
términos que presentaba en la redacción anterior.
Sobre la prestación de servicios mediante consorcios ténganse en cuenta las dispo-
siciones adicionales Decimotercera y Decimocuarta y la disp. transitoria Sexta de la
Ley 27/2013, de 27 de diciembre, de racionalización y sostenibilidad de la Admi-
nistración Local, así como el régimen jurídico establecido en la disp. adic. Vigésima
LRJ-PAC.

2. Los consorcios podrán utilizarse para la gestión de los servicios públicos locales, en el marco de los convenios de cooperación transfronteriza en que participen las entidades locales españolas, y de acuerdo
con las previsiones de los convenios internacionales ratificados por
España en la materia.

ANOTACIONES

Este apartado supuso una innovación puesto que no existía previsión equivalente
antes de la reforma operada por la LMMGL.
Sobre la regulación contenida en este artículo téngase en cuenta que el párrafo 11
del apartado III de la Exposición de Motivos de la Ley 57/2003, de 16 de diciembre,
indicaba que "asimismo, se incorporan a nuestra legislación básica de régimen local
los consorcios transfronterizos, como mecanismo asociativo que puede utilizarse en
una actividad de creciente importancia como es la cooperación transfronteriza de
nuestras entidades locales".

REDACCIÓN ANTERIOR (ORIGINARIA)

El contenido de este artículo fue modificado íntegramente por la Ley 57/2003, de 16
de diciembre y la redacción anterior (que coincidía con la originaria) era la siguiente:
"Las entidades locales pueden constituir consorcios con otras Administraciones
públicas para fines de interés común o con entidades privadas sin ánimo de lucro
que persigan fines de interés público, concurrentes con los de las Administraciones
públicas".

CAPÍTULO III. Contratación

Artículo derogado por la Ley 30/2007, de 30 de octubre, de Contratos del Sector Público.

La redacción previa (que coincidía con la originaria excepto en el porcentaje establecido en el apartado 3 y que había sido modificado en diversas ocasiones) lo era en los siguientes términos:
"Sin perjuicio de lo dispuesto en el artículo 5, apartado C), la contratación de las Corporaciones locales se ajustará a las siguientes peculiaridades:
1. La competencia para contratar de los distintos órganos se regirá por lo dispuesto en la presente Ley y en la legislación de las Comunidades Autónomas sobre régimen local.
2. Los supuestos de incapacidad e incompatibilidad para contratar con las Entidades locales se determinarán por la legislación básica del Estado.
3. Por razón de la cuantía, la contratación directa sólo podrá acordarse en los contratos de obras, servicios y suministros cuando no excedan del 10 por 100 de los recursos ordinarios del Presupuesto. En ningún caso podrá superarse el límite establecido para la contratación directa en las normas básicas aplicables a todas las Administraciones públicas.
4. Las fianzas deberán depositarse en la Caja de la Corporación contratante".

TÍTULO VII. Personal al servicio de las Entidades locales

CAPÍTULO I. Disposiciones generales

Real Decreto legislativo 5/2015, de 30 de octubre (TREBEP); TRRL, arts. 126 a 177; RD 896/1991, de 7 de junio, Reglas Básicas y Programas Mínimos a que debe ajustarse el Procedimiento de Selección de los Funcionarios de la Administración Local; RD 480/1993, de 2 de abril, Integración en el Régimen General de la Seguridad Social de los Funcionarios de la Administración Local; Real Decreto 128/2018, de 16 de marzo, por el que se regula el régimen jurídico de los funcionarios de Administración Local con habilitación de carácter nacional; RD 861/1986, de 25 de abril, de Régimen de las retribuciones de Funcionarios de la Administración Local;

Ley 30/1984 de 2 de agosto, de Medidas para Reforma de la Función Pública; Ley 53/1984, de 26 de diciembre, de Incompatibilidades del Personal al Servicio de las Administraciones Públicas; RD 33/1986, de 10 de enero, Reglamento de Régimen Disciplinario de los Funcionarios de la Administración del Estado; Real Decreto 462/2002, de 24 de mayo, Indemnizaciones por Razón de Servicio; RD 364/1995, de 10 de marzo, Reglamento General de Ingreso del Personal al Servicio de la Administración General del Estado y de Provisión de Puestos de Trabajo y Promoción Profesional de los Funcionarios Civiles de la Administración General del Estado;

RD 365/1995, de 10 de marzo, Reglamento de Situaciones Administrativas de los Funcionarios Civiles de la Administración General del Estado.

Artículo 89

El personal al servicio de las Entidades locales estará integrado por funcionarios de carrera, contratados en régimen de derecho laboral y personal eventual que desempeña puestos de confianza o asesoramiento especial.

CONCORDANCIAS

TREBEP, art. 3; TRRL, arts. 130.2, 176 y 177.2;
Ley Aragón 7/1999, de 9 de abril, arts. 235 a 250;
Decreto Legislativo Cataluña 2/2003, de 28 de abril, art. 282;
Ley Galicia 5/1997, de 22 de julio, art. 231;
Ley Foral Navarra 6/1990, de 2 de julio, art. 233.

Artículo 90

1. Corresponde a cada Corporación local aprobar anualmente, a través del Presupuesto, la plantilla, que deberá comprender todos los puestos de trabajo reservados a funcionarios, personal laboral y eventual.

Las plantillas deberán responder a los principios de racionalidad, economía y eficiencia y establecerse de acuerdo con la ordenación general de la economía, sin que los gastos de personal puedan rebasar los límites que se fijen con carácter general.

CONCORDANCIAS

LBRL, arts. 21.1 g), 22.2 i), 33.2 f) y 34.1 g); TRRL, arts. 126 y 127.

2. Las Corporaciones locales formarán la relación de todos los puestos de trabajo existentes en su organización, en los términos previstos en la legislación básica sobre función pública.

Corresponde al Estado establecer las normas con arreglo a las cuales hayan de confeccionarse las relaciones de puestos de trabajo, la descripción de puestos de trabajo tipo y las condiciones requeridas para su creación, así como las normas básicas de la carrera administrativa, especialmente por lo que se refiere a la promoción de los funcionarios a niveles y grupos superiores.

3. Las Corporaciones locales constituirán Registros de personal, coordinados con los de las demás Administraciones públicas, según las normas apro-

badas por el Gobierno. Los datos inscritos en tal Registro determinarán las nóminas, a efectos de la debida justificación de todas las retribuciones.

CONCORDANCIAS

TREBEP, art. 8; Ley 30/1984, de 2 de agosto, de Medidas para la Reforma de la Función Pública, art. 13;
Decreto Legislativo Cataluña 2/2003, de 28 de abril, arts. 283 y 284;
Ley Galicia 5/1997, de 22 de julio, art. 232.

Artículo 91

1. Las Corporaciones locales formarán públicamente su oferta de empleo, ajustándose a los criterios fijados en la normativa básica estatal.

CONCORDANCIAS

TRRL, art. 128; Ley 30/1984, de 2 de agosto, de Medidas para la Reforma de la Función Pública, arts. 17 y 18.
Decreto Legislativo Cataluña 2/2003, de 28 de abril, art. 285;

2. La selección de todo el personal, sea funcionario o laboral, debe realizarse de acuerdo con la oferta de empleo público, mediante convocatoria pública y a través del sistema de concurso, oposición o concurso-oposición libre en los que se garanticen, en todo caso, los principios constitucionales de igualdad, mérito y capacidad, así como el de publicidad.

CONCORDANCIAS

Carta Europea de Autonomía Local, art. 6.2; TRRL, arts. 133 y ss., 169.2 y 171.2;
Decreto Legislativo Cataluña 2/2003, de 28 de abril, art. 286;
Ley Galicia 5/1997, de 22 de julio, arts. 233 y 245;
Ley La Rioja 1/2003, de 3 de marzo, art. 233.

CAPÍTULO II. Disposiciones comunes a los funcionarios de carrera

Artículo 92. Funcionarios al servicio de la Administración local

Artículo modificado (incluyendo la adición de su rúbrica) por la Ley 27/2013, de 27 de diciembre, de racionalización y sostenibilidad de la Administración Local. Véase la redacción anterior al final de este mismo artículo.

1. Los funcionarios al servicio de la Administración local se rigen, en lo no dispuesto en esta Ley, por la Ley 7/2007, de 12 de abril, del Estatuto Básico del Empleado Público, por la restante legislación del Estado en materia de

función pública, así como por la legislación de las Comunidades Autónomas, en los términos del artículo 149.1.18 de la Constitución.

CONCORDANCIAS

TREBEP, art, 3; Ley 30/1984, de 2 de agosto, de Medidas para la Reforma de la Función Pública, arts. 1, 3 y 5.

2. Con carácter general, los puestos de trabajo en la Administración local y sus Organismos Autónomos serán desempeñados por personal funcionario.

CONCORDANCIAS

TREBEP, arts. 8 a 13.

3. Corresponde exclusivamente a los funcionarios de carrera al servicio de la Administración local el ejercicio de las funciones que impliquen la participación directa o indirecta en el ejercicio de las potestades públicas o en la salvaguardia de los intereses generales. Igualmente son funciones públicas, cuyo cumplimiento queda reservado a funcionarios de carrera, las que impliquen ejercicio de autoridad, y en general, aquellas que en desarrollo de la presente Ley, se reservan a los funcionarios para la mejor garantía de la objetividad, imparcialidad e independencia en el ejercicio de la función.

CONCORDANCIAS

TREBEP, art. 9.

Sobre la interpretación que ha de darse al término "funcionarios de carrera" el Tribunal Constitucional ha establecido que:
"En la interpretación del art. 92 LBRL a los efectos de este proceso constitucional, debe tenerse presente que en el seno de la LBRL, la expresión "funcionarios de carrera" se utiliza como equivalente a la de funcionario público, sin exclusión de los interinos. Así resulta del art. 89, que abre su Título VII dedicado al "Personal al servicio de las Entidades locales", y que no ha sido modificado ni por la LEEP de 2007 ni por la Ley 27/2013, que dice: "El personal al servicio de las Entidades locales estará integrado por funcionarios de carrera, contratados en régimen de derecho laboral y personal eventual que desempeña puestos de confianza o asesoramiento especial". Y también de la rúbrica del Capítulo II de ese Título, en que se inserta este art. 92 es "Disposiciones comunes a los funcionarios de carrera".
Ninguna de estas referencias específicas a los funcionarios "de carrera" ha sido interpretada nunca, desde la entrada en vigor de la LBRL en 1985, como una expresa prohibición de nombramiento de funcionarios interinos en la Administración local. Al contrario, esta clase de personal ha seguido existiendo y a ellos se refiere, por ejemplo, el art. 128.2 del Real Decreto Legislativo 781/1986, de 18 de abril, por el

que se aprueba el texto refundido de las disposiciones legales vigentes en materia de Régimen Local (TRRL), que la Ley 27/2013 , de la que procede la redacción del controvertido art. 92 LBRL, ha modificado cuando ha querido hacerlo para adaptarlo a sus líneas generales (disposición final primera, que modificó el art. 97.2 TRRL).

Por otra parte, la amplitud de las funciones reservadas en este art. 92 a los "funcionarios de carrera", que incluye no solo las señaladas en el art. 9.2 TRLEEP, sino en general todas aquellas que lo precisen "para la mejor garantía de objetividad, imparcialidad e independencia en el ejercicio de la función" (art. 92.3 in fine), implicaría que una interpretación del mismo como norma prohibitiva del nombramiento de funcionarios interinos para todas esas funciones reservadas impediría no solo el nombramiento de funcionarios interinos para los cuerpos de policía local, sino en general para cualquier cuerpo o escala de las entidades que integran la Administración local, aunque esos cuerpos no ejerzan funciones de las estrictamente reservadas a funcionarios en el art. 9.2 TRLEEP (Sentencia del Tribunal Constitucional 106/2019, de 19 de septiembre, F. 9).

REDACCIÓN ANTERIOR

Este artículo había sido derogado por la disp. derogatoria Única e) de la Ley 7/2007, de 12 de abril, del Estatuto Básico del Empleado Público (EBEP). La redacción originaria lo era en los siguientes términos:

1. Los funcionarios al servicio de la Administración local se rigen, en lo no dispuesto por esta Ley, por la legislación del Estado y de las Comunidades Autónomas en los términos del artículo 149.1.18.ª de la Constitución.

2. Son funciones públicas, cuyo cumplimiento queda reservado exclusivamente a personal sujeto al Estatuto funcionarial, las que impliquen ejercicio de autoridad, las de fe pública y asesoramiento legal preceptivo, las de control y fiscalización interna de la gestión económico-financiera y presupuestaria, las de contabilidad y tesorería y, en general, aquellas que, en desarrollo de la presente Ley, se reserven a los funcionarios para la mejor garantía de la objetividad, imparcialidad e independencia en el ejercicio de la función.

3. Son funciones públicas necesarias en todas las Corporaciones locales, cuya responsabilidad administrativa está reservada a funcionarios con habilitación de carácter nacional:

a) La de Secretaría, comprensiva de la fe pública y el asesoramiento legal preceptivo.

b) El control y la fiscalización interna de la gestión económico-financiera y presupuestaria y la contabilidad, tesorería y recaudación.

4. La responsabilidad administrativa de las funciones de contabilidad, tesorería y recaudación podrá ser atribuida a miembros de la Corporación o funcionarios sin habilitación de carácter nacional, en aquellos supuestos excepcionales en que así se determine por la legislación del Estado.

Artículo 92 bis. Funcionarios de administración local con habilitación de carácter nacional

Artículo modificado (incluyendo la adición de su rúbrica) por la Ley 27/2013, de 27 de diciembre, de racionalización y sostenibilidad de la Administración Local.

Real Decreto 128/2018, de 16 de marzo, por el que se regula el régimen jurídico de los funcionarios de Administración Local con habilitación de carácter nacional.

La Sentencia del Tribunal Constitucional 45/2017, de 27 de abril, desestimó todos los motivos de inconstitucionalidad planteados contra la nueva redacción que, este art. 92 bis, recibió de la Ley 27/2013, de 27 de diciembre —Véase, en especial, el Fundamento de Derecho 3 b) que se transcribe al final de este artículo—.

Téngase en cuenta que la disp. transit. Séptima (párrafo primero) de la propia LBRL en la redacción recibida de la Ley 27/2013, de 27 de diciembre, de racionalización y sostenibilidad de la Administración Local dispone que:

"En tanto no se desarrolle lo dispuesto en esta Ley para los funcionarios públicos que precisen habilitación nacional, será de aplicación a quienes integran los actuales Cuerpos Nacionales de Administración Local el régimen estatutario vigente en todo aquello que sea compatible y no quede derogado por la presente Ley y por la legislación general del Estado en materia de Función Pública. Los actuales miembros de los Cuerpos Nacionales de Secretarios, Interventores y Depositarios tendrán a todos los efectos la habilitación de carácter nacional regulada en esta Ley"
El Dictamen 338/2014 emitido por la Comisión Permanente del Consejo de Estado en sesión celebrada el 26 de junio de 2013 sobre el anteproyecto de Ley de racionalización y sostenibilidad de la Administración Local considera que no hay fundamentos jurídicos suficientes para plantear el conflicto en defensa de la autonomía local en relación con este precepto en cuanto al control financiero y presupuestario de las entidades locales (en relación con los arts. 213 y 218 TRLHL).

La disp. adic. Segunda.2 del TREBEP dispone que:
"En el ámbito de la Comunidad Autónoma del País Vasco el presente Estatuto se aplicará de conformidad con la disposición adicional primera de la Constitución, con el artículo 149.1.18.ª de la Constitución y con la Ley Orgánica 3/1979, de 18 de diciembre, por la que se aprueba el Estatuto de Autonomía para el País Vasco. Las facultades previstas en el artículo 92 bis de la Ley 7/1985, de 7 de abril, respecto a los funcionarios con habilitación de carácter nacional serán ostentadas por las Instituciones Forales de sus territorios históricos o por las Instituciones Comunes de la Comunidad Autónoma, en los términos que establezca la normativa autonómica".

1. Son funciones públicas necesarias en todas las Corporaciones locales, cuya responsabilidad administrativa está reservada a funcionarios de administración local con habilitación de carácter nacional:

a) La de Secretaría, comprensiva de la fe pública y el asesoramiento legal preceptivo.

b) El control y la fiscalización interna de la gestión económico-financiera y presupuestaria, y la contabilidad, tesorería y recaudación.

No obstante, en los municipios de gran población se tendrá en cuenta lo dispuesto en el Título X de la presente Ley y en los municipios de Madrid y de Barcelona la regulación contenida en las Leyes 22/2006, de 4 de julio, de Capitalidad y de Régimen Especial de Madrid y 1/2006, de 13 de marzo, por la que se regula el Régimen Especial del municipio de Barcelona respectivamente.

ANOTACIÓN

Real Decreto 128/2018, de 16 de marzo, por el que se regula el régimen jurídico de los funcionarios de Administración Local con habilitación de carácter nacional, arts. 2 a 6.

El Tribunal Supremo ha establecido que no resulta posible el ejercicio de la función de fe pública por quienes no fueran funcionarios de Administración Local con habilitación de carácter nacional (Sentencias del Tribunal Supremo de 23 de junio de 2020, recurso de casación 655/2018, y de 24 de junio de 2020, recurso de casación 730/2018).

2. La escala de funcionarios de administración local con habilitación de carácter nacional se subdivide en las siguientes subescalas:

a) Secretaría, a la que corresponden las funciones contenidas en el apartado 1.a) anterior.

b) Intervención-tesorería, a la que corresponden las funciones contenidas en el apartado 1.b).

c) Secretaría-intervención a la que corresponden las funciones contenidas en los apartados 1.a) y 1.b).

ANOTACIÓN

El Real Decreto 10/2015, de 11 de septiembe, modifica, y dio nueva redacción, a este apartado 2 del art. 92 bis LBRL. La modificación consistió en la eliminación del inciso final "salvo la función de tesorería" con la que se cerraba la letra c) de este apartado, de manera que a la subescala Secretraría-Intervención también le corresponden estas funciones.

3. Los funcionarios de las subescalas de Secretaría e Intervención-tesorería estarán integrados en una de estas dos categorías: entrada o superior.

4. El Gobierno, mediante real decreto, regulará las especialidades de la creación, clasificación y supresión de puestos reservados a funcionarios de administración local con habilitación de carácter nacional así como las que puedan corresponder a su régimen disciplinario y de situaciones administrativas.

5. La aprobación de la oferta de empleo público, selección, formación y habilitación de los funcionarios de administración local con habilitación de carácter nacional corresponde al Estado, a través del Ministerio de Hacienda y Administraciones Públicas, conforme a las bases y programas aprobados reglamentariamente.

CONCORDANCIAS Y ANOTACIONES

Téngase en cuenta que el apartado 7 de la disposición adicional segunda, sobre el Régimen Foral vasco fue modificado por la disposición final 1 de Ley 22/2021, de 28 de diciembre, de Presupuestos Generales del Estado para el año 2022, atribuyendo "las facultades previstas en el citado artículo 92.bis respecto a dicho personal serán asumidas en los términos que establezca la normativa autonómica, incluyendo entre las mismas la facultad de selección, la aprobación de la oferta pública de empleo para cubrir las vacantes existentes de las plazas correspondientes a las mismas en su ámbito territorial, convocar exclusivamente para su territorio los procesos de provisión para las plazas vacantes en el mismo, la facultad de nombramiento del personal funcionario en dichos procesos de provisión, la asignación del primer destino y las situaciones administrativas".

Previsión que, aunque declarada inconstitucional por la Sentencia del Tribunal Constitucional 67/2024, de 23 de abril, había sido modificada (previamente a ese fallo del Tribunal Constitucional y en términos similares) por el Real Decreto-ley 6/2023, de 19 diciembre.

6. El Gobierno, mediante real decreto, regulará las especialidades correspondientes de la forma de provisión de puestos reservados a funcionarios de administración local con habilitación de carácter nacional. En todo caso, el concurso será el sistema normal de provisión de puestos de trabajo. El ámbito territorial de los concursos será de carácter estatal.

Los méritos generales, de preceptiva valoración, se determinarán por la Administración del Estado, y su puntuación alcanzará un mínimo del 80% del total posible conforme al baremo correspondiente. Los méritos correspondientes a las especialidades de la Comunidad Autónoma se fijarán por cada una de ellas y su puntuación podrá alcanzar hasta un 15% del total posible. Los méritos correspondientes a las especialidades de la Corporación local se fijarán por ésta, y su puntuación alcanzará hasta un 5% del total posible.

Existirán dos concursos anuales: el concurso ordinario y el concurso unitario. El concurso unitario será convocado por la Administración del Estado. Las Corporaciones locales con puestos vacantes aprobarán las bases del concurso ordinario, de acuerdo con el modelo de convocatoria y bases comunes que se aprueben en el real decreto previsto en el apartado anterior, y efectuarán las convocatorias, remitiéndolas a la correspondiente Comunidad Autónoma para su publicación simultánea en los diarios oficiales.

Excepcionalmente, los puestos de trabajo reservados a funcionarios de administración local con habilitación de carácter nacional podrán cubrirse por el sistema de libre designación, en los municipios incluidos en el ámbito subjetivo definido en los artículos 111 y 135 del texto refundido de la Ley Reguladora de Haciendas Locales, aprobado por el Real Decreto Legislativo 2/2004, de 5 de marzo, así como las Diputaciones Provinciales, Áreas Metropolitanas, Cabildos y Consejos Insulares y las ciudades con estatuto de autonomía de Ceuta y Melilla, entre funcionarios de la subescala y categoría correspondiente. Cuando se trate de puestos de trabajo que tengan asignadas las funciones contenidas en el apartado 1.b) de este artículo, será precisa la autorización expresa del órgano competente de la Administración General del Estado en materia de Haciendas locales.

Igualmente, será necesario informe preceptivo previo del órgano competente de la Administración General del Estado en materia de Haciendas locales para el cese de aquellos funcionarios que tengan asignadas las funciones contenidas en el apartado 1.b) de este artículo y que hubieran sido nombrados por libre designación.

En caso de cese de un puesto de libre designación, la Corporación local deberá asignar al funcionario cesado un puesto de trabajo de su mismo grupo de titulación.

Anotación

Real Decreto 128/2018, de 16 de marzo, por el que se regula el régimen jurídico de los funcionarios de Administración Local con habilitación de carácter nacional, arts. 24 y ss.

7. Las Comunidades Autónomas efectuarán, de acuerdo con la normativa establecida por la Administración del Estado, los nombramientos provisionales de funcionarios con habilitación de carácter nacional, así como las comisiones de servicios, acumulaciones, nombramientos de personal interino y de personal accidental.

8. Los funcionarios deberán permanecer en cada puesto de trabajo, obtenido por concurso, un mínimo de dos años para poder participar en los concursos de provisión de puestos de trabajo o ser nombrados con carácter provisional en otro puesto de trabajo, salvo en el ámbito de una misma Entidad Local.

Excepcionalmente, antes del transcurso de dicho plazo, se podrán efectuar nombramientos con carácter provisional por el Ministerio de Hacienda y Administraciones Públicas, siempre que existan razones y circunstancias que requieran la cobertura del puesto con carácter urgente por estos funcionarios, y la imposibilidad de efectuar un nombramiento provisional conforme a lo establecido en el párrafo anterior.

Reglamentariamente se establecerán las circunstancias excepcionales que justifiquen la solicitud de un nombramiento provisional, debiendo tenerse en cuenta, en todo caso, el posible perjuicio o menoscabo que se generaría en la Entidad Local en la que se ocupe el puesto en el momento de la solicitud.

9. En el Ministerio de Hacienda y Administraciones Públicas existirá un Registro de funcionarios de administración local con habilitación de carácter nacional integrado con las Comunidades Autónomas, donde se inscribirán y anotarán todos los actos que afecten a la vida administrativa de estos funcionarios.

ANOTACIÓN

Real Decreto 128/2018, de 16 de marzo, por el que se regula el régimen jurídico de los funcionarios de Administración Local con habilitación de carácter nacional, art. 23.

10. Son órganos competentes para la incoación de expedientes disciplinarios a los funcionarios de administración local con habilitación de carácter nacional los siguientes:

a) El órgano correspondiente de la Corporación donde el funcionario hubiera cometido los hechos que se le imputan, cuando pudieran ser constitutivos de falta leve.

b) La Comunidad Autónoma respecto a funcionarios de corporaciones locales en su ámbito territorial, salvo cuando los hechos denunciados pudieran ser constitutivos de faltas muy graves tipificadas en la normativa básica estatal.

CONCORDANCIAS

Ley Galicia 5/2014, de 27 de mayo, de medidas urgentes derivadas de la entrada en vigor de la Ley 27/2013, de 27 de diciembre, de racionalización y sostenibilidad de la Administración local

c) El Ministerio de Hacienda y Administraciones Públicas cuando los hechos denunciados pudieran ser constitutivos de faltas muy graves, tipificadas en la normativa básica estatal.

El órgano competente para acordar la incoación del expediente lo será también para nombrar instructor del mismo y decretar o alzar la suspensión provisional del expedientado, así como para instruir diligencias previas antes de decidir sobre tal incoación.

La instrucción del expediente se efectuará por un funcionario de carrera de cualquiera de los Cuerpos o Escalas del Subgrupo A1 de titulación, incluida la Escala de Funcionarios con Habilitación de carácter nacional, que cuente con conocimientos en la materia a la que se refiera la infracción.

ANOTACIÓN

Real Decreto 128/2018, de 16 de marzo, por el que se regula el régimen jurídico de los funcionarios de Administración Local con habilitación de carácter nacional, art. 61.

11. Son órganos competentes para la imposición de sanciones disciplinarias a los funcionarios de administración local con habilitación de carácter nacional los siguientes:

a) El Ministro de Hacienda y Administraciones Públicas, cuando la sanción que recaiga sea por falta muy grave, tipificada en la normativa básica estatal.

b) La Comunidad Autónoma, cuando se trate de imponer sanciones de suspensión de funciones y destitución, no comprendidas en el párrafo anterior.

c) El órgano local competente, cuando se trate de imponer sanciones por faltas leves.

La sanción impuesta se ejecutará en sus propios términos, aún cuando en el momento de la ejecución, el funcionario se encontrara ocupando un puesto distinto a aquel en el que se produjeron los hechos que dieron lugar a la sanción.

La sanción de destitución implicará la pérdida del puesto de trabajo, con la prohibición de obtener destino en la misma Corporación en la que tuvo lugar la sanción, en el plazo que se fije, con el máximo de seis años, para las faltas muy graves, y de tres años para las faltas graves.

La sanción de suspensión de funciones tendrá una duración máxima de seis años, para las faltas muy graves, y de tres años para las faltas graves.

ANOTACIONES

Real Decreto 128/2018, de 16 de marzo, por el que se regula el régimen jurídico de los funcionarios de Administración Local con habilitación de carácter nacional, art. 62.

El Tribunal Constitucional (Sentencia 45/2017, de 27 de abril, F. 3 b) ha declarado la constitucionalidad del art. 92 bis al establecer que:

"Según el letrado autonómico, el artículo 92 bis LBRL vulneraría la garantía constitucional de la autonomía local (arts. 137, 140 y 141.1 CE). Esta obliga al legislador a graduar el alcance o intensidad de la intervención local en función de la relación existente entre los intereses locales y supralocales en el asunto de que se trate (SSTC 32/1981, de 28 de julio, FJ 4; 170/1989, de 19 de octubre, FJ 9; y 51/2004, de 13 de abril, FJ 9). El legislador debe, por tanto, asegurar a los entes locales niveles de capacidad decisoria tendencialmente correlativos a la intensidad de los intereses locales implicados [entre otras, SSTC 154/2015, FJ 6 a), 41/2016, FFJJ 9, 11 b), 111/2016, FFJJ 9 y 12 c)]. La STC 152/2016, de 22 de septiembre, FJ 6, lo expresa del modo siguiente: para valorar si el legislador ha vulnerado la indicada garantía «corresponde determinar: i) si hay intereses supralocales que justifiquen [ ] esta regulación; ii) si el legislador ha ponderado los intereses municipales afectados; y iii) si ha asegurado a los ayuntamientos implicados un nivel de intervención tendencialmente correlativo a la intensidad de tales intereses. Todo ello sobre la base de que [el legislador] puede ejercer en uno u otro sentido su libertad de configuración a la hora de distribuir funciones, pero garantizando el derecho de la comunidad local a participar a través de órganos propios en el gobierno y administración».
Consecuentemente, hemos de tomar en consideración la relación existente entre intereses locales y supralocales para valorar si el artículo 92 bis LBRL, al sustraer del ámbito local relevantes decisiones administrativas atinentes a los funcionarios locales con habilitación de carácter nacional, ha respetado la garantía constitucional de la autonomía local.
El legislador estatal ha diseñado un sistema de controles internos destinado a asegurar la independencia y profesionalidad de los Secretarios e Interventores —los órganos de control— respecto de las corporaciones locales —las entidades controladas—. Nuestro ordenamiento viene desarrollando este modelo al exigir que el «personal controlador» de las corporaciones locales actúe «con plena independencia» (arts. 222 del texto refundido de la Ley reguladora de las haciendas locales y 92.3 LBRL, en la redacción dada por el art. 1.24 de la Ley 27/2013) y mediante una serie de normas que tratan de instrumentar este objetivo. Entre otras, la reserva a «funcionarios de carrera» de ese tipo de funciones «para la mejor garantía de la objetividad, imparcialidad e independencia» en su ejercicio (art. 92.3 LBRL) y, en particular, la reserva a funcionarios «con habilitación de carácter nacional» de las tareas de secretaría e intervención, «necesarias en todas las Corporaciones locales» (art. 92 bis, apartado primero, LBRL, añadido por el art. 1.25 de la Ley 27/2013).
Entre esas normas, se hallan, precisamente, las que alejan del nivel local determinadas decisiones relacionadas con el reclutamiento, formación y sanción de los funcionarios con habilitación de carácter nacional. El legislador básico viene encomendando al Estado y a las Comunidades Autónomas las más relevantes decisiones relacionadas con aquellos aspectos para evitar que quien las tome sea la corporación local que aquellos funcionarios han de controlar. La centralización de esas decisiones en el Estado o las Comunidades Autónomas sirve de este modo a los principios constitucionales de legalidad (arts. 9, apartados 1 y 3, 103.1 y 133.4 CE), eficiencia

y economía (art. 31.2 CE), asignación equitativa de los recursos públicos (art. 31.2 CE), subordinación de la riqueza nacional al interés general (art. 128.1 CE), estabilidad presupuestaria (art. 135 CE) y control (art. 136 CE).

Resultan así más que evidentes los intereses o bienes de alcance supralocal que justifican que no corresponda a los entes locales la serie anteriormente expuesta de tareas que el artículo 92 bis LBRL atribuye al Estado. Otro tanto cabe afirmar respecto de las tareas que tampoco corresponden a los entes locales por tenerlas atribuidas las Comunidades Autónomas, a las que hemos hecho ya referencia también. Por lo demás, el artículo 92 bis LBRL no ha excluido por completo la participación de los entes locales en las tareas de selección, formación y disciplina relativas a los funcionarios con habilitación nacional llamados a controlar su actividad. El precepto impugnado atribuye algunas competencias ejecutivas a las corporaciones locales: la fijación de los «méritos correspondientes a las especialidades de la Corporación local», la aprobación de las bases del «concurso ordinario» y la cobertura de puestos de trabajo reservados a estos funcionarios por el procedimiento de libre designación (posible solo excepcionalmente en determinados entes locales) del apartado sexto, así como la instrucción y resolución de determinados procedimientos disciplinarios (apartado 10).

A la vista de todo lo razonado, cabe apreciar, en lo que atañe a la selección y a las tareas administrativas relacionadas con los funcionarios con habilitación de carácter nacional (art. 92 bis LBRL), que el legislador básico no ha vulnerado la garantía constitucional de la autonomía local (arts. 137 , 140 y 141.1 CE). No suprime por completo la capacidad decisoria local; la restringe. Ciertamente, la capacidad decisoria efectivamente reconocida está muy limitada; el precepto controvertido eleva a los niveles autonómico y estatal la mayor parte de las decisiones administrativas relativas a estos funcionarios. No obstante, tales límites son tendencialmente correlativos a la intensidad de los intereses de alcance supralocal que el legislador básico trata de proteger. Por lo demás, este Tribunal ha tenido ya oportunidad de señalar que los controles internos de la actividad local —como mecanismos de fiscalización articulados en el seno de la propia corporación con garantías específicas de independencia y profesionalidad— son perfectamente compatibles con la autonomía local constitucionalmente garantizada [SSTC 143/2013, de 11 de julio, FJ 10; 41/2016, FJ 14, y 111/2016, FJ 5 b)].

Consecuentemente, corresponde descartar que el artículo 92 bis LBRL, en la redacción dada por el artículo 1.25 de la Ley 27/2013, vulnere la garantía constitucional de la autonomía local (arts. 137, 140 y 141.1 CE)".

Artículo 93

1. Las retribuciones básicas de los funcionarios locales tendrán la misma estructura e idéntica cuantía que las establecidas con carácter general para toda la función pública.

CONCORDANCIAS

TREBEP, art. 23; TRRL, art. 153.1 y 2; RD 861/1986, de 25 de abril, art. 2.

2. Las retribuciones complementarias se atendrán, asimismo, a la estructura y criterios de valoración objetiva de las del resto de los funcionarios públicos. Su cuantía global será fijada por el Pleno de la Corporación dentro de los límites máximos y mínimos que se señalen por el Estado.

CONCORDANCIAS

TREBEP, art. 24; LBRL, arts. 21.1 g), 22.1 i), 33.2 f) y 34.1 g); TRRL, art. 129.1 a); RD 861/1986, de 25 de abril, arts. 3 a 7.

3. Las Corporaciones locales reflejarán anualmente en sus presupuestos la cuantía de las retribuciones de sus funcionarios en los términos previstos en la legislación básica sobre función pública.

CONCORDANCIAS

TRLHL, arts. 165.1 a), 149.1 c) y 157.2 a); Ley 30/1984, de 2 de agosto, de Medidas para la Reforma de la Función Pública, arts. 23 y 24; RD 861/1986, de 25 de abril, Régimen de las Retribuciones, Funcionarios de la Administración Local, arts. 2 a 7; Decreto Legislativo Cataluña 2/2003, de 28 de abril, art. 298; Ley Galicia 5/1997, de 22 de julio, art. 236; Ley La Rioja 1/2003, de 3 de marzo, art. 234.

Artículo 94

La jornada de trabajo de los funcionarios de la Administración local será en cómputo anual la misma que se fije para los funcionarios de la Administración Civil del Estado.

Se les aplicarán las mismas normas sobre equivalencia y reducción de jornada.

CONCORDANCIAS

TREBEP, arts. 47 a 51; TRRL, arts. 142 y 144; RD 861/1986, de 25 de abril, art. 8.3; Decreto Legislativo Cataluña 2/2003, de 28 de abril, art. 299.

Artículo 95

La participación de los funcionarios, a través de sus organizaciones sindicales, en la determinación de sus condiciones de empleo, será la establecida con carácter general para todas las Administraciones Públicas en el Estatuto básico de la función pública.

CONCORDANCIAS

TREBEP, arts. 31 a 46.

Artículo 96

El Instituto de Estudios de Administración Local desarrollará cursos de perfeccionamiento, especialización y promoción para los funcionarios al servicio de las Entidades locales, y colaborará en dichas funciones con los Institutos o Escuelas de funcionarios de las Comunidades Autónomas, así como con las instituciones de este tipo que acuerden constituir las propias Corporaciones.

CONCORDANCIAS

LBRL, arts. 100, 120 y disp. adic. 2ª.9 (Véanse anotaciones efectuadas al art. 120 de esta misma Ley).
Decreto Legislativo Cataluña 2/2003, de 28 de abril, art. 194.2, 286, 288, 292, 293, 294, 297 y 302;
Ley Galicia 5/1997, de 22 de junio, art. 239.

Artículo 97

Los anuncios de convocatorias de pruebas de acceso a la función pública local y de concursos para la provisión de puestos de trabajo deberán publicarse en el «Boletín Oficial del Estado».

Las bases se publicarán en el «Boletín Oficial de la Provincia», salvo las relativas a las convocatorias de pruebas selectivas para la obtención de la habilitación de carácter nacional, que se publicarán en el «Boletín Oficial del Estado».

CONCORDANCIAS

TRRL, art. 134 y disp. final 8ª.

CAPÍTULO III. Selección y formación de los funcionarios con habilitación de carácter nacional y sistema de provisión de plazas

Este capítulo, que ya había sido derogado por la disp. derogatoria única e) del EBEP/2007 vuelve a ser derogado por la disp. derogatoria Única d) del TREBEP/2015.

Artículo 98

Artículo derogado por la disp. derogatoria Única e) de la Ley 7/2007, de 12 de abril, del Estatuto Básico del Empleado Público. La redacción originaria lo era en los siguientes términos:
1. La selección, formación y habilitación de los funcionarios a que se refiere el número 3 del artículo 92 corresponde al Instituto de Estudios de Administración Local, conforme a las bases y programas aprobados reglamentariamente.

Podrá descentralizarse territorialmente la realización de las pruebas de selección para el acceso a los cursos de formación en relación con las Corporaciones de determinado nivel de población, en los términos que establezca la Administración del Estado. El Instituto de Estudios de Administración Local, deberá encomendar, mediante convenio, a los Institutos o Escuelas de funcionarios de las Comunidades Autónomas que así lo soliciten, la formación, por delegación, de los funcionarios que deben obtener una habilitación de carácter nacional.

2. Quienes hayan obtenido la habilitación a que se refiere el número anterior ingresarán en la Función Pública Local y estarán legitimados para participar en los concursos de méritos convocados para la provisión de las plazas o puestos de trabajo reservados a estos funcionarios en las plantillas de cada Entidad local.

Artículo 99

Artículo derogado por la disp. derogatoria Única e) de la Ley 7/2007, de 12 de abril, del Estatuto Básico del Empleado Público.

Previamente, la redacción originaria había sido modificada por la Ley 31/1991, de 30 de diciembre, de Presupuestos Generales del Estado para 1992, por la Ley 10/1993, de 21 de abril, de modificación del régimen de puestos de trabajo reservados a funcionarios de Administración Local con habilitación de carácter nacional, por el Real Decreto Legislativo 2/1994, de 25 de junio, de modificación de la LBRL y del TRRL en lo que se refiere a la provisión de puestos de trabajo de funcionarios de Administración Local con habilitación de carácter nacional y por la Ley 24/2001, de 27 de diciembre, de Medidas Fiscales, Administrativas y del Orden Social.

Los términos en los que se encontraba redactado al momento de su derogación eran los siguientes:

1. El concurso será el sistema normal de provisión de puestos de trabajo y en él se tendrán en cuenta los méritos generales, entre los que figuran la posesión de un determinado grado personal, la valoración del trabajo desarrollado, los cursos de formación y perfeccionamiento superados y la antigüedad; los méritos correspondientes al conocimiento de las especialidades de la organización territorial de cada Comunidad Autónoma y de la normativa autonómica, y los méritos específicos directamente relacionados con las características del puesto.

Los méritos generales serán de preceptiva valoración en todo caso, se determinarán por la Administración del Estado, y su puntuación alcanzará el 65 por 100 del total posible conforme al baremo correspondiente. No regirá esta limitación cuando no se establezcan otros méritos.

Los méritos correspondientes al conocimiento de las especialidades de la organización territorial de la Comunidad Autónoma y de su normativa específica se fijará por cada Comunidad Autónoma, y su puntuación podrá alcanzar hasta un 10 por 100 del total posible.

Los méritos específicos se podrán determinar por cada Corporación local, y su puntuación alcanzará hasta un 25 por 100 del total posible.

Las Corporaciones locales aprobarán las bases del concurso, con inclusión de los méritos específicos que puedan establecer los determinados por su Comunidad Au-

tónoma, así como el conocimiento de la lengua oficial propia de la misma en los términos previstos en la legislación autonómica respectiva.

Los Presidentes de las Corporaciones locales efectuarán las convocatorias de los concursos y las remitirán a las correspondientes Comunidades Autónomas para su publicación simultánea en los diarios oficiales, dentro de los plazos fijados reglamentariamente. Asimismo, el Ministerio para las Administraciones Públicas publicará en el "Boletín Oficial del Estado" extracto de las mismas, que servirá de base para el cómputo de plazos.

Las resoluciones de los concursos se efectuarán por las Corporaciones locales y se remitirán al Ministerio para las Administraciones Públicas, quien previa coordinación de las mismas para evitar la pluralidad simultánea de adjudicaciones a favor de un mismo concursante, procederá a formalizar los nombramientos, que serán objeto de publicación en los diarios oficiales de las Comunidades Autónomas y en el "Boletín Oficial del Estado".

El Ministerio de Administraciones Públicas efectuará, supletoriamente, en función de los méritos generales y los de valoración autonómica y de acuerdo con las Comunidades Autónomas respecto del requisito de la lengua, la convocatoria anual de los puestos de trabajo vacantes reservados a funcionarios de Administración Local con habilitación de carácter nacional que deban proveerse mediante concurso y que se encuentren en alguna de las siguientes situaciones:

a) Aquellos puestos que, encontrándose vacantes, no hubiesen sido convocados por las Corporaciones Locales en el concurso ordinario.

b) Aquellos puestos que, habiendo sido convocados en el concurso ordinario, se hubiesen quedado desiertos.

c) Aquellos puestos que, habiendo sido incluidos en el concurso ordinario, no se hubieran adjudicado por la Corporación Local por otras causas.

d) Aquellos puestos cuyas Corporaciones Locales soliciten expresamente su inclusión, a pesar de haber resultado vacantes con posterioridad a la convocatoria del concurso ordinario. La solicitud de la inclusión de nuevos puestos en el concurso unitario se efectuará por el Presidente de la Corporación que la enviará a la Dirección General para la Administración Local del Ministerio de Administraciones Públicas.

2. Excepcionalmente, podrán cubrirse por el sistema de libre designación, entre habilitados de carácter nacional de la subescala y categoría correspondientes, los puestos a ellos reservados que se determinen en las relaciones de puestos de trabajo. Dicho sistema sólo podrá adoptarse, en atención al carácter directivo de sus funciones o a la especial responsabilidad que asuman, respecto de los puestos en Diputaciones Provinciales, Cabildos y Consejos Insulares, Ayuntamientos, capitales de Comunidad Autónoma o de provincia y de municipios con población superior a cien mil habitantes, siempre que tengan asignado nivel 30 de complemento de destino.

Cuando se trate de puestos de intervención o tesorería, además de los requisitos anteriores, la cuantía mínima del presupuesto ordinario de la Corporación habrá de ser superior a tres mil millones de pesetas. A los funcionarios cesados en los mismos se les garantizará un puesto de trabajo de su subescala y categoría en la Corporación, que deberá figurar en su relación de puestos de trabajo.

Las bases de la convocatoria para cubrir estos puestos serán aprobadas por el Pleno de la Corporación y contendrán la denominación y requisitos indispensables para desempeñarlos.

Las bases de la convocatoria para cubrir estos puestos serán aprobadas por el Presidente de la Corporación y contendrán la denominación y requisitos indispensables para desempeñarlos.
3. La toma de posesión determina la adquisición de los derechos y deberes funcionariales inherentes a la situación en activo, pasando a depender el funcionario de la correspondiente Corporación, sin perjuicio de la facultad disciplinaria de destitución del cargo y de separación definitiva del servicio que queda reservada en todo caso a la Administración del Estado.
4. En todo caso, en esta última Administración se llevará un Registro relativo a los funcionarios locales con habilitación nacional, en el que deberán inscribirse, para su efectividad, todas las incidencias y situaciones de dichos funcionarios.

CAPÍTULO IV. Selección de los restantes funcionarios y reglas sobre provisión de puestos de trabajo

Artículo 100

1. Es competencia de cada Corporación local la selección de los funcionarios con la excepción de los funcionarios con habilitación de carácter nacional.

CONCORDANCIAS Y ANOTACIONES

TRRL, arts. 133 y ss., 169.2 y 171.2.
Apartado modificado por la Ley 27/2013, de 27 de diciembre, de racionalización y sostenibilidad de la Administración Local, la redacción anterior de este apartado era la siguiente:
"Es de competencia de cada Corporación local la selección de los funcionarios no comprendidos en el número 3 del artículo 92".

2. Corresponde, no obstante, a la Administración del Estado, establecer reglamentariamente:

a) Las reglas básicas y los programas mínimos a que debe ajustarse el procedimiento de selección y formación de tales funcionarios.

b) Los títulos académicos requeridos para tomar parte en las pruebas selectivas, así como los Diplomas expedidos por el Instituto de Estudios de Administración Local o por los Institutos o Escuelas de funcionarios establecidos por las Comunidades Autónomas, complementarios de los títulos académicos, que puedan exigirse para participar en las mismas.

CONCORDANCIAS

Ley 30/1984, de 2 de agosto, de Medidas para la Reforma de la Función Pública, art. 25.

Artículo 101

Artículo redactado por Ley 55/1999, de 29 de diciembre, de Medidas fiscales, administrativas y del orden social. Véase la redacción originaria al final de este mismo artículo.

Los puestos de trabajo vacantes que deban ser cubiertos por los funcionarios a que se refiere el artículo anterior se proveerán en convocatoria pública por los procedimientos de concurso de méritos o de libre designación, de acuerdo con las normas que regulen estos procedimientos en todas las Administraciones públicas.

En dichas convocatorias de provisión de puestos de trabajo, además de la participación de los funcionarios propios de la entidad convocante, podrán participar los funcionarios que pertenezcan a cualquiera de las Administraciones públicas, quedando en este caso supeditada la participación a lo que al respecto establezcan las relaciones de puestos de trabajo.

CONCORDANCIAS

TRRL, arts. 168 y ss.

REDACCIÓN ANTERIOR (ORIGINARIA)

La redacción anterior (que coincidía con la originaria) lo era en los siguientes términos:
"Los puestos de trabajo vacantes que deban ser cubiertos por los funcionarios a que se refiere el artículo anterior se proveerán por concurso de méritos entre funcionarios que pertenezcan a cualquiera de las Administraciones públicas; no obstante, aquellos puestos en que así esté establecido en la relación de puestos de trabajo podrán ser provistos mediante libre designación en convocatoria pública, asimismo entre funcionarios.
Serán de aplicación, en todo caso, las normas que regulen estos procedimientos en todas las Administraciones públicas".

Artículo 102

Artículo redactado por Ley 14/2000, de 29 de diciembre, Medidas Fiscales, Administrativas y del Orden Social. Véase la redacción originaria al final de este mismo artículo.

1. Las pruebas de selección y los concursos para la provisión de puestos de trabajo, a que se refiere el presente Capítulo, se regirán por las bases que apruebe el Presidente de la Corporación, a quien corresponderá su convocatoria.

CONCORDANCIAS

LBRL, arts. 21.1 g) y 34.1 g);
Ley Galicia 5/1997, de 22 de julio, art. 233.4.

2. En las pruebas selectivas, el tribunal u órgano similar elevará la correspondiente relación de aprobados al Presidente de la Corporación para hacer el
nombramiento, a quien también corresponderá la resolución motivada de los
concursos para la provisión de puestos de trabajo, previa propuesta de aquellos
órganos de selección.

CONCORDANCIAS

TRRL, arts. 133 y ss.;
Ley Aragón 7/1999, de 9 de abril, art. 247;
Decreto Legislativo Cataluña 2/2003, de 28 de abril, art. 292;
Ley Galicia 5/1997, de 22 de julio, art. 247.

REDACCIÓN ANTERIOR (ORIGINARIA)

La redacción anterior (que coincidía con la originaria) lo era en los siguientes tér-
minos:
1. Las pruebas de selección y los concursos para la provisión de puestos de trabajo,
a que se refiere el presente Capítulo, se regirán por las bases que apruebe el Pleno de
la Corporación.
2. En las pruebas selectivas, el Tribunal u órgano similar elevará la correspondiente
relación de aprobados a la autoridad competente para hacer el nombramiento. Y los
concursos para la provisión de puestos de trabajo serán resueltos, motivadamente,
por el Pleno de la Corporación previa propuesta del Tribunal u órgano similar de-
signado al efecto.

CAPÍTULO V. Del personal laboral y eventual

Artículo 103

El personal laboral será seleccionado por la propia Corporación aten-én-
dose, en todo caso, a lo dispuesto en el artículo 91 y con el máximo respeto
al principio de igualdad de oportunidades de cuantos reúnan los requisitos
exigidos.

CONCORDANCIAS

TREBEP, art. 11; TRRL, art. 177; ROF, art. 41.14 c);
Ley Aragón 7/1999, de 9 de abril, art. 249;
Decreto Legislativo Cataluña 2/2003, de 28 de abril, arts. 304 y 305;
Ley Galicia 5/1997, de 22 de julio, arts. 235 y 249.

Artículo 103 bis. Masa salarial del personal laboral del sector público local

Artículo añadido por Ley 27/2013, de 27 de diciembre, de racionalización y sostenibilidad de la Administración Local.

1. Las Corporaciones locales aprobarán anualmente la masa salarial del personal laboral del sector público local respetando los límites y las condiciones que se establezcan con carácter básico en la correspondiente Ley de Presupuestos Generales del Estado.

2. La aprobación indicada en el apartado anterior comprenderá la referente a la propia Entidad Local, organismos, entidades públicas empresariales y demás entes públicos y sociedades mercantiles locales de ella dependientes, así como las de los consorcios adscritos a la misma en virtud de lo previsto en la legislación básica de régimen jurídico de las Administraciones Públicas y de las fundaciones en las que concurra alguna de las siguientes circunstancias:

a) Que se constituyan con una aportación mayoritaria, directa o indirecta, de las entidades citadas en este apartado.

b) Que su patrimonio fundacional, con un carácter de permanencia, esté formado en más de un 50 por 100 por bienes o derechos aportados o cedidos por las referidas entidades.

3. La masa salarial aprobada será publicada en la sede electrónica de la Corporación y en el Boletín Oficial de la Provincia o, en su caso, de la Comunidad Autónoma uniprovincial en el plazo de 20 días.

CONCORDANCIAS Y ANOTACIONES

Sobre la prestación de servicios mediante consorcios téngase en cuenta las disposiciones adicionales Decimotercera y Decimocuarta de la Ley 27/2013, de 27 de diciembre, de racionalización y sostenibilidad de la Administración Local.

Téngase en cuenta que la LRJSP/2015 derogó la LRJ-PAC (y la disp. adic. Vigésima que en ella se incluía), quedando regulados los Consorcios en los art. 118 a 127 LRJSP/2015.

Artículo 104

1. El número, características y retribuciones del personal eventual será determinado por el Pleno de cada Corporación, al comienzo de su mandato. Estas determinaciones sólo podrán modificarse con motivo de la aprobación de los presupuestos anuales.

CONCORDANCIAS

LBRL, arts. 21.1 g), 22.2 i), 33.2 f), 34.1 g) y 104 bis; TRRL, arts. 126 y 127; TREBEP, art. 12; Ley 30/1984, de 2 de agosto, de Medidas para la Reforma de la Función Pública, art. 20.

2. El nombramiento y cese de estos funcionarios es libre y corresponde al Alcalde o al Presidente de la Entidad local correspondiente. Cesan automáticamente en todo caso cuando se produzca el cese o expire el mandato de la autoridad a la que presten su función de confianza o asesoramiento.

CONCORDANCIAS

TRRL, art. 176.

3. Los nombramientos de funcionarios de empleo, el régimen de sus retribuciones y su dedicación se publicarán en el «Boletín Oficial» de la Provincia y, en su caso, en el propio de la Corporación.

CONCORDANCIAS

TRRL, disp. final 8ª;
Ley Aragón 7/1999, de 9 de abril, art. 250;
Decreto Legislativo Cataluña 2/2003, de 28 de abril, art. 304;
Ley Galicia 5/1997, de 22 de julio, art. 250.

Artículo 104 bis. Personal eventual de las entidades locales

Artículo añadido por Ley 27/2013, de 27 de diciembre, de racionalización y sostenibilidad de la Administración Local.

La Sentencia del Tribunal Constitucional 54/2017, de 11 de mayo, ha declarado inconstitucionales y nulos los apartados 3 y 4 de este artículo —Véase, al final de este artículo extracto del Fundamento 4 b) de esta Sentencia—.

Téngase en cuenta que la disp. transit. Décima de la Ley 27/2013, de 27 de diciembre, de racionalización y sostenibilidad de la Administración Local sobre "aplicación de las limitaciones referidas al número de personal eventual y cargos públicos con dedicación exclusiva" dispone que:
1. A las Entidades Locales que cumplan con los objetivos de estabilidad presupuestaria y deuda pública, y además su período medio de pago a los proveedores no supere en más de 30 días el plazo máximo previsto de la normativa de morosidad, no les aplicará, con carácter excepcional, los límites previstos en los artículos 75 bis y ter y 104 bis de la Ley 7/1985, de 2 de abril, reguladora de las Bases del Régimen Local hasta el 30 de junio de 2015.
2. El cumplimiento de los requisitos previstos en el apartado anterior, será verificado por la Secretaría General de Coordinación Autonómica y Local del Ministerio de Ha-

cienda y Administraciones Públicas, que, en virtud de la información comunicada por las Entidades Locales al mencionado Ministerio, publicará una lista de las Entidades Locales que cumplen los requisitos previstos en el apartado anterior.
3. La excepción prevista en esta disposición podrá aplicarse a las Entidades Locales que cumplan con los requisitos mencionados en el apartado primero en el momento de la entrada en vigor de esta Ley y se mantendrá su aplicación hasta el 30 de junio de 2015 en tanto sigan cumpliendo los requisitos mencionados.
4. En ningún caso, las Entidades Locales en las que concurran los requisitos a los que se refiere esta disposición, podrán incrementar el número total de puestos de trabajo de personal eventual o cargos públicos con dedicación exclusiva respecto al que disponían a 31 de diciembre de 2012.

1. Las dotaciones de puestos de trabajo cuya cobertura corresponda a personal eventual en los Ayuntamientos deberán ajustarse a los siguientes límites y normas:

a) Los Municipios de población entre 2.000 a 5.000 habitantes podrán excepcionalmente contar con un puesto de trabajo cuya cobertura corresponda a personal eventual cuando no haya miembros de la corporación local con dedicación exclusiva.

b) Los Ayuntamientos de Municipios con población superior a 5.000 y no superior a 10.000 habitantes podrán incluir en sus plantillas puestos de traba-jo de personal eventual por un número que no podrá exceder de uno.

c) Los Ayuntamientos de Municipios con población superior a 10.000 y no superior a 20.000 habitantes podrán incluir en sus plantillas puestos de traba-jo de personal eventual por un número que no podrá exceder de dos.

d) Los Ayuntamientos de Municipios con población superior a 20.000 y no superior a 50.000 habitantes podrán incluir en sus plantillas puestos de trabajo de personal eventual por un número que no podrá exceder de siete.

e) Los Ayuntamientos de Municipios con población superior a 50.000 y no superior a 75.000 habitantes podrán incluir en sus plantillas puestos de trabajo de personal eventual por un número que no podrá exceder de la mitad de concejales de la Corporación local.

f) Los Ayuntamientos de Municipios con población superior a 75.000 y no superior a 500.000 habitantes podrán incluir en sus plantillas puestos de trabajo de personal eventual por un número que no podrá exceder del número de concejales de la Corporación local.

g) Los Ayuntamientos de Municipios con población superior a 500.000 habitantes podrán incluir en sus plantillas puestos de trabajo de personal eventual por un número que no podrá exceder al 0,7 por ciento del número total de puestos de trabajo de la plantilla de las respectivas Entidades Locales, considerando, a estos efectos, los entes que tengan la consideración de Administración pública en el marco del Sistema Europeo de Cuentas.

Estos Ayuntamientos, si lo fueran del Municipio de mayor población centro de un Área Metropolitana, podrán incluir en sus plantillas un número adicional de puestos de trabajo de personal eventual, que no podrá exceder del siguiente número:

– Seis, si el Municipio tiene una población entre 500.000 y 1.000.000 de habitantes.

– Doce, si el Municipio tiene una población entre 1.000.001 y 1.500.000 habitantes.

– Dieciocho, si el Municipio tiene una población de más de 1.500.000 habitantes."

ANOTACIONES

El segundo párrafo de este apartado fue introducido, con vigencia indefinida y efectos desde el 1 de enero de 2016, por la Ley de Presupuestos Generales del Estado para el año 2016 (Ley 48/2015, de 29 de octubre).

2. El número de puestos de trabajo cuya cobertura corresponda a personal eventual en las Diputaciones provinciales será el mismo que el del tramo correspondiente a la Corporación del Municipio más poblado de su Provincia. En el caso de los Consejos y Cabildos insulares, no podrá exceder de lo que resulte de aplicar el siguiente criterio: en las islas con más de 800.000 habitantes, se reduce en 2 respecto al número actual de miembros de cabildo, y, en las de menos de 800.000 habitantes, el 60% de los cargos electos en cada Cabildo o Consejo Insular.

3. El resto de Entidades Locales o de sus organismos dependientes no podrán incluir en sus respectivas plantillas, puestos de trabajo cuya cobertura corresponda a personal eventual.

ANOTACIONES

Apartado declarado inconstitucional y nulo por la Sentencia 54/2017, de 11 de mayo —Véase, en especial, el Fundamento de Derecho 4 b) que se extracta al final de este artículo—.

4. El personal eventual al que se refieren los apartados anteriores tendrá que asignarse siempre a los servicios generales de las Entidades Locales en cuya plantilla aparezca consignado. Solo excepcionalmente podrán asignarse, con carácter funcional, a otros de los servicios o departamentos de la estructura propia de la Entidad Local, si así lo reflejare expresamente su reglamento orgánico.

ANOTACIONES

Apartado declarado inconstitucional y nulo por la Sentencia 54/2017, de 11 de mayo —Véase, en especial, el Fundamento de Derecho 4 b) que se extracta al final de este artículo—.

5. Las Corporaciones locales publicarán semestralmente en su sede electrónica y en el Boletín Oficial de la Provincia o, en su caso, de la Comunidad Autónoma uniprovincial el número de los puestos de trabajo reservados a personal eventual.

6. El Presidente de la Entidad Local informará al Pleno con carácter trimestral del cumplimiento de lo previsto en este artículo.

ANOTACIONES

El Tribunal Constitucional ha declarado (Sentencia del Tribunal Constitucional 54/2017, de 11 de mayo, F. 4 b) la inconstitucionalidad de los apartados 3 y 4 de este art. 104 bis, introducido en la LBRL por la Ley 27/2013, de 27 de diciembre, al establecer que:
"Del mismo modo, el artículo 104 bis, apartados 1 y 2, LBRL contiene directrices tendentes a la reducción de los puestos de empleados eventuales o de confianza sin vulnerar la autonomía local constitucionalmente garantizada ni las competencias autonómicas; establece topes máximos, en función de la población, que en todo caso permiten a las corporaciones locales contar con personal eventual.
En cambio, los apartados 3 y 4 de ese artículo establecen, no ya topes cuantitativos, sino prohibiciones taxativas y condiciones cualitativas que inciden sobre el personal eventual de todas las corporaciones locales, incluidas las no necesarias. Por un lado, imponen que trabaje «exclusivamente en los servicios generales» de la entidad local, prohibiendo así, con carácter general, su asignación «con carácter funcional» a otros servicios o departamentos (art. 104 bis, apartado 4, LBRL). Por otro, prohíben directamente el «resto de Entidades Locales o de sus organismos dependientes», incluyendo, por tanto, a las comarcas, que cuenten con este tipo de personal (art. 104 bis, apartado 3, LBRL). Se trata de reglas que penetran de lleno en la organización interna de las corporaciones locales, estableciendo un criterio unívoco que no admite las adaptaciones que pudieran resultar del ejercicio del poder local de auto organización y de las competencias autonómicas en materia de régimen local. La prohibición de que «el resto de Entidades Locales o de sus organismos dependientes» cuente con personal eventual se inserta en un ámbito donde el alcance de la legislación

básica debe ser más limitado, no solo por referirse a cuestiones de organización local, sino también por afectar a «entidades locales no necesarias o contingentes» (p. ej., comarcas). Estas entidades están dotadas de «un fuerte grado de interiorización autonómica», sin que les alcance directamente la garantía constitucional de la autonomía municipal (art. 140 CE), provincial (art. 141.2 CE) e insular (art. 141.4 CE) [STC 214/1989, FFJJ 4 b) y 15 a) y, últimamente, STC 41/2016, FJ 5]. Estos entes «entran en cuanto a su propia existencia en el ámbito de disponibilidad de las Comunidades Autónomas que dispongan de la correspondiente competencia» [SSTC 214/1989, FJ 4 b), y 41/2016, FJ 5].

Procede, en consecuencia, declarar la inconstitucionalidad y nulidad de los apartados 3 y 4 del artículo 104 bis LBRL, introducido por el artículo 1.28 de la Ley 27/2013, y desestimar la impugnación en todo lo demás".

TÍTULO VIII. Haciendas Locales

Ley 58/2003, de 17 de diciembre, General Tributaria; RD 1065/2007, de 27 de julio, Reglamento de Gestión e Inspección Tributaria; Ley 47/2003, de 26 de noviembre, General Presupuestaria; Ley Orgánica 2/2012, de 27 de abril, de Estabilidad Presupuestaria y Sostenibilidad Financiera;
TRLHL; RD 500/1990, de 20 de abril, por el que se desarrolla el capítulo primero del título sexto de la Ley 39/1988, de 28 de diciembre, reguladora de las Haciendas Locales, en materia de presupuestos; RD 1163/1990, de 21 de septiembre, Procedimiento para la Devolución de Ingresos Indebidos; RDLeg 1175/1990, de 28 de septiembre, por el que se aprueban las Tarifas y la Instrucción del Impuesto sobre Actividades Económicas; RD 939/2005, de 29 de julio, por el que se aprueba el Reglamento General de Recaudación; Ley 25/1998, de 13 de julio, de Modificación del Régimen Legal de las Tasas Estatales y Locales y de Reordenación de las Prestaciones Patrimoniales de Carácter Público.

Artículo 105

1. De conformidad con la legislación prevista en el artículo 5, se dotará a las Haciendas locales de recursos suficientes para el cumplimiento de los fines de las Entidades locales.

CONCORDANCIAS

CE, art. 142
Ley Aragón 7/1999, de 9 de abril, arts. 254 y ss.
Ley Galicia 5/1997, de 22 de julio, art. 330.

2. Las Haciendas locales se nutren, además de tributos propios y de las participaciones reconocidas en los del Estado y en los de las Comunidades Autónomas, de aquellos otros recursos que prevea la Ley.

CONCORDANCIAS

TRLHL, art. 2.1, TRRL, art. 176.
Ley Galicia 5/1997, de 22 de julio, art. 331.

Artículo 106

1. Las Entidades locales tendrán autonomía para establecer y exigir tributos de acuerdo con lo previsto en la legislación del Estado reguladora de las Haciendas locales y en las Leyes que dicten las Comunidades Autónomas en los supuestos expresamente previstos en aquélla.

CONCORDANCIAS

LBRL, art. 4.1 b); TRLHL, arts. 6 y ss.

2. La potestad reglamentaria de las Entidades locales en materia tributaria se ejercerá a través de Ordenanzas fiscales reguladoras de sus tributos propios y de Ordenanzas generales de gestión, recaudación e inspección. Las Corporaciones locales podrán emanar disposiciones interpretativas y aclaratorias de las mismas.

CONCORDANCIAS

TRLHL, arts. 15 a 19.

3. Es competencia de las Entidades locales la gestión, recaudación e inspección de sus tributos propios, sin perjuicio de las delegaciones que puedan otorgar a favor de las Entidades locales de ámbito superior o de las respectivas Comunidades Autónomas, y de las fórmulas de colaboración con otras Entidades locales, con las Comunidades Autónomas o con el Estado, de acuerdo con lo que establezca la legislación del Estado.

CONCORDANCIAS

TRLHL, arts. 7 y 8.

Artículo 107

1. Las Ordenanzas fiscales reguladoras de los tributos locales comenzarán a aplicarse en el momento de su publicación definitiva en el "Boletín Oficial" de la provincia o, en su caso, de la Comunidad Autónoma uniprovincial, salvo que en las mismas se señale otra fecha.

CONCORDANCIAS

Apartado redactado por la disp. adic. Primera LHL (Ley 39/1988, de 28 de diciembre)

2. Las Ordenanzas fiscales obligan en el territorio de la respectiva Entidad local y se aplican conforme a los principios de residencia efectiva y de territorialidad, según los casos.

CONCORDANCIAS

TRLHL, arts. 15 a 17.

Artículo 108

Artículo redactado por la Ley 57/2003, de 16 de diciembre, de Medidas para la Modernización del Gobierno Local (LMMGL). Véase la redacción anterior al final de este mismo artículo.

Contra los actos sobre aplicación y efectividad de los tributos locales, y de los restantes ingresos de Derecho Público de las entidades locales, tales como prestaciones patrimoniales de carácter público no tributarias, precios públicos, y multas y sanciones pecuniarias, se formulará el recurso de reposición específicamente previsto a tal efecto en la Ley reguladora de las Haciendas Locales. Dicho recurso tendrá carácter potestativo en los municipios a que se refiere el título X de esta ley.

CONCORDANCIAS Y ANOTACIONES

LBRL, arts. 52 y 113.3; TRLHL, art. 14.
La Ley 57/2003, de 16 de diciembre, de Medidas para la Modernización del Gobierno Local (LMMGL), introdujo el inciso final "dicho recurso tendrá carácter potestativo en los municipios a que se refiere el título X de esta Ley", en referencia al régimen de organización de los municipios de gran población y al ámbito de aplicación establecido en el art. 121.

REDACCIÓN ANTERIOR

El contenido de este artículo fue modificado íntegramente por la Ley 57/2003, de 16 de diciembre de Medidas para la Modernización del Gobierno Local (LMMGL). La redacción anterior, procedente de la Ley 50/1998, de 30 de diciembre, era la siguiente:
"Contra los actos sobre aplicación y efectividad de los tributos locales, y de los restantes ingresos de derecho público de las entidades locales, tales como prestaciones patrimoniales de carácter público no tributarias, precios públicos, y multas y sanciones pecuniarias, se formulará el recurso de reposición específicamente previsto al efecto en la Ley Reguladora de las Haciendas Locales".

Artículo 109

Artículo modificado por Ley 27/2013, de 27 de diciembre, de racionalización y sostenibilidad de la Administración Local.

1. La extinción total o parcial de las deudas que el Estado, las Comunidades Autónomas, la Seguridad Social y cualesquiera entidades de Derecho público dependientes de las anteriores tengan respectivamente con las Entidades Locales, o viceversa, podrá acordarse por vía de compensación, cuando se trate de deudas vencidas, líquidas y exigibles.

Lo previsto en este apartado se aplicará de conformidad con lo dispuesto en la normativa específica de la Seguridad Social y de la Hacienda Pública en materia de compensación de deudas.

2. La extinción total o parcial de las deudas de derecho público que las Comunidades Autónomas y cualesquiera otras entidades de Derecho público dependientes de ellas tengan con las entidades de Derecho público o sociedades vinculadas, dependientes o íntegramente participadas por las Entidades Locales, o viceversa, podrá acordarse por vía de compensación, cuando se trate de deudas vencidas, líquidas y exigibles.

CONCORDANCIAS Y ANOTACIONES

TRLHL, disp. adic. Cuarta; Ley 58/2003, de 17 de diciembre, General Tributaria, art. 71.

La disp. adic. Undécima de la Ley 27/2013, de 27 de diciembre, de racionalización y sostenibilidad de la Administración Local establece que:
"Disposición adicional undécima. Compensación de deudas entre Administraciones por asunción de servicios y competencias.
Realizada la asunción de los servicios y competencias a la que se refieren las disposiciones transitorias primera y segunda, en sus respectivos apartados segundos, las Comunidades Autónomas, con referencia a cada Municipio de su ámbito territorial, la comunicarán al Ministerio de Hacienda y Administraciones Públicas, junto con el importe de las obligaciones que tuvieran reconocidas pendientes de pago a los citados Municipios, al objeto de la realización, en los términos que se determinen reglamentariamente, de compensaciones entre los derechos y las obligaciones recíprocos, y el posterior ingreso del saldo resultante a favor de la Administración Pública a la que corresponda, y, en su caso, recuperación mediante la aplicación de retenciones en el sistema de financiación de la Administración Pública que resulte deudora".

Y la disp. transit. Cuarta del TRLHL, que regula el modo de compensación y responsabilidad de las deudas de las entidades locales con los acreedores públicos, dispone que

"El Estado podrá compensar las deudas firmes contraídas con éste por las entidades locales con cargo a las órdenes de pago que se emitan para satisfacer su participación en los tributos del Estado.
Igualmente se podrán retener con cargo a dicha participación las deudas firmes que aquéllas hayan contraído con los organismos autónomos del Estado y la Seguridad Social a efectos de proceder a su extinción mediante la puesta en disposición de las citadas entidades acreedoras de los fondos correspondientes.
A los efectos previstos en los párrafos precedentes se declara la responsabilidad solidaria de las corporaciones locales respecto de las deudas tributarias o con la Seguridad Social, contraídas por las entidades a que se refieren los párrafos b) y c) del apartado 3 del artículo 85 de la Ley 7/ 1985, de 2 de abril, Reguladora de las Bases del Régimen Local, así como de las que en su caso se contraigan por las mancomunidades, comarcas, áreas metropolitanas, entidades de ámbito inferior al municipio y por cualesquiera instituciones asociativas voluntarias públicas en las que aquéllas participen, en proporción a sus respectivas cuotas y sin perjuicio del derecho de repetir que les pueda asistir, en su caso".

Previsión que viene a reproducir lo previsto en la disp. adic. Décimo cuarta de la anterior LHL.

Redacción anterior (originaria)

El contenido de este artículo fue modificado íntegramente por la Ley 27/2013, de 27 de diciembre, de racionalización y sostenibilidad de la Administración Local. La redacción anterior, que coincidía con la originaria, era la siguiente:
La extinción total o parcial de las deudas que el Estado, las Comunidades Autónomas, los organismos autónomos, la Seguridad Social y cualesquiera otras entidades de Derecho Público tengan con las Entidades locales, o viceversa, podrá acordarse por vía de compensación, cuando se trate de deudas vencidas, líquidas y exigibles.

Artículo 110

1. Corresponderá al Pleno de la Corporación la declaración de nulidad de pleno derecho y la revisión de los actos dictados en vía de gestión tributaria, en los casos y de acuerdo con el procedimiento establecido en los artículos 153 y 154 de la Ley General Tributaria.

Concordancias

LBRL, art. 4.1 g); TRLHL, art. 14; LPA/2015, art. 47, 48 y 106 y ss.;
La referencia efectuada a los arts. 153 y 154 de la Ley 230/1963, de 28 de diciembre, General Tributaria, debe entenderse realizada a los correspondientes preceptos de la Ley 58/2003, de 17 de diciembre, General Tributaria (art. 213 y ss.).

2. En los demás casos, las Entidades locales no podrán anular sus propios actos declarativos de derechos, y su revisión requerirá la previa declaración

de lesividad para el interés público y su impugnación en vía contencioso-acministrativa, con arreglo a la Ley de dicha Jurisdicción.

CONCORDANCIAS

LBRL, art. 53; LPA/2015, art. 107; LJCA, art. 43.

Artículo 111

Apartado redactado por la disp. adic. Primera LHL (Ley 39/1988, de 28 de diciembre)

Los acuerdos de establecimiento, supresión y ordenación de tributos locales, así como las modificaciones de las correspondientes Ordenanzas fiscales, serán aprobados, publicados y entrarán en vigor, de acuerdo con lo dispuesto en las normas especiales reguladoras de la Imposición y Ordenación de tributos locales, sin que les sea de aplicación lo previsto en el artículo 70.2 en relación con el 65.2, ambos de la presente Ley.

CONCORDANCIAS

LBRL, art. 47.3; TRLHL, arts. 15 a 19.

Artículo 112

1. Las Entidades locales aprueban anualmente un presupuesto único que constituye la expresión cifrada, conjunta y sistemática de las obligaciones que, como máximo, pueden reconocer, y de los derechos con vencimiento o que se prevean realizar durante el correspondiente ejercicio económico. El Presupuesto coincide con el año natural y está integrado por el de la propia entidad y los de todos los organismos y empresas locales con personalidad jurídica propia dependientes de aquélla.

CONCORDANCIAS

TRLHL, arts. 162 y ss.

2. La Administración del Estado determinará con carácter general la estructura de los Presupuestos de las Entidades locales.

CONCORDANCIAS

TRLHL, art. 167 y disp. Adic. 6ª.

277 Reguladora de las bases del régimen local

3. Aprobado inicialmente el presupuesto, se expondrá al público durante el plazo que señale la legislación del Estado reguladora de las Haciendas locales, con objeto de que los interesados puedan interponer reclamaciones frente al mismo. Una vez resueltas las que se hayan presentado, en los términos que prevea la Ley, el presupuesto definitivamente aprobado será insertado en el «Boletín Oficial» de la Corporación, si lo tuviera, y resumido, en el de la Provincia.

CONCORDANCIAS

TRLHL, art. 169; RD 500/1990, de 20 de abril, art. 20.

4. La aprobación definitiva del presupuesto por el Pleno de la Corporación habrá de realizarse antes del 31 de diciembre del año anterior al del ejercicio en que deba aplicarse.

5. Si el presupuesto no fuera aprobado antes del primer día del ejercicio económico correspondiente, quedará automáticamente prorrogada la vigencia del anterior.

CONCORDANCIAS

TRLHL, art. 169.6; RD 500/1990, de 20 de abril, art. 21.

Artículo 113

1. Contra los actos que pongan fin a las reclamaciones formuladas en relación con los acuerdos de las Corporaciones en materia de presupuestos, imposición, aplicación y efectividad de tributos o aprobación y modificación de Ordenanzas fiscales, los interesados podrán interponer directamente el recurso contencioso-administrativo.

CONCORDANCIAS

TRLHL, arts. 14, 19 y 171; RD 500/1990, de 20 de abril, arts. 23, 38.3 y 42; ROF, art. 211.2;
Ley Foral 6/1990, de 2 de julio, art. 278.

2. El Tribunal de Cuentas deberá en todo caso emitir informe cuando la impugnación afecte o se refiera a la nivelación presupuestaria.

CONCORDANCIAS

TRLHL, art. 171.2.

3. La interposición del recurso previsto en el párrafo primero y de las reclamaciones establecidas en los artículos 49, 108 y 112, número 3, no suspenderá por sí sola la efectividad del acto o acuerdo impugnado.

CONCORDANCIAS
TRLHL, arts. 14.2 i) y 1713.3; LPA/2015, arts. 38 y 39.

Artículo 114

Las Entidades locales quedan sometidas al régimen de contabilidad pública. La Administración del Estado establecerá, con carácter general, el plan de cuentas de las Entidades locales.

CONCORDANCIAS
TRLHL, arts. 200 a 212; Ley 47/2013, General Presupuestaria, de 26 de noviembre, arts. 119 a 139 bis.
Ley Foral 2/1995, de 10 de marzo, de Haciendas Locales de Navarra, arts. 231 y 233.

Artículo 115

La fiscalización externa de las cuentas y de la gestión económica de las Entidades locales corresponde al Tribunal de Cuentas, con el alcance y condiciones que establece la Ley Orgánica que lo regula, y sin perjuicio de los supuestos de delegación previstos en la misma.

CONCORDANCIAS
TRLHL, arts. 171, 201, 205, 212, 218, 223 y disp. adic. Octava; LO 2/1982, de 12 de mayo, Reguladora del Tribunal de Cuentas;
Ley Andalucía 1/1988, de 17 de marzo, de la Cámara de Cuentas;
Ley Baleares 4/2004, de 2 de abril, de Sindicatura de las Cuentas;
Ley Canarias 4/1989, de 2 de mayo, de Audiencia de Cuentas;
Ley Cataluña 18/2010, de 7 de junio, de la Sindicatura de Cuentas;
Ley Galicia 6/1985, de 24 de junio, del Consejo de Cuentas;
Ley Foral Navarra 19/1984, de 20 de diciembre, de la Cámara de Comptos de Navarra;
Ley Comunidad Valenciana 6/1985, de 11 de mayo, de la Sindicatura de Cuentas;
Ley País Vasco 1/1988, de 5 de febrero, del Tribunal Vasco de Cuentas Públicas; Ley 27/1983, de 25 de noviembre, art. 30.

Artículo 116

Las cuentas anuales se someterán antes del 1 de junio a informe de la Comisión Especial de Cuentas de la Entidad local, la cual estará constituida por miembros de los distintos grupos políticos integrantes de la Corporación, y serán asimismo objeto de información pública antes de someterse a la aprobación del Pleno, a fin de que puedan formularse contra las mismas reclamaciones, reparos u observaciones. Todo ello sin perjuicio de que pueda denunciarse ante el Tribunal de Cuentas la existencia de irregularidades en la gestión económica y en las cuentas aprobadas.

CONCORDANCIAS

ROF, art. 127; TRLHL, arts. 182, 193 y 204; Ley Orgánica 2/1982, de 12 de mayo, Reguladora del Tribunal de Cuentas;
Ley Aragón 7/1999, de 9 de abril, art. 34;
Decreto Legislativo Cataluña 2/2003, de 28 de abril, arts. 48, 58, 101 y 104;
Ley Galicia 5/1997, de 22 de julio, arts. 66 y 67.

Artículo 116 bis. Contenido y seguimiento del plan económico-financiero

Artículo añadido por la 27/2013, de 27 de diciembre, de racionalización y sostenibilidad de la Administración Local.
El Dictamen 338/2014 emitido por la Comisión Permanente del Consejo de Estado en sesión celebrada el 26 de junio de 2013 sobre el anteproyecto de Ley de racionalización y sostenibilidad de la Administración Local considera que no hay fundamentos jurídicos suficientes para plantear el conflicto en defensa de la autonomía local en relación con este precepto.

La Sentencia del Tribunal Constitucional 41/2016, de 3 de marzo, desestimó todos los motivos de inconstitucionalidad planteados contra la nueva redacción que, este artículo, recibió de la Ley 27/2013, de 27 de diciembre (Véase, en especial, el Fundamento de Derecho 15 que se transcribe al final de este artículo).

1. Cuando por incumplimiento del objetivo de estabilidad presupuestaria, del objetivo de deuda pública o de la regla de gasto, las corporaciones locales incumplidoras formulen su plan económico-financiero lo harán de conformidad con los requisitos formales que determine el Ministerio de Hacienda y Administraciones Públicas.

CONCORDANCIAS

Ley Orgánica 2/2012, de 27 de abril, de Estabilidad Presupuestaria y Sostenibilidad Financiera;

2. Adicionalmente a lo previsto en el artículo 21 de la Ley Orgánica 2/2012, de 27 de abril, de Estabilidad Presupuestaria y Sostenibilidad Financiera, el mencionado plan incluirá al menos las siguientes medidas:

a) Supresión de las competencias que ejerza la Entidad Local que sean distintas de las propias y de las ejercidas por delegación.

b) Gestión integrada o coordinada de los servicios obligatorios que presta la Entidad Local para reducir sus costes.

c) Incremento de ingresos para financiar los servicios obligatorios que presta la Entidad Local.

d) Racionalización organizativa.

e) Supresión de entidades de ámbito territorial inferior al municipio que, en el ejercicio presupuestario inmediato anterior, incumplan con el objetivo de estabilidad presupuestaria o con el objetivo de deuda pública o que el período medio de pago a proveedores supere en más de treinta días el plazo máximo previsto en la normativa de morosidad.

f) Una propuesta de fusión con un municipio colindante de la misma provincia.

CONCORDANCIAS

LBRL, art. 7, 10,13, 24 bis, 27 y 36,

3. La Diputación provincial o entidad equivalente asistirá al resto de corporaciones locales y colaborará con la Administración que ejerza la tutela financiera, según corresponda, en la elaboración y el seguimiento de la aplicación de las medidas contenidas en los planes económicos-financiero. La Diputación o entidad equivalente propondrá y coordinará las medidas recogidas en el apartado anterior cuando tengan carácter supramunicipal, que serán valoradas antes de aprobarse el plan económico-financiero, así como otras medidas supramunicipales distintas que se hubieran previsto, incluido el seguimiento de la fusión de Entidades Locales que se hubiera acordado.

CONCORDANCIAS Y ANOTACIONES

LBRL, art. 7, 10,13, 26.2, 27, 31 y 36,

El Tribunal Constitucional (Sentencia 41/2016, de 3 de marzo, F. 15) ha declarado la constitucionalidad del art. 116 bis al establecer que:
"El recurso de inconstitucionalidad impugna el art. 116 bis LBRL, introducido por el art. 1.30 LRSAL, relativo al plan económico-financiero que deben formular los entes locales cuando incumplan los objetivos de estabilidad presupuestaria o de deuda pública o la regla de gasto. Subraya que la previsión establece que la diputación provincial o entidad equivalente asistirá al resto de corporaciones locales y colaborará con la Administración que ejerza la tutela financiera en la elaboración y aplicación de las medidas recogidas en aquellos planes. Tal medida incumpliría el art. 23.4 LOEPSF, que atribuye a las Comunidades Autónomas (que tienen atribuida la tutela financiera de los entes locales) la aprobación y seguimiento de los citados planes.
Conforme a la LOEPSF, —en caso de incumplimiento del objetivo de estabilidad presupuestaria, del objetivo de deuda pública o de la regla de gasto, la Administración incumplidora formulará un plan económico-financiero que permita en el año en curso y el siguiente el cumplimiento de los objetivos o de la regla de gasto, con el contenido y alcance previstos en este artículo— (art. 21.1). La indicada Ley Orgánica regula los contenidos, la tramitación y el seguimiento del plan (arts. 21.2, 23 y 24). En lo que aquí importa, dispone que, si la Administración incumplidora es una corporación local, corresponde al pleno la aprobación y a la Comunidad Autónoma (si tiene atribuida la tutela financiera del ente local) la aprobación definitiva (art. 23.4) y el seguimiento (art. 24.4).
La previsión controvertida complementa esta regulación añadiendo una serie de medidas a las previstas en el art. 21 LOEPSF e implicando a las diputaciones provinciales o entidades equivalentes en las tareas de elaboración y seguimiento del plan. A la vista de la materia regulada y de que el plan económico-financiero lo aprueba definitivamente y vigila una Administración supralocal, cabe entender que se está ante una institución común a las haciendas locales o medida de coordinación de la hacienda estatal con las locales, directamente conectada, por lo demás, con la suficiencia financiera del municipio [STC 233/1999, FJ 4 b)]. Consecuentemente, el precepto se encuadra en el art. 149.1.14 CE sobre hacienda general, que aparece expresamente invocado en la LRSAL (disposición final 5ª) y da soporte, junto a otros, a la regulación orgánica complementada [STC 215/2014, de 18 de diciembre, FJ 3 a)]. Las medidas reguladas están estrechamente vinculadas a la configuración básica de la diputación provincial (arts. 31 a 38 LBRL), las competencias locales (en especial art. 7.4 LBRL), la gestión integrada de los servicios municipales obligatorios (arts. 26, 44 y 57 LBRL), los entes menores o inframunicipales (art. 24 bis LBRL), la organización local (arts. 19-24 bis LBRL) y la fusión de municipios (art. 13 LBRL). Esta conexión directa justifica que el Estado las incluya en la LBRL sin por ello vulnerar la reserva de ley orgánica (art. 135.5 CE), teniendo en cuenta —la necesidad de aplicar un criterio estricto o restrictivo para determinar el alcance de la reserva— [STC 215/2014, FJ 3 a)].
A su vez, el art. 116 bis LBRL asigna a la diputación provincial tareas de colaboración, coordinación y seguimiento sin que ello suponga contradicción con la LOEPSF ni desbordamiento del sistema constitucional de distribución competencial. Las Comunidades Autónomas, que tienen atribuida la tutela financiera de los entes locales, siguen siendo competentes para aprobar definitivamente el plan y vigilar su cumpli-

miento. El legislador básico se ha limitado a aprovechar la existencia de la provincia y su posición institucional, como entidad local intermedia que coopera con (y coordina la actividad de) los municipios (SSTC 109/1998, de 21 de mayo, FJ 2, 172/1998, de 23 de junio, FJ 2), asegurando —la prestación integral y adecuada en la totalidad del territorio provincial de los servicios de competencia municipal— y participando —en la coordinación de la Administración local con la de la Comunidad Autónoma y la del Estado— (art. 31.2 LBRL, que no ha sido modificado por la LRSAL). El art. 116 bis LBRL no hace más que proyectar la configuración general de la provincia (derivada de la legislación básica y de la propia Constitución) sobre un ámbito concreto, con el fin de que asistan —al resto de corporaciones locales y colaboren con la Administración que ejerza la tutela financiera— en la —elaboración y el seguimiento de la aplicación de las medidas contenidas en los planes económicos-financiero—. Consecuentemente, corresponde desestimar la impugnación del art. 116 bis LBRL, introducido por el art. 1.30 LRSAL".

Así mismo, la Sentencia del Tribunal Constitucional 107/2017, de 21 de septiembre (F. 5) resolviendo el conflicto en defensa de la autonomía local formulado por 2.393 municipios establece, en cuanto a la impugnación de esta disposición, que:

"Los municipios recurrentes razonan que el artículo 116 bis y la disposición adicional novena LBRL (en la redacción dada por los apartados 30 y 36 del art. 1 de la Ley 27/2013), al penetrar el ámbito material que el artículo 135.5 CE reserva a la ley orgánica, incurrirían en una vulneración del sistema de fuentes que entrañaría, a la postre, el desconocimiento de su autonomía constitucionalmente garantizada (arts. 137 y 140 CE).

No cabe aceptar este planteamiento. Ni la infracción de la Constitución, en general, ni el incumplimiento de sus normas sobre el sistema de fuentes, en particular, conllevan necesariamente la vulneración de la garantía constitucional de la autonomía local. De modo que, aunque el artículo 116 bis y la disposición adicional novena LBRL incluyeran contenidos reservados al legislador orgánico, no por ello vulnerarían los artículos 137 , 140 y 141 LBRL. Procede, en consecuencia, desestimar estos motivos de inconstitucionalidad sin que podamos examinar si la infracción del artículo 135.5 CE se ha producido efectivamente. La «misión exclusiva de refuerzo de un ámbito subjetivo de autonomía» de este tipo de procesos explica que solo pueda articularse en razón de un único motivo de inconstitucionalidad, la lesión de la autonomía local (STC 27/2016, FJ 3). En todo caso, no está de más indicar que las SSTC 41/2016, FJ 15, y 111/2016, FJ 4, han examinado, desestimándolo, el motivo de inconstitucionalidad que plantean aquí, bajo el ropaje de la autonomía local, los ayuntamientos recurrentes".

Artículo 116 ter. Coste efectivo de los servicios

Artículo añadido por la 27/2013, de 27 de diciembre, de racionalización y sostenibilidad de la Administración Local.

La Sentencia del Tribunal Constitucional 111/2016, de 9 de junio, desestimó todos los motivos de inconstitucionalidad planteados contra la nueva redacción que, este artículo, recibió de la Ley 27/2013, de 27 de diciembre —Véase, en especial, el Fundamento de Derecho 12 b) que se transcribe al final de este artículo—.

1. Todas las Entidades Locales calcularán antes del día 1 de noviembre de cada año el coste efectivo de los servicios que prestan, partiendo de los datos contenidos en la liquidación del presupuesto general y, en su caso, de las cuentas anuales aprobadas de las entidades vinculadas o dependientes, correspondiente al ejercicio inmediato anterior.

2. El cálculo del coste efectivo de los servicios tendrá en cuenta los costes reales directos e indirectos de los servicios conforme a los datos de ejecución de gastos mencionados en el apartado anterior: Por Orden del Ministro de Hacienda y Administraciones Públicas se desarrollarán estos criterios de cálculo.

3. Todas las Entidades Locales comunicarán los costes efectivos de cada uno de los servicios al Ministerio de Hacienda y Administraciones Públicas para su publicación.

CONCORDANCIAS Y ANOTACIONES

LBRL, art. 13, 25, 26, 27, 31 y 85.

La Orden HAP/2075/2014, de 6 de noviembre, por la que se establecen los criterios de cálculo del coste efectivo de los servicios prestados por las entidades locales, regula la previsión efectuada en el apartado 2 de este artículo en cuanto a los gastos directos e indirectos imputables a los servicios, los gastos en los casos de la gestión indirecta de los servicios así como el suministro de la información y su publicidad.

Téngase en cuenta la Resolución de 23 de junio de 2015 de la Secretaría General Coordinación Autonómica y Local por la que se especifican los elementos incluidos en ios anexos de la Orden HAP/2075/2014, de 6 de noviembre, por la que se establecen los criterios de cálculo del coste efectivo de los servicios prestados por las entidades locales El Dictamen 338/2014 emitido por la Comisión Permanente del Consejo de Estado en sesión celebrada el 26 de junio de 2013 sobre el anteproyecto de Ley de racionalización y sostenibilidad de la Administración Local considera que hay fundamentos jurídicos suficientes para plantear el conflicto en defensa de la autonomía local en relación con el art. 116 ter LBRL en cuanto al coste efectivo de los servicios la prestación de servicios por las Diputaciones Provinciales o implantación de fórmulas de gestión compartidas en los Municipios de población inferior a 20.000 habitantes.

El Tribunal Constitucional (Sentencia 111/2016, de 9 de junio, F. 12 b) ha declarado la constitucionalidad de este artículo al establecer que:
"El art. 116 ter LBRL, introducido por el art. 1.31 de la Ley 27/2013, obliga a las entidades locales a, por un lado, calcular el «coste efectivo» de sus servicios conforme a una serie de criterios —que una orden ministerial habrá de desarrollar— y, por otro, comunicar el cálculo resultante al Ministerio de Hacienda y Administraciones Públicas para su publicación.

Se recurre por las «consecuencias jurídicas altamente perniciosas para la autonomía municipal» que otros preceptos de la Ley 27/2013 asociarían a la valoración individualizada del «coste efectivo» de cada uno de los servicios municipales. La nueva redacción del art. 26.2LBRL —también impugnado— se apoyaría en ese «coste efectivo» para desapoderar a los municipios de menos de 20.000 habitantes de determinados servicios. También el nuevo art. 36.2 a) LBRL —recurrido igualmente—, relativo al plan provincial de cooperación a las obras y servicios de competencia municipal; permite la inclusión de fórmulas de prestación unificada o supramunicipal para reducir sus costes efectivos, cuando «la Diputación detecte que los costes efectivos de los servicios prestados por los municipios son superiores a los de los servicios coordinados o prestados por ella». Conectaría igualmente con el art. 116 ter LBRL, asociándole efectos «perniciosos», el —no impugnado— art. 36.1 h) LBRL, que establece como «función supervisora» de la Diputación respecto de los municipios, el «seguimiento de los costes efectivos de los servicios prestados».

La impugnación se basa en la garantía constitucional de la autonomía municipal (arts. 137 y 140 CE). La Ley 27/2013 la habría incumplido al desconocer que el «coste» de los servicios es una variable que debe depender necesariamente de su calidad. Habría de ser la orientación política de los representantes políticos —traducción de los intereses y las aspiraciones vecinales— la que determinase las decisiones relativas a los servicios municipales en términos de tanto cantidad como calidad. La mayor proximidad a la ciudadanía del nivel municipal de gobierno fundamenta que éste deba tener atribuida la gestión de servicios y que aquélla, a través de sus representantes, pueda condicionar la calidad de esa gestión.

El anteproyecto de la Ley impugnada regulaba el denominado «coste estándar». Tras las objeciones del Dictamen 567/2013, de 26 de junio, del Consejo de Estado, el texto definitivo ha previsto el llamado «coste efectivo», regulándolo en el precepto impugnado y utilizándolo en otras partes de su articulado para ordenar competencias provinciales de coordinación y cooperación, tal como subraya la Letrada autonómica.

El art. 116 ter LBRL impone dos obligaciones a los entes locales que en modo alguno entrañan una injerencia en su autonomía: calcular el «coste efectivo» de sus servicios conforme a una serie de criterios, que habrá de desarrollar una orden ministerial (ya adoptada: Orden HAP/2075/2014, de 6 de noviembre); y comunicar el cálculo resultante al Estado para su publicación. No por ello los entes locales han visto menoscabadas sus posibilidades de intervención en los asuntos que les afectan. No hay injerencia alguna sobre su ámbito competencial; hay la imposición de una tarea de elaboración y análisis de datos con publicidad que facilita la configuración de políticas públicas en los tres niveles territoriales, además del control directo de la actividad local por parte de la ciudadanía. Podrán discutirse políticamente los criterios de cálculo y el propio concepto legal de «coste efectivo», pero es evidente que unos y otro no vulneran los arts. 137, 140 y 141 CE.

Ciertamente, no puede excluirse en abstracto que los preceptos que se sirven del concepto de «coste efectivo» regulado en el art. 116 ter LBRL vulneren la garantía constitucional de la autonomía local. No obstante, ello habrá de analizarse respecto de cada precepto concreto y, en todo caso, si la vulneración se produjera, sería imputable a ese precepto, no al art. 116 ter LBRL. Por eso procede desestimar la impugnación del art. art. 116 ter LBRL, introducido por el art. 1.31 de la Ley 27/2013".

TÍTULO IX. Organizaciones para la cooperación entre las Administraciones Públicas en materia de Administración Local

La denominación de este Título fue realizada por la 57/2003, de 16 de diciembre, de Medidas para la Modernización del Gobierno Local (LMMGL). La designación originaria era la de "Organizaciones para la cooperación de la Administración del Estado con la Local"

Sobre la regulación contenida en este Título téngase en cuenta que el párrafo 12 del apartado III de la Exposición de Motivos de la 57/2003, de 16 de diciembre, de Medidas para la Modernización del Gobierno Local (LMMGL), señala que "la Ley potencia los mecanismos de cooperación interadministrativos, actualizando la regulación de la Comisión Nacional de Administración Local, en aras a flexibilizar su funcionamiento".

Artículo 117

Artículo redactado por la Ley 57/2003, de 16 de diciembre, de Medidas para la Modernización del Gobierno Local (LMMGL). Véase la redacción anterior al final de este mismo artículo.

1. La Comisión Nacional de Administración Local es el órgano permanente para la colaboración entre la Administración General del Estado y la Administración local.

CONCORDANCIAS Y ANOTACIONES

LBRL, disp. adic. 5ª.
Téngase presente el Real Decreto 427/2005, de 15 de abril, que regula la composición, las funciones y el funcionamiento de la Comisión Nacional de Administración Local.

La redacción introducida por medio de la 57/2003, de 16 de diciembre, de Medidas para la Modernización del Gobierno Local (LMMGL) modificó la designación del Ministerio al que corresponde la Presidencia de la Comisión Nacional de Administración Local para actualizarla a la denominación actual (se sustituye "Ministro de Administración Territorial" por "Ministro de Administraciones Públicas").
Se mantiene, en su composición, la paridad ("formada... por un número igual de representantes de las entidades locales y de la Administración General del Estado) y el modo de designación (la designación de los representantes de las entidades locales corresponde en todo caso a la asociación de ámbito estatal con mayor implantación).

2. La Comisión estará formada, bajo la presidencia del Ministro de Administraciones Públicas, por un número igual de representantes de las entidades locales y de la Administración General del Estado. La designación de los representantes de las entidades locales corresponde en todo caso a la asociación de ámbito estatal con mayor implantación.

Su composición, funcionamiento y régimen de adopción de acuerdos se determinará reglamentariamente, mediante real decreto aprobado por el Consejo de Ministros, a propuesta del Ministro de Administraciones Públicas.

CONCORDANCIAS Y ANOTACIONES

La previsión originaria se limitaba a exigir el acuerdo del Gobierno (que determinará reglamentariamente el Gobierno). Ahora se precisa y extiende a "su composición, funcionamiento y régimen de adopción de acuerdos", correspondiendo la iniciativa (a propuesta) al Ministro de Administraciones Públicas.

Téngase presente el Real Decreto 427/2005, de 15 de abril, que regula la composición, las funciones y el funcionamiento de la Comisión Nacional de Administración Local.

3. La Comisión se reúne previa convocatoria de su Presidente, a iniciativa propia o a solicitud de la representación local. A sus reuniones podrán asistir, cuando sean convocados por su Presidente, representantes de las comunidades autónomas.

CONCORDANCIAS Y ANOTACIONES

La Ley 57/2003, de 16 de diciembre, de Medidas para la Modernización del Gobierno Local (LMMGL) introdujo el inciso "...cuando sean convocados por su Presidente" en relación a la posibilidad de asistencia de representantes de las Comunidades Autónomas, lo que supone un evidente límite formal (requisito) a su presencia en manos del propio Presidente de la Comisión Nacional de Administración Local.

4. El Pleno de la Comisión Nacional de Administración Local podrá delegar funciones en sus Subcomisiones, con excepción del informe de los anteproyectos de ley que versen sobre las siguientes materias:

a) Normativa básica de régimen local.

b) Haciendas Locales.

c) Leyes Orgánicas que afecten a la Administración Local.

ANOTACIONES

Sobre la regulación contenida en este Título téngase en cuenta que el párrafo 12 del apartado III de la Exposición de Motivos de la 57/2003, de 16 de diciembre, de Medidas para la Modernización del Gobierno Local (LMMGL), señala que "la Ley potencia los mecanismos de cooperación interadministrativos, actualizando la regulación de la Comisión Nacional de Administración Local, en aras a flexibilizar su funcionamiento".

REDACCIÓN ANTERIOR (ORIGINARIA)

El contenido de este artículo fue modificado íntegramente por la 57/2003, de 16 de diciembre, de Medidas para la Modernización del Gobierno Local (LMMGL). La redacción anterior era la siguiente:
"1. La Comisión Nacional de Administración Local es el órgano permanente para la colaboración entre la Administración del Estado y la Administración Local.
2. La Comisión estará formada, bajo la Presidencia del Ministro de Administración Territorial, por un número igual de representantes de las entidades locales y de la Administración del Estado, que determinará reglamentariamente el Gobierno. La designación de los representantes de las entidades locales corresponde en todo caso a la asociación de ámbito estatal con mayor implantación.
3. La Comisión se reúne previa convocatoria de su Presidente, a iniciativa propia o a solicitud de la representación local. A sus reuniones podrán asistir representantes de las Comunidades Autónomas.
Los acuerdos se adoptan por consenso entre ambas representaciones. La voluntad de la representación de las entidades locales se obtiene por mayoría absoluta de sus miembros".

Artículo 118

1. Corresponde a la Comisión:

A) Emitir informe en los siguientes supuestos:

a) Anteproyectos de Ley y proyectos de disposiciones administrativas de competencia del Estado en las materias que afecten a la Administración local, tales como las referentes a su régimen organizativo y de funcionamiento; régimen sustantivo de sus funciones y servicios —incluidas la atribución o supresión de competencias—; régimen estatutario de sus funcionarios; procedimiento administrativo, contratos, concesiones y demás formas de prestación de los servicios públicos; expropiación y responsabilidad patrimonial; régimen de sus bienes y haciendas locales.

b) Criterios para las autorizaciones de operaciones de endeudamiento de las Corporaciones locales.

c) Previamente y en los supuestos en que el Consejo de Ministros acuerde la aplicación de lo dispuesto en el artículo 61 de la presente Ley.

ANOTACIONES Y CONCORDANCIAS

Letra a) redactada por la Ley 11/1999, de 21 de abril, de modificación de la LBRL y otras medidas para el desarrollo del Gobierno Local, en materia de tráfico, circulación de vehículos a motor y seguridad vial y en materia de aguas.
LHL, arts. 48 a 55.

B) Efectuar propuestas y sugerencias al Gobierno en materia de Administración local y, en especial, sobre:

a) Atribución y delegación de competencias en favor de las Entidades lccales.

b) Distribución de las subvenciones, créditos y transferencias del Estado a la Administración local.

c) Participación de las Haciendas locales en los tributos del Estado.

d) Previsiones de los Presupuestos Generales del Estado que afecten a las Entidades locales.

CONCORDANCIAS

LBRL, art. 36.2; TRLHL, arts. 39, 40, 111 a 126.

2. La Comisión, para el cumplimiento de sus funciones, puede requerir del Instituto de Estudios de Administración Local la realización de estudios y la emisión de informes.

CONCORDANCIAS

LBRL, art. 120.

Artículo 119

La Comisión podrá solicitar de los órganos constitucionalmente legitimados para ello la impugnación ante el Tribunal Constitucional de las leyes del Estado o de las Comunidades Autónomas que estime lesivas para la autonomía local garantizada constitucionalmente.

Esta misma solicitud podrá realizarla la representación de las Entidades locales en la Comisión.

CONCORDANCIAS Y ANOTACIONES

LBRL, art. 63.3; LOTC, arts. 75 bis a 75 quinquies.

Artículo 120

1. El Instituto de Estudios de Administración Local, adscrito al Ministerio de Administración Territorial, es una entidad de Derecho público, dotada de personalidad y capacidad jurídicas y patrimonio propios, que actúa con plena autonomía funcional para el cumplimiento de sus fines.

Son fines esenciales del Instituto la investigación, el estudio, la información y la difusión sobre todas las materias que afecten a la Administración local, así como la selección, formación y perfeccionamiento de funcionarios de las Entidades locales.

2. Son órganos de gobierno del Instituto el Director y el Consejo Rector. El Director asume las funciones representativas, ejecutivas, de programación y coordinación, así como de dirección de los servicios. El Consejo Rector, al que corresponde la aprobación del presupuesto, programa de actividades y Memoria anuales, está integrado por el Director, que lo preside, y por ocho representantes de las Entidades locales designados por la asociación de éstas de ámbito estatal de mayor implantación, tres representantes de las Comunidades Autónomas designados por un período anual y por el orden cronológico de aprobación de los Estatutos de Autonomía y cinco representantes de la Administración del Estado designados por el Ministerio de Administración Territorial.

3. El Instituto, comprendido entre las Entidades a que se refiere el artículo 5 de la Ley de Entidades Estatales Autónomas de 26 de diciembre de 1958, tendrá la consideración de organismo autónomo de carácter administrativo a los efectos de lo establecido en el artículo 4 de la Ley General Presupuestaria de 4 de enero de 1977.

El Reglamento de régimen interior regula su organización y funcionamiento, y será aprobado por el Ministerio de Administración Territorial, a propuesta del Consejo Rector.

CONCORDANCIAS Y ANOTACIONES

LBRL, disp. transit. 6ª.2.
Por medio del RD 1437/1987, de 25 de noviembre, y "bajo la denominación de Instituto Nacional de Administración Pública, se refunden el Instituto Nacional de Administración Pública y el Instituto de Estudios de Administración Local en un solo Organismo autónomo del Estado, adscrito al Ministerio para las Administraciones Públicas y clasificado entre los previstos en el artículo 4.1, a), de la Ley General Presupuestaria", norma que fue derogada por el RD 160/1995, de 3 de febrero, de Organización del Instituto Nacional de Administración Pública que, a su vez fue derogada por el RD 2617/1996, de 20 de diciembre, por el que se establece la estructura orgánica y funciones del Instituto Nacional de Administración Pública.

Artículo 120 bis

Artículo añadido por Ley 57/2003, de 16 de diciembre, de Medidas para la Moderni-zación del Gobierno Local (LMMGL).

El Estado impulsará la colaboración con las comunidades autónomas con e. fin de crear órganos de cooperación conjuntos en materia de régimen local, tanto bajo la forma jurídica de Conferencia Sectorial como de otra naturaleza, de acuerdo con lo dispuesto en el artículo 5 de la Ley 30/1992, de 26 de noviembre, de Régimen Jurídico de las Administraciones Públicas y del Proce-cimiento Administrativo Común.

ANOTACIONES

Sobre la regulación contenida en este artículo téngase en cuenta que el último pá-rrafo del apartado III de la Exposición de Motivos de la Ley 57/2003, de 16 de diciembre, señala que "también se impulsa la creación de los órganos de coope-ración entre la Administración General del Estado y la Administración de las Co-munidades Autónomas previstos en el artículo 5 de la Ley 30/1992, en materia de régimen local, cuya existencia resulta necesaria como foro de cooperación entre las Administraciones públicas implicadas en todos los asuntos relevantes en materia de régimen local".

TÍTULO X. Régimen de organización de los municipios de gran población

Título (arts. 121 a 138) añadido por la 57/2003, de 16 de diciembre, de Medidas para la Modernización del Gobierno Local (LMMGL).
Téngase en cuenta que conforme establece la disp. adic. Undécima de la propia LBRL "Las disposiciones contenidas en el título X para los municipios de gran población prevalecerán respecto de las demás normas de igual o inferior rango en lo que se opongan, contradigan o resulten incompatibles".

Téngase en cuenta que el art. 46.4 de la LCSP/2017 dispone que:
"En todo caso, los Ayuntamientos de los municipios de gran población a los que se refiere el artículo 121 de la Ley 7/1985, de 2 de abril, Reguladora de las Bases del Régimen Local, y las Diputaciones Provinciales podrán crear un órgano especia-lizado y funcionalmente independiente que ostentará la competencia para resolver los recursos. Su constitución y funcionamiento y los requisitos que deben reunir sus miembros, su nombramiento, remoción y la duración de su mandato se regirá por lo que establezca la legislación autonómica, o, en su defecto, por lo establecido en el ar-tículo 45 de esta Ley. El Pleno de la Corporación será el competente para acordar su creación y nombrar y remover a sus miembros. El resto de los Ayuntamientos podrán atribuir la competencia para resolver el recurso al órgano creado por la Diputación de la provincia a la que pertenezcan".

CAPÍTULO I. Ámbito de aplicación

Artículo 121. Ámbito de aplicación

Artículo añadido por Ley 57/2003, de 16 de diciembre, de Medidas para la Moderni-zación del Gobierno Local (LMMGL).

1. Las normas previstas en este título serán de aplicación:

a) A los municipios cuya población supere los 250.000 habitantes.

b) A los municipios capitales de provincia cuya población sea superior a los 175.000 habitantes.

c) A los municipios que sean capitales de provincia, capitales autonómicas o sedes de las instituciones autonómicas.

d) Asimismo, a los municipios cuya población supere los 75.000 habitantes, que presenten circunstancias económicas, sociales, históricas o culturales especiales.

En los supuestos previstos en los párrafos c) y d), se exigirá que así lo decidan las Asambleas Legislativas correspondientes a iniciativa de los respectivos ayuntamientos.

2. Cuando un municipio, de acuerdo con las cifras oficiales de población resultantes de la revisión del padrón municipal aprobadas por el Gobierno con referencia al 1 de enero del año anterior al del inicio de cada mandato de su ayuntamiento, alcance la población requerida para la aplicación del régimen previsto en este título, la nueva corporación dispondrá de un plazo máximo de seis meses desde su constitución para adaptar su organización al contenido de las disposiciones de este Título.

A estos efectos, se tendrá en cuenta exclusivamente la población resultante de la indicada revisión del padrón, y no las correspondientes a otros años de cada mandato.

3. Los municipios a los que resulte de aplicación el régimen previsto en este título, continuarán rigiéndose por el mismo aun cuando su cifra oficial de población se reduzca posteriormente por debajo del límite establecido en esta ley.

ANOTACIONES

Este artículo contiene las reglas que determinan los municipios que merecen, o pueden merecer, la consideración, a efectos legales, de "gran población", y a los que, por lo tanto, le son de aplicación las normas establecidas en el presente Título.

Los criterios son, por una parte, de carácter objetivo (número de habitantes, capital de provincia, capital autonómica, sede instituciones autonómicas) y, por otro, la presencia de "circunstancias especiales" (de tipo económico, social, histórico o cultural) siempre que, en este caso, se alcance los 75.000 habitantes.
Destacar que en los dos últimos supuestos es preciso que medie decisión de la respectiva autonómica y que ésta lo sea a iniciativa del Ayuntamiento implicado.
Téngase en cuenta que, conforme a lo establecido en la disp. transit. Cuarta de la Ley 57/2003, de 16 de diciembre, "en tanto no se apruebe su régimen especial, el título X de esta Ley no será de aplicación al municipio de Barcelona", lo que sucedió con la Ley 1/2006, de 13 de marzo, de régimen especial del Ayuntamiento de Barcelona.
Ley Foral 6/1990, de 2 de julio, art. 9 bis.

CAPÍTULO II. Organización y funcionamiento de los órganos municipales necesarios

Artículo 122. Organización del Pleno

Artículo añadido por Ley 57/2003, de 16 de diciembre, de Medidas para la Modernización del Gobierno Local (LMMGL).

La Disposición transitoria primera de la Ley 53/12003, de 16 de diciembre, bajo la rúbrica "adecuación de los municipios a las previsiones del título X de la Ley 7/1985, de 2 de abril, Reguladora de las Bases del Régimen Local" establece que:
"Los Plenos de los ayuntamientos a los que resulte de aplicación el régimen previsto en el título X de la Ley 7/1985, de 2 de abril, Reguladora de las Bases del Régimen Local, introducido por esta Ley, dispondrán de un plazo de seis meses desde su entrada en vigor para aprobar las normas orgánicas necesarias para la adaptación de su organización a lo previsto en el dicho título. En tanto se aprueban tales normas, continuarán en vigor las normas que regulen estas materias en el momento de entrada en vigor de esta Ley.
Igual previsión será de aplicación a los Plenos de los Cabildos que queden incluidos en el ámbito de aplicación de la disposición adicional decimocuarta".

1. El Pleno, formado por el Alcalde y los Concejales, es el órgano de máxima representación política de los ciudadanos en el gobierno municipal.

CONCORDANCIAS
LBRL, arts. 21.1 c) y 22.1; ROF, art. 49.

2. El Pleno será convocado y presidido por el Alcalde, salvo en los supuestos previstos en esta ley y en la legislación electoral general, al que corresponde decidir los empates con voto de calidad. El Alcalde podrá delegar

exclusivamente la convocatoria y la presidencia del Pleno, cuando lo estime oportuno, en uno de los concejales.

CONCORDANCIAS Y ANOTACIONES

LBRL, arts. 21.1 c), 21.3 y 46.2; ROF, arts. 80 y 112.
Sobre la regulación contenida en este apartado téngase en cuenta que el párrafo 4 del apartado IV de la Exposición de Motivos de la Ley 57/2003, de 16 de diciembre, de Medidas para la Modernización del Gobierno Local (LMMGL), indica que "por lo que al Pleno se refiere, las innovaciones más relevantes son, sin duda alguna, la posibilidad de que el Alcalde delegue la presidencia en cualquier Concejal, la supresión de sus funciones ejecutivas o administrativas, que se concentran en los órganos de tal naturaleza, y la posibilidad de delegar funciones resolutorias en las Comisiones".

3. El Pleno se dotará de su propio reglamento, que tendrá la naturaleza de orgánico. No obstante, la regulación de su organización y funcionamiento podrá contenerse también en el reglamento orgánico municipal.

En todo caso, el Pleno contará con un secretario general y dispondrá de Comisiones, que estarán formadas por los miembros que designen los grupos políticos en proporción al número de concejales que tengan en el Pleno.

CONCORDANCIAS Y ANOTACIONES

LBRL, arts. 20.1 c); ROF, arts. 123 a 126.
Téngase en cuenta, además, que la disp. Transit. Quinta de la Ley 57/2003, de 16 de diciembre, que, bajo la rúbrica "Funcionarios de Administración local con habilitación nacional que vengan desempeñando puestos de trabajo en los municipios incluidos en el ámbito de aplicación del título X y en los cabildos insulares regulados en la disposición adicional decimocuarta de la Ley 7/1985, de 2 de abril, Reguladora de las Bases del Régimen Local", establecía que:
"A los funcionarios de Administración local con habilitación de carácter nacional que a la entrada en vigor de esta Ley, estén desempeñando puestos de trabajo a ellos reservados en los municipios y cabildos insulares incluidos en el ámbito de aplicación del título X y en la disposición adicional decimocuarta de la Ley 7/1985, de 2 de abril, Reguladora de las Bases del Régimen Local, se les aplicarán las siguientes normas:
a) El secretario del ayuntamiento pasará a desempeñar el puesto de secretario general del Pleno.
b) El interventor del ayuntamiento pasará a desempeñar el puesto de interventor general municipal.
c) El tesorero del ayuntamiento pasará a desempeñar el puesto de titular del órgano que tenga encomendadas las funciones de tesorería.
Los restantes funcionarios de Administración local con habilitación nacional que estuvieran desempeñando, en su caso, otros puestos con funciones reservadas en el mismo ayuntamiento, permanecerán en los mismos, sin perjuicio de las adaptaciones orgánicas necesarias y de que la provisión de los nuevos puestos reservados a habilitados nacionales pueda efectuarse por la corporación mediante el nombramiento de

éstos o de otros funcionarios con habilitación nacional, conforme a lo establecido en la disposición adicional octava de la Ley 7/1985, de 2 de abril, Reguladora de las Bases del Régimen Local".

4. Corresponderán a las comisiones las siguientes funciones:

a) El estudio, informe o consulta de los asuntos que hayan de ser sometidos a la decisión del Pleno.

b) El seguimiento de la gestión del Alcalde y de su equipo de gobierno, sin perjuicio del superior control y fiscalización que, con carácter general, le corresponde al Pleno.

c) Aquéllas que el Pleno les delegue, de acuerdo con lo dispuesto en esta ley.

En todo caso, serán de aplicación a estas Comisiones las previsiones contenidas para el Pleno en el artículo 46.2, párrafos b), c) y d).

ANOTACIONES

Sobre la regulación contenida en este apartado téngase en cuenta que el párrafo 4 del apartado IV de la Exposición de Motivos de la Ley 57/2003, de 16 de diciembre, indica que "por lo que al Pleno se refiere, las innovaciones más relevantes son, sin duda alguna, la posibilidad de que el Alcalde delegue la presidencia en cualquier Concejal, la supresión de sus funciones ejecutivas o administrativas, que se concentran en los órganos de tal naturaleza, y la posibilidad de delegar funciones resolutorias en las Comisiones".

5. Corresponderá al secretario general del Pleno, que lo será también de las comisiones, las siguientes funciones:

a) La redacción y custodia de las actas, así como la supervisión y autorización de las mismas, con el visto bueno del Presidente del Pleno.

b) La expedición, con el visto bueno del Presidente del Pleno, de las certificaciones de los actos y acuerdos que se adopten.

c) La asistencia al Presidente del Pleno para asegurar la convocatoria de las sesiones, el orden en los debates y la correcta celebración de las votaciones, así como la colaboración en el normal desarrollo de los trabajos del Pleno y de las comisiones.

d) La comunicación, publicación y ejecución de los acuerdos plenarios.

e) El asesoramiento legal al Pleno y a las comisiones, que será preceptivo en los siguientes supuestos:

1.º Cuando así lo ordene el Presidente o cuando lo solicite un tercio de sus miembros con antelación suficiente a la celebración de la sesión en que el asunto hubiere de tratarse.

2.º Siempre que se trate de asuntos sobre materias para las que se exija una mayoría especial.

3.º Cuando una ley así lo exija en las materias de la competencia plenaria.

4.º Cuando, en el ejercicio de la función de control y fiscalización de los órganos de gobierno, lo solicite el Presidente o la cuarta parte, al menos, de los Concejales.

Dichas funciones quedan reservadas a funcionarios de Administración local con habilitación de carácter nacional. Su nombramiento corresponderá al Presidente en los términos previstos en la disposición adicional octava, teniendo la misma equiparación que los órganos directivos previstos en el artículo 130 de esta ley, sin perjuicio de lo que determinen a este respecto las normas orgánicas que regulen el Pleno.

ANOTACIONES

Sobre la regulación contenida en este artículo téngase en cuenta que el párrafo 5 del apartado IV de la Exposición de Motivos de la Ley 57/2003, de 16 de diciembre, señala que "con este conjunto de medidas se viene a configurar al Pleno como un verdadero órgano de debate de las grandes políticas locales que afectan al municipio y de adopción de las decisiones estratégicas".

Artículo 123. Atribuciones del Pleno

Artículo añadido por Ley 57/2003, de 16 de diciembre, de Medidas para la Modernización del Gobierno Local (LMMGL).

1. Corresponden al Pleno las siguientes atribuciones:

CONCORDANCIAS

LBRL, arts. 22.2; ROF, art. 50.

a) El control y la fiscalización de los órganos de gobierno.

CONCORDANCIAS

LBRL, arts. 22.2 a); ROF, arts. 42, 104 y ss.

b) La votación de la moción de censura al Alcalde y de la cuestión de confianza planteada por éste, que será pública y se realizará mediante llamamiento nominal en todo caso y se regirá en todos sus aspectos por lo dispuesto en la legislación electoral general.

CONCORDANCIAS

LBRL, art. 22.2 a); LOREG, arts. 197 y 197 bis; ROF, arts. 40.6, 50.1, 104, 107 y 108.

c) La aprobación y modificación de los reglamentos de naturaleza orgánica. Tendrán en todo caso naturaleza orgánica:

La regulación del Pleno.

La regulación del Consejo Social de la ciudad.

La regulación de la Comisión Especial de Sugerencias y Reclamaciones.

La regulación de los órganos complementarios y de los procedimientos de participación ciudadana.

La división del municipio en distritos, y la determinación y regulación de los órganos de los distritos y de las competencias de sus órganos representativos y participativos, sin perjuicio de las atribuciones del Alcalde para determinar la organización y las competencias de su administración ejecutiva.

La determinación de los niveles esenciales de la organización municipal, entendiendo por tales las grandes áreas de gobierno, los coordinadores generales, dependientes directamente de los miembros de la Junta de Gobierno Local, con funciones de coordinación de las distintas Direcciones Generales u órganos similares integradas en la misma área de gobierno, y de la gestión de los servicios comunes de éstas u otras funciones análogas y las Direcciones Generales u órganos similares que culminen la organización administrativa, sin perjuicio de las atribuciones del Alcalde para determinar el número de cada uno de tales órganos y establecer niveles complementarios inferiores.

La regulación del órgano para la resolución de las reclamaciones económico-administrativas.

CONCORDANCIAS

LBRL, arts. 20.3, 22.2 d); TRRL, art. 55; RSCL, arts. 5 y 7.

d) La aprobación y modificación de las ordenanzas y reglamentos municipales.

CONCORDANCIAS

LBRL, arts. 20.3, 22.2 d), 49, 84, 106.2 y 111; TRRL, art. 55; TRLHL, arts. 15 a 19.; RSCL, arts. 5 y 7.

e) Los acuerdos relativos a la delimitación y alteración del término municipal; la creación o supresión de las entidades a que se refiere el artículo 45 de esta ley; la alteración de la capitalidad del municipio y el cambio de denominación de éste o de aquellas Entidades, y la adopción o modificación de su bandera, enseña o escudo.

CONCORDANCIAS

LBRL, arts. 22.2 b); TRRL, arts. 35.3 y 42; RD 1690/1986, de 11 de julio, arts. 26, 29; ROF, art. 187.

f) Los acuerdos relativos a la participación en organizaciones supramunicipales.

CONCORDANCIAS

LBRL, arts. 22.2 b) y 44.3; TRRL, arts. 35.3; RD 1690/1986, de 11 de julio, art. 33; ROF, disp. adic. 4ª.

g) La determinación de los recursos propios de carácter tributario.

CONCORDANCIAS

LBRL, art. 106.2; TRLHL, arts. 6 y 8.

h) La aprobación de los presupuestos, de la plantilla de personal, así como la autorización de gastos en las materias de su competencia. Asimismo, aprobará la cuenta general del ejercicio correspondiente.

CONCORDANCIAS

LBRL, arts. 22.2 e) e i), 90.1 y 112.4; LHL, arts. 162 a 193 bis.

i) La aprobación inicial del planeamiento general y la aprobación que ponga fin a la tramitación municipal de los planes y demás instrumentos de ordenación previstos en la legislación urbanística.

CONCORDANCIAS

LBRL, art. 22.2 c).

j) La transferencia de funciones o actividades a otras Administraciones públicas, así como la aceptación de las delegaciones o encomiendas de gestión realizadas por otras Administraciones, salvo que por ley se impongan obligatoriamente.

CONCORDANCIAS
LBRL, art. 47.2 h).

k) La determinación de las formas de gestión de los servicios, así como el acuerdo de creación de organismos autónomos, de entidades públicas empresariales y de sociedades mercantiles para la gestión de los servicios de competencia municipal, y la aprobación de los expedientes de municipalización.

CONCORDANCIAS
LBRL, arts. 22.2 f) y 86.2; TRRL, art. 96; RSCL, art. 30.

l) Las facultades de revisión de oficio de sus propios actos y disposiciones de carácter general.

CONCORDANCIAS
LBRL, arts. 53 y 110; LHL, art. 114; LPA/2015, arts. 106 a 111; ROF. arts. 4.1 g) y 218.

m) El ejercicio de acciones judiciales y administrativas y la defensa jurídica del Pleno en las materias de su competencia.

CONCORDANCIAS
LBRL, art. 22.2 j).

n) Establecer el régimen retributivo de los miembros del Pleno, de su secretario general, del Alcalde, de los miembros de la Junta de Gobierno Local y de los órganos directivos municipales.

CONCORDANCIAS
LBRL, arts. 22.2 i), 75, 75 bis y 93.

ñ) El planteamiento de conflictos de competencia a otras entidades locales y otras Administraciones públicas.

CONCORDANCIAS
LBRL, arts. 22.2 h) y 50.2; ROF, art. 222.

o) Acordar la iniciativa prevista en el último inciso del artículo 121.1, para que el municipio pueda ser incluido en el ámbito de aplicación del título X de esta ley.

p) Las demás que expresamente le confieran las leyes.

CONCORDANCIAS Y ANOTACIONES

TRRL, arts. 22.2 q) y 23; ROF, art. 50; Ley Orgánica 2/1987, de 18 de mayo, de Conflictos Jurisdiccionales, art. 10; LCSP/2017, art. 46.4 y disp. adic. Segunda.
Ley Aragón 7/1999, de 9 de abril, art. 29;
Decreto Legislativo Cataluña 2/2003, de 28 de abril, art. 52;
Ley Galicia 5/1997, de 22 de julio, art. 64.

El art. 46.4 LCSP/2017 establece que corresponde al Pleno de los Municipios de Gran Población la competencia para acordar la creación (caso de estimarlo conveniente) del órgano especializado, y funcionalmente independiente, que ostentará la competencia para resolver los recursos especiales en materia de contratación (regulado en los arts. 44 a 60 LCSP/2017), así como para el nombramiento y remoción de sus miembros.

2. Se requerirá el voto favorable de la mayoría absoluta del número legal de miembros del Pleno, para la adopción de los acuerdos referidos en los párrafos c), e), f), j) y o) y para los acuerdos que corresponda adoptar al Pleno en la tramitación de los instrumentos de planeamiento general previstos en la legislación urbanística.

Los demás acuerdos se adoptarán por mayoría simple de votos.

CONCORDANCIAS

LBRL, art. 47; ROF, art. 99.1.

3. Únicamente pueden delegarse las competencias del Pleno referidas en los párrafos d), k), m) y ñ) a favor de las comisiones referidas en el apartado 4 del artículo anterior.

CONCORDANCIAS

LBRL, art. 22.4; ROF, art. 51.

ANOTACIONES

La Ley 57/2003, de 16 de diciembre, de Medidas para la Modernización del Gobierno Local (LMMGL) sustituyó los términos "Comisión de Gobierno" por los de "Junta de Gobierno" Local a lo largo de todo el texto en los arts. 20, 21, 22, 23, 32, 34, 35, 52.2, 70, 85 bis, 123, 124, 125, 126, 127, 129 y 130, así como en las disps. adics. Octava y Décimocuarta, pues tal y como se indica en la propia Exposición de Motivos de la Ley 57/2003, de 16 de diciembre (párrafo 5° del apartado III), "en materia de organización, debe destacarse que la Comisión de Gobierno pasa a denominarse «Junta de Gobierno Local», expresión que tiende a destacar la naturaleza ejecutiva de dicho órgano. La propia exposición de Motivos de la Ley 57/2003 de 16 de diciembre (párrafo 3° del apartado IV) califica a este órgano como de "necesario".

Artículo 124. El Alcalde

Artículo añadido por Ley 57/2003, de 16 de diciembre, de Medidas para la Modernización del Gobierno Local (LMMGL).

1. El Alcalde ostenta la máxima representación del municipio.
2. El Alcalde es responsable de su gestión política ante el Pleno.
3. El Alcalde tendrá el tratamiento de Excelencia.
4. En particular, corresponde al Alcalde el ejercicio de las siguientes funciones:

a) Representar al ayuntamiento.

CONCORDANCIAS
LBRL, art. 21.1 b).

b) Dirigir la política, el gobierno y la administración municipal, sin perjuicio de la acción colegiada de colaboración en la dirección política que, mediante el ejercicio de las funciones ejecutivas y administrativas que le son atribuidas por esta ley, realice la Junta de Gobierno Local.

CONCORDANCIAS
LBRL, art. 21.1 a); ROF, disp. adic. 4ª.

c) Establecer directrices generales de la acción de gobierno municipal y asegurar su continuidad.

d) Convocar y presidir las sesiones del Pleno y las de la Junta de Gobierno Local y decidir los empates con voto de calidad.

CONCORDANCIAS
LBRL, arts. 21.1 c) y 46.2; ROF, arts. 80 y 112.

e) Nombrar y cesar a los Tenientes de Alcalde y a los Presidentes de los Distritos.

CONCORDANCIAS
LBRL, art. 21.2.

f) Ordenar la publicación, ejecución y cumplimiento de los acuerdos de los órganos ejecutivos del ayuntamiento.

CONCORDANCIAS
LBRL, art. 21.1 r).

g) Dictar bandos, decretos e instrucciones.

CONCORDANCIAS
LBRL, arts. 21.1 b); TRRL, art. 55; RSCL, arts. 5 a) y 7.3.

h) Adoptar las medidas necesarias y adecuadas en casos de extraordinaria y urgente necesidad, dando cuenta inmediata al Pleno.

CONCORDANCIAS
LBRL, art. 21.1 m).

i) Ejercer la superior dirección del personal al servicio de la Administración municipal.

CONCORDANCIAS
LBRL, art. 21.1 h).

j) La Jefatura de la Policía Municipal.

CONCORDANCIAS
LBRL, art. 21.1 i).

k) Establecer la organización y estructura de la Administración municipal ejecutiva, sin perjuicio de las competencias atribuidas al Pleno en materia de organización municipal, de acuerdo con lo dispuesto en el párrafo c) del apartado 1 del artículo 123.

l) El ejercicio de las acciones judiciales y administrativas en materia de su competencia y, en caso de urgencia, en materias de la competencia del Pleno, en este supuesto dando cuenta al mismo en la primera sesión que celebre para su ratificación.

CONCORDANCIAS
LBRL, art. 21.1 k).

m) Las facultades de revisión de oficio de sus propios actos.

n) La autorización y disposición de gastos en las materias de su competencia.

ñ) Las demás que le atribuyan expresamente las leyes y aquéllas que la legislación del Estado o de las comunidades autónomas asignen al municipio y no se atribuyan a otros órganos municipales.

<small>CONCORDANCIAS</small>

LBRL, arts. 21.1 s); TRLHL, arts. 168.1 y 217.1; LO 2/1987, de 18 de mayo, de Conflictos Jurisdiccionales, art. 3.

5. El Alcalde podrá delegar mediante decreto las competencias anteriores en la Junta de Gobierno Local, en sus miembros, en los demás concejales y, en su caso, en los coordinadores generales, directores generales u órganos similares, con excepción de las señaladas en los párrafos b), e), h) y j), así como la de convocar y presidir la Junta de Gobierno Local, decidir los empates con voto de calidad y la de dictar bandos. Las atribuciones previstas en los párrafos c) y k) sólo serán delegables en la Junta de Gobierno Local.

<small>CONCORDANCIAS</small>

LBRL, arts. 21.3.
Ley Aragón 7/1999, de 9 de abril, art. 30;
Decreto Legislativo Cataluña 2/2003, de 28 de abril, art. 53.3;
Ley Galicia 5/1997, de 22 de julio, art. 61.

<small>ANOTACIONES</small>

La Ley 57/2003, de 16 de diciembre, de Medidas para la Modernización del Gobierno Local (LMMGL) sustituyó los términos "Comisión de Gobierno" por los de "Junta de Gobierno" Local a lo largo de todo el texto en los arts. 20, 21, 22, 23, 32, 34, 35, 52.2, 70, 85 bis, 123, 124, 125, 126, 127, 129 y 130, así como en las dips. adics. Octava y Décimocuarta, pues tal y como se indica en la propia Exposición de Motivos de la Ley 57/2003, de 16 de diciembre (párrafo 5º del apartado III), "en materia de organización, debe destacarse que la Comisión de Gobierno pasa a denominarse «Junta de Gobierno Local», expresión que tiende a destacar la naturaleza ejecutiva de dicho órgano. La propia exposición de Motivos de la Ley 57/2003 de 16 de diciembre (párrafo 3º del apartado IV) califica a este órgano como de "necesario". En los párrafos 7º y 8º del propio apartado III de la Exposición de Motivos de la Ley 57/2003 de 16 de diciembre se señala que "se viene a perfilar una Junta de Gobierno Local «fuerte», que sustituye a la Comisión de Gobierno, dotada de amplias funciones de naturaleza ejecutiva, y que se constituye como un órgano colegiado esencial de colaboración en la dirección política del Ayuntamiento" y que "esta Junta de Gobierno Local, cuyos miembros son designados y cesados libremente por el Alcalde, presenta como novedad que hasta un tercio, como máximo, de sus miembros, excluido el Alcalde, pueden ser personas que no ostenten la condición de Concejales. Se viene así a reforzar el perfil ejecutivo de este órgano".

303 Reguladora de las bases del régimen local

Artículo 125. Los Tenientes de Alcalde

Artículo añadido por Ley 57/2003, de 16 de diciembre, de Medidas para la Moderni-zación del Gobierno Local (LMMGL).

1. El Alcalde podrá nombrar entre los concejales que formen parte de la Junta de Gobierno Local a los Tenientes de Alcalde, que le sustituirán, por el orden de su nombramiento, en los casos de vacante, ausencia o enfermedad.

2. Los Tenientes de Alcalde tendrán el tratamiento de Ilustrísima.

CONCORDANCIAS

LBRL, art. 21.2 y 23.3; TRRL, art. 21; ROF, art. 46.
Ley Aragón 7/1999, de 9 de abril, art. 32;
Decreto Legislativo Cataluña 2/2003, de 28 de abril, art. 55;
Ley Galicia 5/1997, de 22 de julio, art. 62.

ANOTACIONES

La Ley 57/2003, de 16 de diciembre, de Medidas para la Modernización del Go-bierno Local (LMMGL) sustituyó los términos "Comisión de Gobierno" por los de "Junta de Gobierno" Local a lo largo de todo el texto en los arts. 20, 21, 22, 23, 32, 34, 35, 52.2, 70, 85 bis, 123, 124, 125, 126, 127, 129 y 130, así como en las dips. adics. Octava y Décimocuarta, pues tal y como se indica en la propia Expo-sición de Motivos de la Ley 57/2003, de 16 de diciembre (párrafo 5º del apartado III), "en materia de organización, debe destacarse que la Comisión de Gobierno pasa a denominarse «Junta de Gobierno Local», expresión que tiende a destacar la naturaleza ejecutiva de dicho órgano. La propia exposición de Motivos de la Ley 57/2003 de 16 de diciembre (párrafo 3º del apartado IV) califica a este órgano como de "necesario".

Artículo 126. Organización de la Junta de Gobierno Local

Artículo añadido por Ley 57/2003, de 16 de diciembre, de Medidas para la Moderni-zación del Gobierno Local (LMMGL).

1. La Junta de Gobierno Local es el órgano que, bajo la presidencia del Alcalde, colabora de forma colegiada en la función de dirección política que a éste corresponde y ejerce las funciones ejecutivas y administrativas que se señalan en el artículo 127 de esta ley.

CONCORDANCIAS

LBRL, art. 23.1; TRRL, art. 22; ROF, arts. 52, 112 y 113.

2. Corresponde al Alcalde nombrar y separar libremente a los miembros de la Junta de Gobierno Local, cuyo número no podrá exceder de un tercio del número legal de miembros del Pleno, además del Alcalde.

El Alcalde podrá nombrar como miembros de la Junta de Gobierno Local a personas que no ostenten la condición de concejales, siempre que su número no supere un tercio de sus miembros, excluido el Alcalde. Sus derechos económicos y prestaciones sociales serán los de los miembros electivos.

En todo caso, para la válida constitución de la Junta de Gobierno Local se requiere que el número de miembros de la Junta de Gobierno Local que ostentan la condición de concejales presentes sea superior al número de aquellos miembros presentes que no ostentan dicha condición.

Los miembros de la Junta de Gobierno Local podrán asistir a las sesiones del Pleno e intervenir en los debates, sin perjuicio de las facultades que corresponden a su Presidente.

CONCORDANCIAS Y ANOTACIONES

LBRL, art. 23.1; TRRL, art. 22; ROF, arts. 52, 112 y 113.

La STS 103/2013, de 25 de abril, declaró la inconstitucionalidad y nulidad del inciso destacado en el párrafo segundo (lo que, en realidad, deja sin efecto la totalidad de las previsiones efectuadas en dicho párrafo).

Sobre esa regulación declarada inconstitucional el párrafo 8 del apartado IV de la Exposición de Motivos de la Ley 57/2003, de 16 de diciembre, de Medidas para la Modernización del Gobierno Local (LMMGL), indica que "esta Junta de Gobierno Local, cuyos miembros son designados y cesados libremente por el Alcalde, presenta como novedad que hasta un tercio, como máximo, de sus miembros, excluido el Alcalde, pueden ser personas que no ostenten la condición de Concejales. Se viene así a reforzar el perfil ejecutivo de este órgano".

En los párrafos 7° y 8° del propio apartado III de la Exposición de Motivos de la Ley 57/2003 de 16 de diciembre se señalaba que "se viene a perfilar una Junta de Gobierno Local «fuerte», que sustituye a la Comisión de Gobierno, dotada de amplias funciones de naturaleza ejecutiva, y que se constituye como un órgano colegiado esencial de colaboración en la dirección política del Ayuntamiento" y que "esta Junta de Gobierno Local, cuyos miembros son designados y cesados libremente por el Alcalde, presenta como novedad que hasta un tercio, como máximo, de sus miembros, excluido el Alcalde, pueden ser personas que no ostenten la condición de Concejales. Se viene así a reforzar el perfil ejecutivo de este órgano".

3. La Junta de Gobierno Local responde políticamente ante el Pleno de su gestión de forma solidaria, sin perjuicio de la responsabilidad directa de cada uno de sus miembros por su gestión.

4. La Secretaría de la Junta de Gobierno Local corresponderá a uno de sus miembros que reúna la condición de concejal, designado por el Alcalde, quien redactará las actas de las sesiones y certificará sobre sus acuerdos. Existirá un órgano de apoyo a la Junta de Gobierno Local y al concejal-secretario de la misma, cuyo titular será nombrado entre funcionarios de Administración local con habilitación de carácter nacional. Sus funciones serán las siguientes:

a) La asistencia al concejal-secretario de la Junta de Gobierno Local.

b) La remisión de las convocatorias a los miembros de la Junta de Gobierno Local.

c) El archivo y custodia de las convocatorias, órdenes del día y actas de las reuniones.

d) Velar por la correcta y fiel comunicación de sus acuerdos.

5. Las deliberaciones de la Junta de Gobierno Local son secretas. A sus sesiones podrán asistir los concejales no pertenecientes a la Junta y los titulares de los órganos directivos, en ambos supuestos cuando sean convocados expresamente por el Alcalde.

ANOTACIONES

La Ley 57/2003, de 16 de diciembre, de Medidas para la Modernización del Gobierno Local (LMMGL) sustituyó los términos "Comisión de Gobierno" por los de "Junta de Gobierno" Local a lo largo de todo el texto en los arts. 20, 21, 22, 23, 32, 34, 35, 52.2, 70, 85 bis, 123, 124, 125, 126, 127, 129 y 130, así como en las dips. adics. Octava y Décimocuarta, pues tal y como se indica en la propia Exposición de Motivos de la Ley 57/2003, de 16 de diciembre (párrafo 5º del apartado III), "en materia de organización, debe destacarse que la Comisión de Gobierno pasa a denominarse «Junta de Gobierno Local», expresión que tiende a destacar la naturaleza ejecutiva de dicho órgano. La propia exposición de Motivos de la Ley 57/2003 de 16 de diciembre (párrafo 3º del apartado IV) califica a este órgano como de "necesario".

Artículo 127. Atribuciones de la Junta de Gobierno Local

Artículo añadido por Ley 57/2003, de 16 de diciembre, de Medidas para la Modernización del Gobierno Local (LMMGL) y modificado por la Ley 30/2007, de 30 de octubre, de Contratos del Sector Público y por la Ley 27/2013, de 27 de diciembre, de racionalización y sostenibilidad de la Administración Local.

1. Corresponde a la Junta de Gobierno Local:

CONCORDANCIAS

LBRL, art. 23.2; ROF, arts. 53, 112 y 113.

a) La aprobación de los proyectos de ordenanzas y de los reglamentos, incluidos los orgánicos, con excepción de las normas reguladoras del Pleno y sus comisiones.

b) La aprobación del proyecto de presupuesto.

c) La aprobación de los proyectos de instrumentos de ordenación urbanística cuya aprobación definitiva o provisional corresponda al Pleno.

d) Las aprobaciones de los instrumentos de planeamiento de desarrollo del planeamiento general no atribuidas expresamente al Pleno, así como de los instrumentos de gestión urbanística y de los proyectos de urbanización.

e) La concesión de cualquier tipo de licencia, salvo que la legislación sectorial la atribuya expresamente a otro órgano.

f) *(Derogada)*

ANOTACIONES

Derogada por la Ley 30/2007, de 30 de octubre, de Contratos del Sector Público (entrada en vigor 30 de abril de 2008). La redacción anterior, procedente de la Ley 57/2003, de 16 de diciembre, de Medidas para la Modernización del Gobierno Local (LMMGL) era la siguiente:
"Las contrataciones y concesiones, incluidas las de carácter plurianual, la ampliación del número de anualidades y la modificación de los porcentajes de gastos plurianuales, así como la gestión, adquisición y enajenación del patrimonio, la concertación de operaciones de crédito, todo ello de acuerdo con el presupuesto y sus bases de ejecución"

g) El desarrollo de la gestión económica, autorizar y disponer gastos en materia de su competencia, disponer gastos previamente autorizados por el Pleno, y la gestión del personal.

h) Aprobar la relación de puestos de trabajo, las retribuciones del personal de acuerdo con el presupuesto aprobado por el Pleno, la oferta de empleo público, las bases de las convocatorias de selección y provisión de puestos de trabajo, el número y régimen del personal eventual, la separación del servicio de los funcionarios del Ayuntamiento, sin perjuicio de lo dispuesto en el artículo 99 de esta ley, el despido del personal laboral, el régimen disciplinario y las demás decisiones en materia de personal que no estén expresamente atribuidas a otro órgano.

La composición de los tribunales de oposiciones será predominantemente técnica, debiendo poseer todos sus miembros un nivel de titulación igual o superior al exigido para el ingreso en las plazas convocadas. Su presidente podrá ser nombrado entre los miembros de la Corporación o entre el personal al servicio de las Administraciones públicas.

i) El nombramiento y el cese de los titulares de los órganos directivos de la Administración municipal, sin perjuicio de lo dispuesto en la disposición adicional octava para los funcionarios de Administración local con habilitación de carácter nacional.

j) El ejercicio de las acciones judiciales y administrativas en materia de su competencia.

k) Las facultades de revisión de oficio de sus propios actos.

l) Ejercer la potestad sancionadora salvo que por ley esté atribuida a otro órgano.

m) Designar a los representantes municipales en los órganos colegiados de gobierno o administración de los entes, fundaciones o sociedades, sea cual sea su naturaleza, en los que el Ayuntamiento sea partícipe

CONCORDANCIAS Y ANOTACIONES

Letra modificada por la Ley 27/2013, de 27 de diciembre, de racionalización y soste-nibilidad de la Administración Local. El texto de la redacción previa, procedente de la Ley 57/2003, de 16 de diciembre, de Medidas para la Modernización del Gobierno Local (LMMGL), se correspondía con la actual letra n).

n) Las demás que le correspondan, de acuerdo con las disposiciones legales vigentes.

CONCORDANCIAS Y ANOTACIONES

Aunque esta letra es añadida por la Ley 27/2013, de 27 de diciembre, de racionaliza-ción y sostenibilidad de la Administración Local su contenido se corresponde con la letra m) de la anterior redacción, procedente de la Ley 57/2003, de 16 de diciembre, de Medidas para la Modernización del Gobierno Local (LMMGL).

La disp. adic. Segunda de la LCSP/2017, en la que se regulan las competencias en materia de contratación en las Entidades Locales, establece que:
1) En los municipios de gran población las competencias del órgano de contratación se ejercerán por la Junta de Gobierno Local, cualquiera que sea el importe del con-trato o la duración del mismo, siendo el Pleno el competente para aprobar los pliegos de cláusulas administrativas generales (apartado 4).
2) Los límites cuantitativos y los referentes a las características de los contratos en los que intervendrá la Junta de Contratación como órgano de contratación, se determina-rán, en los municipios de gran población por la Junta de Gobierno Local (apartado 5)
3) En los municipios de gran población las competencias en materia de contratación, la celebración de contratos privados, la adjudicación de concesiones sobre los bienes de la Corporación y la adquisición de bienes inmuebles y derechos sujetos a la legisla-ción patrimonial así como la enajenación del patrimonio cuando no estén atribuidas al Alcalde o al Presidente, y de los bienes declarados de valor histórico o artístico

cualquiera que sea su valor se ejercerán por la Junta de Gobierno Local, cualquiera
que sea el importe del contrato o la duración del mismo (apartado 11).

2. La Junta de Gobierno Local podrá delegar en los Tenientes de Alcalde, en los demás miembros de la Junta de Gobierno Local, en su caso, en los demás concejales, en los coordinadores generales, directores generales u órganos similares, las funciones enumeradas en los párrafos e), f), g), h) con excepción de la aprobación de la relación de puestos de trabajo, de las retribuciones del personal, de la oferta de empleo público, de la determinación del número y del régimen del personal eventual y de la separación del servicio de los funcionarios, y l) del apartado anterior.

ANOTACIONES

La Ley 57/2003, de 16 de diciembre, de Medidas para la Modernización del Gobierno Local (LMMGL) sustituyó los términos "Comisión de Gobierno" por los de "Junta de Gobierno" Local a lo largo de todo el texto en los arts. 20, 21, 22, 23, 32, 34, 35, 52.2, 70, 85 bis, 123, 124, 125, 126, 127, 129 y 130, así como en las dips. adics. Octava y Décimocuarta, pues tal y como se indica en la propia Exposición de Motivos de la Ley 57/2003, de 16 de diciembre (párrafo 5º del apartado III), "en materia de organización, debe destacarse que la Comisión de Gobierno pasa a denominarse «Junta de Gobierno Local», expresión que tiende a destacar la naturaleza ejecutiva de dicho órgano. La propia exposición de Motivos de la Ley 57/2003 de 16 de diciembre (párrafo 3º del apartado IV) califica a este órgano como de "necesario". Sobre la regulación contenida en este artículo téngase en cuenta que el párrafo 9 del apartado IV de la Exposición de Motivos de la Ley 57/2003, de 16 de diciembre, indica que "por otra parte, esta configuración resulta totalmente incardinable en el modelo legal europeo de gobierno local, diseñado en sus aspectos esenciales en la Carta Europea de la Autonomía Local, cuyo artículo 3.2 prevé que los órganos electivos colegiados locales «pueden disponer de órganos ejecutivos responsables ante ellos mismos".

Artículo 128. Los distritos

Artículo añadido por Ley 57/2003, de 16 de diciembre, de Medidas para la Modernización del Gobierno Local (LMMGL).

1. Los ayuntamientos deberán crear distritos, como divisiones territoriales propias, dotadas de órganos de gestión desconcentrada, para impulsar y desarrollar la participación ciudadana en la gestión de los asuntos municipales y su mejora, sin perjuicio de la unidad de gobierno y gestión del municipio.

2. Corresponde al Pleno de la Corporación la creación de los distritos y su regulación, en los términos y con el alcance previsto en el artículo 123, así como determinar, en una norma de carácter orgánico, el porcentaje mínimo de los recursos presupuestarios de la corporación que deberán gestionarse por los distritos, en su conjunto.

3. La presidencia del distrito corresponderá en todo caso a un concejal.

CONCORDANCIAS Y ANOTACIONES

LBRL, arts. 24, 69 y ss.; ROF, arts. 128, 129 y 227 a 236.
Ley Aragón 7/1999, de 9 de abril, arts. 10.4, 38 y 41;
Decreto Legislativo Cataluña 2/2003, de 28 de abril, art. 61;
Ley Galicia 5/1997, de 22 de julio, art. 69.
Sobre la regulación contenida en este artículo téngase en cuenta que el párrafo 10 del apartado IV de la Exposición de Motivos de la Ley 57/2003, de 16 de diciembre, de Medidas para la Modernización del Gobierno Local (LMMGL), señala que "en cuanto a los distritos, que constituyen un instrumento esencial para el desarrollo de políticas de proximidad y participación en los municipios altamente poblados, tanto desde la perspectiva de la desconcentración de funciones como desde la de la participación ciudadana, se establece su carácter necesario, debiendo además cada Ayuntamiento establecer el porcentaje mínimo de sus recursos que deberá gestionarse por distritos".

Artículo 129. La asesoría jurídica

Artículo añadido por Ley 57/2003, de 16 de diciembre, de Medidas para la Modernización del Gobierno Local (LMMGL).

1. Sin perjuicio de las funciones reservadas al secretario del Pleno por el párrafo e) del apartado 5 del artículo 122 de esta ley, existirá un órgano administrativo responsable de la asistencia jurídica al Alcalde, a la Junta de Gobierno Local y a los órganos directivos, comprensiva del asesoramiento jurídico y de la representación y defensa en juicio del ayuntamiento, sin perjuicio de lo dispuesto en el apartado segundo del artículo 447 de la Ley 6/1985, de 1 de julio, del Poder Judicial.

CONCORDANCIAS Y ANOTACIONES

LBRL, arts. 24, 69 y ss.; ROF, arts. 128, 129 y 227 a 236.

2. Su titular será nombrado y separado por la Junta de Gobierno Local, entre personas que reúnan los siguientes requisitos:

a) Estar en posesión del título de licenciado en derecho.

b) Ostentar la condición de funcionario de administración local con habilitación de carácter nacional, o bien funcionario de carrera del Estado, de las comunidades autónomas o de las entidades locales, a los que se exija para su ingreso el título de doctor, licenciado, ingeniero, arquitecto o equivalente.

ANOTACIONES

Sobre la regulación contenida en este artículo téngase en cuenta que el párrafo 11 del apartado IV de la Exposición de Motivos de la Ley 57/2003, de 16 de diciembre, indica que "la Ley regula también la asesoría jurídica, requiriendo para su titular la condición de funcionario con habilitación de carácter nacional o de funcionario de carrera de cualquier Administración pública y la titulación de licenciado en Derecho".

Artículo 130. Órganos superiores y directivos

Artículo añadido por Ley 57/2003, de 16 de diciembre, de Medidas para la Modernización del Gobierno Local (LMMGL) y modificado por la Ley 27/2013, de 27 de diciembre, de racionalización y sostenibilidad de la Administración Local.

ANOTACIÓN

Téngase en cuenta la disp. adic. Cuarta del Real Decreto 128/2018, de 16 de marzo, por el que se regula el régimen jurídico de los funcionarios de Administración Local con habilitación de carácter nacional.

1. Son órganos superiores y directivos municipales los siguientes:
A) Órganos superiores:
a) El Alcalde.
b) Los miembros de la Junta de Gobierno Local.
B) Órganos directivos:
a) Los coordinadores generales de cada área o concejalía.
b) Los directores generales u órganos similares que culminen la organización administrativa dentro de cada una de las grandes áreas o concejalías.
c) El titular del órgano de apoyo a la Junta de Gobierno Local y al concejal-secretario de la misma.
d) El titular de la asesoría jurídica.
e) El Secretario general del Pleno.
f) El interventor general municipal.
g) En su caso, el titular del órgano de gestión tributaria.

CONCORDANCIAS Y ANOTACIONES

El art. 130 B) fue declarado constitucional por la STC 103/2013, de 25 de abril, siempre y cuando su interpretación se realice conforme a lo establecido en la referida resolución en la que se establece que "así pues, aun respondiendo la regulación de una serie de órganos directivos a los objetivos de interés general que justifican su regulación con carácter común para todos los municipios, el establecimiento de una enumeración cerrada de los mismos eliminaría la competencia de desarrollo legislativo de las Comunidades Autónomas sin que, por lo hasta aquí expuesto, exista justificación para ello. No obstante, el precepto impugnado admite una interpretación conforme con lo hasta aquí afirmado pues, en la medida en que se limita a relacionar, dentro de los órganos directivos, los titulares de órganos que pertenecen a la organización básica de los municipios de gran población, no impide a las Leyes autonómicas que completen, dentro de su competencia para regular la organización complementaria, este elenco de órganos directivo" (F. 5 J).

2. Tendrán también la consideración de órganos directivos, los titulares de los máximos órganos de dirección de los organismos autónomos y de las entidades públicas empresariales locales, de conformidad con lo establecido en el artículo 85 bis, párrafo b).

3. El nombramiento de los coordinadores generales y de los directores generales, atendiendo a criterios de competencia profesional y experiencia deberá efectuarse entre funcionarios de carrera del Estado, de las Comunidades Autónomas, de las Entidades Locales o con habilitación de carácter nacional que pertenezcan a cuerpos o escalas clasificados en el subgrupo A1, salvo que el Reglamento Orgánico Municipal permita que, en atención a las características específicas de las funciones de tales órganos directivos, su titular no reúna dicha condición de funcionario.

REDACCIÓN ANTERIOR

Este apartado fue modificado en la tramitación parlamentaria. La redacción anterior de este apartado, procedente de la Ley 57/2003, de 16 de diciembre, de Medidas para la Modernización del Gobierno Local (LMMGL), lo era en los siguientes términos.
3. El nombramiento de los coordinadores generales, y de los directores generales deberá efectuarse entre funcionarios de carrera del Estado, de las comunidades autónomas, de las entidades loca les o funcionarios de administración local con habilitación de carácter nacional, a los que se exija para su ingreso el título de doctor, licenciado, ingeniero, arquitecto o equivalente, salvo que el Pleno, al determinar los niveles esenciales de la organización municipal, de acuerdo con lo dispuesto en el artículo 123.1 c), permita que, en atención a las características específicas del puesto directivo, su titular no reúna dicha condición de funcionario. En este caso los nombramientos habrán de efectuarse motivadamente y de acuerdo con criterios de competencia profesional y experiencia en el desempeño de puestos de responsabilidad en la gestión pública o privada.

4. Los órganos superiores y directivos quedan sometidos al régimen de incompatibilidades establecido en la Ley 53/1984, de 26 de diciembre, de Incompatibilidades del personal al servicio de las Administraciones públicas, y en otras normas estatales o autonómicas que resulten de aplicación.

ANOTACIONES

Sobre la regulación contenida en este artículo téngase en cuenta que el párrafo 11 del apartado IV de la Exposición de Motivos de la Ley 57/2003, de 16 de diciembre, indicaba que "la Ley regula también la asesoría jurídica, requiriendo para su titular la condición de funcionario con habilitación de carácter nacional o de funcionario de carrera de cualquier Administración pública y la titulación de licenciado en Derecho".

La Ley 57/2003, de 16 de diciembre, de Medidas para la Modernización del Gobierno Local (LMMGL) sustituyó los términos "Comisión de Gobierno" por los de "Junta de Gobierno" Local a lo largo de todo el texto en los arts. 20, 21, 22, 23, 32, 34, 35, 52.2, 70, 85 bis, 123, 124, 125, 126, 127, 129 y 130, así como en las dips. adics. Octava y Décimocuarta, pues tal y como se indica en la propia Exposición de Motivos de la Ley 57/2003, de 16 de diciembre (párrafo 5° del apartado III), "en materia de organización, debe destacarse que la Comisión de Gobierno pasa a denominarse «Junta de Gobierno Local», expresión que tiende a destacar la naturaleza ejecutiva de dicho órgano. La propia exposición de Motivos de la Ley 57/2003 de 16 de diciembre (párrafo 3° del apartado IV) califica a este órgano como de "necesario".

Artículo 131. El Consejo Social de la Ciudad

Artículo añadido por Ley 57/2003, de 16 de diciembre, de Medidas para la Modernización del Gobierno Local (LMMGL).

1. En los municipios señalados en este título, existirá un Consejo Social de la Ciudad, integrado por representantes de las organizaciones económicas, sociales, profesionales y de vecinos más representativas.

2. Corresponderá a este Consejo, además de las funciones que determine el Pleno mediante normas orgánicas, la emisión de informes, estudios y propuestas en materia de desarrollo económico local, planificación estratégica de la ciudad y grandes proyectos urbanos.

ANOTACIONES

Sobre la regulación contenida en este artículo téngase en cuenta que el párrafo 13 del apartado IV de la Exposición de Motivos de la Ley 57/2003, de 16 de diciembre, indica que "también debe destacarse el establecimiento del denominado Consejo Social de la ciudad, como mecanismo participativo de carácter consultivo de las principales organizaciones económicas y sociales del municipio, centrado esencialmente en el campo del desarrollo local y de la planificación estratégica urbana, ámbitos éstos que están adquiriendo una importancia esencial en las políticas locales".

Artículo 132. Defensa de los derechos de los vecinos

Artículo añadido por Ley 57/2003, de 16 de diciembre, de Medidas para la Modernización del Gobierno Local (LMMGL).

1. Para la defensa de los derechos de los vecinos ante la Administración municipal, el Pleno creará una Comisión especial de Sugerencias y Reclamaciones, cuyo funcionamiento se regulará en normas de carácter orgánico.

CONCORDANCIAS

LBRL, arts. 20.1 d) y 123.1 c).

2. La Comisión especial de Sugerencias y Reclamaciones estará formada por representantes de todos los grupos que integren el Pleno, de forma proporcional al número de miembros que tengan en el mismo.

3. La citada Comisión podrá supervisar la actividad de la Administración municipal, y deberá dar cuenta al Pleno, mediante un informe anual, de las quejas presentadas y de las deficiencias observadas en el funcionamiento de los servicios municipales, con especificación de las sugerencias o recomendaciones no admitidas por la Administración municipal. No obstante, también podrá realizar informes extraordinarios cuando la gravedad o la urgencia de los hechos lo aconsejen.

4. Para el desarrollo de sus funciones, todos los órganos de Gobierno y de la Administración municipal están obligados a colaborar con la Comisión de Sugerencias y Reclamaciones.

ANOTACIONES

Sobre la regulación contenida en este artículo téngase en cuenta que el párrafo 14 del apartado IV de la Exposición de Motivos de la Ley 57/2003, de 16 de diciembre, indica que "por último, otra novedad relevante en el ámbito organizativo es el establecimiento de un órgano para la participación de los vecinos y la defensa de sus derechos. La Ley ha puesto el acento en este ámbito al prever la necesidad de que esta defensa se garantice mediante la creación de una Comisión de Sugerencias y Reclamaciones, que estará formada por miembros del Pleno, con participación de todos los grupos políticos".

CAPÍTULO III. Gestión económico-financiera

ANOTACIONES

*Sobre la regulación contenida en este artículo téngase en cuenta que el párrafo 15
del apartado IV de la Exposición de Motivos de la Ley 57/2003, de 16 de diciembre,
señalaba que "el capítulo III de este título X regula la organización de la gestión
económico-financiera, estableciendo los principios de la citada gestión en los municipios a que se refiere esta Ley, previendo la creación de uno o varios órganos para el
ejercicio de las funciones de presupuestación, contabilidad, tesorería y recaudación, y
atribuyendo en todo caso la función pública del control y la fiscalización interna de
la gestión económica y presupuestaria a la Intervención general municipal. Esta separación y redistribución de funciones trata de ofrecer una respuesta a la complejidad
que las mismas presentan en estos municipios, lo que hace aconsejable la adopción
de este nuevo modelo".*

Artículo 133. Criterios de la gestión económico-financiera

*Artículo añadido por Ley 57/2003, de 16 de diciembre, de Medidas para la Moderni-
zación del Gobierno Local (LMMGL).*

La gestión económico-financiera se ajustará a los siguientes criterios:

a) Cumplimiento del objetivo de estabilidad presupuestaria, de acuerdo
con lo dispuesto en la legislación que lo regule.

b) Separación de las funciones de contabilidad y de fiscalización de la
gestión económico-financiera.

c) La contabilidad se ajustará en todo caso a las previsiones que en esta
materia contiene la Ley 39/1988, de 28 de diciembre, reguladora de las Haciendas Locales.

d) El ámbito en el que se realizará la fiscalización y el control de legalidad presupuestaria será el presupuesto o el estado de previsión de ingresos y
gastos, según proceda.

e) Introducción de la exigencia del seguimiento de los costes de los servicios.

f) La asignación de recursos, con arreglo a los principios de eficacia y
eficiencia, se hará en función de la definición y el cumplimiento de objetivos.

g) La administración y rentabilización de los excedentes líquidos y la concertación de operaciones de tesorería se realizarán de acuerdo con las bases de
ejecución del presupuesto y el plan financiero aprobado.

h) Todos los actos, documentos y expedientes de la Administración municipal y de todas las entidades dependientes de ella, sea cual fuere su natura-

leza jurídica, de los que se deriven derechos y obligaciones de contenido económico estarán sujetos al control y fiscalización interna por el órgano que se determina en esta Ley, en los términos establecidos en los artículos 194 a 203 de la Ley 39/1988, de 28 de diciembre, Reguladora de las Haciendas Locales.

ANOTACIONES

Las menciones efectuadas en la letras c) y h) a la LHL deben entenderse efectuadas a la TRLHL que destina los arts. 200 a 212 a la "contabilidad" y los arts. 213 a 223 a el "control y fiscalización".

Artículo 134. Órgano u órganos de gestión económico-financiera y presupuestaria

Artículo añadido por Ley 57/2003, de 16 de diciembre, de Medidas para la Modernización del Gobierno Local (LMMGL).

1. Las funciones de presupuestación, contabilidad, tesorería y recaudación serán ejercidas por el órgano u órganos que se determinen en el Reglamento orgánico municipal.

2. El titular o titulares de dicho órgano u órganos deberá ser un funcionario de Administración local con habilitación de carácter nacional, salvo el del órgano que desarrolle las funciones de presupuestación.

ANOTACIONES

Sobre la regulación contenida en este artículo téngase en cuenta que el párrafo 16 del apartado IV de la Exposición de Motivos de la Ley 57/2003, de 16 de diciembre, indica que "tanto el titular de la Intervención general como el del órgano u órganos que desarrollen las funciones de contabilidad, tesorería y recaudación deben ser funcionarios de Administración local con habilitación de carácter nacional, respetando el consolidado criterio tradicional de funciones reservadas por razones de interés supralocal a los funcionarios de esta Escala".

Artículo 135. Órgano de Gestión Tributaria

Artículo añadido por Ley 57/2003, de 16 de diciembre, de Medidas para la Modernización del Gobierno Local (LMMGL).

1. Para la consecución de una gestión integral del sistema tributario municipal, regido por los principios de eficiencia, suficiencia, agilidad y unidad en la gestión, se habilita al Pleno de los ayuntamientos de los municipios de gran población para crear un órgano de gestión tributaria, responsable de

ejercer como propias las competencias que a la Administración Tributaria local le atribuye la legislación tributaria.

2. Corresponderán a este órgano de gestión tributaria, al menos, las siguientes competencias:

a) La gestión, liquidación, inspección, recaudación y revisión de los actos tributarios municipales.

b) La recaudación en período ejecutivo de los demás ingresos de derecho público del ayuntamiento.

c) La tramitación y resolución de los expedientes sancionadores tributarios relativos a los tributos cuya competencia gestora tenga atribuida.

d) El análisis y diseño de la política global de ingresos públicos en lo relativo al sistema tributario municipal.

e) La propuesta, elaboración e interpretación de las normas tributarias propias del ayuntamiento.

f) El seguimiento y la ordenación de la ejecución del presupuesto de ingresos en lo relativo a ingresos tributarios.

3. En el caso de que el Pleno haga uso de la habilitación prevista en el apartado 1, la función de recaudación y su titular quedarán adscritos a este órgano, quedando sin efecto lo dispuesto en el artículo 134.1 en lo que respecta a la función de recaudación.

Artículo 136. Órgano responsable del control y de la fiscalización interna

Artículo añadido por Ley 57/2003, de 16 de diciembre, de Medidas para la Modernización del Gobierno Local (LMMGL).

1. La función pública de control y fiscalización interna de la gestión económico-financiera y presupuestaria, en su triple acepción de función interventora, función de control financiero y función de control de eficacia, corresponderá a un órgano administrativo, con la denominación de Intervención general municipal.

2. La Intervención general municipal ejercerá sus funciones con plena autonomía respecto de los órganos y entidades municipales y cargos directivos cuya gestión fiscalice, teniendo completo acceso a la contabilidad y a cuantos documentos sean necesarios para el ejercicio de sus funciones.

3. Su titular será nombrado entre funcionarios de Administración local con habilitación de carácter nacional.

ANOTACIONES

Téngase en cuenta, además, que la disp. Transit. Quinta de la Ley 57/2003, de 16 de diciembre, que, bajo la rúbrica "Funcionarios de Administración local con habilitación nacional que vengan desempeñando puestos de trabajo en los municipios incluidos en el ámbito de aplicación del título X y en los cabildos insulares regulados en la disposición adicional decimocuarta de la Ley 7/1985, de 2 de abril, Reguladora de las Bases del Régimen Local", señala que:
"A los funcionarios de Administración local con habilitación de carácter nacional que a la entrada en vigor de esta Ley, estén desempeñando puestos de trabajo a ellos reservados en los municipios y cabildos insulares incluidos en el ámbito de aplicación del título X y en la disposición adicional decimocuarta de la Ley 7/1985, de 2 de abril, Reguladora de las Bases del Régimen Local, se les aplicarán las siguientes normas:
a) El secretario del ayuntamiento pasará a desempeñar el puesto de secretario general del Pleno.
b) El interventor del ayuntamiento pasará a desempeñar el puesto de interventor general municipal.
c) El tesorero del ayuntamiento pasará a desempeñar el puesto de titular del órgano que tenga encomendadas las funciones de tesorería.
Los restantes funcionarios de Administración local con habilitación nacional que estuvieran desempeñando, en su caso, otros puestos con funciones reservadas en el mismo ayuntamiento, permanecerán en los mismos, sin perjuicio de las adaptaciones orgánicas necesarias y de que la provisión de los nuevos puestos reservados a habilitados nacionales pueda efectuarse por la corporación mediante el nombramiento de éstos o de otros funcionarios con habilitación nacional, conforme a lo establecido en la disposición adicional octava de la Ley 7/1985, de 2 de abril, Reguladora de las Bases del Régimen Local".

Artículo 137. Órgano para la resolución de las reclamaciones económico-administrativas

Artículo añadido por Ley 57/2003, de 16 de diciembre, de Medidas para la Modernización del Gobierno Local (LMMGL).

1. Existirá un órgano especializado en las siguientes funciones:

a) El conocimiento y resolución de las reclamaciones sobre actos de gestión, liquidación, recaudación e inspección de tributos e ingresos de derecho público, que sean de competencia municipal.

b) El dictamen sobre los proyectos de ordenanzas fiscales.

c) En el caso de ser requerido por los órganos municipales competentes en materia tributaria, la elaboración de estudios y propuestas en esta materia.

2. La resolución que se dicte pone fin a la vía administrativa y contra ella sólo cabrá la interposición del recurso contencioso-administrativo.

3. No obstante, los interesados podrán, con carácter potestativo, presentar previamente contra los actos previstos en el apartado 1 a) el recurso de reposición regulado en el artículo 14 de la Ley 39/1988, de 28 de diciembre, reguladora de las Haciendas Locales. Contra la resolución, en su caso, del citado recurso de reposición, podrá interponerse reclamación económico-administrativa ante el órgano previsto en el presente artículo.

4. Estará constituido por un número impar de miembros, con un mínimo de tres, designados por el Pleno, con el voto favorable de la mayoría absoluta de los miembros que legalmente lo integren, de entre personas de reconocida competencia técnica, y cesarán por alguna de las siguientes causas:

a) A petición propia.

b) Cuando lo acuerde el Pleno con la misma mayoría que para su nombramiento.

c) Cuando sean condenados mediante sentencia firme por delito doloso.

d) Cuando sean sancionados mediante resolución firme por la comisión de una falta disciplinaria muy grave o grave.

Solamente el Pleno podrá acordar la incoación y la resolución del correspondiente expediente disciplinario, que se regirá, en todos sus aspectos, por la normativa aplicable en materia de régimen disciplinario a los funcionarios del ayuntamiento.

5. Su funcionamiento se basará en criterios de independencia técnica, celeridad y gratuidad. Su composición, competencias, organización y funcionamiento, así como el procedimiento de las reclamaciones se regulará por reglamento aprobado por el Pleno, de acuerdo en todo caso con lo establecido en la Ley General Tributaria y en la normativa estatal reguladora de las reclamaciones económico-administrativas, sin perjuicio de las adaptaciones necesarias en consideración al ámbito de actuación y funcionamiento del órgano.

6. La reclamación regulada en el presente artículo se entiende sin perjuicio de los supuestos en los que la ley prevé la reclamación económico-administrativa ante los Tribunales Económico-Administrativos del Estado.

ANOTACIONES

Las menciones efectuadas en el apartado 3 a la LHL deben entenderse efectuadas a la TRLHL que regula la revisión de actos en vía administrativa en el art. 14.

Sobre la regulación contenida en este artículo téngase en cuenta que el párrafo 17 del apartado IV de la Exposición de Motivos de la Ley 57/2003, de 16 de diciembre, indicaba que "también se prevé la existencia de un órgano especializado para el conocimiento y resolución de las reclamaciones sobre actos tributarios de competencia local, cuya composición y funcionamiento pretenden garantizar la competencia técnica, la celeridad y la independencia tan patentemente requeridas por los ciudadanos en este ámbito. Este órgano puede constituir un importante instrumento para abaratar y agilizar la defensa de los derechos de los ciudadanos en un ámbito tan sensible y relevante como el tributario, así como para reducir la conflictividad en vía contencioso-administrativa, con el consiguiente alivio de la carga de trabajo a que se ven sometidos los órganos de esta jurisdicción".

CAPÍTULO IV. Conferencia de Ciudades

Artículo 138

Artículo añadido por Ley 57/2003, de 16 de diciembre, de Medidas para la Modernización del Gobierno Local (LMMGL).

En el seno de la Conferencia sectorial para asuntos locales, existirá una Conferencia de ciudades de la que formarán parte la Administración General del Estado, las comunidades autónomas y los alcaldes de los municipios comprendidos en el ámbito de aplicación del título X de esta ley.

TÍTULO XI. Tipificación de las infracciones y sanciones por las Entidades Locales en determinadas materias

Título (arts. 129 a 141) añadido por la 57/2003, de 16 de diciembre, de Medidas para la Modernización del Gobierno Local (LMMGL).

ANOTACIONES

Sobre la regulación contenida en este artículo téngase en cuenta que el párrafo 19 del apartado IV de la Exposición de Motivos de la Ley 57/2003, de 16 de diciembre, indica que "finalmente, el nuevo título XI de la LRBRL viene a tratar otro aspecto ineludible del régimen jurídico de las entidades locales, al regular la tipificación de las infracciones y sanciones por las entidades locales en determinadas materias. En efecto, no podía demorarse por más tiempo la necesidad de colmar la laguna legal que existe en materia de potestad sancionadora municipal en aquellas esferas en las que no encuentren apoyatura en la legislación sectorial, estableciendo criterios de tipificación de las infracciones y las correspondientes escalas de sanciones para que las funciones de esta naturaleza se desarrollen adecuadamente, de acuerdo con las exigencias del principio de legalidad adaptadas a las singularidades locales, y siempre en defensa de la convivencia ciudadana en los asuntos de interés local y de los servicios y el patrimonio municipal, conforme a la doctrina establecida por la Sentencia del Tribunal Constitucional 132/2001, de 8 de junio. Esta regulación se completa con la necesaria modificación de los artículos 127.1 y 129.1 de la Ley 30/1992, de 26 de noviembre, de Régimen Jurídico de las Administraciones Públicas y del Procedimiento Administrativo Común".

Artículo 139. Tipificación de infracciones y sanciones en determinadas materias

Artículo añadido por Ley 57/2003, de 16 de diciembre, de Medidas para la Modernización del Gobierno Local (LMMGL).

Para la adecuada ordenación de las relaciones de convivencia de interés local y del uso de sus servicios, equipamientos, infraestructuras, instalaciones y espacios públicos, los entes locales podrán, en defecto de normativa sectorial específica, establecer los tipos de las infracciones e imponer sanciones por el incumplimiento de deberes, prohibiciones o limitaciones contenidos en las correspondientes ordenanzas, de acuerdo con los criterios establecidos en los artículos siguientes.

CONCORDANCIAS Y ANOTACIONES

CE, art. 25; LRJSP/2015, arts. 25 a 31; Ley Orgánica 1/1992, de 21 de febrero, de Seguridad Ciudadana, arts. 23 a 26, 28 y 29; RD 1398/1993, de 4 de agosto, arts. 1 a 10.

Artículo 140. Clasificación de las infracciones

Artículo añadido por Ley 57/2003, de 16 de diciembre, de Medidas para la Modernización del Gobierno Local (LMMGL).

1. Las infracciones a las ordenanzas locales a que se refiere el artículo anterior se clasificarán en muy graves, graves y leves.

CONCORDANCIAS Y ANOTACIONES

LRJSP/2015, art. 27.1.

Serán muy graves las infracciones que supongan:

a) Una perturbación relevante de la convivencia que afecte de manera grave, inmediata y directa a la tranquilidad o al ejercicio de derechos legítimos de otras personas, al normal desarrollo de actividades de toda clase conformes con la normativa aplicable o a la salubridad u ornato públicos, siempre que se trate de conductas no subsumibles en los tipos previstos en el capítulo IV de la Ley 1/1992, de 21 de febrero, de Protección de la Seguridad Ciudadana.

b) El impedimento del uso de un servicio público por otra u otras personas con derecho a su utilización.

c) El impedimento o la grave y relevante obstrucción al normal funcionamiento de un servicio público.

d) Los actos de deterioro grave y relevante de equipamientos, infraestructuras, instalaciones o elementos de un servicio público.

e) El impedimento del uso de un espacio público por otra u otras personas con derecho a su utilización.

f) Los actos de deterioro grave y relevante de espacios públicos o de cualquiera de sus instalaciones y elementos, sean muebles o inmuebles, no derivados de alteraciones de la seguridad ciudadana.

2. Las demás infracciones se clasificarán en graves y leves, de acuerdo con los siguientes criterios:

a) La intensidad de la perturbación ocasionada en la tranquilidad o en el pacífico ejercicio de los derechos de otras personas o actividades.

b) La intensidad de la perturbación causada a la salubridad u ornato públicos.

c) La intensidad de la perturbación ocasionada en el uso de un servicio o de un espacio público por parte de las personas con derecho a utilizarlos.

d) La intensidad de la perturbación ocasionada en el normal funcionamiento de un servicio público.

e) La intensidad de los daños ocasionados a los equipamientos, infraestructuras, instalaciones o elementos de un servicio o de un espacio público.

CONCORDANCIAS Y ANOTACIONES

LRJSP/2015, arts. 27 y 28.

Sobre la forma en la que se encuentra redactado este artículo parece adecuado advertir que se agrupan, en el apartado 2 las infracciones graves y leves ("las demás infracciones se clasifican en graves y leves") sin establecer distinción entre ellas, puesto que la expresión "de acuerdo con los siguientes criterios" se antoja insuficiente, sentido en el que tenemos que tener presente que el art. 27.3 LRJSP/2015 señala que "las disposiciones reglamentarias de desarrollo podrán introducir especificaciones o graduaciones al cuadro de las infracciones o sanciones establecidas legalmente que, sin constituir nuevas infracciones o sanciones, ni alterar la naturaleza o límites de las que la ley contempla, contribuyan a la más correcta identificación de las conductas o a la más precisa determinación de las sanciones correspondientes" y el apartado 4 del mismo artículo añade que, como es lógico, "las normas definidoras de infracciones y sanciones no serán susceptibles de aplicación analógica".

Artículo 141. Límites de las sanciones económicas

Artículo añadido por Ley 57/2003, de 16 de diciembre, de Medidas para la Moderni-
zación del Gobierno Local (LMMGL).

Salvo previsión legal distinta, las multas por infracción de Ordenanzas
Locales deberán respetar las siguientes cuantías:

Infracciones muy graves: hasta 3.000 euros.

Infracciones graves: hasta 1.500 euros.

Infracciones leves: hasta 750 euros.

CONCORDANCIAS

CE, art. 25; LRJSP/2015, art. 27.

DISPOSICIONES ADICIONALES

Primera

1. Las competencias legislativas o de desarrollo de la legislación del Estado sobre régimen local asumidas, según lo dispuesto en sus respectivos Estatutos, por las Comunidades Autónomas del Principado de Asturias, Cantabria, La Rioja, Murcia, Aragón, Castilla-La Mancha, Castilla y León, Islas Baleares, Extremadura y Madrid, se ejercerán, según los casos, en el marco de lo establecido en el artículo 13 y en el Título IV de esta Ley, así como, si procediere, en los términos y con el alcance previstos en los artículos 20.2, 32.2, 29 y 30 de la misma.

2. Las funciones administrativas que la presente Ley atribuye a las Comunidades Autónomas se entienden transferidas a las mencionadas en el número anterior, que ostentarán, asimismo, todas aquellas otras funciones de la misma índole que les transfiera la legislación estatal que ha de dictarse conforme a lo establecido en la disposición final primera de la misma.

CONCORDANCIAS Y ANOTACIONES

Téngase en cuenta la disp. adic. Tercera de la Ley 27/2013, de 27 de diciembre, de racionalización y sostenibilidad de la Administración Local en la que se establece que:
Disposición adicional tercera. Competencias autonómicas en materia de régimen local.
1. Las disposiciones de esta Ley son de aplicación a todas las Comunidades Autónomas, sin perjuicio de sus competencias exclusivas en materia de régimen local asumidas en sus Estatutos de Autonomía, en el marco de la normativa básica estatal y con estricta sujeción a los principios de estabilidad presupuestaria, sostenibilidad financiera y racionalización de las estructuras administrativas.
2. En el caso de las Comunidades Autónomas con un sistema institucional propio, las referencias de esta Ley a las Diputaciones provinciales se entenderán efectuadas a los entes locales supramunicipales previstos en los correspondientes Estatutos de Autonomía a los que se atribuyen competencias en materia de asistencia y cooperación a los municipios y prestación de servicios públicos locales.
3. La aplicación de esta Ley en la Comunidad Autónoma de Aragón se realizará teniendo en cuenta el régimen especial de organización institucional previsto en su Estatuto de Autonomía en materia de régimen local, en virtud del cual, la Comunidad Autónoma aplicará las competencias previstas en esta Ley en los distintos niveles de la administración con sujeción a la Constitución, al contenido básico de esta Ley y a los principios de estabilidad presupuestaria, sostenibilidad financiera y racionalización de las estructuras administrativas.

La Sentencia del Tribunal Constitucional 210/2014, de 18 de diciembre (F. 5) establece que:

"Dentro del marco jurisprudencial descrito y por lo que hace al artículo 29 LBRL, no cabe ninguna duda de su carácter de norma básica, en primer lugar porque la disposición adicional primera apartado 1 LBRL le atribuye, en relación con la Comunidad Autónoma de Aragón, el carácter de norma básica, al disponer que «las competencias legislativas o de desarrollo de la legislación del Estado sobre régimen local asumidas, según lo dispuesto en sus respectivos estatutos, por las Comunidades Autónomas de… Aragón… se ejercerán, según los casos, en el marco de lo establecido en el artículo 13 y en el Título IV de esta Ley, así como, si procediere, en los términos y con el alcance previstos en los artículos…. 29… de la misma». Además, en segundo término, hay que tener en cuenta que corresponde al Estado la regulación de los elementos que componen la estructura municipal —territorio, población y organización— para de ese modo configurar un modelo común, dejando en todo caso a las Comunidades Autónomas, en el ejercicio de sus competencias de desarrollo, la aprobación de normas específicas de aplicación que tengan en cuenta sus propias peculiaridades relacionadas con dichos elementos estructurales".

Segunda. Régimen foral vasco

Disposición modificada por Ley 27/2013, de 27 de diciembre, de racionalización y sostenibilidad de la Administración Local. Véase la redacción anterior al final del texto de la disposición.

Real Decreto 128/2018, de 16 de marzo, por el que se regula el régimen jurídico de los funcionarios de Administración Local con habilitación de carácter nacional, disp. adic. Tercera.

La Sentencia del Tribunal Constitucional 101/2017, de 20 de julio, dispone en su Fundamento de Derecho 6 b) que "Por otra parte, la circunstancia de que la Ley 27/2013(disposición adicional segunda.3 y artículo 1.34, que da nueva redacción a la disposición adicional segunda LBRL) haya especificado que las referidas funciones corresponden a Navarra y País Vasco, no puede significar, como entiende la Letrada recurrente, que el Estado haya pretendido invadir las competencias de ejecución en materia de régimen local de las demás Comunidades Autónomas".

Las disposiciones de la presente Ley, de acuerdo con la Constitución y el Estatuto de Autonomía para el País Vasco, se aplicarán en los Territorios Históricos de Araba/Álava, Gipuzkoa y Bizkaia, sin perjuicio de las siguientes peculiaridades:

1. De acuerdo con la disposición adicional primera de la Constitución y con lo dispuesto en los artículos 3, 24.2 y 37 del Estatuto Vasco, los Territorios Históricos de Araba/Álava, Gipuzkoa y Bizkaia organizarán libremente sus propias instituciones y dictarán las normas necesarias para su funcionamiento,

amparando y garantizando, asimismo, las peculiaridades históricas de las Entidades Locales de sus territorios, sin que les sean de aplicación las contenidas en la presente Ley en materia de organización provincial.

2. Los Territorios Históricos de Araba/Álava, Gipuzkoa y Bizkaia ejercerán las competencias que les atribuyen el Estatuto Vasco y la legislación interna de la Comunidad Autónoma que se dicte en su desarrollo y aplicación, así como las que la presente Ley asigna con carácter general a las Diputaciones provinciales.

3. En el ejercicio de las competencias que el Estatuto y la legislación de la Comunidad Autónoma que se dicte en su desarrollo y aplicación les asignen, corresponde a las Instituciones Forales de los Territorios Históricos el desarrollo normativo y ejecución de la legislación básica del Estado en las materias correspondientes, cuando así se les atribuyan.

4. Cuando las Instituciones Forales de los Territorios Históricos realicen actividades en campos cuya titularidad competencial corresponde a la Administración del Estado o a la Comunidad Autónoma, les serán de aplicación las normas de esta Ley que disciplinen las relaciones de las Diputaciones provinciales con la Administración del Estado y la Administración Autónoma, en su caso, siempre y cuando dichas actividades las ejerciten en calidad de Diputaciones provinciales ordinarias, y no como Instituciones Forales de acuerdo con su régimen especial privativo, en cuyo caso solo serán de aplicación tales normas cuando desarrollen o apliquen la legislación básica del Estado o invadan las competencias de éste.

5. En materia de Hacienda las relaciones de los Territorios Históricos con la Administración del Estado se ajustarán a lo dispuesto en la Ley 12/2002, de 23 de mayo, por la que se aprueba el concierto económico con la Comunidad Autónoma del País Vasco. Las funciones que los artículos 7.4 y 26.2 atribuyen a la Administración que ejerza la tutela financiera, serán ejercidas en el País Vasco por sus Instituciones competentes de conformidad con el artículo 48.5 de la mencionada Ley 12/2002, de 23 de mayo.

6. Los Territorios Históricos del País Vasco continuarán conservando su régimen especial en materia municipal en lo que afecta al régimen económico-financiero en los términos de la Ley del Concierto Económico, sin que ello pueda significar un nivel de autonomía de las Corporaciones Locales vascas inferior al que tengan las demás Corporaciones Locales, sin perjuicio de la aplicación de lo dispuesto en el artículo 115 de la presente Ley y de las competencias que a este respecto puedan corresponder a la Comunidad Autónoma.

A dichos efectos, las Diputaciones Forales desarrollarán los criterios de cálculo de conformidad con lo establecido en el artículo 116 ter de esta Ley recibiendo la comunicación del coste efectivo de los servicios que prestan las Entidades Locales de sus respectivos territorios.

Asimismo, en relación con el artículo 116 bis de esta Ley, en ejercicio de las facultades de tutela financiera, corresponderá a las Diputaciones Forales la aprobación, concretando las reglas necesarias para su formulación, de los planes económico-financieros de sus respectivas corporaciones, de conformidad con la normativa dictada al efecto por el Estado.

Igualmente, de acuerdo con lo previsto en la disposición transitoria cuarta de la Ley 27/2013 de racionalización y sostenibilidad de la Administración Local, las entidades de ámbito territorial inferior al municipio comunicarán a las Instituciones Forales sus cuentas y serán estas Instituciones Forales quienes acuerden su disolución si así procede en aplicación de la mencionada disposición.

CONCORDANCIAS Y ANOTACIONES

La actual redacción de este apartado procede de la Ley Orgánica 1/2025, de 2 de enero, de medidas en materia de eficiencia del Servicio Público de Justicia.

Téngase en cuenta que la disposición transitoria decimocuarta de la propia Ley Orgánica 1/2025, de 2 de enero, de medidas en materia de eficiencia del Servicio Público de Justicia, establece, sobre los procedimientos o actuaciones iniciados o en tramitación en materia de funcionarios de Administración local con habilitación de carácter nacional, que:

La modificación del apartado 7 de la disposición adicional segunda de la Ley 7/1985, de 2 de abril, Reguladora de las Bases del Régimen Local, introducida por la presente Ley, se aplicará también a aquellos procedimientos o actuaciones iniciados o en tramitación con anterioridad a la entrada en vigor de la misma.

Previamente, este apartado había sido modificado por la disposición final 1 de Ley 22/2021, de 28 de diciembre, de Presupuestos Generales del Estado para el año 2022, que introdujo la siguiente redacción:

7. En el ámbito de la Comunidad Autónoma del País Vasco, la normativa reguladora de los funcionarios de Administración local con habilitación de carácter nacional prevista en el artículo 92 bis y concordantes de esta Ley, se aplicará de conformidad con la disposición adicional primera de la Constitución, con el artículo 149.1.18.ª de la misma y con la Ley Orgánica 3/1979, de 18 de diciembre, por la que se aprueba el Estatuto de Autonomía para el País Vasco, teniendo en cuenta que todas las facultades previstas respecto a dicho personal serán ostentadas por las instituciones competentes, en los términos que establezca la normativa autonómica, incluyendo entre las mismas la facultad de selección, la aprobación de la oferta pública de empleo para cubrir las vacantes existentes de las plazas correspondientes a las mismas en su ámbito territorial, convocar exclusivamente para su territorio los procesos de provisión para las plazas vacantes en el mismo, la facultad de nombramiento del personal funcionario en dichos procesos de provisión, la asignación del primer destino y las situaciones administrativa.

El Pleno del Tribunal Constitucional, por providencia de 28 de abril de 2022, acordó admitir a trámite el recurso de inconstitucionalidad número 2059-2022, promovido por más de cincuenta diputados del Grupo Parlamentario Popular del Congreso, contra la disposición final primera de la Ley 22/2021, de 28 de diciembre, de Presupuestos Generales del Estado para el año 2022, que modifica la Ley 7/1985, de 2 de abril, Reguladora de las Bases del Régimen Local, y por providencia de 28 de abril de 2022, acordó admitir a trámite el recurso de inconstitucionalidad número 2192-2022, promovido por más de cincuenta diputados del Grupo Parlamentario VOX en el Congreso, contra la disposición final primera de la Ley 22/2021, de 28 de diciembre, de Presupuestos Generales del Estado para el año 2022 (Boletín Oficial del Estado de 4 de mayo de 2022).

El Real Decreto-ley 6/2023, de 19 diciembre, dio nueva redacción al apartado 7 en similares términos (aunque no idéntica) a la que se había establecido por Ley 22/2021, de 28 de diciembre, de Presupuestos Generales del Estado para el año 2022.

La Sentencia del Tribunal Constitucional 67/2024, de 23 de abril, estimó el recurso de inconstitucionalidad y, en consecuencia, declaró inconstitucional y nula la disposición final primera de la Ley 22/2021, de 28 de diciembre, de Presupuestos Generales del Estado para el año 2022. La Sentencia del Tribunal Constitucional establecía, en el Fundamento de derecho 4, que:

> Por todo lo expuesto, apreciamos que no concurre la indispensable relación directa o inmediata de la disposición impugnada con los gastos e ingresos que integran el presupuesto, ni cabe entender que esté justificada la inclusión de esa disposición en la ley de presupuestos por suponer "un complemento necesario para la mayor inteligencia y para la mejor y más eficaz ejecución del presupuesto y, en general, de la política económica del Gobierno" [SSTC 76/1992, de 14 de mayo, FJ 4 a); 9/2013, FJ 4, y 86/2013, FJ 5]. La regulación contenida en la disposición impugnada desborda, por tanto, el contenido constitucionalmente admisible de la ley de presupuestos, por lo que es contraria a la Constitución (arts. 66.2 y 134.2).

> Debemos, en consecuencia, declarar la inconstitucionalidad y nulidad de la disposición final primera de la Ley 22/2021, de presupuestos generales del Estado para el año 2022, lo que hace innecesario que entremos a examinar las restantes censuras de inconstitucionalidad que los diputados recurrentes dirigen a esa disposición y, en concreto, las referidas a la vulneración de los arts. 150.2 y del art. 149.1.18 CE.

> Por otra parte, hay que tener presente que pueden haberse celebrado procesos selectivos y de provisión de puestos y declarado situaciones de los funcionarios al amparo de la disposición que ahora declaramos inconstitucional durante el tiempo trascurrido entre la interposición del recurso de inconstitucionalidad y

esta sentencia. Nuestra declaración de inconstitucionalidad y nulidad no deberá afectar a esos procesos y resoluciones administrativas, pues, en estas circunstancias, el principio constitucional de seguridad jurídica (art. 9.3 CE) reclama salvaguardar la intangibilidad de las situaciones jurídicas consolidadas, es decir, no solo las decididas con fuerza de cosa juzgada, sino también las situaciones administrativas firmes, según hemos decidido en casos similares (por todas, SSTC 9/2013, FJ 4, y 86/2013, FJ 5).

8. El porcentaje de baremo reservado al Estado en el artículo 92 bis.6 se establece en el 65 por 100, atribuyéndose un 30 por 100 del total posible a las instituciones competentes de la Comunidad Autónoma del País Vasco para que fije los méritos que correspondan al conocimiento de las especialidades jurídicas y económico-administrativas que se derivan de sus derechos históricos y especialmente del Concierto Económico.

Dentro del 5 por 100 restante, la Corporación Local interesada podrá establecer libremente los méritos específicos que estime convenientes en razón a las características locales.

9. En el convenio que se establecerá entre Instituciones que tengan encomendada la formación de este personal en el ámbito nacional y el Instituto Vasco de Administración Pública (IVAP) para la formación por este último de los funcionarios a que se refiere el artículo 92 bis de esta Ley, la Comunidad Autónoma del País Vasco podrá incluir materias o disciplinas propias de sus específicas peculiaridades, con la única condición del cumplimiento de los requisitos mínimos de orden académico que con carácter general estén establecidos para las cuestiones de exigencia común en todo el Estado, nunca superiores a los que rijan para el propio Instituto Nacional de Administración Pública.

10. El control y la fiscalización interna de la gestión económico-financiera y presupuestaria y la contabilidad, tesorería y recaudación de las Diputaciones Forales se organizará libremente por éstas en el marco del Concierto Económico sin que sea de aplicación lo dispuesto en el artículo 92 bis de la presente Ley.

11. En el marco de los objetivos de estabilidad presupuestaria y en virtud de las competencias y facultades que en materia de régimen local y financiación local les confiere la disposición adicional primera de la Constitución Española, el Estatuto de Autonomía, la Ley del Concierto Económico y la disposición adicional segunda de la Ley de Bases de Régimen Local, los órganos forales de los Territorios Históricos vascos determinarán los límites máximos totales del conjunto de las retribuciones y asistencias de los miembros de las

Corporaciones Locales, del personal eventual y del resto de personal al servicio de las Corporaciones Locales y su sector público y de los funcionarios con habilitación de carácter nacional. La determinación de tales retribuciones atenderá a los principios y estructura establecidos, en su caso, por la legislación estatal.

REDACCIÓN ANTERIOR

La redacción anterior que coincidía con la originaria (excepto en lo relativo al apartado 7 que había sido modificado por la LMMGL) lo era en los siguientes términos: Las disposiciones de la presente Ley, de acuerdo con la Constitución y el Estatuto de Autonomía para el País Vasco, se aplicarán en los Territorios Históricos de Álava, Guipúzcoa y Vizcaya, sin perjuicio de las siguientes peculiaridades:

1. De acuerdo con la disposición adicional primera de la Constitución y con lo dispuesto en los artículos 3, 24.2 y 37 del Estatuto Vasco, los Territorios Históricos de Álava, Guipúzcoa y Vizcaya organizarán libremente sus propias Instituciones y dictarán las normas necesarias para su funcionamiento, sin que les sean de aplicación las contenidas en la presente Ley en materia de organización provincial.

2. Los Territorios Históricos de Álava, Guipúzcoa y Vizcaya ejercerán las competencias que les atribuyen el Estatuto Vasco y la Legislación interna de la Comunidad Autónoma que se dicte en su desarrollo y aplicación, así como las que la presente Ley asigna con carácter general a las Diputaciones Provinciales.

3. En el ejercicio de las competencias que el Estatuto y la legislación de la Comunidad Autónoma que se dicte en su desarrollo y aplicación les asignen, corresponde a las Instituciones forales de los Territorios Históricos el desarrollo normativo y ejecución de la legislación básica del Estado en las materias correspondientes, cuando así se les atribuyan.

4. Cuando las Instituciones forales de los Territorios Históricos realicen actividades en campos cuya titularidad competencial corresponde a la Administración del Estado o a la Comunidad Autónoma, les serán de aplicación las normas de esta Ley que disciplinen las relaciones de las Diputaciones Provinciales con la Administración del Estado y la Administración Autónoma, en su caso, siempre y cuando dichas actividades las ejerciten en calidad de Diputaciones Provinciales ordinarias, y no como Instituciones forales de acuerdo con su régimen especial privativo, en cuyo caso sólo serán de aplicación tales normas cuando desarrollen o apliquen la legislación básica del Estado o invadan las competencias de éste.

5. En materia de hacienda las relaciones de los Territorios Históricos con la Administración del Estado se ajustarán a lo dispuesto en la Ley del Concierto Económico en la Comunidad Autónoma del País Vasco.

6. Los Territorios Históricos del País Vasco continuarán conservando su régimen especial en materia municipal en lo que afecta al régimen económico-financiero en los términos de la Ley del Concierto Económico, sin que ello pueda significar un nivel de autonomía de las Corporaciones locales vascas inferior al que tengan las demás Corporaciones locales, sin perjuicio de la aplicación de lo dispuesto en el artículo 115 de la presente Ley y de las competencias que a este respecto puedan corresponder a la Comunidad Autónoma.

7. De conformidad con la disposición adicional primera de la Constitución y los artículos 10.4 y 37 del Estatuto de Autonomía del País Vasco, corresponde a las instituciones forales de Territorios Históricos la facultad de convocar, exclusivamente para su territorio, los concursos a que se refiere el artículo 99.1, para las plazas vacantes en el mismo. Dichas convocatorias podrán publicarse además en el "Boletín Oficial" del Territorio Histórico respectivo y en el "Boletín Oficial del País Vasco".

Asimismo, de acuerdo con las disposiciones mencionadas en el párrafo anterior, corresponde a las instituciones forales de los Territorios Históricos la facultad prevista en el penúltimo párrafo del artículo 99.1 de nombramiento de los funcionarios a que se refiere el artículo 92.3.

8. El porcentaje del baremo reservado al Estado en el artículo 99.1 se establece en el 65 por 100, atribuyéndose un 10 por 100 del total posible a la Comunidad Autónoma del País Vasco para que fije los méritos que correspondan al conocimiento de las especialidades jurídicas y económico-administrativas que se derivan de sus derechos históricos y especialmente del Concierto Económico.

Dentro del 25 por 100 restante, la Corporación local interesada podrá establecer libremente los méritos específicos que estime convenientes en razón a las características locales.

9. De acuerdo con lo dispuesto en el artículo 98 de la presente Ley, en el convenio que se establecerá entre el Instituto de Estudios de Administración Local (IEAL) y el Instituto Vasco de Administración Pública (IVAP) para la formación por este último de los funcionarios a que se refiere el número 3 del artículo 92 del mismo texto legal, la Comunidad Autónoma del País Vasco podrá incluir materias o disciplinas propias de sus específicas peculiaridades, con la única condición del cumplimiento de los requisitos mínimos de orden académico que con carácter general estén establecidos para las cuestiones de exigencia común en todo el Estado, nunca superiores a los que rijan para el propio Instituto de Estudios de Administración Local.

10. El control y la fiscalización interna de la gestión económico-financiera y presupuestaria y la contabilidad, tesorería y recaudación de las Diputaciones forales se organizará libremente por éstas en el marco del concierto económico sin que sea de aplicación lo dispuesto en el artículo 92.3 de la presente Ley.

Tercera

La presente Ley regirá en Navarra en lo que no se oponga al régimen que para su Administración local establece el artículo 46 de la Ley Orgánica 13/1982, de 10 de agosto, de Reintegración y Amejoramiento del Régimen Foral de Navarra. A estos efectos, la normativa estatal que, de acuerdo con las Leyes citadas en el mencionado precepto, rige en Navarra, se entenderá modificada por las disposiciones contenidas en la presente Ley.

De acuerdo con lo dispuesto en el número 1 del citado artículo 46, será de aplicación a la Comunidad Foral de Navarra lo establecido en el número 2 de la disposición adicional primera de esta Ley.

Cuarta

En el supuesto de que, en aplicación de lo previsto en el número 2 del artículo 42 de esta Ley, se impidiera de forma parcial y minoritaria la organización comarcal del conjunto del territorio de la Comunidad Autónoma, la Generalidad de Cataluña, por haber tenido aprobada en el pasado una organización comarcal para la totalidad de su territorio y prever su Estatuto, asimismo, una organización comarcal de carácter general, podrá, mediante Ley aprobada por mayoría absoluta de su Asamblea Legislativa, acordar la constitución de la comarca o las comarcas que resten para extender dicha organización a todo su ámbito territorial.

Quinta

Disposición modificada por Ley 27/2013, de 27 de diciembre, de racionalización y sostenibilidad de la Administración Local. La redacción original previamente había sido objeto de reforma por la Ley 11/1999, de 21 de abril, de modificación de la LBRL y otras medidas para el desarrollo del Gobierno Local, en materia de tráfico, circulación de vehículos a motor y seguridad vial y en materia de aguas y por la Ley 57/2003, de 16 de diciembre, de Medidas para la Modernización del Gobierno Local (LMMGL). Véanse las redacción anteriores al final de cada apartado.

1. Las entidades locales pueden constituir asociaciones, de ámbito estatal o autonómico, para la protección y promoción de sus intereses comunes, a las que se les aplicará su normativa específica y, en lo no previsto en él, la legislación del Estado en materia de asociaciones.

2. Las asociaciones de entidades locales se regirán por sus estatutos, aprobados por los representantes de las entidades asociadas, los cuales deberán garantizar la participación de sus miembros en las tareas asociativas y la representatividad de sus órganos de gobierno. Asimismo, se señalará en los estatutos la periodicidad con la que hayan de celebrarse las Asambleas Generales Ordinarias, en caso de que dicha periodicidad sea superior a la prevista, con carácter general, en el artículo 11.3 de la Ley Orgánica 1/2002, de 22 de marzo, reguladora del Derecho de Asociación.

ANOTACIONES

Apartado modificado por la Ley 57/2003, de 16 de diciembre, de Medidas para la Modernización del Gobierno Local (LMMGL). La redacción originaria lo era en los siguientes términos:
"Las asociaciones de Entidades locales se regirán por sus Estatutos, aprobados por los representantes de las entidades asociadas, los cuales deberán garantizar la participación de sus miembros en las tareas asociativas y la representatividad de sus órganos de gobierno".

3. Dichas asociaciones, en el ámbito propio de sus funciones, podrán celebrar convenios con las distintas Administraciones Públicas. Asimismo, de conformidad con lo establecido en el artículo 12.2 de la Ley 38/2003, de 17 de noviembre, General de Subvenciones, podrán actuar como entidades colaboradoras de la Administración en la gestión de las subvenciones de la que puedan se- beneficiarias las Entidades Locales y sus organismos dependientes.

Las asociaciones de Entidades Locales podrán adherirse al sistema de contratación centralizada estatal regulado en el artículo 206 del Texto Refundido de la Ley de Contratos del Sector Público, aprobado por Real Decreto Legislativo 3/2011, de 14 de noviembre, en los mismos términos que las Entidades Locales.

Conforme a lo previsto en el artículo 203 del Texto Refundido de la Ley de Contratos del Sector Público, estas asociaciones podrán crear centrales de contratación. Las Entidades Locales a ellas asociadas, podrán adherirse a dichas centrales para aquéllos servicios, suministros y obras cuya contratación se haya efectuado por aquéllas, de acuerdo con las normas previstas en ese Texto Refundido, para la preparación y adjudicación de los contratos de las Administraciones Públicas.

ANOTACIONES

Apartado modificado por la Ley 27/2013, de 27 de diciembre, de racionalización y sostenibilidad de la Administración Local. La redacción anterior (introducida por la ley 11/1999, de 21 de abril) lo era en los siguientes términos:
"Dichas asociaciones, en el ámbito propio de sus funciones, podrán celebrar convenios con las distintas Administraciones públicas".

4. Las asociaciones de Entidades Locales de ámbito estatal con mayor implantación en todo el territorio ostentarán la representación institucional de la Administración local en sus relaciones con la Administración General del Estado.

ANOTACIONES
*Apartado introducido por la Ley 27/2013, de 27 de diciembre, de racionalización y
sostenibilidad de la Administración*

Sexta

*La disp. adic. Quinta de la Ley 27/2013, de 27 de diciembre, de racionalización y
sostenibilidad de la Administración establece que "Las disposiciones de esta Ley son
de aplicación a los municipios de Madrid y Barcelona, sin perjuicio de las particularidades de su legislación específica y con estricta sujeción a los principios de estabilidad
presupuestaria y sostenibilidad financiera".*

1. El régimen especial del Municipio de Madrid, contenido en el Texto
articulado aprobado por Decreto 1674/1963, de 11 de julio, modificado por
Decreto 2482/1970, de 22 de agosto, continuará vigente, hasta tanto se dicte
la Ley prevista en el artículo 6.º de la Ley Orgánica 3/1983, de 25 de febrero,
del Estatuto de Autonomía de la Comunidad de Madrid, salvo en lo que se
oponga, contradiga o resulte incompatible con lo establecido en la presente
Ley. En particular, quedan expresamente derogados los artículos 2.º, apartado
c); 4.º, párrafo 2, inciso final; 11, 12, 13 y 39, párrafo 2, de la mencionada
Ley especial, así como todos aquellos que configuren un sistema de relaciones
interadministrativas distinto al previsto en esta Ley.

ANOTACIONES
*La Ley 22/2006, de 4 de julio, de Capitalidad y Régimen Especial de Madrid, por la
que se "regula el régimen especial de la Villa de Madrid así como las peculiaridades
del mismo en cuanto capital del Estado y sede de las instituciones generales, sin perjuicio de las competencias de la Comunidad de Madrid" (art. 1.1) y se establece que
"en las materias no reguladas en la presente Ley, será de aplicación a la ciudad de
Madrid lo dispuesto en la legislación estatal básica en materia de gobierno y administración local, y, en su caso, en la legislación autonómica de desarrollo y la restante
legislación del Estado y de la Comunidad de Madrid, en función de la distribución
constitucional y estatutaria de competencias" (art. 1.2). La propia Ley 22/2006, de
4 de julio, dispone que "quedan sin efecto los artículos del Texto Articulado de la
Ley Especial para el Municipio de Madrid, aprobado por Decreto 1674/1963, de 11
de julio, no derogados expresamente por disposiciones anteriores a la presente Ley"
(disposición derogatoria única).*

2. El régimen especial del Municipio de Barcelona, contenido en el texto
articulado aprobado por Decreto 1166/1960, de 23 de mayo; el Decreto-ley
5/1974, de 24 de agosto, y el Decreto 3276/1974, de 28 de noviembre, de
constitución y desarrollo de la Entidad Metropolitana de Barcelona y sus dis-

posiciones concordantes continuarán vigentes salvo en lo que se oponga, contradiga o resulte incompatible con lo establecido en la presente Ley.

ANOTACIONES

La Ley 1/2006, de 13 de marzo, de Régimen especial del Ayuntamiento de Barcelona, establece (como su propia denominación indica) que el Municipio de Barcelona "goza de las especialidades que le reconoce la presente Ley en materias de competencia estatal". En la propia Ley 1/2006, de 13 de marzo se dispone la derogación cuantas disposiciones de igual o inferior rango se opongan o contradigan lo dispuesto en la presente Ley y, en particular, del Decreto 1166/1960, de 23 de mayo, por el que se regula el régimen especial para Barcelona, del Decreto-ley 5/1974, de 24 de agosto, por el que se crea la entidad municipal metropolitana, del Decreto 3276/1974, de 28 de noviembre, de Organización y Funcionamiento de la Entidad Municipal Metropolitana y de la disposición transitoria cuarta de la Ley 57/2003, de 16 de diciembre, de Medidas para la Modernización del Gobierno Local".

3. Sin perjuicio de lo establecido en los apartados anteriores, mediante ley de las Comunidades Autónomas respectivas, se podrán actualizar dichos regímenes especiales, a cuyo efecto, respetando el principio de autonomía local y a instancia de los correspondientes Ayuntamientos, podrán establecerse las siguientes especialidades al régimen general de organización municipal previsto en la presente Ley:

1.ª Se podrá modificar la denominación de los órganos necesarios contemplados en el artículo 20.1 de esta Ley.

2.ª El Pleno u órgano equivalente podrá funcionar también mediante Comisiones. Corresponde, en este caso, a las Comisiones, además de las funciones previstas en el artículo 20.1.c) de esta Ley para los órganos complementarios que tengan como función el estudio, informe o consulta de los asuntos que hayan de ser sometidos a la decisión del Pleno, aquéllas que les atribuya o delegue dicho Pleno, salvo las contenidas en los apartados 2 y 3 del artículo 47 y las atribuciones contenidas en el apartado 3 del artículo 22 de esta Ley.

3.ª Se podrán atribuir a la Comisión de Gobierno prevista en el artículo 23 de esta Ley, como propias, competencias en las siguientes materias:

a) Aquéllas que la presente Ley no reserve en exclusiva al Pleno, por ser delegables o por no requerir una mayoría específica para la adopción de acuerdos.

b) Las que esta Ley atribuye al Alcalde en relación con el urbanismo, contratación, personal y adquisición y enajenación de bienes.

c) La aprobación de proyectos de reglamentos y ordenanzas y el proyecto de Presupuesto.

4.ª Se podrán atribuir al Alcalde, como propias, aquellas competencias que la presente Ley no reserva en exclusiva al Pleno, por ser delegables o por no requerir una mayoría específica para la adopción de acuerdos.

ANOTACIONES

Apartado 3 añadido por la ley 11/1999, de 21 de abril, de modificación de la LBRL y otras medidas para el desarrollo del Gobierno Local, en materia de tráfico, circulación de vehículos a motor y seguridad vial y en materia de aguas.

Séptima. Acceso a los datos del padrón

Disposición añadida por la Ley Orgánica 14/2003, de 20 de noviembre, de Reforma de la Ley orgánica 4/2000, de 11 de enero, sobre derechos y libertades de los extranjeros en España y su integración social, modificada por la Ley Orgánica 8/2000, de 22 de diciembre; de la Ley 7/1985, de 2 de abril, Reguladora de las Bases del Régimen Local; de la Ley 30/1992, de 26 de noviembre, de Régimen Jurídico de las Administraciones Públicas y del Procedimiento Administrativo Común, y de la Ley 3/1991, de 10 de enero, de Competencia Desleal.

Para la exclusiva finalidad del ejercicio de las competencias establecidas en la Ley orgánica de derechos y libertades de los extranjeros en España y su integración social, sobre control y permanencia de extranjeros en España, la Dirección General de la Policía accederá a los datos de inscripción padronal de los extranjeros existentes en los Padrones Municipales, preferentemente por vía telemática.

A fin de asegurar el estricto cumplimiento de la legislación de protección de datos de carácter personal, los accesos se realizarán con las máximas medidas de seguridad. A estos efectos, quedará constancia en la Dirección General de la Policía de cada acceso, la identificación de usuario, fecha y hora en que se realizó, así como de los datos consultados.

Con el fin de mantener actualizados los datos de inscripción padronal de extranjeros en los padrones municipales, la Dirección General de la Policía, comunicará, al menos mensualmente, al Instituto Nacional de Estadística, para el ejercicio de sus competencias, los datos de los extranjeros anotados en el Registro Central de Extranjeros.

Se habilita a los Ministros de Economía y del Interior para dictar las disposiciones que regulen las comunicaciones de los datos de los extranjeros anotados en el Registro Central de Extranjeros por medios electrónicos, informáticos o telemáticos al Instituto Nacional de Estadística.

ANOTACIONES

La modificación introducida por el Real Decreto-ley 6/2023, de 19 de diciembre, por el que se aprueban medidas urgentes para la ejecución del Plan de Recuperación, Transformación y Resiliencia en materia de servicio público de justicia, función pública, régimen local y mecenazgo, en el párrafo tercero de esta disposición sustituye los términos "la Dirección General de la Policía, comunicará mensualmente al Instituto Nacional de Estadística" por los de "la Dirección General de la Policía, comunicará, al menos mensualmente, al Instituto Nacional de Estadística".

Octava. Especialidades de las funciones correspondientes a los funcionarios de Administración Local con habilitación de carácter nacional en los municipios incluidos en el ámbito de aplicación del título X y en los Cabildos Insulares Canarios regulados en la disposición adicional decimocuarta

Disposición añadida por la Ley 57/2003, de 16 de diciembre, de Medidas para la Modernización del Gobierno Local (LMMGL).

En los municipios incluidos en el ámbito de aplicación del título X de esta ley y en los Cabildos Insulares Canarios regulados en la disposición adicional decimocuarta, se aplicarán las siguientes normas:

a) Las funciones reservadas en dicho título a los funcionarios de Administración local con habilitación de carácter nacional serán desempeñadas por funcionarios de las subescalas que correspondan, de acuerdo con lo dispuesto en su normativa reglamentaria.

b) La provisión de los puestos reservados a estos funcionarios se efectuará por los sistemas previstos en el artículo 99 de esta ley y en las disposiciones reglamentarias de desarrollo y requerirá en todo caso una previa convocatoria pública.

c) Las funciones que la legislación electoral general asigna a los secretarios de los ayuntamientos, así como la llevanza y custodia del registro de intereses de miembros de la Corporación, serán ejercidas por el secretario del Pleno.

d) Las funciones de fe pública de los actos y acuerdos de los órganos unipersonales y las demás funciones de fe pública, salvo aquellas que estén atribuidas al secretario general del Pleno, al concejal secretario de la Junta de Gobierno Local y al secretario del consejo de administración de las entidades públicas empresariales, serán ejercidas por el titular del órgano de apoyo al secretario de la Junta de Gobierno Local, sin perjuicio de que pueda delegar su ejercicio en otros funcionarios del ayuntamiento.

e) Las funciones que la legislación sobre contratos de las Administraciones públicas asigna a los secretarios de los ayuntamientos, corresponderán al titular de asesoría jurídica, salvo las de formalización de los contratos en documento administrativo.

f) El secretario general del Pleno y el titular del órgano de apoyo al secretario de la Junta de Gobierno Local, dentro de sus respectivos ámbitos de actuación, deberán remitir a la Administración del Estado y a la de la comunidad autónoma copia o, en su caso, extracto, de los actos y acuerdos de los órganos decisorios del ayuntamiento.

Novena. Redimensionamiento del sector público local

Disposición modificada (incluida la rúbrica) por la Ley 27/2013, de 27 de diciembre, de racionalización y sostenibilidad de la Administración Local. La redacción anterior, procedente de la Ley 57/2003, de 16 de diciembre, de Medidas para la Modernización del Gobierno Local (LMMGL) y sobre el "observatorio urbano", puede verse al final de la disposición.

El Dictamen 338/2014 emitido por la Comisión Permanente del Consejo de Estado en sesión celebrada el 26 de junio de 2013 sobre el anteproyecto de Ley de racionalización y sostenibilidad de la Administración Local considera que no hay fundamentos jurídicos suficientes para plantear el conflicto en defensa de la autonomía local en relación con este precepto.

Las Sentencia del Tribunal Constitucional 111/2016, de 9 de junio, y 107/2017, de 21 de septiembre, desestimaron todos los motivos de inconstitucionalidad planteados contra la nueva redacción que, esta disposición adicional, recibió de la Ley 27/2013, de 27 de diciembre (Véanse, extractos de estas Sentencias al final de esta disposición).

1. Las Entidades Locales del artículo 3.1 de esta Ley y los organismos autónomos de ellas dependientes no podrán adquirir, constituir o participar en la constitución, directa o indirectamente, de nuevos organismos, entidades, sociedades, consorcios, fundaciones, unidades y demás entes durante el tiempo de vigencia de su plan económico-financiero o de su plan de ajuste.

Las entidades mencionadas en el párrafo anterior durante el tiempo de vigencia de su plan económico-financiero o de su plan de ajuste no podrán realizar aportaciones patrimoniales ni suscribir ampliaciones de capital de entidades públicas empresariales o de sociedades mercantiles locales que tengan necesidades de financiación. Excepcionalmente las Entidades Locales podrán realizar las citadas aportaciones patrimoniales si, en el ejercicio presupuestario inmediato anterior, hubieren cumplido con los objetivos de estabilidad presupuestaria y deuda pública y su período medio de pago a proveedores no supere en más de treinta días el plazo máximo previsto en la normativa de morosidad.

2. Aquellas entidades que a la entrada en vigor de la presente Ley desarrollen actividades económicas, estén adscritas a efectos del Sistema Europeo de Cuentas a cualesquiera de las Entidades Locales del artículo 3.1 de esta Ley o de sus organismos autónomos, y se encuentren en desequilibrio financiero, dispondrán del plazo de dos meses desde la entrada en vigor de esta Ley para aprobar, previo informe del órgano interventor de la Entidad Local, un plan de corrección de dicho desequilibrio. A estos efectos, y como parte del mencionado plan de corrección, la Entidad Local de la que dependa podrá realizar aportaciones patrimoniales o suscribir ampliaciones de capital de sus entidades solo si, en el ejercicio presupuestario inmediato anterior, esa Entidad Local hubiere cumplido con los objetivos de estabilidad presupuestaria y deuda pública y su período medio de pago a proveedores no supere en más de treinta días el plazo máximo previsto en la normativa de morosidad.

Si esta corrección no se cumpliera a 31 de diciembre de 2014, la Entidad Local en el plazo máximo de los seis meses siguientes a contar desde la aprobación de las cuentas anuales o de la liquidación del presupuesto del ejercicio 2014 de la entidad, según proceda, disolverá cada una de las entidades que continúe en situación de desequilibrio. De no hacerlo, dichas entidades quedarán automáticamente disueltas el 1 de diciembre de 2015.

Los plazos citados en el párrafo anterior de este apartado 2 se ampliarán hasta el 31 de diciembre de 2015 y el 1 de diciembre de 2016, respectivamente, cuando las entidades en desequilibrio estén prestando alguno de los siguientes servicios esenciales: abastecimiento domiciliario y depuración de aguas, recogida, tratamiento y aprovechamiento de residuos, y transporte público de viajeros.

Esta situación de desequilibrio financiero se referirá, para los entes que tengan la consideración de Administración pública a efectos del Sistema Europeo de Cuentas, a su necesidad de financiación en términos del Sistema

Europeo de Cuentas, mientras que para los demás entes se entenderá como la situación de desequilibrio financiero manifestada en la existencia de resultados negativos de explotación en dos ejercicios contables consecutivos.

3. Los organismos, entidades, sociedades, consorcios, fundaciones, unidades y demás entes que estén adscritos, vinculados o sean dependientes, a efectos del Sistema Europeo de Cuentas, a cualquiera de las Entidades Locales del artículo 3.1 de esta Ley o de sus organismos autónomos, no podrán constituir, participar en la constitución ni adquirir nuevos entes de cualquier tipología, independientemente de su clasificación sectorial en términos de contabilidad nacional.

4. Aquellos organismos, entidades, sociedades, consorcios, fundaciones, unidades y demás entes que a la entrada en vigor de esta Ley no estén en situación de superávit, equilibrio o resultados positivos de explotación, estuvieran controlados exclusivamente por unidades adscritas, vinculadas o dependientes, a efectos del Sistema Europeo de Cuentas, de cualquiera de las Entidades Locales del artículo 3.1 de esta Ley, o de sus organismos autónomos deberán estar adscritos, vinculados o dependientes directamente a las Entidades Locales del artículo 3.1 de esta Ley, o bien ser disueltos, en ambos casos, en el plazo de tres meses desde la entrada en vigor de esta Ley e iniciar, si se disuelve, el proceso de liquidación en el plazo de tres meses a contar desde la fecha de disolución. De no hacerlo, dichas entidades quedarán automáticamente disueltas transcurridos seis meses desde la entrada en vigor de esta Ley.

En el caso de que aquel control no se ejerza con carácter exclusivo las citadas unidades dependientes deberán proceder a la transmisión de su participación en el plazo de tres meses desde la entrada en vigor de esta Ley.

Los plazos para el cambio de adscripción, vinculación o dependencia, la disolución y para proceder a la transmisión de la correspondiente participación citados en los dos párrafos anteriores de este apartado 4 se ampliarán en un año más, cuando las entidades en desequilibrio estén prestando alguno de los siguientes servicios esenciales: abastecimiento domiciliario y depuración de aguas, recogida, tratamiento y aprovechamiento de residuos, y transporte público de viajeros.

ANOTACIONES

El Tribunal Constitucional (Sentencia 111/2016, de 9 de junio, F. 4) ha declarado la constitucionalidad de este artículo al establecer que:

"La disposición controvertida incluye una regulación amplia y compleja que puede reducirse a dos órdenes de previsiones. Hay, por un lado, medidas coyunturales que, en resumen, obligan que, a determinada fecha, estén disueltas entidades instrumentales dependientes de Administraciones locales que han sido incapaces de corregir su situación de desequilibrio financiero; de otro modo, la supresión se produce automáticamente por ministerio de la ley (apartados 2 y 4). Por otro lado, hay normas generales destinadas a asegurar que las corporaciones locales en situación de déficit presupuestario no creen entidades instrumentales (apartados 1 y 3). Según la Junta de Andalucía, al referirse al principio de estabilidad financiera, semejantes previsiones solo podrían establecerse mediante ley orgánica. Al carecer de ese rango, la nueva disposición adicional novena LBRL vulneraría la reserva de ley establecida en el art. 135.5 CE.

La disolución de entidades instrumentales se produce antes de una fecha determinada por acuerdo de la entidad local o por ministerio de la ley. Se trata, pues, de una medida coyuntural, que, en cuanto tal, queda al margen del desarrollo orgánico del principio de estabilidad presupuestaria que exige el art. 135.5 CE. A su vez, las limitaciones establecidas con carácter general a la creación de entidades instrumentales, no por estar vinculadas a las exigencias de estabilidad presupuestaria, deben necesariamente incluirse en leyes orgánicas. Este motivo de impugnación puede rechazarse a partir de lo razonado en la STC 41/2016 que se refirió al alcance de la reserva de ley orgánica establecida en el art. 135 CE, en general, y con ocasión de la impugnación del art. 116 bis LBRL, en particular.

La STC 41/2016, FFJJ 3 a) y 15, destacó que la estabilidad presupuestaria, al igual que la eficiencia y la eficacia, es un principio que vincula a todos los «niveles de gobierno», que «deben adoptar medidas de ese tipo en el marco de sus competencias respectivas». El Estado, en particular, «tiene la responsabilidad de promover la eficacia de la actuación administrativa (art. 103.1 CE), la eficiencia en el uso de los recursos públicos (art. 31.2 CE) y la estabilidad presupuestaria (art. 135 CE) del conjunto de las Administraciones públicas mediante el ejercicio de las competencias que le atribuye el art. 149 CE», cobrando «singular relevancia las competencias de que dispone con diverso alcance respecto de las organizaciones, los procedimientos, los empleados, los bienes y las haciendas públicas». En ejercicio de estas competencias, «el Estado puede utilizar al efecto la legislación ordinaria»; «[n]o cabe un entendimiento expansivo en cuya virtud cualesquiera medidas destinadas al ahorro en el gasto público, al manejo eficiente de los recursos públicos o a la racionalización de las estructuras administrativas queden reservadas a la ley orgánica por el solo dato de que sirvan en última instancia a fines de estabilidad presupuestaria y sostenibilidad financiera». Sobre esta base, se consideró que el art. 116 bis LBRL, aunque complemente la regulación establecida en la Ley Orgánica 2/2012, de 27 de abril, de estabilidad presupuestaria y sostenibilidad financiera (de la Ley Orgánica 2/2012), no vulnera la reserva de ley orgánica (art. 135.5 CE), al estar estrechamente vinculado al régimen local. El indicado artículo, por un lado, añadió contenidos al plan económico-financiero que deben formular los entes locales cuando incumplan los objetivos de estabilidad presupuestaria o de deuda pública o la regla de gasto y, por otro, implicó a la diputación provincial en las tareas de elaboración y seguimien-

to del plan. Tal razonamiento es extensible a los límites a la creación de entidades instrumentales previstos en los apartados 1 y 3 de la disposición aquí controvertida. Procede, pues, desestimar la impugnación de la disposición adicional novena LBRL, en la redacción dada por el art. 1.36 de la Ley 27/2013"

Así mismo, la Sentencia del Tribunal Constitucional 107/2017, de 21 de septiembre (F. 5) resolviendo el conflicto en defensa de la autonomía local formulado por 2.393 municipios establece, en cuanto a la impugnación de esta disposición, que:

"Los municipios recurrentes razonan que el artículo 116 bis y la disposición adicional novena LBRL (en la redacción dada por los apartados 30 y 36 del art. 1 de la Ley 27/2013), al penetrar el ámbito material que el artículo 135.5 CE reserva a la ley orgánica, incurrirían en una vulneración del sistema de fuentes que entrañaría, a la postre, el desconocimiento de su autonomía constitucionalmente garantizada (arts. 137 y 140 CE). No cabe aceptar este planteamiento. Ni la infracción de la Constitución, en general, ni el incumplimiento de sus normas sobre el sistema de fuentes, en particular, conllevan necesariamente la vulneración de la garantía constitucional de la autonomía local. De modo que, aunque el artículo 116 bis y la disposición adicional novena LBRL incluyeran contenidos reservados al legislador orgánico, no por ello vulnerarían los artículos 137 , 140 y 141 LBRL. Procede, en consecuencia, desestimar estos motivos de inconstitucionalidad sin que podamos examinar si la infracción del artículo 135.5 CE se ha producido efectivamente. La «misión exclusiva de refuerzo de un ámbito subjetivo de autonomía» de este tipo de procesos explica que solo pueda articularse en razón de un único motivo de inconstitucionalidad, la lesión de la autonomía local (STC 27/2016, FJ 3). En todo caso, no está de más indicar que las SSTC 41/2016, FJ 15, y 111/2016, FJ 4, han examinado, desestimándolo, el motivo de inconstitucionalidad que plantean aquí, bajo el ropaje de la autonomía local, los ayuntamientos recurrentes".

REDACCIÓN ANTERIOR

La Ley 57/2003, de 16 de diciembre, de Medidas para la Modernización del Gobierno Local (LMMGL) introducía en el texto de la LBRL la disp. adic. Novena con la siguiente redacción:
"Novena. Observatorio urbano
Con la finalidad de conocer y analizar la evolución de la calidad de vida en los municipios regulados en el título X de esta Ley, a través del seguimiento de los indicadores que se determinen reglamentariamente, el Gobierno creará un Observatorio Urbano, dependiente del Ministerio de Administraciones Públicas."

Décima. Policías locales

Disposición añadida por la Ley 57/2003, de 16 de diciembre, de Medidas para la Modernización del Gobierno Local (LMMGL).

En el marco de lo dispuesto en las Leyes Orgánicas 6/1985, de 1 de julio, del Poder Judicial; 2/1986, de 13 de marzo, de Fuerzas y Cuerpos de Seguridad; 1/1992, de 21 de febrero, sobre Protección de la Seguridad Ciudadana, y en las disposiciones legales reguladoras del régimen local, se potenciará la participación de los Cuerpos de policía local en el mantenimiento de la seguridad ciudadana, como policía de proximidad, así como en el ejercicio de las funciones de policía judicial, a cuyos efectos, por el Gobierno de la Nación, se promoverán las actuaciones necesarias para la elaboración de una norma que defina y concrete el ámbito material de dicha participación.

Undécima. Régimen especial de los municipios de gran población

Disposición añadida por la Ley 57/2003, de 16 de diciembre, de Medidas para la Modernización del Gobierno Local (LMMGL).

Las disposiciones contenidas en el título X para los municipios de gran población prevalecerán respecto de las demás normas de igual o inferior rango en lo que se opongan, contradigan o resulten incompatibles.

Duodécima. Retribuciones en los contratos mercantiles y de alta dirección del sector público local y número máximo de miembros de los órganos de gobierno

Disposición modificada (incluida la rúbrica) por la Ley 27/2013, de 27 de diciembre, de racionalización y sostenibilidad de la Administración Local. La redacción anterior, procedente de la Ley 57/2003, de 16 de diciembre, de Medidas para la Modernización del Gobierno Local (LMMGL) y sobre "reordenación de sociedades mercantiles", puede verse al final de la disposición.

1. Las retribuciones a fijar en los contratos mercantiles o de alta dirección suscritos por los entes, consorcios, sociedades, organismos y fundaciones que conforman el sector público local se clasifican, exclusivamente, en básicas y complementarias.

Las retribuciones básicas lo serán en función de las características de la entidad e incluyen la retribución mínima obligatoria asignada a cada máximo responsable, directivo o personal contratado.

Las retribuciones complementarias, comprenden un complemento de puesto y un complemento variable. El complemento de puesto retribuiría las características específicas de las funciones o puestos directivos y el complemento variable retribuiría la consecución de unos objetivos previamente establecidos.

2. Corresponde al Pleno de la Corporación local la clasificación de las entidades vinculadas o dependientes de la misma que integren el sector público local, en tres grupos, atendiendo a las siguientes características: volumen o cifra de negocio, número de trabajadores, necesidad o no de financiación pública, volumen de inversión y características del sector en que desarrolla su actividad.

Esta clasificación determinará el nivel en que la entidad se sitúa a efectos de:

a) Número máximo de miembros del consejo de administración y de los órganos superiores de gobierno o administración de las entidades, en su caso.

b) Estructura organizativa, con fijación del número mínimo y máximo de directivos, así como la cuantía máxima de la retribución total, con determinación del porcentaje máximo del complemento de puesto y variable.

3. Las retribuciones en especie que, en su caso, se perciban computarán a efectos de cumplir los límites de la cuantía máxima de la retribución total. La cuantía máxima de la retribución total no podrá superar los límites fijados anualmente en la Ley de presupuestos generales del Estado.

4. El número máximo de miembros del consejo de administración y órganos superiores de gobierno o administración de las citadas entidades no podrá exceder de:

a) 15 miembros en las entidades del grupo 1.

b) 12 miembros en las entidades del grupo 2.

c) 9 miembros en las entidades del grupo 3.

5. Sin perjuicio de la publicidad legal a que estén obligadas, las entidades incluidas en el sector público local difundirán a través de su página web la composición de sus órganos de administración, gestión, dirección y control, incluyendo los datos y experiencia profesional de sus miembros.

Las retribuciones que perciban los miembros de los citados órganos se recogerán anualmente en la memoria de actividades de la entidad.

6. El contenido de los contratos mercantiles o de alta dirección celebrados, con anterioridad a la entrada en vigor de esta Ley, deberá ser adaptados a la misma en el plazo de dos meses desde la entrada en vigor.

La adaptación no podrá producir ningún incremento, en relación a su situación anterior.

Las entidades adoptarán las medidas necesarias para adaptar sus estatutos o normas de funcionamiento interno a lo previsto en esta Ley en el plazo máximo de tres meses contados desde la comunicación de la clasificación.

7. La extinción de los contratos mercantiles o de alta dirección no generará derecho alguno a integrarse en la estructura de la Administración Local de la que dependa la entidad del sector público en la que se prestaban tales servicios, fuera de los sistemas ordinarios de acceso.

REDACCIÓN ANTERIOR

La Ley 57/2003, de 16 de diciembre, de Medidas para la Modernización del Gobierno Local (LMMGL) introducía en el texto de la LBRL la disp. adic. Duodécima con la siguiente redacción:

"Duodécima. Reordenación de sociedades mercantiles.

1. En los supuestos de constitución de una entidad pública empresarial con la función de dirigir o coordinar a otros entes con naturaleza de sociedad mercantil local, la incorporación, en su caso, de participaciones accionariales de titularidad de la corporación o de un ente público de la misma a la entidad pública empresarial, o de ésta a aquélla se acordará por el Pleno del ayuntamiento. Las operaciones de cambio de titularidad tendrán plena efectividad a partir del Acuerdo Plenario que constituirá título acreditativo de la nueva titularidad a todos los efectos. Las participaciones accionariales recibidas se registrarán en la contabilidad del nuevo titular por el mismo valor contable que tenían en el anterior titular a la fecha de dicho acuerdo.

2. Asimismo, las citadas operaciones de cambio de titularidad no estarán sujetas a la legislación del mercado de valores ni al régimen de oferta pública de adquisición y no darán lugar al ejercicio de derechos de tanteo, retracto o cualquier otro derecho de adquisición preferente que estatutaria o contractualmente pudieran ostentar sobre dichas participaciones otros accionistas de las sociedades cuyas participaciones sean transferidas o, en su caso, terceros a esas sociedades. Adicionalmente, la mera transferencia y reordenación de participaciones societarias que se realice en aplicación de esta norma no podrá ser entendida como causa de modificación o de resolución de las relaciones jurídicas que mantengan tales sociedades.

3. Todas las operaciones societarias, cambios de titularidad y actos derivados de lo previsto en la presente disposición estarán exentos de cualquier tributo estatal, incluidos los tributos cedidos a las comunidades autónomas, o local, sin que en este último caso proceda la compensación a que se refiere el primer párrafo del apartado 2 del artículo 9 de la Ley 39/1988, de 28 de diciembre, Reguladora de las Haciendas Locales. Los aranceles de los fedatarios públicos y registradores de la propiedad y mercantiles que intervengan los actos derivados de la ejecución de la presente norma se reducirán en un 90 por cien.

Decimotercera

Disposición añadida por la Ley 57/2003, de 16 de diciembre, de Medidas para la Modernización del Gobierno Local (LMMGL).

El Gobierno adoptará las medidas necesarias para hacer efectiva la participación de las entidades locales, a través de la asociación de ámbito estatal más representativa, en la formación de la voluntad nacional en la fase ascendente del proceso de elaboración de todas aquellas políticas comunitarias que afectan de manera directa a las competencias locales.

Decimocuarta. Régimen especial de organización de los Cabildos Insulares Canarios

Disposición añadida por la Ley 57/2003, de 16 de diciembre, de Medidas para la Modernización del Gobierno Local (LMMGL).

1. Las normas contenidas en los capítulos II y III del título X de esta ley, salvo los artículos 128, 132 y 137, serán de aplicación:

a) A los Cabildos Insulares Canarios de islas cuya población sea superior a 175.000 habitantes.

b) A los restantes Cabildos Insulares de islas cuya población sea superior a 75.000 habitantes, siempre que así lo decida mediante Ley el Parlamento Canario a iniciativa de los Plenos de los respectivos Cabildos.

2. Serán órganos insulares necesarios de los Cabildos el Pleno, el Presidente y el Consejo de Gobierno Insular.

3. Las referencias contenidas en los artículos 122, 123, 124, 125 y 126 al Alcalde, se entenderán hechas al Presidente del Cabildo; las contenidas en los artículos 124, 125 y 127 a los Tenientes de Alcalde, a los Vicepresidentes; las contenidas en los artículos 123, 126, 127, 129 y 130 a la Junta de Gobierno local, al Consejo de Gobierno Insular y las contenidas en los artículos 122, 124 y 126 a los Concejales, a los Consejeros.

4. Las competencias atribuidas a los órganos mencionados en el apartado anterior serán asumidas por el respectivo órgano insular del Cabildo, siempre que las mismas no sean materias estrictamente municipales.

5. La Asesoría Jurídica, los Órganos Superiores y Directivos y el Consejo Social Insular, tendrán las competencias asignadas a los mismos en los artículos 129, 130 y 131. El nombramiento de los titulares de la Asesoría Jurídica y de los Órganos Directivos se efectuará teniendo en cuenta los requisitos exigidos en los artículos 129 y 130.

Decimoquinta. Régimen de incompatibilidades y declaraciones de actividades y bienes de los Directivos locales y otro personal al servicio de las Entidades locales

Disposición añadida por la Ley 8/2007, de 28 de mayo, del Suelo. Posteriormente, y con la misma redacción, por el Real Decreto Legislativo 2/2008, de 20 de junio, que aprueba el texto refundido de la Ley del Suelo, para volver a ser añadida, de nuevo con el mimo texto, por el Real Decreto Legislativo 7/2015, de 30 de octubre, que aprueba el texto refundido de la Ley de Suelo y Rehabilitación Urbana.

1. Los titulares de los órganos directivos quedan sometidos al régimen de incompatibilidades establecido en la Ley 53/1984, de 26 de diciembre, de Incompatibilidades del Personal al Servicio de las Administraciones Públicas, y en otras normas estatales o autonómicas que resulten de aplicación.

No obstante, les serán de aplicación las limitaciones al ejercicio de actividades privadas establecidas en el artículo 8 de la Ley 5/2006, de 10 de abril, de Regulación de los Conflictos de Intereses de los miembros del Gobierno y de los Altos Cargos de la Administración General del Estado, en los términos en que establece el artículo 75.8 de esta Ley.

A estos efectos, tendrán la consideración de personal directivo los titulares de órganos que ejerzan funciones de gestión o ejecución de carácter superior, ajustándose a las directrices generales fijadas por el órgano de gobierno ce la Corporación, adoptando al efecto las decisiones oportunas y disponiendo para ello de un margen de autonomía, dentro de esas directrices generales.

2. El régimen previsto en el artículo 75.7 de esta Ley será de aplicación al personal directivo local y a los funcionarios de las Corporaciones Locales con habilitación de carácter estatal que, conforme a lo previsto en el artículo 5.2 de la Disposición Adicional Segunda de la Ley 7/2007, de 12 de abril, del Estatuto Básico del Empleado Público, desempeñen en las Entidades locales puestos que hayan sido provistos mediante libre designación en atención al carácter directivo de sus funciones o a la especial responsabilidad que asuman.

Decimosexta. Mayoría requerida para la adopción de acuerdos en las Corporaciones Locales

Disposición añadida por la Ley 27/2013, de 27 de diciembre, de racionalización y sostenibilidad de la Administración Local.

Disposición declarada inconstitucional y nula por la Sentencia 111/2016, de 9 de juni (Véase, en especial, el Fundamento de Derecho 8 que se extracta al final de este artículo)

1. Excepcionalmente, cuando el Pleno de la Corporación Local no alcanzara, en una primera votación, la mayoría necesaria para la adopción de acuerdos prevista en esta Ley, la Junta de Gobierno Local tendrá competencia para aprobar:
a) El presupuesto del ejercicio inmediato siguiente, siempre que previamente exista un presupuesto prorrogado.
b) Los planes económico-financieros, los planes de reequilibrio y los planes de ajuste a los que se refiere la Ley Orgánica 2/2012, de 27 de abril.
c) Los planes de saneamiento de la Corporación Local o los planes de reducción de deudas.
d) La entrada de la Corporación Local en los mecanismos extraordinarios de financiación vigentes a los que se refiere la Ley Orgánica 2/2012, de 27 de abril, y, en particular, el acceso a las medidas extraordinarias de apoyo a la liquidez previstas en el Real Decreto-ley 8/2013, de 28 de junio, de medidas urgentes contra la morosidad de las administraciones públicas y de apoyo a Entidades Locales con problemas financieros.
2. La Junta de Gobierno Local dará cuenta al Pleno en la primera sesión que se celebre con posterioridad a la adopción de los acuerdos mencionados en el apartado anterior, los cuales serán objeto de publicación de conformidad con las normas generales que les resulten de aplicación.

CONCORDANCIAS Y ANOTACIONES

El Dictamen 338/2014 emitido por la Comisión Permanente del Consejo de Estado en sesión celebrada el 26 de junio de 2013 sobre el anteproyecto de Ley de racionalización y sostenibilidad de la Administración Local considera que hay fundamentos jurídicos suficientes para plantear el conflicto en defensa de la autonomía local en relación con la disp. adic. Decimosexta LBRL en cuanto a la Competencia de la Junta de Gobierno Local para la aprobación de presupuestos, planes y medidas exigidos por razones de sostenibilidad financiera y estabilidad presupuestaria.

El Tribunal Constitucional ha declarado (Sentencia 111/2016, de 9 de junio, F. 8) la inconstitucionalidad esta disp. adic. Decimosexta, introducida en la LBRL por la Ley 27/2013, de 27 de diciembre, al establecer que:
"En todo caso, aunque la interpretación propuesta pudiera llegar a aceptarse, no por ello la disposición adicional decimosexta LBRL dejaría de incurrir en inconstitucionalidad. El supuesto de hecho que acarrearía la traslación competencial como consecuencia jurídica estaría regulado de modo excesivamente abierto a través del término «excepcionalmente». La previsión impugnada podría aplicarse a situaciones críticas de gobierno en minoría y déficit presupuestario, pero no solo; también, a cualesquiera otras circunstancias que la junta de gobierno considerara «excepcionales». Por eso, así interpretada, la disposición es tan abierta e indeterminada que no permite

siquiera identificar los principios o bienes que podrían llegar a justificar los relevantes sacrificios impuestos al principio democrático.
[...]
f) Procede, en consecuencia, declarar la inconstitucionalidad y nulidad de la disposición adicional decimosexta LBRL, introducida por el art. 1.38 de la Ley 27/2013. De conformidad con el art. 40.1 de la Ley Orgánica del Tribunal Constitucional (LOTC), esta declaración «no permitirá revisar procesos fenecidos mediante sentencia con fuerza de cosa juzgada» en los que se haya hecho aplicación de la mencionada disposición. Correspondiendo a este Tribunal precisar los efectos de la nulidad (STC 45/1989, de 20 de febrero), razones de seguridad jurídica (art. 9.3 CE) imponen en este caso acotar todavía más esos efectos: la declaración de inconstitucionalidad y nulidad de la disposición controvertida habrá de producir efectos ex nunc, a partir de la publicación de la presente Sentencia, sin que, por tanto, resulten afectados por ésta los presupuestos, planes y solicitudes ya aprobados por juntas de gobierno locales ni los actos sucesivos adoptados en aplicación de los anteriores, hayan o no devenido firmes en la vía administrativa".

Decimoséptima. Derechos históricos de Cataluña

Disposición añadida por el Real Decreto-ley 6/2023, de 19 de diciembre, por el que se aprueban medidas urgentes para la ejecución del Plan de Recuperación, Transformación y Resiliencia en materia de servicio público de justicia, función pública, régimen local y mecenazgo,

Las previsiones de esta Ley se aplicarán respetando en todo caso la posición singular en materia de sistema institucional recogida en el artículo 5 del Estatuto de Autonomía de Cataluña, así como las competencias exclusivas y compartidas en materia de régimen local y organización territorial previstas en dicho Estatuto, de acuerdo con el marco competencial establecido en la Constitución y en especial en el Estatuto de Autonomía de Cataluña.

DISPOSICIÓN DEROGATORIA

Quedan derogadas, en cuanto se opongan, contradigan o resulten incompatibles con las disposiciones de esta Ley:

a) La Ley de Régimen Local, texto articulado y refundido, aprobado por Decreto de 24 de junio de 1955.

b) El texto articulado parcial de la Ley 41/1975, de Bases del Estatuto de Régimen Local, aprobado por Real Decreto 3046/1977, de 6 de octubre.

c) La Ley 40/1981, de 28 de octubre, sobre Régimen Jurídico de las Corporaciones Locales, sin perjuicio de la vigencia transitoria del régimen de reclamaciones económico-administrativas en los términos previstos en la disposición transitoria décima.

d) La Ley 11/1960, de 12 de mayo, por la que se crea y regula la Mutualidad Nacional de Previsión de la Administración Local.

e) Cuantas otras normas, de igual o inferior rango, incurran en la oposición, contradicción o incompatibilidad a que se refiere el párrafo inicial de esta disposición.

DISPOSICIONES TRANSITORIAS

Primera

Las disposiciones que ha de refundir el Gobierno en uso de la autorización que le confiere la disposición final primera de esta Ley constituyen la legislación del Estado transitoriamente aplicable en los términos de los diferentes apartados de su artículo 5, teniendo, en consecuencia, según los diversos supuestos en él contemplados, el carácter de normativa estatal básica o, en su caso, supletoria de la que puedan ir aprobando las Comunidades Autónomas.

Segunda

Hasta tanto la legislación del Estado y la de las Comunidades Autónomas que se dicte de conformidad con lo establecido en los artículos 5, apartado B), letra a); 25, apartado 2; y 36 de esta Ley, no disponga otra cosa, los Municipios, las Provincias y las Islas conservarán las competencias que les atribuye la legislación sectorial vigente en la fecha de entrada en vigor de esta Ley.

Los Municipios ostentarán, además, en las materias a que se refiere el artículo 28 de esta Ley, cuantas competencias de ejecución no se encuentren conferidas por dicha legislación sectorial a otras Administraciones Públicas.

Tercera

Las Comisiones Permanentes municipales y las Comisiones de Gobierno de las Diputaciones provinciales constituidas con arreglo a la Ley 39/1978, de 17 de julio, de elecciones locales, cesarán en sus funciones en el momento en que queden designadas por el Presidente de la Corporación las respectivas Comisiones de Gobierno, lo que habrá de hacerse en el plazo máximo de tres meses desde la entrada en vigor de esta Ley en todos los Ayuntamientos y Diputaciones en que, de acuerdo con ella, la existencia de tal órgano resulta preceptiva.

Cuarta

Los Municipios que vean afectada su organización actual por lo estableci-do en la letra a) del número 1 del artículo 29 de la presente Ley, la mantendrán hasta la celebración de las próximas elecciones locales.

Quinta

En el plazo de seis meses desde la entrada en vigor de la presente Ley, la Administración del Estado organizará el Registro previsto en el artículo 14, inscribiendo, en un primer momento, todas las Entidades locales a que se refiere esta Ley, bajo su actual denominación.

Sexta

1. Dentro de los cinco meses siguientes a la entrada en vigor de esta Ley, el Gobierno aprobará el Reglamento de Organización y Funcionamiento de la Comisión Nacional de Administración Local.

2. Dentro del mismo plazo indicado en el número anterior, por el Ministro de Administración Territorial se aprobará el Reglamento del Instituto de Estu-dios de Administración Local.

3. Dentro de los tres meses siguientes a la entrada en vigor de los Regla-mentos a que se alude en los números anteriores deberán quedar constituidos la Comisión Nacional de Administración Local y el Consejo Rector del Instituto de Estudios de Administración Local de acuerdo con sus previsiones y con lo dispuesto en esta Ley.

Séptima

1. En tanto no se desarrolle lo dispuesto en esta Ley para los funciona-rios públicos que precisen habilitación nacional, será de aplicación a quienes integran los actuales Cuerpos Nacionales de Administración Local el régimen estatutario vigente en todo aquello que sea compatible y no quede derogado por la presente Ley y por la legislación general del Estado en materia de Fun-

ción Pública. Los actuales miembros de los Cuerpos Nacionales de Secretarios, Interventores y Depositarios tendrán a todos los efectos la habilitación de carácter nacional regulada en esta Ley.

2. Se autoriza al Gobierno para que, a iniciativa del Ministro de Administración Territorial y a propuesta del Ministro de la Presidencia, declare a extinguir determinados Cuerpos cuando lo exija el proceso general de racionalización o el debido cumplimiento de la presente Ley, estableciendo los criterios, requisitos y condiciones para que los funcionarios de estos Cuerpos se integren en otros.

3. Los funcionarios del actual Cuerpo Nacional de Directores de Bandas de Música Civiles, que queda suprimido en virtud de lo dispuesto en esta Ley, pasarán a formar parte de la plantilla de la respectiva Corporación como funcionarios propios de la misma, con respeto íntegro de sus derechos y situación jurídica surgidos al amparo de la legislación anterior, incluido el de traslado a otras Corporaciones locales, para lo cual gozarán de preferencia absoluta en los concursos que éstas convoquen para cubrir plazas de esa naturaleza.

Octava

1. No podrán celebrarse por las Administraciones locales contratos de colaboración temporal en régimen de Derecho administrativo, ni renovarse los existentes.

2. En el plazo de seis meses, a partir de la fecha de entrada en vigor de la presente Ley, las Administraciones locales procederán a realizar la clasificación de las funciones desempeñadas hasta ese momento por el personal contratado administrativo.

Esta clasificación determinará los puestos a desempeñar, según los casos, por funcionarios públicos o por personal laboral fijo o temporal.

De la citada clasificación podrán derivarse las modificaciones precisas en la plantilla.

3. Todo el personal que haya prestado servicios como contratado administrativo de colaboración temporal o como funcionario de empleo interino podrá participar en las pruebas de acceso para cubrir las correspondientes plazas.

En todo caso, estas convocatorias de acceso deberán respetar los criterios de mérito y capacidad, mediante las pruebas selectivas que reglamentariamente se determinen, en las que se valorarán los servicios efectivos prestados por este personal.

4. Mientras existan en vigor contratos administrativos y nombramientos de funcionarios de empleo en cualquier Administración Pública, éstos quedarán en suspenso durante el tiempo en que quienes los ocupan desempeñan en una Corporación local un cargo electivo retribuido y de dedicación exclusiva. Durante los treinta días siguientes al cese en estas condiciones, éstos tendrán derecho a reintegrarse en el puesto de trabajo que ocupaban hasta la suspensión, siempre que continuaran dándose las condiciones legales para el restablecimiento pleno de las correspondientes relaciones.

Asimismo, conservarán los derechos adquiridos hasta el momento de la suspensión y se les reconocerán, a título personal, los que pudieran haber adquirido durante la misma por aplicación de disposiciones de carácter general.

Novena

En el plazo máximo de un año desde la entrada en vigor de la presente Ley el Gobierno dispondrá, mediante Real Decreto, la disolución de la Mancomunidad de Diputaciones de Régimen Común, estableciendo lo necesario para la liquidación del patrimonio, obligaciones y personal de la misma.

Décima

1. A los acuerdos de aprobación de presupuestos y de Ordenanzas fiscales de imposición y ordenación de tributos locales, así como a los actos de aplicación y efectividad de dichas Ordenanzas, aprobados o dictados por las Corporaciones locales dentro del plazo de un año desde la entrada en vigor de esta Ley, les será de aplicación el régimen de reclamaciones económico-administrativas actualmente vigente.

2. Asimismo continuarán en todo caso tramitándose en vía económico-administrativa las reclamaciones interpuestas ante los Tribunales Económico-Administrativos Provinciales y los recursos de alzada presentados ante el Tribunal Económico-Administrativo Central, con anterioridad a la fecha señalada en el número anterior y que para entonces se hallen pendientes de resolución.

DISPOSICIONES FINALES

Primera

Se autoriza al Gobierno de la Nación para refundir en el plazo de un año, y en un solo texto, las disposiciones legales vigentes de acuerdo con lo dispuesto en la disposición derogatoria. La refundición comprenderá también la regularización, aclaración y armonización de dichas disposiciones.

El Gobierno, en idéntico plazo, procederá a actualizar y acomodar a lo dispuesto en la misma, todas las normas reglamentarias que continúen vigentes y, en particular, los siguientes Reglamentos:

a) El Reglamento de Población y Demarcación Territorial de las Entidades Locales, aprobado por Decreto de 17 de mayo de 1952, con las modificaciones de que haya sido objeto por disposiciones posteriores.

b) El Reglamento de Organización, Funcionamiento y Régimen Jurídico de las Corporaciones Locales, aprobado por Decreto de 17 de mayo de 1952, con las modificaciones de que haya sido objeto por disposiciones posteriores.

c) El Reglamento de Funcionarios de Administración Local, aprobado por Decreto de 30 de mayo de 1952, con las modificaciones de que haya sido objeto por disposiciones posteriores.

d) El Reglamento de Contratación de las Corporaciones Locales, aprobado por Decreto de 9 de enero de 1953, con las modificaciones de que haya sido objeto por disposiciones posteriores.

e) El Reglamento de Bienes de las Entidades locales, aprobado por Decreto de 27 de mayo de 1955, con las modificaciones de que haya sido objeto por disposiciones posteriores.

f) El Reglamento de Servicios de las Corporaciones Locales, aprobado por Decreto de 17 de junio de 1955, con las modificaciones de que haya sido objeto por disposiciones posteriores.

Segunda

1. Los funcionarios públicos de la Administración local tendrán la misma protección social, en extensión e intensidad, que la que se dispense a los funcionarios públicos de la Administración del Estado y estará integrada en el Sistema de Seguridad Social.

2. La aportación de los funcionarios de la Administración local para la financiación de su Seguridad Social será la misma que se establezca para los funcionarios públicos de la Administración del Estado, cuando sea idéntica la acción protectora.

3. La gestión de la Seguridad Social de los funcionarios de la Administración Local correrá a cargo de la MUNPAL, persona jurídica de Derecho público dotada de plena capacidad jurídica y patrimonio propio para el cumplimiento de sus fines, adscrita orgánicamente al Ministerio de Administración Territorial, al que corresponde su superior dirección y tutela.

La MUNPAL gozará de los mismos beneficios de pobreza, franquicia postal y telegráfica y exenciones tributarias, reconocidos a las entidades gestoras de la Seguridad Social, de acuerdo con lo establecido en la Ley General de Seguridad Social, siendo en lo demás de aplicación la Ley 11/1960, en lo que no se oponga a la presente Ley, y sus normas de desarrollo.

Tercera

El personal de las Policías Municipales y de los Cuerpos de Bomberos gozará de un Estatuto específico, aprobado reglamentariamente, teniendo en cuenta respecto de los primeros la Ley de Fuerzas y Cuerpos de Seguridad del Estado.

Cuarta

1. Quedan expresamente derogados los artículos 344 a 360, ambos inclusive, de la Ley de Régimen Local, de 24 de junio de 1955, sobre el Servicio Nacional de Inspección y Asesoramiento de las Corporaciones Locales.

2. El Gobierno regulará en el plazo de tres meses, a contar desde la entrada en vigor de la presente Ley, las peculiaridades del régimen orgánico y funcional del personal anteriormente adscrito a dicho Servicio, que se regirá por la legislación de funcionarios civiles del Estado.

3. Para el debido cumplimiento de las funciones que le competen a la Administración del Estado, en relación con las Entidades locales, el Gobierno podrá adscribir a sus servicios funcionarios de las Corporaciones Locales.

Quinta

A partir de la entrada en vigor de esta Ley, los Municipios cabeza de partido judicial en que no exista establecimiento penitenciario alguno asumirán, en régimen de competencia delegada, la ejecución del servicio de depósito de detenidos a disposición judicial, correspondiendo la custodia de dichos detenidos a la Policía Municipal en funciones de Policía Judicial.

La Administración competente en materia penitenciaria pondrá a disposición de los Municipios a que se refiere el párrafo anterior los medios económicos suficientes para el mantenimiento del referido servicio en los términos previstos por la legislación sectorial correspondiente.

Ley 27/2013, de 27 de diciembre, de racionalización y sostenibilidad de la Administración Local

BOE de 30 de diciembre de 2013

NOTA

Transcripción de las disposiciones adicionales, transitorias y derogatoria.

[...]

DISPOSICIONES ADICIONALES

Primera. Régimen aplicable a la comunidad autónoma del país vasco

1. Esta Ley se aplicará a la Comunidad Autónoma del País Vasco en los términos establecidos en el artículo 149.1.14.ª y 18.ª y disposición adicional primera de la Constitución, sin perjuicio de las particularidades que resultan de la Ley Orgánica 3/1979, de 18 de diciembre, por la que se aprueba el Estatuto de Autonomía para el País Vasco, de la disposición final tercera de la Ley Orgánica 2/2012, de 27 de abril, de Estabilidad Presupuestaria y Sostenibilidad Financiera, y de las demás normas que actualicen los derechos históricos de los territorios forales. En su aplicación, y sin perjuicio de las facultades de coordinación y tutela que les corresponden, la competencia para decidir sobre la forma de prestación de servicios a la que se refiere el artículo 26.2 de la Ley de Bases de Régimen Local corresponderá a las Diputaciones Forales previa conformidad de los municipios afectados.

2. La metodología para valorar el coste de los servicios transferidos en las materias enunciadas en la Disposición adicional decimoquinta y en las Disposiciones transitorias primera, segunda y tercera se llevará a cabo por las Instituciones competentes de la Comunidad Autónoma del País Vasco, atendiendo las directrices y principios que establezca el Ministerio de Hacienda y Administraciones Públicas.

CONCORDANCIAS Y ANOTACIONES

LBRL, arts. 39, 116 ter.2 y disp. adic. Segunda;
Ley País Vasco 27/1983, de 25 de noviembre

Segunda. Régimen aplicable a la comunidad foral de navarra

1. La presente Ley se aplicará a la Comunidad Foral de Navarra en los términos establecidos en el artículo 149.1.14.ª y 18.ª y disposición adicional primera de la Constitución, sin perjuicio de las particularidades que resultan de la Ley Orgánica 13/1982, de 10 de agosto, de Reintegración y Amejoramiento del Régimen Foral de Navarra, y de la disposición final tercera de la Ley Orgánica 2/2012, de 27 de abril, de Estabilidad Presupuestaria y Sostenibilidad Financiera. En su aplicación, y sin perjuicio de las facultades de coordinación y tutela que les corresponden, la competencia para decidir sobre la forma de prestación de servicios a la que se refiere el artículo 26.2 de la Ley de Bases de Régimen Local corresponderá a la Comunidad Foral de Navarra.

2. La Comunidad Foral de Navarra, podrá, en su ámbito competencial, atribuir competencias como propias a los municipios de su territorio así como del resto de las Entidades Locales de Navarra, con sujeción en todo caso, a los criterios señalados en los apartados 3, 4 y 5 del artículo 25 de la Ley reguladora de las Bases de Régimen Local.

3. Las funciones que los artículos 7.4 y 26.2 de esta Ley atribuyen a la Administración que ejerce la tutela financiera, corresponderán a la Comunidad Foral de Navarra, de conformidad con lo previsto en la disposición adicional séptima del Convenio Económico entre el Estado y la Comunidad Foral de Navarra, aprobado por la Ley 25/2003, de 15 de julio.

4. De conformidad con la Ley Orgánica 2/2012, de 27 de abril, de Estabilidad Presupuestaria y Sostenibilidad Financiera y con la disposición adicional séptima de la Ley 25/2003, de 15 de julio, la Comunidad Foral de Navarra recibirá también los informes emitidos, en cumplimiento de la normativa básica, por los órganos interventores de las Entidades Locales de Navarra, para su remisión inmediata al Ministerio de Hacienda y de Administraciones Públicas. Asimismo, los órganos interventores de las Entidades Locales de Navarra, remitirán también dicha información a la Cámara de Comptos, sin perjuicio de las competencias atribuidas al Tribunal de Cuentas.

5. De conformidad con lo dispuesto en el artículo 116 ter de la Ley reguladora de las Bases de Régimen Local, la Comunidad Foral de Navarra, desa-

rrollará los criterios de cálculo del coste efectivo de los servicios que prestan las Entidades Locales de Navarra, recibiendo la comunicación de dicho coste.

6. En el marco de los objetivos de estabilidad presupuestaria y en virtud de las competencias reconocidas a Navarra, a las que se hace referencia en el punto primero de esta disposición, la Comunidad Foral de Navarra determinará los límites máximos totales del conjunto de las retribuciones y asistencias de los miembros de las Corporaciones Locales, del personal eventual y del resto del personal al servicio de las mismas y su sector público. La determinación de tales retribuciones atenderá a los principios y estructura establecidos, en su caso, por la legislación estatal.

> CONCORDANCIAS Y ANOTACIONES
>
> *LBRL, arts. 40, 116 ter.2 y disp. adic. Tercera;*
>
> *Real Decreto 128/2018, de 16 de marzo, por el que se regula el régimen jurídico de los funcionarios de Administración Local con habilitación de carácter nacional, disp. adic. Tercera.*
>
> *Ley Foral Navarra 6/1990, de 2 de julio*
> *El Tribunal Constitucional ha declarado la constitucionalidad de esta disposición al establecer que:*
>
> *"Por otra parte, la circunstancia de que la Ley 27/2013 (disposición adicional segunda.3 y artículo 1.34, que da nueva redacción a la disposición adicional segunda LBRL) haya especificado que las referidas funciones corresponden a Navarra y País Vasco, no puede significar, como entiende la Letrada recurrente, que el Estado haya pretendido invadir las competencias de ejecución en materia de régimen local de las demás Comunidades Autónomas" (Sentencia del Tribunal Constitucional 101/2017, de 20 de julio, F. 6 b).*

Tercera. Competencias autonómicas en materia de régimen local

1. Las disposiciones de esta Ley son de aplicación a todas las Comunidades Autónomas, sin perjuicio de sus competencias exclusivas en materia de régimen local asumidas en sus Estatutos de Autonomía, en el marco de la normativa básica estatal y con estricta sujeción a los principios de estabilidad presupuestaria, sostenibilidad financiera y racionalización de las estructuras administrativas.

2. En el caso de las Comunidades Autónomas con un sistema institucional propio, las referencias de esta Ley a las Diputaciones provinciales se entenderán efectuadas a los entes locales supramunicipales previstos en los correspondientes Estatutos de Autonomía a los que se atribuyen competencias en

materia de asistencia y cooperación a los municipios y prestación de servicios públicos locales.

3. La aplicación de esta Ley en la Comunidad Autónoma de Aragón se realizará teniendo en cuenta el régimen especial de organización institucional previsto en su Estatuto de Autonomía en materia de régimen local, en virtud del cual, la Comunidad Autónoma aplicará las competencias previstas en esta Ley en los distintos niveles de la administración con sujeción a la Constitución, al contenido básico de esta Ley y a los principios de estabilidad presupuestaria, sostenibilidad financiera y racionalización de las estructuras administrativas.

CONCORDANCIAS Y ANOTACIONES

LBRL, arts. 37, 39, 40 y 41, y disposiciones adicionales Primera, Segunda y Tercera;

El Tribunal Constitucional ha declarado la constitucionalidad de esta disposición al establecer que:
"Según la Abogada de la Generalitat, el precepto admite dos interpretaciones diversas. Conforme a la primera, las Comunidades Autónomas han de respetar las nuevas previsiones básicas de la Ley 27/2013 y ello aunque hubieran adoptado legislación autonómica contradictoria con aquellas nuevas previsiones y aunque estas fueran contrarias a las determinaciones sobre gobiernos locales de los Estatutos de Autonomía. Así interpretada, la disposición impugnada sería inconstitucional por incurrir en los vicios argumentados a lo largo del recurso. Conforme a la otra interpretación, vendría a establecer que prevalece sobre la Ley 27/2013 el régimen estatutario de los gobiernos locales, así como la legislación autonómica dictada al amparo de los Estatutos, en particular, de las competencias recogidas en el artículo 160.1 EAC. De modo que las determinaciones de la Ley 27/2013 que se opongan a las previsiones estatutarias y autonómicas serían simplemente inaplicables en el territorio de Cataluña. El precepto, solo si se interpretara de este modo, dejaría de incurrir en inconstitucionalidad.
La Ley 27/2013 establece, sin duda alguna, normas básicas aplicables, en cuanto tales, en todo el territorio del Estado; fija un mínimo común denominador normativo al que ha de ajustarse la legislación autonómica sobre régimen local. Ciertamente, incluye normas básicas con aplicación territorial restringida (p. ej., las relativas a cabildos y consejos insulares) y reglas que exceptúan o matizan la aplicación del régimen básico en algunas Comunidades Autónomas, como la disposición adicional segunda Ley 27/2013, «Régimen aplicable a la Comunidad Foral de Navarra» y en las ciudades autónomas (disposición adicional cuarta, sobre «Especialidades de las Ciudades de Ceuta y Melilla»). Ahora bien, al margen de estas particularidades y cláusulas de excepción, la Ley 27/2013 resulta aplicable en todas las Comunidades Autónomas, y la legislación autonómica sobre régimen local habrá de ajustarse a ella. Resulta igualmente claro, según hemos recordado ya, que «una norma estatutaria de régimen local no puede funcionar como límite al ejercicio de la competencia constitucionalmente atribuida al Estado en esta materia (art. 149.1.18 CE)»: «no puede imposibilitar que este reforme las bases» «ni suponer que las nuevas bases

dejen de operar como mínimo común normativo, esto es, que sean inaplicables en una Comunidad Autónoma por virtud del Derecho local incluido en su Estatuto» [STC 168/2016, FJ 3 b)].

Por todo ello, no puede interpretarse la disposición adicional tercera.1 de la Ley 27/2013 como disposición que coloca el Derecho local estatutario y la legislación autonómica por encima de las bases estatales. Al contrario, el sentido de la previsión impugnada supone que las Comunidades Autónomas han de ejercer sus competencias en materia de régimen local «en el marco de la normativa básica estatal» incluida en la Ley 27/2013. Aquellos preceptos de la Ley 27/2013 que, rebasando el ámbito propio de las competencias estatales, invadieran las competencias estatutarias de las Comunidades Autónomas, serían inconstitucionales, pero no por ello habría de serlo también una disposición como la impugnada, que se limita a señalar que la legislación autonómica sobre el régimen local debe respetar las bases estatales y los principios de estabilidad presupuestaria, sostenibilidad financiera y racionalización de las estructuras administrativas.

Procede, en consecuencia, desestimar la impugnación de la disposición adicional tercera.1 de la Ley 27/2013.” (Sentencia del Tribunal Constitucional 93/2017, de 6 de julio, F. 6).

Cuarta. Especialidades de las ciudades de ceuta y melilla

1. La organización y funcionamiento de las instituciones de Gobierno de las Ciudades de Ceuta y Melilla se regularán de acuerdo con lo previsto en la Ley Orgánica 1/1995, de 13 de marzo, de Estatuto de Autonomía de Ceuta, la Ley Orgánica 2/1995, de 13 de marzo, de Estatuto de Autonomía de Melilla y por las normas de desarrollo dictadas en virtud de la potestad reglamentaria de sus respectivas Asambleas, no rigiéndose, en el citado ámbito, por lo dispuesto en la normativa de régimen local.

2. Corresponde a las Ciudades de Ceuta y Melilla, en el marco de las Leyes Orgánicas 1/1995 y 2/1995, de 13 de marzo, y de las normas reglamentarias dictadas en su desarrollo, determinar la forma de gestión de los servicios públicos con respeto a los principios de estabilidad presupuestaria, sostenibilidad financiera, plurianualidad, transparencia, responsabilidad, lealtad institucional y eficacia en el uso de los recursos públicos, de acuerdo a lo establecido en la presente Ley y demás normativa estatal que resulte de aplicación a las Ciudades con Estatuto de Autonomía.

3. En el ámbito de las competencias enumeradas en los artículos 21 y 22 de las citadas Leyes Orgánicas 1/1995 y 2/1995, de 13 de marzo, cuando no exista legislación sectorial estatal específica, las Asambleas de Ceuta y Melilla, en ejercicio de su potestad reglamentaria, podrán tipificar infracciones y determinar las

sanciones correspondientes por el incumplimiento de deberes, prohibiciones o limitaciones de acuerdo con criterios mínimos de antijuridicidad basados en la intensidad de la perturbación, de los daños o del peligro causados. Las sanciones que puedan imponerse por la comisión de las conductas infractoras podrán consistir en multas o prohibiciones, por tiempo razonable y proporcionado, bien del ejercicio de actividades, incluso de las autorizadas o comunicadas, bien del acceso a equipamientos, infraestructuras e instalaciones.

Respecto a las competencias de régimen local atribuidas a las Ciudades por el artículo 25 de sus respectivos Estatutos, siempre que se trate de garantizar la adecuada ordenación de las relaciones de convivencia y del uso de los servicios, equipamientos, infraestructuras, instalaciones y espacios públicos, las Asambleas de Ceuta y Melilla podrán tipificar infracciones e imponer sanciones en los términos del Título XI de la Ley 7/1985, de 2 de abril, reguladora de las Bases del Régimen Local.

4. Las Ciudades de Ceuta y Melilla podrán llevar a cabo actuaciones de cooperación con relación a materias que sean competencia del Estado, suscribiendo, a tal efecto, los correspondientes Convenios de Colaboración. Asimismo, ambas Ciudades y la Administración General del Estado podrán celebrar Convenios de Colaboración referidos a competencias estatutariamente asumidas en virtud de los respectivos Estatutos de Autonomía, conforme a lo establecido en la disposición adicional decimocuarta de la Ley 30/1992, de 26 de noviembre, de Régimen Jurídico de las Administraciones Públicas y del Procedimiento Administrativo Común.

5. Las normas de eficacia general dictadas por las Asambleas de Ceuta y Melilla, en el ejercicio de la potestad normativa reglamentaria que disponen para el desarrollo de las competencias previstas en el apartado 1 del artículo 21 de las Leyes Orgánicas 1/1995 y 2/1995, de 13 marzo, de Estatutos de Autonomía, conforme a lo establecido en el apartado 2 del mismo precepto, se llevará a cabo en los términos establecidos en la legislación general del Estado, sin que sea necesaria una norma estatal específica previa.

CONCORDANCIAS Y ANOTACIONES

LBRL, arts. 57 y 92 bis.6;

El Tribunal Supremo ha establecido que las retribuciones de los miembros del Consejo de Gobierno de la Ciudad Autónoma de Ceuta no están sujetas al art. 75 bis LBRL, por impedirlo la disposición adicional 4ª de la Ley 27/2013 (Sentencia del Tribunal Supremo de 18 de noviembre de 2021, recurso de casación 2994/2020).

Quinta. Regímenes especiales de Madrid y Barcelona

Las disposiciones de esta Ley son de aplicación a los municipios de Madrid y Barcelona, sin perjuicio de las particularidades de su legislación específica y con estricta sujeción a los principios de estabilidad presupuestaria y sostenibilidad financiera.

CONCORDANCIAS Y ANOTACIONES

LBRL, disp. adic. Sexta;
Ley 22/2006, de 4 de julio, de Capitalidad y Régimen Especial de Madrid;
Ley 1/2006, de 13 de marzo, de Régimen especial del Ayuntamiento de Barcelona;

Sexta. Comarcas

Las previsiones de esta Ley se aplicarán respetando la organización comarcal en aquellas Comunidades Autónomas cuyos estatutos de autonomía tenga atribuida expresamente la gestión de servicios supramunicipales.

CONCORDANCIAS Y ANOTACIONES

LBRL, arts. 3, 4 y 42;

El Tribunal Constitucional ha declarado la constitucionalidad de esta disposición al establecer que:
"Consecuentemente, puede interpretarse que la disposición adicional sexta de la Ley 27/2013 supone que las previsiones de la reforma local de 2013 «se aplicarán respetando» toda «organización comarcal» estatutariamente prevista, sin por ello negar o perjudicar la que, no prevista en los Estatutos, pueda eventualmente llegar a instaurar cualquier Comunidad Autónoma al amparo de su competencia en orden a la creación y regulación de entidades locales de segundo grado. Téngase en cuenta a este respecto que la previsión controvertida está formulada en positivo, como cláusula de salvaguarda de las organizaciones comarcales estatutariamente previstas. No cabe interpretarla en negativo, como fuerte restricción a la autonomía de las Comunidades Autónomas traducida en la imposibilidad de ejercer sus amplias competencias en orden a la regulación y creación de entidades caracterizadas por «un fuerte grado de interiorización autonómica».
Abona esta interpretación la circunstancia de que la Ley 27/2013 no haya modificado el art. 42 LBRL, conforme al cual «las Comunidades Autónomas, de acuerdo con lo dispuesto en sus respectivos Estatutos, podrán crear en su territorio comarcas u otras Entidades que agrupen varios Municipios, cuyas características determinen intereses comunes precisados de una gestión propia o demanden la prestación de servicios de dicho ámbito» (apartado 1); «las Leyes de las Comunidades Autónomas determinarán el ámbito territorial de las comarcas, la composición y el funcionamiento de sus órganos de gobierno, que serán representativos de los Ayuntamientos que agrupen, así como las competencias y recursos económicos que, en todo caso, se

les asignen» (apartado 3); «la creación de las Comarcas no podrá suponer la pérdida por los Municipios de la competencia para prestar los servicios enumerados en el artículo 26, ni privar a los mismos de toda intervención en cada una de las materias enumeradas en el apartado 2 del artículo 25» (apartado 4).

Ciertamente, la ambigüedad de la disposición adicional sexta de la Ley 27/2013 podría dar cabida a la interpretación propuesta por el Letrado del servicio jurídico del Principado de Asturias. No obstante, tal como razona el Letrado autonómico, esa interpretación daría lugar a que el precepto impugnado incurriese en inconstitucionalidad, por lo que debe excluirse en beneficio de la aquí razonada, que compatibiliza la disposición adicional sexta de la Ley 27/2013 con el sistema de distribución competencial. Así lo ha señalado la STC 41/2016, FJ 12 d), respecto de otro precepto de la Ley 27/2013, de acuerdo con una consolidada doctrina sobre las condiciones en que es viable la «interpretación conforme» como regla de prevalencia de unas interpretaciones sobre otras: «el párrafo segundo del art. 36.2 a) LBRL sería contrario a los arts. 137 y 140 CE si fuera interpretado como previsión que atribuye por sí unas facultades de coordinación cuyo concreto alcance hubiera de fijar la propia diputación a través de los correspondientes planes de cooperación. Sin embargo, está interpretación ha de excluirse, habida cuenta de que hay otra que, siendo igualmente razonable, resulta conforme a la Constitución».

Corresponde, pues, desestimar la impugnación de la disposición adicional sexta de la Ley 27/2013. La interpretación de conformidad aquí realizada se llevará al fallo" (Sentencia del Tribunal Constitucional 168/2016 de 6 de octubre, F. 4)

Séptima. Colaboración con las intervenciones locales

1. La Intervención General de la Administración del Estado podrá asumir, previa la formalización del oportuno convenio con la Entidad Local interesada, la realización de actuaciones de apoyo encaminadas a reforzar la autonomía y eficacia de los órganos responsables del control y fiscalización interna de la gestión económico-financiera, contable y presupuestaria en el ámbito de las Entidades Locales.

2. En el convenio deberá preverse la contraprestación económica que habrá de satisfacer la Entidad Local al Estado y que podrá dar lugar a una generación de crédito de conformidad con lo dispuesto en la legislación presupuestaria.

3. Suscrito el convenio mencionado en el apartado primero, la Intervención General podrá encomendar la realización de dichas actuaciones de apoyo técnico a la Intervención Delegada, Regional o Territorial que en cada caso se determine.

CONCORDANCIAS Y ANOTACIONES

LBRL, art. 57;

Octava. Cumplimiento de obligaciones tributarias respecto de bienes inmuebles de la seguridad social transferidos a otras administraciones públicas.

En el supuesto de incumplimiento de lo dispuesto en el artículo 81.1.d) del texto refundido de la Ley General de la Seguridad Social, aprobado por el Real Decreto Legislativo 1/1994, de 20 de junio, relativo a la obligación de asumir por subrogación el pago de las obligaciones tributarias que afecten a los bienes inmuebles del patrimonio de la Seguridad Social que figuren adscritos o transferidos a otras Administraciones Públicas o a entidades de derecho público con personalidad jurídica propia vinculadas o dependientes de las mismas por parte de éstas, la Tesorería General de la Seguridad Social comunicará al Ministerio de Hacienda y Administraciones Publicas dicho incumplimiento en cuanto tenga conocimiento del mismo, a los efectos de que se proceda a la retención de los recursos al sujeto obligado para hacer frente a dichos pagos en los términos en que se establezca legalmente.

CONCORDANCIAS Y ANOTACIONES

Téngase en cuenta que el Real Decreto legislativo 1/1994, de 20 de julio, fue derogado por el Real Decreto Legislativo 8/2015, de 30 de octubre, por el que se aprobaba el texto refundido de la Ley General de la Seguridad Social (TRLGSS/2015), de manera que la referencia al art. 81.1 d) que aquí se realiza ha de entenderse efectuada al art. 104.1 d) dl TRLGSS/2015.

El Tribunal Constitucional ha declarado la constitucionalidad de esta disposición al establecer que:
"Tal suerte no ha de ser la de la disposición adicional 8ª LRSAL, impugnada por los mismos motivos. Esta norma se limita a establecer la obligación de la Tesorería General de la Seguridad Social de comunicar al Ministerio de Hacienda y Administraciones Públicas el incumplimiento de ciertos compromisos de pago con el fin de facilitar —la retención de los recursos al sujeto obligado para hacer frente a dichos pagos en los términos en que se establezca legalmente—. La norma establece un mecanismo que facilita la retención, pero no la autoriza ni regula estrictamente. Consecuentemente, ni incumple la reserva de ley orgánica (art. 157.3 CE) ni puede plantearse siquiera una posible vulneración de la autonomía financiera de las Comunidades Autónomas. Corresponde, pues, desestimar la impugnación de la disposición adicional 8ª LRSAL" (Sentencia del Tribunal Constitucional 41/206 de 3 de marzo, F. 16 d).

Novena. Convenios sobre ejercicio de competencias y servicios municipales

1. Los convenios, acuerdos y demás instrumentos de cooperación ya suscritos, en el momento de la entrada en vigor de esta Ley, por el Estado y las Comunidades Autónomas con toda clase de Entidades Locales, que lleven aparejada cualquier tipo de financiación destinada a sufragar el ejercicio por parte de éstas últimas de competencias delegadas o competencias distintas a las enumeradas en los artículos 25 y 27 de la Ley 7/1985, de 2 de abril, Reguladora de las Bases del Régimen Local, deberán adaptarse a lo previsto en esta Ley a 31 de diciembre de 2014. Transcurrido este plazo sin haberse adaptado quedarán sin efecto.

CONCORDANCIAS Y ANOTACIONES

LBRL, art. 57;

El Tribunal Constitucional ha declarado la constitucionalidad de esta disposición al establecer que:
"La disposición adicional novena.1 de la Ley 27/2013 establece una obligación de adaptación a «esta Ley» de los «convenios, acuerdos y demás instrumentos de cooperación» que «lleven aparejada cualquier tipo de financiación destinada a sufragar el ejercicio de las competencias locales delegadas» o «distintas a las enumeradas en los artículos 25 y 27» LBRL. Tales convenios, acuerdos o instrumentos «quedarán sin efecto» si el Estado y las Comunidades Autónomas no han cumplido la obligación de adaptación antes del 31 de diciembre de 2014.
Esta disposición es altamente imprecisa, tal como ha destacado la STC 41/2016, FJ 11 c). A fin de aislar su sentido como presupuesto del análisis de constitucionalidad que demanda el Parlamento territorial recurrente, cabe realizar dos precisiones. En primer lugar, las competencias que la previsión impugnada menciona como «distintas a las enumeradas en los artículos 25 y 27» LBRL son las que el artículo 7.4 LBRL califica como «distintas de las propias y de las atribuidas por delegación». Se trata, más precisamente, de las competencias que este Tribunal ha denominado competencias «propias generales» (STC 41/2016, FJ 10).
A la vista de la nueva ordenación básica, cabe afirmar que las competencias «propias generales» «se distinguen de las competencias propias del artículo 25 LBRL, no por el nivel de autonomía de que dispone el municipio que las ejerce, sino por la forma en que están atribuidas» (STC 41/2016, FJ 10). Son las habilitadas mediante cláusula general. El régimen de esta modalidad competencial ha cambiado sustancialmente. La Ley 27/2013 ha modificado la redacción del artículo 25.1 LBRL, con el fin de que los municipios no puedan apoyarse en él para entenderse autorizados a promover cualesquiera actividades y servicios relacionados con las necesidades y aspiraciones de la comunidad vecinal. A su vez, ha derogado expresamente en paralelo el artículo 28 LBRL, conforme al que los municipios podían «realizar actividades complementarias de las propias de otras Administraciones Públicas y, en particular, las relativas

a la educación, la cultura, la promoción de la mujer, la vivienda, la sanidad y la protección del medio ambiente». En «sustitución de aquellas reglas habilitantes generales», la Ley 27/2013 ha establecido otra que permite a las entidades locales ejercer cualesquiera competencias, pero con sujeción a las «exigentes condiciones materiales y formales» que exige el artículo 7.4 LBRL (STC 41/2016, FJ 10).

De modo que los instrumentos de cooperación a los que hace referencia la disposición adicional novena.1 de la Ley 27/2013 son los relativos a competencias, tanto ejercidas por el ente local a título de delegación, como las atribuidas como propias mediante cláusula general; quedan al margen las competencias «propias específicas», esto es, las que el Estado y las Comunidades Autónomas hayan atribuido específicamente mediante norma de rango legal (art. 25 LBRL).

Acotadas así las competencias a las que se refiere la disposición adicional novena.1 de la Ley 27/2013, hay que señalar, en segundo término, que la norma «está evidentemente destinada a asegurar que las Comunidades Autónomas y el propio Estado cumplan el principio de suficiencia financiera de los entes locales (art. 142 CE, en general, y el artículo 27.6 LBRL, en particular» [STC 41/2016, FJ 11 c)]. Este último establece que «la delegación habrá de ir acompañada en todo caso de la correspondiente financiación, para lo cual será necesaria la existencia de dotación presupuestaria adecuada y suficiente en los presupuestos de la Administración delegante para cada ejercicio económico, siendo nula sin dicha dotación».

Sobre esta base, cabe afirmar que la disposición adicional novena.1 de la Ley 27/2013, lejos de minar la autonomía municipal constitucionalmente garantizada, viene a potenciarla. Aunque de modo harto indefinido, dinamiza la suficiencia financiera de los entes locales (art. 142 CE) al exigir la adaptación de determinados acuerdos, convenios e instrumentos a la exigencia de que toda delegación de competencias vaya acompañada de la financiación correspondiente con el consiguiente dotación presupuestaria adecuada y suficiente en los presupuestos de la Administración delegante (art. 27.6 LBRL).

En cualquier caso, a fin de dar respuesta a la impugnación, lo más relevante es que la disposición adicional novena.1 de la Ley 27/2013 no impone ni confirma una prohibición de atribución de competencias propias o delegadas fuera de enunciados materiales taxativos, tal como sostiene el recurso. Si los artículos 25.2 y 27.3 LBRL no encierran esa prohibición, según hemos razonado ya, la disposición controvertida en modo alguno puede interpretarse como una confirmación contraria a la autonomía local. No impide que el Estado y las Comunidades Autónomas atribuyan competencias municipales propias y delegadas en cualesquiera materias por lo que no puede vulnerar los artículos 137 y 140 CE.

Procede, pues, desestimar la impugnación por vulneración de la autonomía municipal constitucionalmente garantizada (arts. 137 y 140 CE) de la disposición adicional novena.1 de la Ley 27/2013" (Sentencia del Tribunal Constitucional 54/2017 de 11 de may0, F. 3 d).

2. La adaptación a las previsiones de esta Ley de los instrumentos de cooperación suscritos por las Entidades Locales para el funcionamiento de Centros Asociados de la Universidad Nacional de Educación a Distancia deberá

realizarse en el plazo de tres años desde su entrada en vigor. Durante el plazo de adaptación de los instrumentos de cooperación, la financiación de las Administraciones locales a los centros asociados no se extenderá a los servicios académicos que se presten a los alumnos matriculados con posterioridad a la entrada en vigor de esta Ley.

<small>CONCORDANCIAS Y ANOTACIONES</small>

LBRL, art. 57;

El Tribunal Constitucional ha declarado la constitucionalidad de esta disposición al establecer que:
"La disposición adicional 9ª LRSAL obliga a adaptar a lo previsto en ella los —convenios, acuerdos y demás instrumentos de cooperación— ya suscritos a la entrada en vigor de la Ley que —lleven aparejada cualquier tipo de financiación destinada a sufragar el ejercicio de las competencias locales delegadas o —distintas a las enumeradas en los artículos 25 y 27— LBRL. Tales convenios, acuerdos o instrumentos —quedarán sin efecto— si el Estado y las Comunidades Autónomas no han cumplido la obligación de adaptación antes del 31 de diciembre de 2014.
La norma adolece de imprecisión, pero está evidentemente destinada a asegurar que las Comunidades Autónomas y el propio Estado cumplan el principio de suficiencia financiera de los entes locales (art. 142 CE), en general, y el art. 27.6 LBRL, en particular. Este último establece que —la delegación habrá de ir acompañada en todo caso de la correspondiente financiación, para lo cual será necesaria la existencia de dotación presupuestaria adecuada y suficiente en los presupuestos de la Administración delegante para cada ejercicio económico, siendo nula sin dicha dotación—.
La disposición controvertida, estando relacionada con la suficiencia financiera del municipio (art. 142 CE) y destinada a garantizar la efectividad de normas comunes de la actividad de las distintas haciendas que aseguran los principios constitucionales de eficacia y economía, si no se encuadra en el art. 149.1.14 CE [SSTC 233/1999, FJ 4 b) y 130/2013, FJ 9], resulta claramente amparada por el art. 149.1.18 CE. Ambos títulos dan cobertura, con diferente alcance, a una regulación sobre competencias delegadas e instrumentos de cooperación y, con ello, a normas como la aquí controvertida, que delimitan el ámbito de aplicación y los efectos de esa regulación.
La disposición impugnada no implica estrictamente la supresión de instrumentos de cooperación, en general, y de convenios de delegación, en particular. Por un lado, exige su adaptación a un régimen cuya fijación corresponde al Estado y, por otro, establece que el incumplimiento de ese régimen lleva aparejada la extinción. El mantenimiento de los convenios, acuerdos y mecanismos de colaboración depende así de la voluntad de los entes territoriales que los han suscrito y de que estos respeten una norma a cuyo cumplimiento están constitucionalmente obligados (arts. 9, apartados 1 y 3, y 103.1 CE). Consecuentemente, procede desestimar la impugnación" (Sentencia del Tribunal Constitucional 41/2016 de 3 de marzo, F. 11 c).

Décima. Convenios de colaboración entre el estado y las entidades locales

Los convenios de colaboración que el Estado celebre con las Entidades Locales para la obtención y mantenimiento de la información que debe suministrarles para la aplicación de los tributos locales se regularán por lo dispuesto en su normativa específica. Dichos convenios, que podrán celebrarse en régimen de encomienda de gestión, de delegación de competencias o mixto, no comportarán la transferencia de medios materiales ni personales, ni contraprestación económica de ningún tipo entre las partes por cuanto permiten mejorar la recaudación tributaria de las Entidades Locales que los suscriben.

CONCORDANCIAS Y ANOTACIONES

LBRL, art. 57;
TRLHL, art. 77

Undécima. Compensación de deudas entre administraciones por asunción de servicios y competencias

Disposición declarada inconstitucional y nula por la Sentencia 41/2016, de 3 de marzo —Véase, en especial, el Fundamento de Derecho 13 c) que se extracta al final de esta disposición—

Realizada la asunción de los servicios y competencias a la que se refieren las disposiciones transitorias primera y segunda, en sus respectivos apartados segundos, las Comunidades Autónomas, con referencia a cada Municipio de su ámbito territorial, la comunicarán al Ministerio de Hacienda y Administraciones Públicas, junto con el importe de las obligaciones que tuvieren reconocidas pendientes de pago a los citados Municipios, al objeto de la realización, en los términos que se determinen reglamentariamente, de compensaciones entre los derechos y las obligaciones recíprocos, y el posterior ingreso del saldo resultante a favor de la Administración Pública a la que corresponda, y, en su caso, recuperación mediante la aplicación de retenciones en el sistema de financiación de la Administración Pública que resulte deudora.

CONCORDANCIAS Y ANOTACIONES

El Tribunal Constitucional ha declarado (Sentencia 41/2016, de 3 de marzo, F. 13 c) la inconstitucionalidad esta disposición adicional, al establecer que:
"La disposición adicional 11ª LRSAL impone una concreta exigencia a las Comunidades Autónomas (la comunicación al Ministerio de Hacienda de la asunción y de las obligaciones pendientes de pago) a los efectos de efectuar compensaciones de créditos

y, en su caso, retenciones con cargo al sistema de financiación de la Administración correspondiente.

Consecuentemente, es indudable que las disposiciones transitorias 1ª y 2ª LRSAL, no porque mencionen las normas reguladoras del sistema de financiación, dejan de desbordar los márgenes de lo básico; imponen claramente la centralización de aquellos servicios y regulan también de modo evidente el consiguiente proceso de traslación competencial. La interpretación que sugiere el Abogado del Estado es demasiado forzada y debe ser en consecuencia rechazada, so pena de —ignorar o desfigurar el sentido de los enunciados legales meridianos— (SSTC 22/1985, de 15 de febrero, FJ 5; y 341/1993, de 18 de noviembre, FJ 2), olvidando —el respeto al propio tenor literal de aquéllos— (SSTC 222/1992, de 11 de diciembre, FJ 2).

Corresponde, pues, declarar la inconstitucionalidad y nulidad de las disposiciones transitorias 1ª y 2ª LRSAL. También las de la disposición adicional 11ª LRSAL (igualmente impugnada) en la medida que sus previsiones están estrechamente ligadas a aquellas dos transitorias".

Duodécima. Información en materia de tutela financiera

Las Comunidades Autónomas con competencias en materia de tutela financiera publicarán trimestralmente, a través de sus respectivos portales web, un informe comprensivo de la documentación, informes, actos, resoluciones y solicitudes presentados por las Entidades Locales en cumplimiento de aquellas competencias de tutela financiera, así como de las resoluciones adoptadas al respecto por la Comunidad Autónoma.

Dicho informe y éstas resoluciones serán igualmente comunicadas al Ministerio de Hacienda y Administraciones Públicas.

Decimotercera. Consorcios constituidos para la prestación de servicios mínimos

El personal al servicio de los consorcios constituidos, antes de la entrada en vigor de esta Ley, que presten servicios mínimos a los que se refiere el artículo 26 de la Ley 7/1985, de 2 de abril, reguladora de las bases de Régimen Local, podrá integrarse por quienes no sean personal funcionario o laboral procedente de una reasignación de puestos de trabajo de las Administraciones participantes en el consorcio.

CONCORDANCIAS Y ANOTACIONES

LRJSP/2015, arts. 11, 47 a 53, 84, 118 a 127, 143, 144 y disp. adic. Séptima, disp. adic. Octava.
LBRL, arts. 26 y 57
Disp. transit. Sexta de esta misma Ley.

Decimocuarta. Régimen jurídico especial de determinados consorcios

Lo previsto en la disposición adicional vigésima de la Ley 30/1992, de 26 de noviembre, de Régimen Jurídico de las Administraciones Públicas y del Procedimiento Administrativo Común, no resultará de aplicación a los consorcios, constituidos antes de la entrada en vigor de esta Ley, que: no tengan la consideración de Administración Pública a efectos del Sistema Europeo de Cuentas, estén participados por Entidades Locales y entidades privadas, no estén incursos en pérdidas durante dos ejercicios consecutivos y no reciban ni hayan recibido subvenciones de las Administraciones Públicas en los cinco ejercicios anteriores al de entrada en vigor de esta Ley con independencia de las aportaciones a las que estén obligados los entes consorciados. Estos consorcios, en tanto se mantengan todas las condiciones mencionadas, se regirán por lo previsto en sus respectivos Estatutos.

CONCORDANCIAS Y ANOTACIONES

Sobre la prestación de servicios mediante consorcios ténganse en cuenta que la LRJ-SP/2015 derogó el art. 87 de esta LBRL y el régimen establecido, de manera general, para los Consorcios, en los arts. 84, 118 a 127, disp. adic. Décima. disp. transit. Segunda LRJSP/2017

Decimoquinta. Asunción por las comunidades autónomas de las competencias relativas a la educación

Las normas reguladoras del sistema de financiación de las Comunidades Autónomas y de las haciendas locales fijarán los términos en los que las Comunidades Autónomas asumirán la titularidad de las competencias que se prevén como propias del Municipio, aún cuando hayan sido ejercidas por éstas, por Diputaciones Provinciales o entidades equivalentes, o por cualquier otra Entidad Local, relativas a participar en la vigilancia del cumplimiento de la escolaridad obligatoria y cooperar con las Administraciones educativas correspondientes en la obtención de los solares necesarios para la construcción de nuevos centros docentes, así como la conservación, mantenimiento y vigilancia de los edificios de titularidad local destinados a centros públicos de educación infantil, de educación primaria o de educación especial, para lo que se contemplará el correspondiente traspaso de medios económicos, materiales y personales.

CONCORDANCIAS Y ANOTACIONES

LBRL, arts. 3, 4 y 42;

El Tribunal Constitucional ha declarado la constitucionalidad de esta disposición al establecer que:
"La disposición adicional 15ª LRSAL se refiere a la asunción por parte de las Comunidades Autónomas de otras competencias —que se prevén como propias del Municipio—, relativas a —participar en la vigilancia del cumplimiento de la escolaridad obligatoria y cooperar con las Administraciones educativas correspondientes en la obtención de los solares necesarios para la construcción de nuevos centros docentes, así como la conservación, mantenimiento y vigilancia de los edificios de titularidad local destinados a centros públicos de educación infantil, de educación primaria o de educación especial—.
En este caso, se da la particularidad de que la nueva redacción del art. 25.2 LBRL se refiere a estos servicios como materia dentro de la que la ley debe —en todo caso— asegurar a los municipios competencias propias [letra n)]. De este modo, la LRSAL amplía legalmente el nivel de autonomía local constitucionalmente garantizado respecto de, precisamente, los servicios mencionados en su disposición adicional 15ª. Consecuentemente, las Comunidades Autónomas no solo pueden, sino que deben, atribuir necesariamente servicios reconducibles a esta materia y han de hacerlo como competencias propias municipales. Ahora bien, la disposición controvertida establece, inversamente, que —las normas reguladoras del sistema de financiación de las Comunidades Autónomas y de las haciendas locales fijarán los términos en los que las Comunidades Autónomas asumirán la titularidad— de aquellas competencias, —aun cuando hayan sido ejercidas por éstas, por Diputaciones Provinciales o entidades equivalentes, o por cualquier otra Entidad Local—.
La LRSAL ha incurrido en una evidente antinomia al imponer a las Comunidades Autónomas obligaciones de signo opuesto cuyo cumplimiento simultáneo resulta imposible: respecto de los mismos servicios, la Comunidad Autónoma está obligada, a la vez, a descentralizar y a centralizar. No corresponde a la jurisdicción constitucional —pronunciarse sobre la perfección técnica de las leyes— [por todas, SSTC 53/2014, de 10 de abril, FJ 8, 236/2015, de 19 de noviembre, FJ 3 d)]), pero el cumplimiento de la función que le atribuye la Constitución [art. 161 a)] y su Ley Orgánica reguladora [arts. 2.1 a), 27.1 y 28 LOTC] exige en este caso la aplicación de cánones ordinarios de interpretación para salvar la antinomia y, con ello, identificar el significado de la disposición adicional 15ª LRSAL como presupuesto lógico del juicio de constitucionalidad que solicita la Asamblea legislativa de Extremadura (SSTC 14/2013, de 31 de enero, FJ 6, y 66/2013, de 14 de marzo, FJ 4).
A estos efectos, se impone una interpretación que atienda al tenor de la disposición controvertida y a su conexión sistemática, no ya con el art. 25.2 n) LBRL, sino también con las disposiciones transitorias 1ª, 2ª y 3ª LRSAL. A diferencia de estas, la que estamos examinando ahora carece por sí de efectos sobre las Comunidades Autónomas y los entes locales. El tenor literal es inequívoco: —Las normas reguladoras del sistema de financiación de las Comunidades Autónomas y de las haciendas locales fijarán los términos en los que las Comunidades Autónomas asumirán la titularidad de las competencias—. En este caso, y a diferencia de lo previsto en los anteriores, la LRSAL no establece plan alguno ni regula un traspaso de servicios mediante ritmos y plazos, ni establece que —tras la entrada en vigor de la Ley— o antes de una determinada fecha, —la Comunidad Autónoma asumirá la

titularidad—, —la gestión de los servicios— o la —cobertura inmediata de dicha prestación—. Sin prohibir que los municipios lleven a cabo el servicio como competencia propia, sin permitir que estos los desarrollen solo, en su caso, por delegación y sin fijar plan o calendario alguno, se limita a confiar los —términos en los que las Comunidades Autónomas asumirán la titularidad— a una intervención legislativa eventual y futura, esto es, a las —normas reguladoras del sistema de financiación de las Comunidades Autónomas y de las haciendas locales, donde —se contemplará el correspondiente traspaso de medios económicos, materiales y personales—.

A la vista de lo dispuesto en el art. 25.2 n) LBRL, de la ausencia de una fecha límite para la articulación de un traspaso y, en general, del tenor de la disposición adicional 15ª LRSAL, cabe interpretar que el legislador básico no ha prohibido que la ley autonómica atribuya aquellas tareas como competencia propia municipal. Consecuentemente, las Comunidades Autónomas no están obligadas a centralizarlas; antes bien, están obligadas a asegurar que los municipios dispongan —en todo caso— de competencias propias dentro de ellas [art. 25.2 n) LBRL]. No produciendo los efectos que le asigna el recurrente, la disposición adicional 15ª LRSAL no puede vulnerar el sistema constitucional de distribución competencial.

Corresponde, pues, desestimar la impugnación de la disposición adicional 15ª LRSAL. No obstante, comoquiera que este precepto, aisladamente considerado, podría dar lugar a una lectura contraria al sistema de distribución competencial, se llevará al fallo la interpretación literal y sistemática aquí realizada, que es, de entre las dos en liza, la conforme a la Constitución" (Sentencia del Tribunal Constitucional 41/2016 de 3 de marzo, F. 13 e).

Decimosexta. Cabildos y consejos insulares

1. La aplicación de esta Ley a los Cabildos Insulares Canarios se realizará en los términos previstos en su legislación específica y con estricta sujeción a los principios de estabilidad presupuestaria y sostenibilidad financiera.

2. La aplicación de esta Ley a los Consejos Insulares de las Illes Balears se realizará en los términos previstos en su legislación específica y con estricta sujeción a los principios de estabilidad presupuestaria y sostenibilidad financiera.

CONCORDANCIAS Y ANOTACIONES

LBRL, arts. 17, 32 bis, 41, 70 bis, 75 bis, 92 bis, 104 bis, disp. Adic. Octava, disp. adic. Decimocuarta;
Ley 4/2022, de 28 de junio, de Consejos Insulares de Baleares.
Ley 8/2015, de 1 de abril, de Cabildos Insulares de Canarias.

Decimoséptima. Apertura de lugares de culto

Para la apertura de lugares de culto las iglesias, confesiones o comunidades religiosas deberán acreditar su personalidad jurídica civil mediante certificado del Registro de Entidades Religiosas, emitido al efecto, en el que constará la ubicación del lugar de culto que se pretenda constituir. Obtenida esa certificación, su tramitación se ajustará a lo dispuesto en el artículo 84.1.c) de la Ley 7/1985, de 2 de abril, reguladora de las Bases del Régimen Local, sin perjuicio de recabar la licencia urbanística que corresponda.

CONCORDANCIAS Y ANOTACIONES

El Tribunal Constitucional ha declarado la constitucionalidad de esta disposición al establecer que:
"De esta manera, «desde la perspectiva de la dimensión externa del derecho fundamental a la libertad religiosa, que se traduce en la posibilidad de ejercicio "de aquellas actividades que constituyen manifestaciones o expresiones del fenómeno religioso, asumido en este caso por el sujeto colectivo o comunidades" (SSTC 46/2001, de 15 de febrero, FJ 4; y 128/2001, de 4 de junio, FJ 2), se encomienda al legislador estatal no sólo la tarea de materializar tales acuerdos, sino también la de facilitar la práctica efectiva de las creencias religiosas y de sus actos de culto, así como la participación de los ciudadanos en los mismos, a través de medidas, como son la concesión de un régimen fiscal especial para las iglesias, confesiones y comunidades que las representan». Se trata, a fin de cuentas, «de acciones estatales dirigidas a la protección y estímulo en la realización de actividades con relevancia constitucional y, por tanto, de interés general, consustanciales al Estado social de Derecho (art. 1.1 CE)».
Esta doctrina resulta perfectamente trasladable al presente caso, teniendo en cuenta que, según la Ley Orgánica 7/1980, de 5 de julio, la «libertad religiosa y de culto garantizada por la Constitución comprende» «el derecho de las Iglesias, Confesiones y Comunidades religiosas a establecer lugares de culto o de reunión con fines religiosos» (art. 2.2). Al permitir que estas organizaciones, debidamente registradas, abran lugares de culto mediante declaración responsable o comunicación previa, la disposición adicional decimoséptima de la Ley 27/2013 ha fijado ex artículo 149.1.1 CE una condición básica de igualdad en el ejercicio del derecho a la libertad religiosa que, naturalmente, no excluye el control ex post del cumplimiento de las exigencias legales. Además, el precepto controvertido se limita a someter la apertura de lugares de culto al régimen de comunicación previa o declaración responsable, «sin perjuicio de recabar la licencia urbanística que corresponda», esto es, sin establecer la forma de intervención correspondiente a otras dimensiones de la actividad privada regulada (p. ej., la exigencia de permisos de obras) y sin incidir sobre las competencias autonómicas en materia de urbanismo.
Consecuentemente, corresponde desestimar la impugnación de la disposición adicional decimoséptima de la Ley 27/2013" (Sentencia del Tribunal Constitucional 41/2016 de 11 de mayo, F. 7).

DISPOSICIONES TRANSITORIAS

Primera. Asunción por las comunidades autónomas de las competencias relativas a la salud

Disposición declarada inconstitucional y nula por la Sentencia 41/2016, de 3 de marzo —Véase, en especial, el Fundamento de Derecho 13 c) que se extracta al final de esta disposición—

1. Tras la entrada en vigor de esta Ley, de acuerdo con las normas reguladoras del sistema de financiación autonómica y de las Haciendas Locales, las Comunidades Autónomas asumirán la titularidad de las competencias que se preveían como propias del Municipio, relativas a la participación en la gestión de la atención primaria de la salud.

Las Comunidades Autónomas asumirán la titularidad de estas competencias, con independencia de que su ejercicio se hubiese venido realizando por Municipios, Diputaciones Provinciales o entidades equivalentes, o cualquier otra Entidad Local.

2. En el plazo máximo de cinco años desde la entrada en vigor de esta Ley, las Comunidades Autónomas asumirán de forma progresiva, un veinte por cien anual, la gestión de los servicios asociados a las competencias sanitarias mencionadas en el apartado anterior.

A estos efectos la Comunidad Autónoma, elaborará un plan para la evaluación y reestructuración de los servicios.

3. En todo caso, la gestión por las Comunidades Autónomas de los servicios anteriormente citados no podrá suponer un mayor gasto para el conjunto de las Administraciones Públicas.

4. Lo dispuesto en los apartados anteriores se entiende sin perjuicio de la posibilidad de las Comunidades Autónomas de delegar dichas competencias en los Municipios, Diputaciones Provinciales o entidades equivalentes, de conformidad con el artículo 27 de la Ley 7/1985, de 2 de abril, reguladora de las Bases del Régimen Local.

5. En los términos previstos en el apartado 1, y de acuerdo con las normas reguladoras del sistema de financiación de las Comunidades Autónomas y de las Haciendas Locales, cada año que transcurra, dentro del período de cinco años anteriormente mencionado, sin que las Comunidades Autónomas hayan asumido el desarrollo del veinte por cien de los servicios previsto en esta disposición o, en su caso, hayan acordado su delegación, los servicios seguirán prestándose por el municipio, Diputación Provincial o entidad equivalente con cargo a la Comunidad Autónoma. Si la Comunidad Autónoma no transfiriera las cuantías precisas para ello se aplicarán retenciones en las transferen-

cias que les correspondan por aplicación de su sistema de financiación, teniendo en cuenta lo que disponga su normativa reguladora.

CONCORDANCIAS Y ANOTACIONES

El Tribunal Constitucional ha declarado (Sentencia 41/2016, de 3 de marzo, F. 13 c) la inconstitucionalidad esta disposición transitoria, al establecer que:
"En consonancia con la estructura territorial compuesta que diseña el art. 137 CE (STC 82/1982, FJ 4), la Constitución no encomienda en exclusiva la distribución del poder local ni al Estado ni a las Comunidades Autónomas, según se ha recordado ya. Cada cual en el marco de sus atribuciones ha de regular y conferir competencias a los entes locales. El art. 149.1.18 CE ampara solo una ordenación básica de las condiciones con que el Estado y las Comunidades Autónomas han de atribuir competencias locales [SSTC 214/1989, FJ 3 a) y b), 159/2001, FJ 4, 121/2012, FJ 7]. El Estado solo podrá atribuir competencias locales específicas, o prohibir que éstas se desarrollen en el nivel local, cuando tenga la competencia en la materia o sector de que se trate. En materias de competencia autonómica, solo las Comunidades Autónomas pueden atribuir competencias locales o prohibir que el nivel local las desarrolle; sujetándose en todo caso a las exigencias derivadas de la Constitución (singularmente, arts. 103.1, 135, 137, 140 y 141 CE), las bases del régimen local ex art. 149.1.18 CE y, en su caso, los Estatutos de Autonomía. Ciertamente, las bases pueden llegar a prefigurar específicamente el poder local en materias de competencia autonómica, pero, de acuerdo con lo razonado en el fundamento jurídico 9 de esta Sentencia, solo para garantizar un núcleo homogéneo de derechos prestacionales del vecino; o para atribuir directamente competencias locales, si ello no supone —un obstáculo a las competencias que corresponden— a las Comunidades Autónomas (STC 214/1989, FJ 12).
Las disposiciones transitorias 1ª y 2ª LRSAL han superado claramente estos márgenes. No se limitan a dibujar un marco de límites dentro del cual la Comunidad Autónoma puede ejercer sus competencias estatutarias, para distribuir poder local o habilitar directamente determinadas competencias municipales sin obstaculizar el ejercicio de las atribuciones autonómicas. Al contrario, impiden que las Comunidades Autónomas puedan optar, en materias de su competencia, por descentralizar determinados servicios en los entes locales, obligando a que los asuma la Administración autonómica dentro de plazos cerrados y con determinadas condiciones.
Ciertamente, la LRSAL halla amparo en el art. 149.1.18 CE cuando impone exigencias a la atribución de competencias propias (art. 25 LBRL) y al ejercicio de las —distintas de las propias y atribuidas por delegación— (art. 7.4 LBRL) para asegurar que el Estado, las Comunidades Autónomas y las propias entidades locales desarrollen un sistema competencial ajustado a los principios de eficacia (art. 103.1 CE), eficiencia (art. 31.2 CE) y estabilidad presupuestaria (art. 135 CE) sin perder de vista la garantía constitucional de la autonomía local (arts. 137, 140 y 141 CE). Las bases están regulando la atribución de competencias locales, pero no atribuyéndolas directamente por sí, ni impidiendo que las Comunidades Autónomas opten por centralizar o descentralizar en el marco de sus Estatutos. La LRSAL también se sitúa dentro de aquel título competencial cuando deja de habilitar directamente

a los municipios la prestación de servicios sociales, que han desaparecido del listado de servicios mínimos obligatorios (art. 26.1 LBRL). Tal solución tampoco impide por sí que la Comunidad Autónoma decida atribuir a los municipios de su ámbito territorial esa competencia dentro del indicado marco de límites. Del mismo modo, el art. 149.1.18 CE da cobertura a la exclusión de la asistencia social y la sanidad del elenco de materias dentro del cual las leyes deben asegurar que los Ayuntamientos dispongan —en todo caso— de competencias propias (art. 25.2 LBRL). Tampoco esta previsión impide que la Comunidad Autónoma opte por asegurar a los municipios tales competencias con sujeción a las indicadas condiciones básicas.

Sin embargo, el indicado título no autoriza injerencias en la autonomía política de las Comunidades Autónomas como son, por un lado, la prohibición de que éstas en materias de su competencia atribuyan servicios a los entes locales y, por otro, la sujeción a un determinado régimen de traslación o traspaso (disposiciones transitorias 1ª y 2ª LRSAL). Las Comunidades Autónomas, siendo competentes para regular aquellos servicios sociales y sanitarios, son competentes para decidir —con sujeción al indicado marco de límites— sobre su descentralización o centralización y, en este segundo caso, para ordenar el correspondiente proceso de asunción competencial y traspaso de recursos.

La Comunidad Autónoma está sometida a los mandatos constitucionales de eficiencia, eficacia y estabilidad presupuestaria (arts. 31.2, 103.1 y 135 CE) —además de a la garantía constitucional de la autonomía municipal (arts. 137 y 140 CE)— así como a las condiciones que establecen ahora los arts. 25 y 7 LBRL —y, en su caso, los Estatutos de Autonomía—. Dentro de este contexto normativo, a ella le debe corresponder la decisión última sobre si los municipios situados en su órbita territorial deben o no prestar servicios reconducibles a los ámbitos competenciales que tiene estatutariamente reservados y, en su caso, sobre el modo en que ha de efectuarse el correspondiente traslado. Al prohibir la descentralización de aquellos servicios, por un lado, y fijar una serie de plazos y condiciones al traspaso, por otro, las disposiciones transitorias 1ª y 2ª LRSAL han superado el ámbito que la Constitución asigna a una regulación básica sobre atribuciones locales (art. 149.1.18 CE) y, con ello, han invadido las competencias autonómicas de asistencia social y sanidad, recogidas en los apartados 24 y 27, respectivamente, del art. 9 del Estatuto de Autonomía de Extremadura.

Ciertamente, las disposiciones controvertidas permiten una forma menor de descentralización: la delegación, que no alcanza a la titularidad, pero sí al ejercicio de la competencia. La efectividad de la delegación exige la aceptación del municipio delegado (art. 27.5 LBRL), lo que impide que las Comunidades Autónomas puedan apoyarse en esta técnica para desarrollar una política competencial propia que los Estatutos de Autonomía ordenan que sea establecida por ellas. A su vez, no porque la Comunidad Autónoma conserve la posibilidad de acudir a esta técnica, el legislador básico estatal deja de traspasar los márgenes del art. 149.1.18 CE al prohibir en ámbitos de competencia autonómica la utilización de otras fórmulas (singularmente, la atribución de aquellos servicios como competencias propias municipales), por un lado, y al fijar condiciones y plazos a un traspaso cuya regulación corresponde a las Comunidades Autónomas en virtud de sus Estatutos, por otro.

Sin duda alguna, el Estado, a través del ejercicio de sus competencias, singularmente, en lo que ahora importa, en materia de régimen local (art. 149.1.18 CE), tiene la responsabilidad de perseguir los objetivos constitucionales, en general, y los mandatos de eficiencia, eficacia y estabilidad presupuestaria (arts. 31.2, 103.1 y 135 CE), en particular. Por eso, al valorar si el Estado se ha mantenido dentro de los límites de lo básico, no pueden perderse de vista tales objetivos. Sin embargo, tampoco puede olvidarse que aquellas normas constitucionales se dirigen también a las Comunidades Autónomas, que deben darles cumplimiento en el marco de sus atribuciones estatutarias, tanto ejecutivas como normativas (completas o de desarrollo). De ahí que, frente a las alegaciones del Abogado del Estado, hay que insistir en que el art. 135 CE no puede traducirse en una alteración radical de la doctrina constitucional que permita al Estado eliminar las competencias que los Estatutos de Autonomía, dentro del marco establecido por la Constitución, asignan a las Comunidades Autónomas para organizar sus servicios.

El apartado 1 de esas disposiciones señala que las Comunidades Autónomas asumirán la titularidad de aquellas competencias —de acuerdo con— (o —en los términos previstos en—) —las normas reguladoras del sistema de financiación autonómica y de las Haciendas Locales—. Esta mención no abre la interpretación (que sugiere el Abogado del Estado, aunque la desarrolla solo respecto de la disposición adicional 15.ª LRSAL, a la que nos referiremos después) de que las normas que podrían eventualmente incurrir en inconstitucionalidad son, no las disposiciones transitorias 1.ª y 2.ª, sino las reguladoras del sistema de financiación autonómica y de las haciendas locales.

Como destaca el propio Abogado del Estado, las previsiones controvertidas se sitúan en un contexto normativo conforme al que los servicios indicados no son ya, en caso alguno, servicios municipales mínimos (art. 26.1 LBRL en la redacción dada por el art. 1.9 LRSAL) ni materias sobre las que las leyes autonómicas deben —en todo caso— atribuir competencias municipales propias (art. 25.2 LBRL, en la redacción dada por el art. 1.8 LRSAL). A la vista de este conjunto normativo se desprende inequívocamente que la intención de las disposiciones transitorias 1.ª y 2.ª LRSAL es sustraer los indicados servicios a los entes locales.

A su vez, el tenor literal de estas disposiciones —es concluyente y no concede margen a una interpretación conforme con el orden constitucional de distribución de competencias— (en este sentido, recientemente: STC 209/2014, de 18 de diciembre, FJ 4). Para empezar, el título que las acompaña es altamente expresivo: —Asunción por las Comunidades Autónomas de las competencias relativas a la salud— y —Asunción por las Comunidades Autónomas de las competencias relativas a servicios sociales—, respectivamente. Lo mismo cabe afirmar del contenido. Disponen que los entes locales solo podrán prestar estos servicios transitoriamente o por delegación. Establecen además, literalmente, que —las Comunidades Autónomas asumirán la titularidad—, —la gestión de los servicios— o la —cobertura inmediata de dicha prestación— —tras la entrada en vigor de esta Ley— y, más aún, antes de determinada fecha (el 31 de diciembre de 2018, en un caso, y el 31 de diciembre de 2015, en otro); conforme a un —plan para la evaluación, reestructuración e implantación de los servicios— ajustado a un específico ritmo (cada año, la Comunidad Autónoma habrá de asumir el veinte por ciento de la gestión de los servicios sanitarios mencionados). No solo estos: además de regular el modo en que la Comunidad Autónoma habrá de prestar el servicio asumido (—no podrá suponer un mayor gasto para el conjunto de las Administraciones Públicas—), asocian consecuencias represivas al incumplimiento de aquellos concretos plazos. La disposición adicional 11ª LRSAL impone una concreta exigencia a las Comunidades Autónomas (la comunicación al Ministerio de Hacienda de la asunción y de las obligaciones pendientes de pago) a los efectos de efectuar compensaciones de créditos y, en su caso, retenciones con cargo al sistema de financiación de la Administración correspondiente.

Consecuentemente, es indudable que las disposiciones transitorias 1ª y 2ª LRSAL, no porque mencionen las normas reguladoras del sistema de financiación, dejan de desbordar los márgenes de lo básico; imponen claramente la centralización de aquellos servicios y regulan también de modo evidente el consiguiente proceso de traslación competencial. La interpretación que sugiere el Abogado del Estado es demasiado forzada y debe ser en consecuencia rechazada, so pena de —ignorar o desfigurar el sentido de los enunciados legales meridianos— (SSTC 22/1985, de 15 de febrero, FJ 5; y 341/1993, de 18 de noviembre, FJ 2), olvidando —el respeto al propio tenor literal de aquéllos— (SSTC 222/1992, de 11 de diciembre, FJ 2).

Corresponde, pues, declarar la inconstitucionalidad y nulidad de las disposiciones transitorias 1ª y 2ª LRSAL. También las de la disposición adicional 11ª LRSAL (igualmente impugnada) en la medida que sus previsiones están estrechamente ligadas a aquellas dos transitorias".

Segunda. Asunción por las comunidades autónomas de las competencias relativas a servicios sociales

Disposición declarada inconstitucional y nula por la Sentencia 41/2016, de 3 de marzo —Véase, en especial, el Fundamento de Derecho 13 c)—. Véase extracto al final de la disposición anterior

1. Con fecha 31 de diciembre de 2015, en los términos previstos en las normas reguladoras del sistema de financiación autonómica y de las Haciendas Locales, las Comunidades Autónomas asumirán la titularidad de las competencias que se preveían como propias del Municipio, relativas a la prestación de los servicios sociales y de promoción y reinserción social.

Las Comunidades Autónomas asumirán la titularidad de estas competencias, con independencia de que su ejercicio se hubiese venido realizando por Municipios, Diputaciones Provinciales o entidades equivalentes, o cualquier otra Entidad Local.

2. En el plazo máximo señalado en el apartado anterior, y previa elaboración de un plan para la evaluación, reestructuración e implantación de los servicios, las Comunidades Autónomas, en el ámbito de sus competencias, habrán de asumir la cobertura inmediata de dicha prestación.

3. En todo caso, la gestión por las Comunidades Autónomas de los servicios anteriormente citados no podrá suponer un mayor gasto para el conjunto de las Administraciones Públicas.

4. Lo dispuesto en los apartados anteriores se entiende sin perjuicio de la posibilidad de las Comunidades Autónomas de delegar dichas competencias en los Municipios, Diputaciones Provinciales o entidades equivalentes, de conformidad con el artículo 27 de la Ley 7/1985, de 2 de abril, reguladora de las Bases del Régimen Local.

5. Si en la fecha citada en el apartado 1 de esta disposición, en los términos previstos en las normas reguladoras del sistema de financiación de las Comunidades Autónomas y de las Haciendas Locales, las Comunidades Autónomas no hubieren asumido el desarrollo de los servicios de su competencia prestados por los Municipios, Diputaciones Provinciales o entidades equivalentes, Entidades Locales, o en su caso, no hubieren acordado su delegación, los servicios seguirán prestándose por el municipio con cargo a la Comunidad Autónoma. Si la Comunidad Autónoma no transfiriera las cuantías precisas para ello se aplicarán retenciones en las transferencias que les correspondan por aplicación de su sistema de financiación, teniendo en cuenta lo que disponga su normativa reguladora.

CONCORDANCIAS Y ANOTACIONES

El Tribunal Constitucional ha declarado (Sentencia 41/2016, de 3 de marzo, F. 13 c) la inconstitucionalidad esta disposición transitoria. Véase extracto de ese Fundamento al final de la disposición anterior.

Tercera. Servicios de inspección sanitaria

Disposición declarada inconstitucional y nula por la Sentencia 41/2016, de 3 de marzo —Véase, en especial, el Fundamento de Derecho 13 c) que se extracta al final de esta disposición—

En el plazo de seis meses desde la entrada en vigor de esta Ley, las Comunidades Autónomas prestarán los servicios relativos a la inspección y control sanitario de mataderos, de industrias alimentarias y bebidas que hasta ese momento vinieran prestando los municipios.

CONCORDANCIAS Y ANOTACIONES

El Tribunal Constitucional ha declarado (Sentencia 41/2016, de 3 de marzo, F. 13 d) la inconstitucionalidad esta disposición transitoria, al establecer que:
"Conforme a la disposición transitoria 3ª LRSAL, —en el plazo de seis meses desde la entrada en vigor de esta Ley, las Comunidades Autónomas prestarán los servicios

381 De racionalización y sostenibilidad de la Adm. Local

relativos a la inspección y control sanitario de mataderos, de industrias alimentarias y bebidas que hasta ese momento vinieran prestando los municipios—.
La anterior redacción del art. 26.1 a) LBRL habilitaba directamente a todos los municipios españoles la competencia de —control de alimentos y bebidas—, configurándola como servicio mínimo obligatorio. Conforme a la nueva redacción, los municipios no están ya directamente habilitados por el legislador básico para ejercer la competencia de control de alimentos y bebidas. La disposición transitoria 3ª LRSAL lleva esta regulación más lejos. Las Comunidades Autónomas serán quienes —en el plazo de seis meses desde la entrada en vigor de esta Ley— prestarán aquellos servicios —que hasta ese momento vinieran prestando los municipios—; prohibiendo en consecuencia que puedan atribuírselos a los Ayuntamientos como competencia propia.
También en este caso la disposición controvertida ha desbordado los márgenes de una regulación básica de las competencias locales (art. 149.1.18 CE)), invadiendo con ello las competencias estatutarias de las Comunidades Autónomas al prohibir la descentralización de aquellos servicios y fijar el plazo dentro del cual deben quedar centralizados en la Administración autonómica. Corresponde en consecuencia declarar la inconstitucionalidad y nulidad de la disposición transitoria 3ª LRSAL".

Cuarta. Disolución de entidades de ámbito territorial inferior al municipio

La Sentencia 41/2016, de 3 de marzo, declaró inconstitucional y nulo el inciso del apartado 3 de esta disposición "Decreto del órgano de gobierno de".

1. Las entidades de ámbito territorial inferior al Municipio existentes en el momento de la entrada en vigor de la presente Ley mantendrán su personalidad jurídica y la condición de Entidad Local.

2. Con fecha de 31 de diciembre de 2014, las entidades de ámbito territorial inferior al Municipio deberán presentar sus cuentas ante los organismos correspondientes del Estado y de la Comunidad Autónoma respectiva para no incurrir en causa de disolución.

3. La no presentación de cuentas por las entidades de ámbito territorial inferior al Municipio ante los organismos correspondientes del Estado y de la Comunidad Autónoma respectiva será causa de disolución. La disolución será acordada por Decreto del órgano de gobierno de la Comunidad Autónoma respectiva en el que se podrá determinar su mantenimiento como forma de organización desconcentrada.

La disolución en todo caso conllevará:

a) Que el personal que estuviera al servicio de la entidad disuelta quedará incorporado en el Ayuntamiento en cuyo ámbito territorial esté integrada.

b) Que el Ayuntamiento del que dependa la entidad de ámbito territorial inferior al municipio queda subrogado en todos sus derechos y obligaciones.

CONCORDANCIAS Y ANOTACIONES

LBRL, arst. 3 y 24 bis;
Véanse anotaciones a estos artículos de la LBRL.

Quinta. Entidades de ámbito territorial inferior al municipio en constitución

El núcleo de población que antes del 1 de enero de 2013 hubiera iniciado el procedimiento para su constitución como entidad de ámbito territorial inferior al Municipio, una vez que se constituya, lo hará con personalidad jurídica propia y con la condición de Entidad Local y se regirá por lo dispuesto en la legislación autonómica correspondiente.

CONCORDANCIAS Y ANOTACIONES

LBRL, arst. 3 y 24 bis;
Véanse anotaciones a estos artículos de la LBRL.

Sexta. Régimen transitorio para los consorcios

Los consorcios que ya estuvieran creados en el momento de la entrada en vigor de esta Ley deberán adaptar sus estatutos a lo en ella previsto en el plazo de un año desde la entrada en vigor de esta Ley.

Si esta adaptación diera lugar a un cambio en el régimen jurídico aplicable al personal a su servicio o en su régimen presupuestario, contable o de control, este nuevo régimen será de aplicación a partir del 1 de enero del año siguiente.

CONCORDANCIAS Y ANOTACIONES

LRJSP/2015, arts. 11, 47 a 53, 84, 118 a 127, 143, 144 y disp. adic. Séptima, disp. adic. Octava.
LBRL, arts. 26 y 57

Séptima. Régimen transitorio de los funcionarios de administración local con habilitación de carácter estatal

1. En tanto no entre en vigor el Reglamento previsto en el artículo 92 bis de la Ley 7/1985, de 2 de abril, reguladora de las Bases de Régimen Local, y en todo aquello que no se oponga a lo dispuesto en esta Ley, mantiene su

vigencia la normativa reglamentaria referida a los funcionarios incluidos en el ámbito de aplicación del citado artículo.

Hasta el 31 de diciembre de 2016, salvo prórroga por la correspondiente Ley de Presupuestos Generales del Estado, excepcionalmente, cuando en las Corporaciones Locales cuya población sea inferior a 20.000 habitantes quede acreditado mediante informe al Pleno, la imposibilidad de que las funciones de tesorería y recaudación sean desempeñadas por un funcionario de Administración Local con habilitación de carácter nacional, ya sea con carácter definitivo, provisional, acumulación o agrupación, dichas funciones podrán ser ejercidas por funcionarios de carrera de la Diputación Provincial o entidades equivalentes, de acuerdo con lo previsto en el artículo 36 de la Ley 7/1985, de 2 de abril, o cuando quede acreditado que esto no resulta posible, por funcionarios de carrera que presten servicios en la Corporación Local. En ambos casos, deberán ser funcionarios de carrera y actuarán bajo la coordinación de funcionarios del grupo A1 de las Diputaciones Provinciales o entidades equivalentes.

2. Los procedimientos administrativos referidos a funcionarios de Administración Local con habilitación de carácter estatal iniciados con anterioridad a la entrada en vigor de esta Ley continuarán su tramitación y se resolverán de acuerdo con la normativa vigente en el momento de su iniciación.

3. Las referencias a la Escala de funcionarios con habilitación de carácter estatal, se entenderán hechas a la Escala de funcionarios de Administración Local con habilitación de carácter nacional.

Octava. Régimen transitorio para el personal directivo de las diputaciones, cabildos y consejos insulares

El régimen previsto en el artículo 32 bis de la Ley 7/1985, de 2 de abril, reguladora de las Bases del Régimen Local será de aplicación a los nombramientos que se produzcan con posterioridad a la entrada en vigor de esta Ley.

Novena. Régimen transitorio para los directores generales de las entidades locales

Lo previsto en el apartado tercero del artículo 130 de la Ley 7/1985, de 2 de abril, Reguladora de las Bases del Régimen Local será de aplicación a los nombramientos que se produzcan con posterioridad a la entrada en vigor de esta Ley.

Décima. Aplicación de las limitaciones referidas al número de personal eventual y cargos públicos con dedicación exclusiva

1. A las Entidades Locales que cumplan con los objetivos de estabilidad presupuestaria y deuda pública, y además su período medio de pago a los proveedores no supere en más de 30 días el plazo máximo previsto de la normativa de morosidad, no les aplicará, con carácter excepcional, los límites previstos en los artículos 75 bis y ter y 104 bis de la Ley 7/1985, de 2 de abril, reguladora de las Bases del Régimen Local hasta el 30 de junio de 2015.

2. El cumplimiento de los requisitos previstos en el apartado anterior, será verificado por la Secretaría General de Coordinación Autonómica y Local del Ministerio de Hacienda y Administraciones Públicas, que, en virtud de la información comunicada por las Entidades Locales al mencionado Ministerio, publicará una lista de las Entidades Locales que cumplen los requisitos previstos en el apartado anterior.

3. La excepción prevista en esta disposición podrá aplicarse a las Entidades Locales que cumplan con los requisitos mencionados en el apartado primero en el momento de la entrada en vigor de esta Ley y se mantendrá su aplicación hasta el 30 de junio de 2015 en tanto sigan cumpliendo los requisitos mencionados.

4. En ningún caso, las Entidades Locales en las que concurran los requisitos a los que se refiere esta disposición, podrán incrementar el número total de puestos de trabajo de personal eventual o cargos públicos con dedicación exclusiva respecto al que disponían a 31 de diciembre de 2012.

Undécima. Mancomunidades de municipios

La Sentencia 41/2016, de 3 de marzo, declaró inconstitucional y nulos el inciso de esta disposición "el Órgano de Gobierno de".

En el plazo de seis meses desde la entrada en vigor de esta Ley, las mancomunidades de municipios deberán de adaptar sus estatutos a lo previsto en el artículo 44 de la Ley 7/1985, de 2 de abril, reguladora de las Bases de Régimen Local, para no incurrir en causa de disolución.

Las competencias de las mancomunidades de municipios estarán orientadas exclusivamente a la realización de obras y la prestación de los servicios públicos que sean necesarios para que los municipios puedan ejercer las competencias o prestar los servicios enumerados en los artículos 25 y 26 de la Ley 7/1985, de 2 de abril, reguladora de las Bases de Régimen Local.

El expediente para la disolución será iniciado y resuelto por el Órgano de Gobierno de la Comunidad Autónoma, y en todo caso conllevará:

a) Que el personal que estuviera al servicio de la mancomunidad disuelta quedará incorporado en las Entidades Locales que formaran parte de ella de acuerdo con lo previsto en sus estatutos.

b) Las Entidades Locales que formaran parte de la mancomunidad disuelta quedan subrogadas en todos sus derechos y obligaciones.

DISPOSICIÓN DEROGATORIA

Única. Derogación normativa

A la entrada en vigor de esta Ley quedan derogadas cuantas disposiciones de igual o inferior rango se opongan a o contradigan lo en ella establecido. En particular, quedan derogadas la disposición adicional segunda y la disposición transitoria séptima de la Ley 7/2007, de 12 de abril, del Estatuto Básico del Empleado Público.

ÍNDICE ANALÍTICO

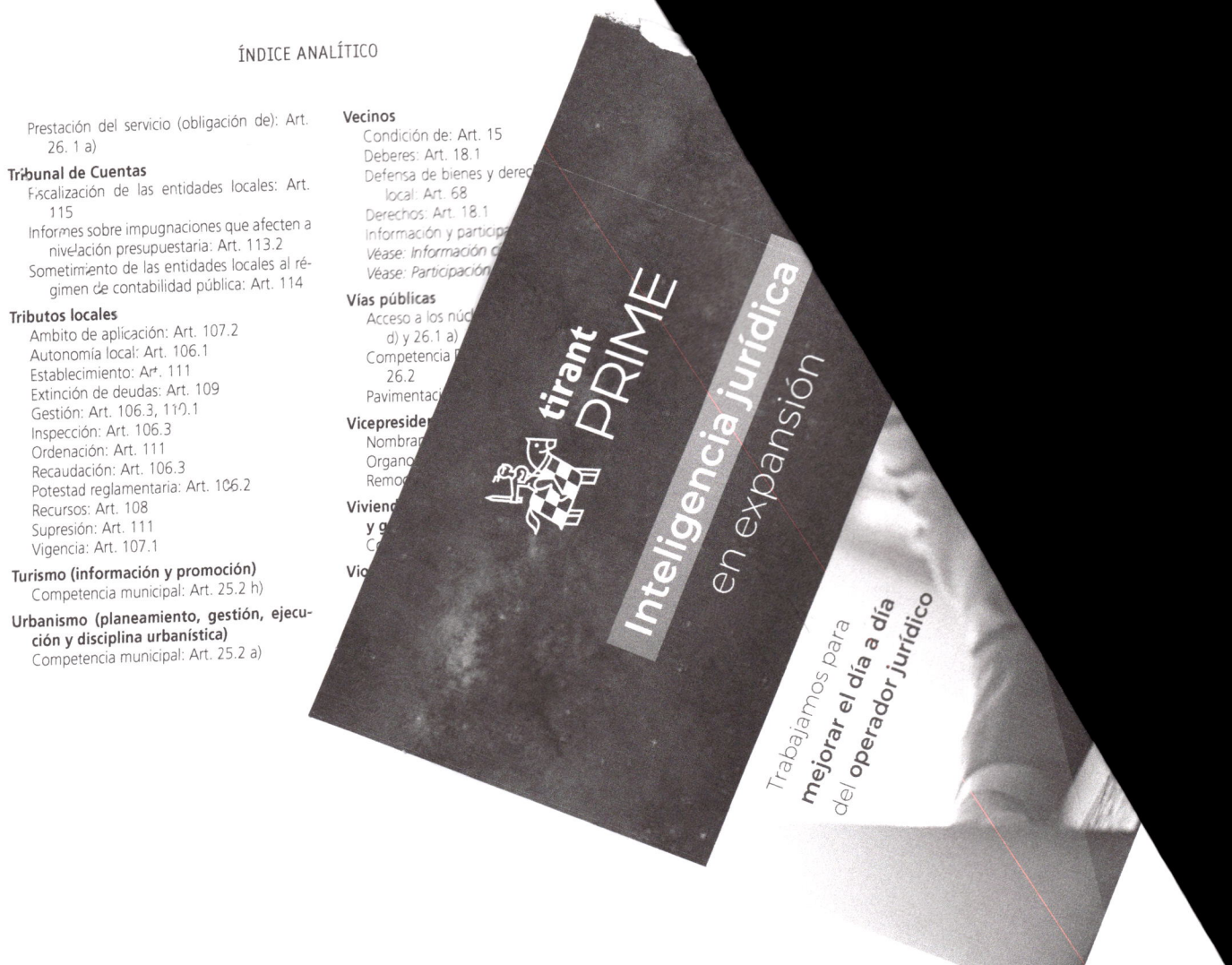

tirant
PRIME

Inteligencia jurídica

en expansión

Trabajamos para
mejorar el día a día
del **operador jurídico**